아세안의 시간

아세안의 시간

동남아시아 경제의 어제와 오늘 그리고 내일

초판 1쇄 펴낸날 | 2019년 11월 6일

지은이 | 박번순
펴낸이 | 류수노
펴낸곳 | 한국방송통신대학교출판문화원
　　　　(03088) 서울시 종로구 이화장길 54
　　　　전화 (02) 3668-4764
　　　　팩스 (02) 741-4570
　　　　홈페이지 http://press.knou.ac.kr
　　　　출판등록 1982년 6월 7일 제1-491호

출판위원장 | 백삼균
기획 | 이두희
편집 | 이두희 · 김경민
편집 디자인 | 이화서
표지 디자인 | 김민정

ISBN 978-89-20-03517-3　03320

값 22,000원

■ 잘못 만들어진 책은 바꾸어 드립니다.

이 도서의 국립중앙도서관 출판예정도서목록(CIP)은 서지정보유통지원시스템 홈페이지
(http://seoji.nl.go.kr)와 국가자료종합목록 구축시스템(http://kolis-net.nl.go.kr)에서 이용하
실 수 있습니다.(CIP제어번호: CIP 2019042481)

아세안의 시간

동남아시아 경제의 어제와 오늘 그리고 내일

박번순 지음

지식의날개

일러두기

- 이 책은 외래어 표기법의 관련 규정을 최대한 준수하였습니다. 영어를 비롯해 중국어, 말레이인도네시아어, 타이어, 베트남어의 표기세칙에 맞게 한국어로 표기하되, 영어식 표현이 현지어를 대신하여 국내에서 관용어로 굳어진 경우에는 예외적으로 이를 존중하였습니다. (예 피낭 → 페낭, 자와 → 자바 등)

- 중국어는 신해혁명을 기준으로 이전에는 한자어 발음 그대로, 이후에는 중국어 표기법을 준수하는 것을 원칙으로 하되, 동일한 인명과 지명이 신해혁명에 걸쳐 있는 경우에는 일치시킨 경우도 있습니다. 다만, 중국어는 방언에 따라 발음이 다르며, 다른 발음이 동남아 이민 지역에 각기 정착된 경우는 현지의 발음을 존중하여 중국어 표기법과 일치하지 않음을 알려드립니다. (이 책의 271쪽 각주 참조)

머리말

대외 정치, 경제환경이 급변하고 있다. 중국은 지난 30년 동안 빠르게 성장하여 구매력PPP 기준으로 세계 최대의 경제국이 되었고, 한 때 산업기술력으로 서방 세계를 위협하던 일본은 노쇠한 국가로 전락했다. 제2차 세계 대전 이후 세계 경제를 선도해 왔던 미국도 영향력이 감소해 이제 자국의 이익을 최우선으로 하는 보통 국가로 변화하려는 듯하다. 이러한 환경변화는 대외 환경에 큰 영향을 받는 우리에게 중요한 도전이다.

문재인 정부는 이러한 사실을 인식하고 정치, 경제, 외교전략으로서 신남방정책을 천명하고 하나씩 실천해 가고 있다. 신남방정책은 아세안 및 인도와 다방면으로 협력을 확대하자는 것이지만 현재의 경제협력 수준을 고려하면 주된 상대는 아세안이 될 수밖에 없다. 이 점에서 동남아 10개국의 국가연합체로서, 공동체로 기능하고 있는 아세안에 대한 우리 사회의 기대가 커지고 있다.

돌이켜보면 지난 수 세기 동안 우리는 빈곤의 늪에서 벗어나 고소득국에 진입했고 민주화도 이루었다. 반도체, 자동차, 조선 등 세계 유수의 생산국이자 교역국으로 거듭났고, 민주화 이후 창의와 혁신의 기반 위에서 탄생한 대중문화는 한류라는 이름으로 전 세계인의 감성을 적시고 있다. 이 기간 동안 우리의 대외관계도 변했다. 우리가 수출주도형 공업화

정책을 시작했을 때 주요 시장은 미국과 일본이었고 특히 미국은 가장 중요한 시장을 제공했다. 처음 수출 100억 달러를 달성했던 1971년 총 수출의 50%가 미국으로 향했다. 이후 수출에서 미국의 비중은 점점 감소했지만 제2차 석유위기 이후 세계 경기의 스태그플레이션 속에서 우리가 외채위기를 겪었을 때 미국이 주도했던 플라자합의는 우리 경제에 다시 한번 기회를 주었다. 엔화 가치가 상승하면서 우리 경공업 제품의 대미 수출이 빠르게 증가해, 전체 수출에서 미국의 비중은 1980년대 후반에는 다시 40%에 이를 정도였다.

1990년대 한중수교 이후 우리 기업의 투자 증가, 아세안의 공업화 등으로 중간재와 소재의 수출이 증가하면서 미국 시장 의존도가 감소해 2018년에는 12%까지 하락했다. 이에 비해 한중수교 이후 중국과 경제 협력은 빠르게 증가하여 우리의 대중 수출은 1992년 3.5%에서 2018년 26.8%까지 성장했다. 우리 경제규모가 1980년대에 비해 대폭 커져 이제 한 국가에 40% 가까운 수출의존도를 보인다는 것은 상상하기 어렵다. 현재 중국에 대한 의존도는 과거 미국 의존도에 비해 결코 낮지 않다.

한편 동남아 주요국과 우리는 같은 민주주의 진영 속에서 경제성장을 했지만 1980년대 이전에는 특별한 보완관계가 없었다. 우리는 목재 등 1차 자원을 수입했고 무역수지는 적자였다. 1980년대 후반 민주화의 진전에 따른 임금 인상, 수출 기업의 수익성 개선으로 기업들은 동남아에 투자하기 시작했다. 베트남과 국교가 수립되기 이전인 1980년대 후반 많은 봉제업체와 중저급 전자부품업체가 노동력이 풍부한 인도네시아, 태국으로 진출했다. 동남아에 진출한 우리 기업들은 원부자재를 모기업에서 조달하면서 동남아로의 수출은 급속히 증가했다. 아세안에 대한 총 수출액은 1987년 20억 달러로 전체 수출의 4.3%에 불과했지만, 1990년에는 52억 달러로 3년만에 2배 이상 증가했고 수출 비중도 8.0%로 높아졌다. 이후 아세안의 공업화, 우리 기업의 진출 확대로 외환위기 직전인 1996년 아세안에 대한 수출은 총 수출의 15.7%까지 상승했다.

곧이어 태국에서 발생한 외환위기가 동아시아지역에 전염되면서 우리 경제와 동남아 경제의 협력 수준은 퇴보했다. 외환위기 자체는 우리와 동남아가 결코 분리되어 있지 않다는 사실을 알려 주었지만 위기로 인해 아세안 경제는 역동성을 잃었고, 한국 역시 구조조정 기간을 거쳐야 했다. 구조조정이 완료되었던 2001년 WTO에 가입한 중국이 거대한 기회의 땅으로 부상했다. 기업들은 아세안 대신 용광로처럼 타오르던 중국으로 발길을 돌렸고 중국은 빠르게 우리 기업의 투자와 교역의 대상지로 떠올랐다. 아세안과의 경제협력은 정체했고, 1992년 한국-베트남의 수교로 베트남이 새로운 시장으로 부상했음에도 불구하고, 우리의 아세안 수출은 2005년에는 총 수출의 9.6%까지 감소했다. 이제 중국은 한국 경제에 가장 중요한 시장으로 부상했다. 2000년 우리 총 수출의 10.7%만이 중국으로 갔지만 2010년에는 25.1%가 중국을 향했다.

이 시기에 우리의 대외 경제관계는 또 다른 변화를 맞게 되었다. 문화적 · 역사적으로 유사한 베트남 투자가 증가하기 시작한 것이다. 과거에는 베트남의 풍부한 노동력을 활용해서 제3국 수출을 목적으로 한 경공업 분야의 투자가 많았으나, 베트남 경제규모가 증가하면서 내수 지향의 투자가 증가했고 시간이 흐르며 베트남은 중국의 보완 시장 나아가 대체 시장의 성격도 갖게 되었다. 달걀을 한 바구니에 담지 말라는 격언처럼 중국+1의 전략으로 대기업들이 베트남에 투자했고 또한 중국 기업의 급속한 기술추격에 대한 대응으로서 일부 기업은 중국보다 베트남으로 향했다.

이로 인해 우리의 아세안 협력 수준은 높아졌다. 아세안에 대한 수출 비중은 2010년 11.4%에서 2018년 16.6%에 이르렀다. 지역공동체로서 아세안은 중국에 이은 제2의 시장이 되었다. 경제협력의 심화와 함께 인적교류도 증가했다. 1980년대 말 해외여행 자유화가 시작된 이후 태국을 비롯한 아세안은 우리 국민이 가장 선호하는 여행지가 되었다. 1년에 수백만 명의 한국인이 아세안을 찾는데 우리 인구의 2배가 넘는 일본의 아세안 방문자보다 더 많은 규모다. 또한 아세안은 한국의 대중문화, 즉 한류의 가장 중요한 소비시장이 되었다. 적어도 아세안 일반 시민의 한국에 대한 인식은 과거 어느 때보다도 높다. 한국을 찾는 싱가포르, 태국, 말레이시아의 중산층도 빠르게 늘어났다.

한편 아세안 경제도 지난 30년 동안 많이 변했다. 1960년대까지는 현재의 아세안은 형성되지 않았고, 인도차이나는 불완전한 상태였으나 민주주의 진영에 속한 아세안 5개국은 개별적으로 수입대체 공업화를 추진하기 시작했다. 수입대체 공업화 과정에서 아세안 국가들은 국내 시장에 진입하려는 외국인투자를 수용하였고 국내 기업인들의 외국인 자본과 합작하기도 했다. 수입대체 공업화 기간 아세안 경제는 비효율적이었고, 결국 1, 2차 석유위기를 거치면서 1980년대 초가 되면 모두 상당한 경제적 위기를 겪게 되었다.

플라자합의는 우리뿐만 아니라 아세안 국가들에도 큰 행운이었다. 엔고로 일본과 한국, 대만 기업이 태국, 말레이시아, 인도네시아에 유입되기 시작했다. 특히 태국은 일본 기업이 선호하는 지역이었다. 이미 내수시장용 제품을 생산하던 일본의 전자 및 자동차업체에 이어 수출 기업도 아세안에 투자했고 기존 내수 판매에 치중하던 기업도 수출 상품을 생산하기 시작했다. 한국의 경공업체들도 아세안의 풍부한 노동력을 활용하여 수출 상품을 생산했다. 태국과 말레이시아의 전자제품, 인도네시아의 봉제산업이 그것이다. 베트남이 1980년대 말 경제 개방을 시작하자 한국과 대만 기업들은 베트남에도 진출했다. 일본이 선점하고 있던 선발 아세안 국가에 비해, 베트남은 후발 진출국들이 동등한 조건에서 경쟁할 수 있는 나라였다. 또한 다른 동남아 국가에 비해 문화적으로 한국과 대만과 더 가까웠다. 그 결과 베트남은 가장 뜨거운 국가가 되었고 다른 동남아 국가에 비해 빠르게 성장할 수 있었다.

한국, 대만, 일본 기업만 아세안에 진출한 것이 아니었다. 중국의 저가 공산품이 아세안 시장으로 유입되었다. 나아가 중국은 다른 국가에 앞서 아세안과 자유무역협정FTA을 체결했다. 중국의 아세안 수출품은 이제 노동집약적 경공업제품에서 자본집약적인 기술제품으로, 완제품에서 부품으로 고도화되었다. 아세안 시장에서 차지하는 중국의 시장점유율은 한국과 일본을 합친 것보다 훨씬 더 높아 20%를 상회한다. 더불어 중국이 고도성장하면서 자원 확보가 필요해진 중국 기업도 아세안에 진출했다. 또한 자국 내의 넘치는 외환을 기반으로 정부가 기업의 국제화를 장려하자 중국의 제조기업도 동남아의 화교 자본과 협력하여 동남아로 남진하기 시작했다. 과거 중국이 개방할 때 동남아 주요국의 화교 자본가들이 중국에 투자했으나, 이제 중국 기업의 화교 자본을 가이드 삼아 아세안에 투자하고 있다.

중국의 공산품 수출이 아세안 경제를 압박하고 있는 가운데 연간 3천만 명의 중국인 관광객이 아세안을 찾고 있다. 태국, 싱가포르, 말레이시아, 캄보디아에서 중국의 관광객은 긍정적인 영향을 미친다. 동시에 중국은 일대일로BRI 프로그램과 아시아인프라투자은행AIIB의 막대한 자금을 아세안에 지원하고 있다. 경제통합을 추진하는 아세안의 아킬레스건은 취약한 역내 인프라와 국가 간 인프라의 연계성 부족이었다. 중국의 지원은 아세안의 가장 취약한 점을 보완하는 역할을 할 것이다.

동남아 선발 5개국은 국제 정치, 경제 환경변화에 대응해 1967년 아세안을 설립했다. 초창기 아세안은 정치·안보협력체의 성격이 강했으나, 1970년대 중반 베트남의 공산화와 함께 경제협력을 강조하기 시작했다. 특히 1980년대 말 냉전체제의 붕괴, 인도차이나지역의 안정, 그리고 우루과이 라운드UR 타결이 임박하자 아세안은 경제협력을 강화하기 위해 아세안자유무역지대AFTA를 발족시켰다. 이후 인도차이나 4국이 새로 아세안에 가입하면서 역내 개발격차 문제가 대두되고, 1997년에 외환위기가 발생하자 아세안은 대외 환경변화에 대한 공동 대응의 필요성을 더 인식하게 되었다.

아세안은 역내 통합 노력과 함께 대외적으로 동북아의 한중일, 그리고 오세아니아, 인도까지를 포괄하는 아시아의 지역질서 형성에 앞장서 나가기 시작했다. 아세안과 한중일 협의체인 아세안+3, 아세안과 한중일

외에 오세아니아, 인도를 포괄하는 자유무역지대 역내 포괄적경제동반자협정RCEP, 여기에 미국, 러시아를 포함한 동아시아정상회의EAS 체제 등을 주도하면서 아세안 중심성ASEAN Centrality을 확보하기 위해 노력했다. 또 아세안은 2015년 말 정치 및 안보, 경제, 사회 및 문화 공동체를 3개의 기둥으로 하는 아세안공동체를 발족시켰다. 이 중에서 경제공동체는 가장 진전이 빠르고 높은 수준을 유지하고 있다.

문재인 정부의 신남방정책은 아세안과 사람, 상생번영, 평화의 미래 공동체를 만들어 간다는 비전을 갖고 있다. 이를 실천하기 위해 아세안을 4강에 준하는 외교 파트너로 격상하고 아세안과의 협력을 강화하기 위한 국내외 조직도 강화하거나 신설했다. 신남방정책특별위원회를 설립했고, 외교부 내에 아세안 전담국도 만들었다. 아세안에 대한 지원도 확대하기로 했다. 또한 2019년 11월 하순에는 한-아세안 특별정상회의와 메콩 유역 국가 정상들과의 한-메콩정상회의를 개최한다. 바야흐로 아세안의 바람이 불고 있다.

우리가 신남방정책을 적극적으로 추진하게 된 배경에는 크게 세 가지 요인이 있다. 가장 중요한 것은 국제 정치, 경제환경의 변화와 이에 대한 대응 과정에서 우리에게 아세안이 필요하다는 점이다. 냉전체제 붕괴 이후 단일 패권을 행사하던 미국에 대해, 아시아지역에서 중국의 영향력이 확대되자 미국은 이를 견제하기 시작했다. 부시 정부가 아시아를 도외시하는 정책으로 중국의 영향력이 확대되었다고 평가한 오바마 정부는 아시아로의 귀환Pivot to Asia을 선언했고, 중국을 포위하기 위한 환태평양경제동반자협정TPP을 추진했다. 트럼프 시대의 미국은 더욱 급해졌고 대중국 단기전을 택했다. 협상이 끝난 TPP에서 탈퇴하고, 바로 무역 압력을 넣었다. 미국과 중국의 패권 경쟁은 적어도 향후 20~30년은 계속될 것이고, 정치적, 전략적, 경제적으로 우리에게 부정적 영향을 미칠 것이다.

국제정치적, 전략적 차원에서 아세안과 우리는 중견국이라는 비슷한 위상을 갖고 있다. 적어도 패권을 추구하지 않고 모두 대외지향적 경제발전 전략을 통해 성장해 글로벌 경제에 의존도가 높다. 우리나 아세안 모두가 지속적으로 성장하기 위해서는 국제 환경의 안정이 필요하다. 이미 아세안은 동아시아의 정치, 경제적 질서 구축 과정에서 중심적인 역할을 해 왔다. 이 때문에 우리는 아세안과 협력하면서 동아시아의 안정 나아가 아시아-태평양지역의 안정을 위해 함께 협력할 수 있다. 이런 상황에서 아세안은 세계 정치, 경제의 불확실성 속에서 우리의 동반자가 될 수 있다. 동아시아에 국한하더라도 우리는 아세안과 협력하여 한일 갈등, 중일 갈등 등을 평화적으로 해결하는 데 기여할 수 있다.

신남방정책의 둘째 배경은 경제적 규모와 잠재력에서 아세안과 우리는 경제협력 동반자로서 한층 더 관계를 강화할 수 있다는 점이다. 경제공동체로서 아세안은 세계적인 경제규모를 자랑한다. 2017년 기준으로 아세안은 세계에서 인구 3위, 경상 GDP 6위, 상품 수출 4위 그리고 상품 수입 3위를 차지하고 있다. 아세안은 1인당 GDP가 4천 달러를 갓 넘는 중진국 통합체이다. 아세안 선발국들이 중진국에서 고소득국으로 전환하는 데 어려움을 겪고는 있지만 전체적으로 1만 달러 수준까지는 큰 문제없이 성장할 수 있다. 즉 아세안의 따라잡기 catch-up 효과는 당분간 계속될 것이다. 이렇게 된다면 미중 갈등이 초래할 세계 통상환경의 불확실성 속에서 아세안은 우리에게 최소한의 시장을 제공할 수 있다. 물론 우리도 아세안의 시장이 되어야 한다.

셋째 배경은 우리의 대아세안 경제협력구조를 개선해야 할 필요성이 있다는 점이다. 현재 아세안에 대한 투자와 교역 수준이 높으나 몇 가지 구조적 문제를 갖고 있다. 가장 중요한 것은 불균형적인 협력구조이다. 우리가 일방적으로 아세안에 투자하고 있으며, 무역수지 역시 만성적으로 흑자를 기록하고 있다. 특히 무역수지의 경우 1990년 약 1억 달러의 흑자를 기록한 이후 고착화되어, 2017년과 18년에는 각각 400억 달러 이상의 흑자를 기록했다. 또한 아세안과의 경제협력에서 베트남에 과도하게 의존하고 있고, 선발 아세안 국가와의 협력은 퇴보했다. 아세안 10개국 중 베트남 집중도는 2018년 수출 48.6%, 수입 32.9%에 이른다. 신설 법인의 64.5%, 투자액의 51.7%가 베트남으로 향했다. 대베트남 무역수지 흑자는 290억 달러로 전체 아세안 흑자 405억 달러의 71.4%를 차지한다. 베트남 집중도의 증가는 다른 아세안 국가와의 협력 수준이 정체한다는 것을 의미한다. 실제로 싱가포르, 말레이시아, 태국, 인도네시아, 필리핀 등 소위 아세안 5개국과의 수출은 과거 가장 많았던 2014년 대비 16.8%가 감소했다. 마지막으로 캄보디아, 라오스, 미얀마 등 저개발국과의 협력 수준이 아주 낮다는 점이다. 이들과는 두 가지 문제에 직면한다. 바로 경제협력 수준이 낮다는 점, 그리고 이들의 경제발전 수준이 아주 미약하다는 점이다. 신남방정책이 상생번영을 강조한 것은 당연히 대아세안 경제협력의 비대칭을 감안한 것이다.

아세안에 대한 신남방정책의 배경을 고려해 보면 우리의 방향은 분명해진다. 이미 정부에서 사람, 상생번영, 평화의 미래공동체를 지향한다고 발표했지만 아세안의 지속적인 발전을 지원하면서 동북아 나아가 세계 질서의 안정에 동반자로서 기여하고, 현재의 기울어진 운동장의 형태를 보이는 우리와 아세안의 협력관계를 바로잡으면서 진정한 의미의 상생번영을 달성해야 한다. 여기에 동등한 인적교류를 확대함으로써 서로 사회와 문화를 이해하고 인정하도록 해야 한다.

그러나 우리의 아세안에 대한 이해 수준은 높지 않다. 그동안 외교나 국민적 관심은 미국, 중국, 일본 등에 머물렀고 학계의 경제 연구도 마찬가지였다. 아세안과의 교역과 투자가 증가하고 방문객이 늘어나고 있으나 아세안에 대한 이해는 표면적인 수준이다. 특히 아세안 경제에 대해서는 단지 유망한 시장, 한류의 소비지 정도의 이해에 머물러 있다. 신남방정책의 성공을 위해서도 아세안 경제에 대한 깊은 이해가 필요하다. 이 책을 발간하는 이유가 여기에 있다.

지난 30년 동안 한국과 아세안 경제를 관찰했다. 책을 준비한 기간이 짧고, 아세안 경제의 시간과 공간이 광대하여 모든 것을 담기에는 부족함을 절실하게 느끼고 있다. 그래도 가능하면 우리들이 이해하고 있는 아세안 경제에서 한 걸음 더 나아가 구조와 특성을 살펴보고, 그동안 거의 다루지 않은 기업, 산업, 그리고 화교 자본까지 포함하여 분석하려고 했다. 신남방정책이 아세안을 낙관적으로 평가하고 있지만 아세안 경제의 빛과 그늘을 같이 다루고자 했다. 아니 아세안 경제의 구조적 문제를 오히려 지적하려고 했다. 신남방정책이 문재인 정부의 정책을 넘어서 장기적 대아세안 정책이 되기 위해서는 빛과 그늘을 모두 알아야 한다고 보기 때문이다.

오랜 연구에도 불구하고 원고를 준비한 기간이 짧아 동학들에게 비판받을 시간도 없이 출간하게 되어 부족한 점이 많을 것이다. 그럼에도 불구하고 다른 아세안 경제를 다룬 보고서들과는 차이를 두고자 했다. 아세안 경제의 과거와 현재에 대해서 알기를 원하는 정부 인사나 아세안에 관심 있는 기업, 사람들에게 참고가 되기를 바란다.

책을 출간하면서 여러 분에게 신세를 졌다. 아세안 때문에 친구가 된 외교부 최고의 아세안 전문가인 서정인 단장은 생색내지 않고 한국과 아세안의 정치적·외교적 관계사를 정리해 주었다. 무어라고 감사해야 할지 모르겠다. 미비한 원고를 짧은 시간에 훌륭한 책으로 만들어 준 방송통신대학 출판문화원의 이두희 선생은 고집 센 필자를 만나 마음고생을 했을 것이다. 보기 좋은 멋있는 책을 만들어 줘서 감사하기 이를 데 없다. 초교 교정 과정에서 힘을 보탠 고려대학교 경제통계학부 박사과정의 이충원, 원이중 선생에게도 깊은 감사를 표한다. 2019년 여름방학 기간 태국, 라오스, 중국을 여행하는 과정에서 원고를 마무리했다.

아내는 혼자 여행하면서 원고를 작성하는 나의 건강을 걱정했다. 또 아내와 두 아이는 과거 내가 동남아 경제를 공부하면서 현지에 체류하는 동안 떨어져 있으면서도 늘 응원해 주었다. 가족은 언제나 나의 마지막 안식처라는 사실을 이 자리를 빌어 그들에게 다시 한번 말하고 싶다.

한-아세안 특별정상회의를 앞두고
박번순

차례

제2부

세계 속의 아세안 산업과 기업, 자본

제3부

아세안, 새로운 미래로의 도약

들어가는 글 **아세안, 다양성 속의 통일**

십인십색의 동남아 국가들

동남아시아Southeast Asia라는 이름이 등장한 것은 그리 오래된 일이 아니다. 동남아가 널리 알려진 계기는 제2차 세계 대전 중이었던 1943년, 연합군이 루이스 마운트배튼Lord Louis Mountbatten이 지휘하는 동남아사령부South East Asia Command, SEAC를 운영한 것이다. 이때 동남아사령부에는 북회귀선 이남의 영토들이 포함되어 있었고, 사령부 본부도 인도에 설치되었으나 곧 실론, 현재의 스리랑카로 이동했다. 최초의 SEAC 관할 지역은 인도, 버마, 스리랑카, 말라야, 북수마트라, 태국이었으나 세계 대전의 종전과 함께 네덜란드가 지배하던 인도네시아, 그리고 프랑스가 지배하던 인도차이나로 확대되었다. 미국이 지배했던 필리핀은 SEAC 지역에 포함되지는 않았으나 현재 대부분의 학자와 국제기관에서는 필리핀을 포함하고 인도와 스리랑카를 제외한 인도와 중국 사이의 국가들을 동남아로 분류하고 있다.

아세안은 동남아시아의 10개국, 즉 브루나이, 캄보디아, 인도네시아, 라오스, 말레이시아, 미얀마, 필리핀, 싱가포르, 태국, 베트남 등 개발도상지역 국가들로 이루어진 공동체이다. 동남아 국가들은 세계의 중요한 생산기지로 성장했지만 태국을 제외하면 모두 제2차 세계 대전 이후 신생 독립국이었고 농업국가였다. 전후 서구인의 눈에 비친 동남아는 푸른 논에 챙 있는 모자를 쓴 농부, 끝없이 펼쳐진 고무 농원, 그리고 아직 전쟁이 끝나지 않은 인도차이나의 모습으로 상징된다. 동남아가 오늘날 세계의 생산기지로 전환될 것이라고 기대한 사람은 별로 없었다. 동남아 내부에서도 마찬가지였다. 종전 직후 일부 국가에서는 서구 제국주의의 복귀와 지배에 대한 두려움이 컸고, 또 일부 국가에서는 온건주의자들이 독립 과정에서 자생적으로 형성된 공산주의를 우려했다.

동남아는 남북으로는 중국과 오세아니아 사이의 열대와 아열대지역에 분포되어 있고 동서로는 인도양에서 태평양까지 펼쳐져 있다. 베트남, 라오스, 캄보디아, 태국, 미얀마, (반도) 말레이시아는 대륙부에 위치하고, 싱가포르, 인도네시아, 필리핀, 브루나이, 사바Sabah와 사라와크Sarawak로 이루어진 동부 말레이시아는 해양부에 위치하고 있다. 해양부 동남아지역은 광범위하게 산재된 섬들로 이루어 인도네시아만 해도 동서의 길이가 서울에서 태국 방콕보다도 더 긴 거리로 기후나 식생대가 다양하다. 동남아는 국가마다 중심 민족이 있지만 산악이나 도서를 중심으로 소수민족도 많다. 인도네시아는 300여 민족으로 구성되어 있다고 알려져 있으며, 미얀마 역시 민족 간 구분이 확연하여 분리독립 운동과 소수민족 갈등 문제가 불거지기도 한다. 종교도 이슬람에서 강력한 유교적 전통, 그리고 불교까지 다양하다.

정치제도에서도 아직 공식적으로 사회주의의 실현을 목표로 일당제

아세안 회원국의 경제규모(2018)

	가입 연도	면적 (천km²)	인구 (만 명)	GDP (억 달러)	1인당 GDP (달러)	수출 (억 달러)	수입 (억 달러)	수출/ GDP
브루나이	1984	6	43	136	31,628	54	52	39.7
캄보디아	1999	181	1,601	246	1,512	144	191	58.5
인도네시아	1967	1,914	26,399	10,422	3,894	1,802	1,887	17.3
라오스	1997	236	686	181	2,568	53	63	29.3
말레이시아	1967	330	3,162	3,543	11,239	2,474	2,175	69.8
미얀마	1997	677	5,337	712	1,326	168	195	23.6
필리핀	1967	300	10,492	3,309	3,103	675	1,147	20.4
싱가포르	1967	0.7	561	3,642	64,582	4,126	3,706	113.3
태국	1967	513	6,904	5,050	7,273	2,521	2,497	49.9
베트남	1995	331	9,554	2,449	2,564	2,456	2,442	100.3
한국		100	5,200	16,194	31,363	6,049	5,352	37.4

주: 인구는 2017년 통계

자료: 세계은행(WB)

가 계속되는 베트남과 라오스가 있으며, 민주주의 선거에 의해 정권교체가 가능한 필리핀, 인도네시아, 말레이시아 등도 있다. 정치체제로는 대통령제, 군주제, 의원내각제가 공존한다. 민주적 제도가 과거보다 개선되고 있다고 하지만 여전히 서구 기준의 민주화가 제도로 정착한 경우는 많지 않고 2000년대 들어 일부 국가에서는 오히려 민주주의가 후퇴하는 현상도 나타난다.

동남아 10개국은 각각 인구, 면적, 부존자원 등 초기 여건이 달랐고 선택했던 경제발전 전략도 차이가 있었기 때문에 경제적으로 매우 이질적이다. 인도네시아 인구는 2.6억 명으로 가장 적은 브루나이의 43만 명과 비교해 500배 이상 많다. 면적이 가장 넓은 인도네시아와 가장 작은 브루나이의 차이는 인구보다 더 크다. GDP가 가장 큰 인도네시아와 가장 적은 브루나이는 거의 80배의 차이가 있고, 라오스에 비해서도 인도네시아의 GDP는 60배에 가깝다. 1인당 국민소득에서는 싱가포르와 브루나이가 고소득국에 속하는데 싱가포르의 1인당 국민소득은 가장 낮은 미얀마에 비해 50배 가까이 높다. 다른 동남아 국가는 모두 중소득국에 속하는데, 태국과 말레이시아는 중상위소득국Upper middle income country 에 속하고 나머지는 중하위소득국Lower middle income country이다. 비록 저소득국가에 속하는 나라는 없지만 2018년 현재 라오스, 미얀마, 캄보디아는 UN이 정한 최빈국에 해당한다. 2018년 기준 수출규모가 2천억 달러 이상인 국가는 말레이시아, 싱가포르, 태국, 베트남 등 4개국이고 이 중 말레이시아를 제외하면 수입규모도 2천억 달러를 넘는다. 그렇지만 라오스의 수출입규모는 50~60억 달러에 불과하다.

동남아 국가의 이와 같은 큰 발전격차는 초기 조건의 차이와 경제제도나 정책의 차이에서 기인한다. 인도네시아와 말레이시아와 같이 자원의 수혜를 입은 국가도 있었고 싱가포르와 같이 주식은 물론 생활용수의 자급자족마저 어려운 국가도 있었다. 인구나 면적으로 볼 때 경제규모가 큰 나라나 천연자원이 풍부한 국가는 상대적으로 경제성장에 유리할 것으로 생각할 수 있다. 동남아 현실에서는 자원이 없었던 싱가포르가 1980년대 중반 아시아 신흥공업국의 하나로 성장했을 뿐, 인도네시아와 같이 경제규모가 크고 자원이 풍부했던 국가의 경제적 성과는 기대에 미치지 못했다. 필리핀, 라오스, 캄보디아 등 자원이 부족한 국가는 성장이

더욱 지체되었다. 초기의 경제규모나 부존자원이 경제성장에 충분조건
은 되지 못했다.

경제제도에서는 건국 이후 태국, 필리핀, 말레이시아, 싱가포르와
같이 영국과 미국에 영향을 받은 나라는 익숙한 시장경제를 따랐다. 인
도네시아와 미얀마는 제3세계의 길을 강조했지만 인도네시아는 시장으
로 복귀했고 미얀마는 여전히 자신의 길을 갔다. 인도차이나 3국은 다른
국가에 비해 뒤늦게 출발하면서 사회주의를 선택했다. 평균적으로 보면
영미식 시장주의를 따랐던 국가의 성과가 좋았고 사회주의를 선택했던
국가들은 낙오했다.

결국 경제적 성과를 결정한 요소는 경제제도와 정책이었다. 크게는
자본주의를 선택했던 아세안 선발국가들은 계획과 폐쇄경제를 택했던
나라보다 성과가 좋았다. 그렇지만 자본주의를 선택한 국가들 사이에도
세부 정책의 선택이 성과에 다른 영향을 미쳤다. 아세안 선발국가들은
초기에 수입대체 공업화 전략을 택했고, 어느 정도 성공을 거두기는 했
지만 1980년대 초반이면 수입대체 공업화는 한계에 이르고 있었다. 다
행히도 플라자합의 이후 일본의 투자가 대거 동남아로 진출했다. 일부
국가는 다국적 기업을 유치한 수출주도형 성장전략으로 방향을 틀었다.
말레이시아, 태국이 그랬고 인도네시아도 정도는 다르지만 외국인투자
유치를 위해 국내 제도를 개정했고 필리핀이 가장 소극적으로 뒤따랐다.

이제 다국적 기업은 섬유, 전자 등 동남아의 주요 제조업 분야에서
영향력을 확대하고 수출부문을 장악했다. 아세안 선발국의 경제는 다국
적 기업 주도 공업화 모델을 따른 것이다. 싱가포르, 말레이시아, 태국,

인도네시아 등 선발 아세안 국가들은 지난 40여 년 동안 기복은 있었으나 고도성장을 지속했다. 대신에 폐쇄경제 체제를 선택했던 CLMV캄보디아, 라오스, 미얀마, 베트남나 개방에 소극적이었던 필리핀의 경제성과는 기대에 미치지 못했다. 선발국들이 선택한 다국적 기업 주도의 수출주도형 공업화의 효과는 대단히 강력하여 사회주의 체제를 유지한 채 문을 닫고 있던 베트남도 1980년대 말이면 이들을 따라 경제를 개방하고 외국인투자를 유치하기 시작했다. 그리고 베트남 역시 선발국이 보여주었던 경제적 역동성을 재현하고 있다.

아세안경제공동체의 출범

동남아시아 5개국 싱가포르, 말레이시아, 인도네시아, 태국, 필리핀은 대내적으로 주요국 간의 갈등 조정, 대외적으로 국제질서 변화에 대한 공동 대응의 필요성에 따라 1967년 준 국가연합인 동남아국가연합아세안, ASEAN을 창설했다. 이후 아세안은 1984년 브루나이, 1995년에 베트남, 1997년에는 라오스와 미얀마, 그리고 1999년 캄보디아가 회원국으로 가입하면서 총 10개국의 국가연합체로 성장하였다.

창설 당시 아세안은 공산주의에 대응하는 정치협력체의 성격이 강했으나 베트남이 공산화된 이후부터는 경제협력에 중점을 기울이기 시작했다. 1977년 양자 간 혹은 일부 회원국 간 특혜관세 대상 품목을 지정하여 역내 교역에 우대관세율을 적용하는 특혜무역협정PTA을 체결했고 시범적 산업협력 프로젝트였던 아세안공업프로젝트AIP, 부품산업 육성을 위한 아세안공업보완계획AICS 등을 추진하였다. 아세안은 경제통합의 출발점이었던 아세안자유무역지대 AFTA를 1992년에 창설했다. AFTA는 자유무역지대이지만 실제 목적은 외부 투자유치에 있었다.

1980년대 후반부터 1990년대 전반까지는 적어도 아세안의 절반 이상의 국가에서 경기가 호황을 보였다. 10여 년의 경기호황은 버블을 만들었고, 버블은 외환위기를 불러왔다. 구조조정이란 말이 가장 흔하게 사용되던 시기가 왔다. 직접 겪었던 겪지 않았던 1990년대 후반의 동남아 외환위기는 동남아 모든 국가에 큰 영향을 미쳤다. 개별 국가로서가 아닌 공동체로서 대외적으로 대응해야 한다는 교훈을 얻었다. 더구나 아세안이 외환위기를 거쳤을 때는 회원국이 10개국으로 불어 있었다. 아세안은 몸집은 커졌으나 경제발전 단계나 경제구조는 훨씬 이질적인 조직이 되었다.

외환위기를 계기로 아세안은 한중일 3국과 협력을 강화하여 이른바 아세안+3 체제 속에서 활동하게 되었다. 아세안 활동의 외연적 확대는 역으로 아세안 통합의 필요성을 높였고, 21세기 들어 아세안은 순차적으로 협력을 강화하면서 2015년 12월 31일을 기해 아세안공동체 ASEAN Community를 출범시켰다. 아세안공동체는 정치·안보, 경제, 사회·문화공동체를 기반으로 성립되는데 이 중에서 아세안경제공동체 ASEAN Economic Community, AEC(이하 AEC)는 실체가 가장 분명하고 협력의 수준도 높다.

약 6.5억 명이라는 세계 3위의 인구를 가진 아세안은 국내총생산 GDP, 수출입규모 등에서 세계 상위에 올라 있는 중요한 경제 지역이다. 제2차 세계 대전 이후 개발도상국들이 경제통합을 시도한 적은 있었으나 아세안 같은 성공 사례는 없다. 지정학적으로도 아세안은 동북아와 서남아를 연결하는 교량 역할을 할 수 있다. 아세안은 단일 경제로서 경제규모뿐만 아니라 인구나 현재 개발도상국 단계라는 점에서 성장가능성도 높다. 그렇지만 아세안이 명실상부한 경제공동체가 되기 위해서는 내부의 격차를 줄여야 한다. 개발격차를 줄이지 않고 아세안이 하나의 정체성을 만들어 내기란 어렵다.

아세안은 지난 50여 년 동안 그랬듯이 미래에도 동일한 문제에 직면할 것이다. 첫째는 세계화이다. 세계는 정보통신의 발달로 세계화가 가속되고 있다. 아세안은 세계화를 통해 성장했고 또 성장해야 한다. 그렇지만 세계화로 이익을 보는 계층과 손해를 보는 계층이 나뉜다. 세계화가 가속될수록 소득분배가 고르지 못한 아세안에서 격차는 심화될 것이다. 그렇다고 세계화를 거부할 수도 없다. 아세안이 내수를 키우지 않는 한 세계화를 거부할 때 사람들의 평균적인 삶의 질은 떨어질 수밖에 없다.

둘째는 계속되는 기술진보다. 기술진보는 인류 경제발전의 가장 중요한 원동력이었다. 이러한 기술진보는 아세안에 중대한 도전이다. 아세안은 다국적 기업에게 제조업을 맡겨 두었다. 결국 아세안의 주요 산업의 운명은 다국적 기업이 결정한다. 통신만 해도 태국의 모든 국민은 한국의 네이버가 일본을 거쳐 진출한 SNS인 라인Line을 사용한다. 제4차 산업혁명, 인공지능 등 디지털혁명시대에 아세안은 대응해야 한다.

또한 강대국들의 경쟁관계 속에서 아세안은 생존해야 한다. 지금까지 아세안은 통합을 통해 경제적·정치적 힘을 길러 왔고 적어도 동아시아에서는 아세안이 중심이 되어 질서를 형성해 왔다. 이러한 아세안 중심성 ASEAN Centrality은 강대국들의 경쟁이 만들어 내는 세계화의 불확실성 속에서 계속 유지되어야 한다.

신남방정책과 아세안

아세안은 한국의 최대 경제협력 파트너 중 하나이다. 대아세안 교역규모는 2018년 1,598억 달러로 전체의 14.1%이었는데 이는 중국의 23.4%보다는 적지만 미국 11.5%, EU 28국 10.5%보다는 훨씬 크다. 수출에서 아세안의 비중은 2018년 16.6%이다. 한국 기업의 대아세안 투자는 2014년 이후 투자 건수나 투자 금액에서 대중국 투자를 상회한다. 아세안에 대한 경제협력은 한국에 유리하게 전개되고 있다. 한국은 대아세안 교역에서 지속적으로 흑자를 기록하고 있고, 그 규모는 2017~18년 기간에 매년 400억 달러 이상이었다.

이미 한-아세안 경제협력은 충분히 심화되어 있지만 저개발 아세안 국가가 본격적으로 성장 궤도에 진입하고 아세안 선발국의 경제도 활력을 되찾는다면 한국은 중국의존도를 낮출 수 있는 대체 시장 혹은 보완 시장으로서 아세안을 더 많이 활용할 수 있을 것이다. 또한 아세안은 미-중 간의 갈등이 줄 충격에 완충장치가 될 수 있다. 오늘날은 중국의 공업 생산액이나 구매력 평가 GDP가 미국보다 높아진 패권의 교체기로서 투기디데스 함정 Thucydides's trap에 빠질 가능성이 있다. 미국과 중국의 무역 갈등은 장기적으로 계속될 것이고 이는 세계 통상환경을 불안정하게 만들 것이다. 또한 이들의 경쟁과 알력은 미국과 중국에 정치적·경제적으로 크게 의존하고 있는 우리에게는 치명적이다.

아세안의 전략적 중요성은 일찍이 김대중 정부 때부터 확실하게 인식되었다. 김대중 대통령은 아세안과의 협력을 위해 동아시아비전그룹 EAVG과 동아시아연구그룹EASG을 제안하였고, EAVG와 EASG는 아세안+3 협력을 위한 건설적이고 창의적인 프로그램을 다수 발굴함으로써 아세안+3 체제 발족에 절대적으로 기여했다. 문재인 정부 또한 아세안을 다시 보기 시작했다. 문재인 대통령은 아세안을 대상으로 신남방정책을 추진하고 있다.* 신남방정책의 핵심은 아세안에 4강 수준의 중요성을 부여하고, 아세안에서 새로운 번영의 축을 만들되, 강대국과는 차별화된 전략으로 아세안에 접근한다는 것이다. 이 차별화는 "사람 중심의 국민외교", "국민이 안전한 평화 공동체", 그리고 "더불어 잘사는 상생 협력"이다. 문재인 대통령의 신남방정책은 변화하는 국제 정치 · 경제환경속에서 한국의 미래에 대한 고민에서 나왔다. 그동안 한국의 대아세안 정책은 단발적이고 중상주의적이었으며 중장기적인 큰 틀을 세우지 못했다. 이제 정치 · 경제 · 외교의 다각화를 기본으로 하는 신남방정책은 정권이 바뀌어도 계속 유지될 수 있을 정도로 철학적 의미를 갖게 되었다.

한국과 아세안은 세계화를 통해 성장했다. 세계화는 계속되겠지만 과거에 비해 불안정해졌다. 동시에 한국과 아세안은 비교우위구조가 다르다. 또한 패권을 추구하지 않는 중견국으로서 세계무대에서 협력할 수 있다. 어떻게 협력할지 진지한 고민이 필요한 때다.

---

* 지난 2018년, 문재인 정부는 대통령 직속 정책기획위원회 산하에 신남방정책특별위원회를 설치하였다. 주요 대상국은 아세안 10개국과 인도를 포함한다.

THE RISE OF ASEAN:
INTRODUCTION TO ASEAN'S ECONOMY

제1부

아세안의 어제와 오늘

"어려울 때 친구가 진정한 친구"라는 말을 되새기며 반가운 마음을 전합니다. 1997년 아시아 외환위기 앞에서 우리는 국경과 지역을 넘어 위기를 극복했습니다. 동아시아라는 이름으로 하나가 되어 지금 우리는 세계 경제의 30% 이상을 담당하며 세계인의 주목을 받는 공동체로 성장했습니다. 연대와 협력의 힘을 믿었던 앞 세대 지도자들의 혜안과 결단에 경의를 표합니다.

– 제21차 아세안+3 정상회의, 2018.11.15.

제1장

아세안,
세계 경제에 첫발을 내딛다

1. 아세안 각국의 독립과 초기 경제

불안정한 신생 독립국들

태국을 제외한 동남아 국가들은 제2차 세계 대전 종전과 함께 국가에 따라서는 수백 년간 현지인들의 삶을 규정했던 열강의 식민통치에서 독립했다. 가장 먼저 필리핀이 1946년 7월 독립국이 되었으며, 48년 1월 미얀마당시 버마가 독립했다. 인도네시아는 전쟁이 끝난 직후 독립을 선언했지만 1949년 12월에야 네덜란드의 공식적 동의를 얻었다. 동남아에서 1949년 말 독립국가는 태국, 인도네시아, 미얀마, 필리핀 등에 불과했고 말레이시아는 말라야 연방Federation of Malaya으로 아직 미독립 상태였다. 베트남은 안남, 코친차이나, 통킹 3개 지역으로 분리되어 캄보디아, 라오스와 함께 프랑스령 인도차이나로 통치되고 있었다. 보르네오섬의 사바, 사라와크, 그리고 나중에 독립한 브루나이는 모두 여전히 영국령으로 남아 있었다.

스페인의 황금시대를 만들었던 16세기 펠리페 2세의 이름을 따서 만든 필리핀은 이름에서부터 알 수 있듯이 16세기부터 300년 이상 스페인의 지배를 받았고 그 결과 가톨릭 국가가 되었다. 필리핀은 미-스페인 전쟁 이후 20세기 초에 미국의 식민지가 되었으며 제2차 세계 대전 기간에 일본의 침략을 받았다. 이러한 역사적 굴절은 필리핀의 정치·경제·문화·사회의 구조를 형성하는 배경이 되었다. 필리핀이 독립한 1946년 당시에는 미국 기업이나 화교 혹은 메스티소의 경제적 위상이 강했다.

오늘날의 미얀마, 과거의 버마는 영국과 협상을 통해 1948년 1월 독립국가로 탄생했다. 독립운동을 주도했던 아웅 산Aung San 장군이 정적에 의해 암살당하자 그와 같이 독립운동을 이끌었던 동료들이 신생국가를 이끌었다. 아웅산은 정치의식을 키우기 시작한 1930년대부터 사회주의에 각별한 관심을 갖고 있었고 사회주의 국가를 건설하려는 그의 의지는 다음 지도자들에게 이어졌다. 살아남은 사람들은 식민지시대의 수탈과 전쟁으로 피폐된 경제를 소생시키기 위해서는 전국적 규모의 계획경제가 최상의 선택이라고 판단했다.[1] 토지는 국유화되었고 경제활동에 국가의 개입과 규제가 강조되었다.

인도네시아는 다른 문제를 갖고 있었다. 300에 가까운 다양한 민족 구성에, 언어는 그보다 훨씬 더 다양했다. 지진대에 속한 넓은 해역에 산재한 1만 8천여 크고 작은 섬, 이질적인 종교 등으로 국민국가의 성립이 쉽지 않았다. 독립운동 지도자들의 노력으로 언어 통합에는 성공했지만, 1955년 최초의 의회선거에서 초대 대통령 수카르노Sukarno의 민족당PNI은 22.3%를 얻는 데 그쳤고, 2위와 3위였던 이슬람 정당이 각각 20.9%와 18.4%를 얻었다. 인도네시아공산당PKI도 16.4%를 얻었다.

정치적 안정이 시급한 국가였다.

말라야 연방은 1957년 8월 영연방 국가의 하나로 독립국가가 되었다. 이때 말라야 연방에 가입하지 못한 싱가포르는 독자적인 길을 가기 시작했지만 1963년 말레이시아 연방이 출범했을 때는 보르네오의 영국령 사바와 사라와크와 함께 합류했다. 이 과정에서 수카르노의 인도네시아가 보르네오의 일부 영토에 대한 연고권을 주장하면서 인도네시아와 말레이시아가 대립하였고, 또 1965년에는 화교 중심 도시였던 싱가포르가 연방에서 벗어나 독립해 나갔다. 인도차이나 3국 중 캄보디아가 1953년 독립국이 되었고 베트남과 프랑스의 인도차이나 전쟁에서 베트남이 승리하면서 베트남도 독립할 수 있었다.

전후 동남아 국가들은 전형적인 농업국이었다. 태국은 1937년 취업인구 중 88.6%가 농업에, 필리핀은 1949년 68.8%, 미얀마의 경우 1931년 69.5%가 농업에 종사하고 있었다.[2] 이런 높은 농업의존도는 전후 독립 이후에도 그대로 계속되었고, 식민지 시절에 형성된 단일경작 농업도 유지되었다. 1937~38년 기간에 태국 전체 경작지 중 94%, 인도차이나는 1937년 83%, 그리고 미얀마는 1940~41년 기간에 72%가 쌀 경작에 이용되고 있었다.

UN이 1946년에 파악했던 이 지역의 인구는 인도네시아가 7,529만 명으로 일본의 7,532만 명과 거의 같은 수준이었고 필리핀이 1,907만, 시암태국이 1,815만, 보르네오를 제외한 말라야 연방이 500만, 싱가포르가 95만 명 수준이었다. 오늘날 베트남으로 통일되었지만 프랑스가 분할통치했던 안남은 620만, 코친차이나는 520만 그리고 통킹이 960만 명이었고 캄보디아는 300만, 라오스가 100만 명이었다. 주요 국가의 인구는 남한 1,937만 명과 큰 차이가 없었다.[3] 그로부터 수년이 지난 1950년 인도네시아의 전체 인구는 6,954만 명, 미얀마 1,715만, 필리핀 1,858만, 태국 2,071만, 베트남이 2,481만 명이었다.[4] 인구의 규모로 보건대 이 지역은 이때까지도 일부 국가가 식민지로 남아 있으면서 정확한 국경이 정의되지 않았다.

식민지 시절에는 식민당국의 정책에 따라 이민이 많이 유입되었다. 영국이 인도와 미얀마를 분리하기 이전까지 미얀마에서는 인도인의 경제력이 커졌고, 영국 식민지였던 말레이시아와 싱가포르에도 역시 인도인이 이주하였다. 플랜테이션에 종사하기 위해 중국인이 대거 유입되었는데 이들은 특유의 근면성을 무기로 식민당국과 협력하면서 부를 쌓았다. 중국인은 또 제2차 세계 대전 기간에 동남아 지역 대부분을 침략했던 일본과도 협력하여 역시 부를 쌓는 기회로 활용했다. 민족 간의 차이는 문화 외에도 경제력 차이로 나타났고, 이 때문에 갈등의 폭발성이 자라나고 있었다.

독립 과정에서 자연스레 이념 경쟁이 싹텄는데 프랑스의 지적 세례를 받았던 인도차이나의 지도자들은 진보적이었거나 공산화의 길을 선택했고, 영국의 영향을 받았던 말레이시아나 싱가포르의 지도자들은 보수적 입장을 견지했다. 또 일본의 영향을 받았던 인도네시아나 미얀마의 지도자들은 제3의 길을 모색했다.

대외적으로 동남아는 중국 공산화와 여기에 대응했던 미국 정책의 영향을 받았고, 그래서 일부 국가는 미국의 우산 속에서 살아남는 길을 택했다. 특히 한때 미국의 식민지였던 필리핀은 미국과 자유무역을 했다. 인구와 면적에서 동남아 최대의 국가였던 인도네시아는 1955년 반둥Bandung에서 아시아-아프리카 29개국 정상을 초청하여 비동맹운동을 주도하기 시작했다.5 반둥회의를 주최한 5개국 가운데 하나였던 미얀마 역시 비동맹 쪽으로 기울고 있었지만 자신들의 고유한 색깔을 칠하기 시작했다. 말레이시아의 독립 과정에서 인도네시아, 필리핀, 말레이시아가 영토분쟁을 겪었다. 이는 후일 아세안을 창설하는 하나의 계기가 되었다.

독립 직후 새로 정부를 꾸린 각국의 정치엘리트들은 제국주의자들의 복귀를 두려워했으나 이 문제가 사라지자 이제 공산주의의 확산을 우려하기 시작했다. 한국전쟁 시기에 신생 필리핀에서 공산반군은 마닐라 부근까지 진격해 올 정도였고, 인도네시아에서도 공산당은 1960년대 중반 수하르토Soeharto가 정권을 장악할 때까지도 활동했다. 태국에서는 1960년대 중국과 베트남의 영향을 받은 일단의 공산주의자들이 주로 동북부나 남부의 밀림에서 정부와 다른 길을 모색하고 있었는데, 1970년대 두 번의 의거 속에서도 변화하지 않는 현실 정치상황에 실망한 일단의 젊은이들이 밀림으로 들어가기도 했다. 영국 식민지 시절, 독립운동의 일환으로 성장했던 말레이시아의 공산주의자들도 말레이시아가 출범한 이후 오랫동안 밀림에서 살았다.

그러나 이미 1980년대 초반이 되면 태국에서는 공산주의 활동은 더이상 버티지 못했고, 말라야 공산당도 1989년에 말레이시아 정부와 평화협정을 체결했다. 공산주의자들의 활동은 경제성장으로 사람들의 삶이 개선되자 더 이상 힘을 쓰지 못했다. 아세안의 공산운동을 뒤에서 지원했던 중국과 아세안의 관계가 개선된 것도 공산주의가 힘을 잃은 또 다른 이유였다. 물질적 풍요가 이상理想보다 인간에게 더 많은 영향력을 갖게 되면서 이상주의자들은 나이 들고 병든 몸으로 고향에 돌아왔다.

민족주의의 득세

동남아에는 현지 토착 민족과, 오랜 역사적 과정을 거치면서 현지에 정착한 화교, 그리고 영국 식민지 시기에 강제 혹은 자발적으로 이주해 온 인도계 인구가 있다. 토착민이라고 해도 극단적으로 인도네시아에서는 300여 종족이, 미얀마의 경우 9개 종족이 경쟁하고 있었다. 이러한 상황에서 민족 간 갈등이 잠재되어 있었는데 특히 현지인과 중국계 인구의 갈등이 간헐적으로 나타났다.

아세안 국가들은 불교, 이슬람, 가톨릭 등 다양한 종교를 수용하고 있다. 대부분의 국가에서 다수의 인구가 신봉하는 종교가 있었는데 필리핀의 가톨릭, 말레이시아·인도네시아·브루나이의 이슬람, 태국·캄보디아·라오스·미얀마의 불교가 그것이다. 그렇지만 가톨릭 국가라고 할 수 있는 필리핀에서도 일부 지방에서는 오래전에 아랍상인으로부터 수용한 이슬람이 아직 건재하고, 인도네시아에서 2002년에 독립한 동티모르는 포르투갈에서 전파된 가톨릭을 수용했으며, 발리섬 주민은 힌두교를 신봉한다. 가장 사정이 복잡한 국가는 미얀마였다. 버마족은 소승불교를 신봉했으나 영국 식민당국의 종족 간 분할 통치 때문에 일부 종족은 기독교를 받아들였고, 이는 종족과 종교의 갈등이라는 중층적인 갈등

구조를 만들어 냈다.

전후 선발 동남아 정치지도자들은 반공에 기초한 보수적 민족주의를 정치의 출발점으로 삼았다. 대외적으로 이들은 미국과 협력관계를 유지하면서 반중국 노선을 걸었다. 보수적 민족주의는 주로 화교가 중심이 된 공산주의 운동, 베트남전쟁, 그리고 자국 내 화교의 우월한 경제력 등에 대한 대응이기도 했다. 필리핀 라몬 막사이사이Ramón Magsaysay는 1953년 12월 취임식에 전통의상인 바롱barong을 입고 등장했다. 막사이사이가 항공사고로 사망하자 그의 뒤를 이은 가르시아Gracía는 1958년 '필리핀인 퍼스트 정책Filipino First Policy'을 실시했다. 중요 내용은 필리핀 기업에 희소자원이었던 외화를 우선 배분하는 것이었다.

다문화, 다종족, 다종교 국가인 인도네시아는 특히 국가통합이 중요했다. 초대 대통령 수카르노는 인도네시아의 건국이념으로 다섯 가지 원칙, 즉 판차실라Pancasila를 제시하여 통치이념의 근간으로 삼았다. 유일신에 대한 믿음, 국민 사이에는 정의와 문명의 실현, 인도네시아의 통합, 합의제와 대의제를 통한 민주주의 실현, 그리고 인도네시아 모든 국민에 대한 사회적 정의 등이다. 수카르노는 정당 난립에 의한 정치적 혼란을 해소한다는 명분으로 서구 정치제도의 모방이 아닌 인도네시아에 적합한 민주주의를 도입해야 한다고 주장했다. 그는 또한 일반 대중에 대한 엘리트의 교도적 역할을 강조하였다.

식민지 경험이 없었던 태국에서도 1932년 혁명 주도자의 한 명으로 전전과 전후 오랫동안 정권을 담당했던 피분 송크람Phibun Songkhram은 민족주의를 주장했다. 그는 태국 민족이 결코 서구인에게 뒤지지 않는다는 것을 강조하기 위해 1939년부터 국가가 우선이라는 라타 니욤Rattha Niyom으로 국민들이 해야 할 것과 하지 말아야 할 것을 강조했는데 그중 하나가 '옷 입는 법'이었다. 국민들에게 공공장소에서는 신발을 신고 모자를 쓰는 유럽의 패션을 강조했다. 특히 모자에 극도로 집착하여 '모자가 국가를 강하게 한다'는 표어까지 걸릴 정도였다.6 피분 송크람이 정권을 빼앗긴 1956년까지 이러한 민족주의 강조는 계속되었고, 화교도 차별을 받았다.

미얀마당시 버마에서 독립 직후 암살당한 아웅 산의 뒤를 이은 우 누 U Nu 정부는 의회 중심의 자유민주주의를 근간으로 하면서, 점진적 사회주의 경제를 실현하고자 했다. 우 누 정권은 불교 등 버마 전통의 정신적·문화적 전통을 가미한 사회주의 체제를 이상으로 삼았지만 권력은 취약했고 정정은 불안했다. 초기 독립운동가 그룹의 일원이었던 네 윈 Ne Win이 1962년 쿠데타로 정권을 장악한 후 공식적으로 버마식 사회주의를 천명했다. 네 윈은 버마사회주의계획당BSPP을 창당하고 버마식 사회주의의 근본철학으로 인간과 환경의 상호관계System of Correlation of Man and His Environment를 채택했다. 영국에서 활동한 경제학자 에른스트 슈마허Ernst Schumacher는 버마 지도자들의 정책 노선에 상당한 공감을 표하며, 〈불교경제학Buddhist Economics〉이란 글을 쓰기도 했다. 그는 경제성장이 정신적·종교적 가치보다 더 중요하다고 믿는 사람들에게 불교경제학을 권해야 한다고 했다.7 슈마허의 기대와는 달리 네 윈의 버마식 사회주의는 권위주의적 강압통치로 흘러 풍부한 농업의 기반 위에서도 공업화에 성공하지 못하면서 다른 아세안 국가들이 고도성장의 길을 걸을 때 낙오하였다.

베트남을 제외하고 동남아의 민족주의를 이야기할 수는 없다. 오랫동안 중국의 압력에 시달려 왔지만, 서슬 퍼렇던 청나라 시기에도 베트남은 칭제를 두려워하지 않았다. 프랑스의 지배 아래 독립운동을 했던 호찌민 胡志明은 1920년대 독립운동 과정에서 자신의 본명 대신 응우옌아이꾸옥완애국, 阮愛國을 사용할 정도였다.* 그의 지휘 아래 제2차 세계대전 직후 독립을 선포한 중북부 중심의 베트남은 냉엄한 국제정치 플레이어들과의 불화로, 다시 베트남에 진주한 프랑스와 싸웠고 그 후에는 미국과 전쟁을 치러야 했다. 아무도 예상하지 못했지만 민족주의로 무장한 베트남은 미국과의 전쟁에서도 승리하면서 통일된 단일민족국가를 건설할 수 있었다.

1차 산업 중심의 경제

제2차 세계 대전 종전 직후 동남아 대부분의 국가는 경제제도가 완비되지 않은 상태였다. 전쟁 중에 중앙은행이 설립된 태국을 제외하면 미얀마와 필리핀이 전쟁 직후에 중앙은행을 설립하여 다른 나라보다 빨랐다. GATT가 1947년 제네바에서 처음으로 관세인하 협상에 착수했을 때 영국은 미얀마를 대신했다. 영국 정부는 말라야 연방, 싱가포르, 영국령 보르네오를 대신해서 GATT 원칙을 승인했고, 프랑스 정부가 인도차이나를 대신했으며 네덜란드가 인도네시아를 대신했다.

---

* 호찌민이라는 이름은 제2차 세계 대전 도중 다시 한번 개명한 것이다.

전후 아세안은 국가마다 차이는 있었지만 쌀, 고무, 주석 등 1차 산품 의존도가 높았다. 태국, 미얀마, 인도차이나는 쌀 의존도가 높았고 말라야와 인도네시아는 고무 의존도가 높았다. 농업은 전체 경제의 대부분을 차지했다. 이 시기의 동남아를 나타내는 가장 좋은 설명은 푸른 논에서 자라나는 벼와 일하는 농부들이었다. 그러나 농업 생산성은 낮았고 전쟁이 끝나고 시간이 지나면서 인구가 급격히 증가함에 따라 자원에 대한 인구 압력 현상이 나타났고, 당연한 결과지만 빈곤이 보편적이었다.

미얀마, 말라야 연방, 태국, 인도차이나, 필리핀 등은 1차 산품 수출이 최대 외화획득원이었다. 쌀은 1948~56년, 미얀마 총 수출의 78%를 차지했고, 말라야 연방에서는 고무가 64%, 주석이 19%로 두 품목의 수출이 전체의 83%에 이르렀다. 태국도 쌀이 56%, 고무가 19%로 두 상품이 75%, 인도네시아는 고무 40%, 석유 22%, 주석 2%로 76%가 세 개의 품목이었다. 필리핀은 코프라야자씨의 배젖을 말린 것 및 코코넛유가 39%, 설탕 20%, 아바카 10%로 전체의 69%였다. 인도차이나의 경우 1948~54년 기간 고무 38%, 쌀 33% 등 2개 품목이 전체의 71%를 차지하고 있었다.[8]

그러나 1940년대 말 쌀의 수출은 1930년대 후반에 비해서 오히려 적었다. 1934~38년, 연평균 31억 달러의 쌀을 수출했던 미얀마는 1948~50년, 평균 12억 달러의 쌀을 수출했고, 세계 대전 이전에 약 14억 달러어치의 쌀을 수출했던 태국은 1948년 8억 달러에 불과했으며, 1949~50년 기간에야 평균 13억 달러 규모의 쌀을 수출함으로써 전쟁 이전의 수출금액을 회복할 수 있었다. 인도네시아, 말라야 그리고 필리핀

	1938	1948	1949	1950
말라야 연방	360	698	671	694
인도네시아	319	432	431	684
태국	42	96	94	112
인도차이나	60	44	43	48
영국령 보르네오	28	62	61	82
미얀마	7	9	9	9
아시아 전체	880	1,453	1,415	1,768
세계 전체	910	1,525	1,488	1,850

주: 롱톤은 영국 단위로 1롱톤이 1,016kg
자료: 유엔 아시아극동경제위원회(UN ECAFE), 1951

은 대부분 2억 달러 안팎의 쌀을 수입했다.[9]

그뿐만 아니라 수출 상품에 부과하는 수출세는 정부의 주요한 수입원이었다. 태국은 쌀 수출세와 쌀 전담수출기구의 이윤에서 나오는 정부수입이 1948~56년 동안 전체 수출액 대비 19.6%나 되었고 미얀마는 29.1%, 인도네시아가 11.8%, 말라야 연방이 9.9%였다. 또한 총 정부수입 중에서 수출과 관련한 활동에서 얻은 수입이 이 기간에 미얀마 40.1%, 말라야 연방 32.2%, 태국 28.6%, 인도네시아 7.0%에 이르렀다.[10] 쌀 수출이 없다면 정부의 재정활동이 지장받을 정도였다.

고무는 19세기 말과 20세기 초에 말레이반도를 중심으로 재배되기 시작했는데 기후와 토양조건이 고무 플랜테이션에 적합해 제2차 세계 대전 이전 이 지역의 고무 생산은 세계 전체의 대부분을 차지할 정도로 특화산품이었고 주요한 수입원이었다. 고무 생산량은 전쟁 이전과 비교해 대폭 증가했는데 예컨대 말라야와 인도네시아는 1950년의 경우 38년 대비 거의 2배에 이르렀다. 독립 투쟁으로 어려움을 겪던 인도차이나 지역의 생산이 감소했을 뿐 태국의 경우도 3배 가까운 생산 증가를 보였다. 전체 고용 중에서 농업 부문의 비율은 1960년 태국 82.3%, 필리핀 60.9%, 말라야 연방이 58.6%였다.[11]

농업의 다각화와 자원가공산업 개발로 1960년대에는 소수의 1차 산품 의존도가 약간 감소했지만 농업 중심의 경제구조는 1960년대 중반까지도 동일했다. 태국의 주요 수출품은 1965년 쌀 34.2%, 천연고무 15.8%, 황마 8.7%로 3개 품목이 차지하는 비중이 58.7%였고, 필리핀도 코프라 21.3%, 설탕 19.7%, 목재 18.5% 등으로 3개 품목이 59.5%, 말레이반도는 천연고무 44.1%, 주석 27.9%, 철광석 5.2% 등 3개 품목이 77.2%, 인도네시아는 천연고무 29.8%, 원유 24.8%, 석유제품 13.7%로 3개 품목이 전체의 68.3%에 이르고 있었다. 이에 비해 한국의 수출은 1960년 중석텅스텐 14.3%, 쌀 11.5%, 철광석 7.5%로 3개 품목이 33.3%였으나 1966년에는 의류 13.3%, 합판 7.2%, 가발 4.8%로 3개 품목이 25.3%를 차지하여 1차 산품에서 경공업제품으로 수출구조가 바뀐 상태였다. 한국의 의류 수출은 1962~66년 기간에 133.7%가 증가했고, 합판도 1960~66년 동안 연평균 208.6% 증가했으며, 가발의 경우 1960년에는 수출되지 않았던 완전히 새로 등장한 상품이었다.[12] 동남아가 한국에 비해 공업화가 늦었던 것이다.

농업과 관련하여 동남아는 두 가지 문제를 겪었다. 먼저 쌀농사의 생산성이 낮아 인구가 늘어나자 일부 국가의 쌀 수입이 증가하였다. 벼

생산량은 1961년 한국이 1ha당 4,148kg이었으나 아세안 국가들은 그 절반 혹은 1/3 수준에 불과했다. 인구가 급속히 증가하는 시기였다. 인도네시아와 같이 1961년에 연간 1,208만 톤벼 기준을 생산하여 동남아에서 가장 생산량이 높았던 국가조차도 자급자족할 수 없는 상태였고, 인도네시아, 필리핀, 말레이시아 등은 쌀을 수입했다. 필리핀은 이후 지속적인 쌀 수입국이었다.

또한 1차 산품의 국제가격 변동 폭이 커지면서 수출도 영향을 받았다. 농업 작황은 기후에 좌우되어 고무, 차, 비단 등은 가격의 변동폭이 컸다. 특히 한국전쟁의 발발로 국제 고무 수요가 증가하고 가격이 상승할 때는 상당한 이득을 보았지만 이러한 상태가 지속될 수는 없었다. 실제로 1960~66년 평균 수출증가율은 공업화를 시작한 한국이 연 40.1%, 대만 21.8%, 홍콩 11.5% 등이었고 자원의존도가 높았던 인도네시아는 −3.5%, 싱가포르 −0.5%, 말레이시아보르네오 제외 1.1%, 필리핀 6.9%, 태국 9.3% 등이었다.[13]

공업화에 대한 관심

1950년대 전반 동남아는 이미 수출에 크게 의존하고 있었다. 말라야 연방은 1952년과 53년 수출이 GDP에서 차지하는 비율이 61.7% 및 52.2%에 이를 정도였고, 미얀마와 태국도 20% 수준을 유지했다. 인도네시아와 필리핀만이 10% 수준이었다. 한국전쟁 직후이긴 하지만 한국의 수출의존도가 1.6% 정도였던 것에 비하면 큰 차이가 있었다.[14] 한국전쟁이 끝나자 동남아 1차 산품 수출국들은 무역수지가 악화되었다. 주요 수출품인 1차 산품의 생산이 약간만 증가해도 가격이 폭락하는 문제가 있었고, 일부 국가에서는 수출 가능 상품이 없었기 때문이다. 말라야연방은 경제를 지배하고 있던 영국 자본에 대한 배당금 유출도 많았다. 대부분의 아세안 국가는 외환유동성 문제에 시달리게 되었다.

이 당시에는 외화가 부족했던 대부분의 나라가 수입을 규제했는데 수입규제에는 수량규제뿐만 아니라 외화배분도 포함되었다. 특히 만성적인 무역수지 적자였던 필리핀에서 외화배분은 중요한 정책이었다. 무역수지가 적자인 상태에서 외국의 원조가 중요한 외환수입이 되기도 했는데 필리핀과 인도네시아가 특히 그랬다. 결국 1차 산품에 대한 의존도를 줄이기 위해서는 공업화가 필요하다고 인식하게 되었다.

동남아에서 제조업은 제분, 제당, 담배, 성냥, 종이 등 경공업 필수품에 한정되었다. 이런 상황에서 태국은 1954년에 제정한 산업투자장려법에 외국인투자 유치에 관한 내용을 담았다. 그러나 이 기간 여러 번의 쿠데타로 태국 정치는 불안정했고 피분 송크람 총리마저 쿠데타로 일본에 망명했기 때문에 효과는 없었다.

외환시장의 핍박으로 동남아 국가들은 수입대체 공업화에 관심을 가졌다. 1차 산품 외에 수출품이 없는 상태에서 고관세율, 수입억제를 위한 수입할당제, 외화배분을 통해 국내 산업을 보호하고 공산품의 수입을 줄이는 것이 외화부족 문제를 해결하는 방법으로 인식되었다. 수출장려보다 수입억제가 중시되면서 통화가치가 오히려 고평가되는 경향도 있었다.

필리핀은 자국 내에 진출한 미국의 다국적 기업과 미 정부의 지원을 받으면서 가장 강력한 수입대체 정책을 쓴 나라였다.[15] 화교 기업이 이러한 정책에 반발하기도 했지만 필리핀 기업인들은 수혜를 입었고, 1940년대 말에서 1960년대 초까지 성장한 이들에게는 수입대체 공업화 ISI 그룹이라는 이름이 붙었다. 마르코스가 1965년에 대통령이 되었을 때 큰 인기를 끌었던 이러한 정책은 1970년대에도 계속되었다. 마르코스는 극좌와 극우의 도전에 직면했다는 이유로 1972년부터 계엄령 통치를 시작했고 1986년 축출될 때까지 계엄령은 계속되었다. 필리핀 국민은 자신들의 역량을 시험해 볼 겨를도 없이 독재체제 속에서 살아야 했고, 마르코스와 인연을 맺은 기업인들은 수입대체 정책 아래서 이권추구에 열심이었다.

수카르노 대통령 시기의 인도네시아는 1950년대부터 제3세계 진영에서 중요한 역할을 했고, 그는 외국인투자를 제국주의의 연장선에서 파악했다. 민간 기업인 계층이 발달하지 않은 상태에서 국영기업이 심지어 섬유산업에까지 진출하고 있었다. 수카르노는 거대한 기념비를 건설하는 등 비생산적인 부문에 정부예산을 많이 사용했고, 국유화된 산업은 비효율적이었다. 재정적자는 국외 차입이나 중앙은행 차입을 통해 해결했다. 그 결과 수카르노 재임 말기 인도네시아의 인플레이션은 연간 1,000%에 달하기도 했고 채무가 빠르게 누적되었다.

막 독립한 아세안 국가들은 식민지 경험의 반작용으로 민족주의와 대내 지향적 성장을 선택하기도 했지만 이들은 풍부한 자원에 대한 믿음도 있었다. 1950년대의 동남아 국가들은 1차 산품 수출로 최소한의 외화를 조달할 수 있었다. 따라서 제국주의를 야기할 수도 있는 외국인투자에 큰 관심을 갖지 않았다. 현실적으로는 외환부족 문제가 있었다. 외화를 절약하기 위해 긴요하지 않은 상품의 수입을 억제하고 이를 국내에서 생산하는 수입대체 공업화가 치적으로 보였다.

모든 아세안 국가에서 수입대체 정책을 선택한 것은 아니었다. 싱가포르는 이미 1959년 산업육성을 위한 다수의 법률을 제정했고 1961년 UN 전문가의 도움을 받아 공업화 계획을 작성하고 이에 근거하여 경제개발청EDB을 설립했다. 싱가포르는 독립한 1965년 인구가 188만 명에 불과했고, 부존자원이 아예 없어 생필품마저 수입해야 했기 때문에 원천적으로 수입대체 정책이 불가능했다.* 일단 고용창출과 생필품의 수입을 위해서는 외국인투자를 유치한 수출주도형 전략이 필수적이었다. 또한 싱가포르의 주요 수출품은 천연고무였는데 1960년 대비 66년의 수출은 오히려 감소한 상태였다.

싱가포르는 1967년에 경제확대인센티브법Economic Expansion Incentive Act을 제정해 제조업 육성에 필요한 인센티브를 제공했다. 1970년대 초반 영국 해군이 철수하면서** 싱가포르 정부는 외국인투자 유치에 더욱 노력하지 않으면 안 되었다. 서구의 반도체 기업이 투자했고, 전자산업이 시작되었다. 어느 정도 고용 문제가 해결되자 싱가포르는 산업구조 고도화를 위한 프로그램을 시작했다. 임금위원회NWC가 임금상승률을 대폭 인상한 것도 그 일환이었다. 1980년에는 최초의 컴퓨터 디스크드

---

* 극단적으로 싱가포르는 식수까지 말레이시아로부터 수입하고 있다.
** 당시 영국군의 주둔은 싱가포르 경제의 주요한 부분으로 GNP의 15%, 4만 명에 달하는 고용이 영국군 주둔에 따른 것이었다.

라이브 공장이 설립되면서 전자부품산업이 발전하기 시작했다. 이후 컴퓨터주변기기산업이 신속히 전자산업의 중심으로 자리 잡았고 전자산업은 경제의 핵심이 되었다. 싱가포르는 1980년이면 한국, 대만, 홍콩과 함께 아시아 신흥공업국으로 불렸다.

수입대체 공업화는 낮은 품질의 상품을 생산하는 데 자원을 낭비할 수도 있고, 국내 기업의 육성 과정에서 정경유착의 폐해가 나타나기도 한다. 기업들은 보호받기 위해 고관세를 요구하고 또 인허가를 얻고자 로비한다. 필리핀의 마르코스, 인도네시아의 수하르토 등은 경제발전을 위해 유능한 기업을 육성한다는 차원에서 일부 기업에 특혜를 주었고 이들은 기회를 이용하여 부를 축적했다. 마르코스의 연고자본주의crony capitalism, 수하르토 체제의 수하르토 자녀들과 4인방 등이 그랬다. 태국에서는 군부 출신 정치인들이 피분 송크람 정권이나 사릿 타나랏Sarit Thanarat 아래 직접 기업을 차리거나 대기업의 지분을 소유하는 형식으로 이익을 챙겼다.

내수 지향형 외국인투자의 증가

싱가포르 경제개발청EDB은 외국인투자 유치를 위해 1960년대 후반 홍콩과 뉴욕에 사무소를 개설하고 자국에 관한 정보를 제공하기 시작했다. 미국의 500대 기업에 서한을 보내 투자를 권유하기도 했다.[16] 정부는 공업단지를 조성했고 금융도 정비했다. 드디어 1968년 미국 텍사스 인스트루먼트TI가 싱가포르에 반도체 공장을 건설했다. 600만 싱가포르달러가 투입된 반도체 공장은 1969년 완공되었는데 TI의 싱가포르 진출은 다른 미국 업체들의 싱가포르 진출을 촉발하면서 싱가포르 전자산업 클러스터의 출발점이 되었다.

1950년대 말레이시아에서는 고무가 경제의 생명과 같았다. 고무산업은 1961년 GDP의 16.9%, 1967년 15.0%를 차지하여 1960년대 내내 말레이시아가 자랑하는 산업이었다.17 이 시기 제조업이 GDP의 8.3%에서 11.6%로 증가했다는 점에서 고무가 얼마나 중요했는지 알 수 있다. 이와 같은 단일 산품에 대한 의존도를 줄이기 위해 대체 산품으로 팜유가 제안되었다. 팜유의 원료가 되는 기름야자는 1960년대 초부터 재배되기 시작해 곧 경작면적이 빠르게 증대했다.

건국의 아버지로 불리는 툰쿠 라만Tunku Rahman 총리 집권 후반기인 1968년, 말레이시아는 투자인센티브법 Investment Incentives Act을 제정했다. 국내에서 말레이계 국민과 화교 사이의 경제력 격차로 인한 갈등이 고조되어 1969년 5월에는 유혈폭동이 발생했다. 페낭주에서는 1969년 페낭개발공사Penang Development Corporation와 자유무역지대Free Trade Zone를 설립하고 외국인투자를 유치하기 시작했다. 수출을 강조하는 공업화 정책을 시작한 것이다. 1972년에 미국의 인텔이 코코넛 농장터에 반도체 공장을 설립하면서 페낭과 말레이시아의 전자산업은 시작되었다. 이 시기에 페낭에 입주한 AMDAdvanced Micro Devices Products, 휴렛팩커드, 클라리온, 내셔널세미컨덕터, 히타치세미컨덕터, 리트로닉스Litronix, 로버트보쉬Robert Bosch 등은 2018년 현재까지도 페낭에서 기업활동을 하고 있다.

제2차 석유위기 직후인 1980~85년 말레이시아는 중화학공업을 추진하면서 다시 수입대체 정책으로 전환했다. 국제 자원가격의 상승으로 외환 사정이 개선되었기 때문이다. 정부는 국민차 Proton와 중공업공사 HICOM로 대표되는 자동차, 기계, 철강산업을 자신들의 힘으로 육성하기로 했다. 그러나 1985년 국제 자원가격의 하락으로 말레이시아 경제는 심한 타격을 받았고 다시 수출주도 정책으로 전환했다. 말레이시아는 1986년 공업마스터플랜 Industrial Master Plan을 세웠고 1986년에는 투자진흥법 Promotion of Investment Act을 제정했다.[18] 일본의 대동남아 투자가 파도처럼 밀려들기 시작한 때였고 말레이시아는 동방 정책으로 일본을 벤치마킹 대상으로 삼았다.

태국에서는 1960년대 사릿 타나랏 정권은 산업육성을 위해 1960년 투자위원회 BOI를 설립했고, 동시에 외국인투자 유치도 강조했다. 그렇지만 높은 수입관세를 기반으로 한 수입대체 정책을 바꾼 것은 아니었다. 그래서 미국과 일본 기업이 주로 수입대체 부문에 투자했다. 일본 전자산업의 얼굴이었던 마쓰시타가 설립한 내셔널타이 National Thai가 1961년부터 건전지를 생산하기 시작했다. 뒤를 이어 히타치, 미쓰비시, 산요 등 다른 전자업체들도 태국에 진출해 라디오, TV, 냉장고 등을 생산했다. 1960년대 도레이 Toray, 테이진 Teijin 등이 진출하여 섬유산업을 육성했고, 닛산, 도요타 등 자동차 업체도 진출하여 태국 산업의 지형을 만들어 갔다.

1965년 수카르노가 실각할 때 인도네시아 경제는 최악의 상황이었다. 몇몇 자원에 의존하던 수출은 감소했고, 인플레이션은 1,000% 이상에 이르기도 했다. 대통령이 되기 이전인 1966년 정권을 장악한 수하르토는 경제안정화를 위한 프로그램을 마련했는데 이를 도운 학자들이 소위 버클리 마피아였다. 수하르토 시대와 함께 1967년에 외국인투자법을 제정하여 외국인투자를 유치하도록 했고, 수하르토가 직접 투자 유치를 위해 미국을 방문하기도 했다.

인도네시아는 1969년 처음으로 5개년 계획을 시작했다. 대표 산업인 섬유산업에 대한 정부의 보호는 계속되어 70년대 급격히 발전했는데 이때 외국 기업의 투자가 있었다. 일본 기업 중심의 섬유산업에 대한 투자는 1977년까지 전체 투자의 1/3 이상을 차지했다.[19] 인도네시아는 수카르노 이후에도 외국인투자에 대해서는 여전히 신중한 자세를 갖고 다른 나라와는 달리 투자한 외국 기업이 일정 기간 후에는 일정 지분을 인도네시아 측에 양도해야 하는 규정을 두어 왔다. 그러나 1990년대 전반 외국인투자의 규제를 대폭적으로 완화하면서 외국인 직접투자 유치 경쟁에 뛰어들었다.

주요국이 수입대체 공업화를 강조했던 1970년 전반 동남아는 외국인투자에 모호한 태도를 취했다. 동남아에서는 과도한 일본의 진출에 대해 반발이 있었다.[20] 외국인투자에 상대적으로 적극적이었던 말레이시아도 부미푸트라 정책은 외국인 직접투자를 제한하는 결과를 빚었다. 그러나 1970년대 말과 1980년대 초반의 세계적인 외채위기 속에서 외국인투자에 대한 시각이 바뀌면서 과중한 외채를 지고 있던 동남아에서도 외국인투자를 다시 보기 시작했다. 상대적으로 수입대체 성향이 낮았던 싱가포르와 말레이시아를 중심으로 외국인 직접투자 유입이 많았다. 싱가포르와 말레이시아는 1970~80년 외국인 직접투자가 가장 많이 유입된

국가 3, 4위를 차지했는데 연평균 3억 8,500만 달러와 3억 8,100만 달러가 유입되었다.[21]

수입대체 공업화의 위기

세계 경제에서 1960년대는 호황기였다. 제2차 세계 대전 종전 이후 지속되어 온 미국과 유럽에서의 경제건설 붐은 세계 경제의 황금기를 만들었고, 공산주의 확산을 두려워한 미국은 동아시아지역에 원조를 하고 시장도 제공했다. 경제성장률은 인도네시아가 1960년대 3.9%, 말레이시아 6.5%, 필리핀 4.9% 등으로 높지 않았지만 싱가포르와 태국은 각각 9.4%, 8.2%로 동북아 국가의 성장률에 근접했다.* 1970년대에는 제1차 석유위기가 있었고 이에 수혜를 본 말레이시아와 인도네시아의 성장률이 각각 8.3% 및 7.4%로 이전 10년에 비해 대폭 높아졌다. 자원 수입국인 태국과 싱가포르의 성장률이 낮아졌으나 싱가포르의 하락폭은 무시할 만했다. 태국은 비산유국이었기 때문에 석유위기에 타격을 입었고 필리핀은 60년대 대비 성장률이 70년대에는 더 높아졌으나 역시 비산유국으로 다른 나라의 성장률보다는 낮은 5.9%를 기록했다.

그렇지만 호황의 그늘에서 문제가 쌓이기 시작했다. 미국 존슨 대통령 시기 베트남전쟁 발발과 "위대한 사회"를 건설하기 위한 지출 증가로 미국 경제에 문제가 생겼다.[22] 닉슨 대통령은 1971년 금태환 정지를 선언함으로써 미국 경제의 문제를 인정했다. 더 큰 문제는 급격한 유가 인

---

* 이 시기 한국의 성장률은 9.5%, 일본은 9.4%로 아세안 국가들보다 더 높았다.

	1961~70	1971~80	1981	1982	1983	1984	1985
인도네시아	3.9	7.4	7.9	2.2	4.2	7.0	2.5
말레이시아	6.5	8.3	6.9	5.9	6.3	7.8	−1.0
필리핀	4.9	5.9	3.4	3.6	1.9	−7.3	−7.3
싱가포르	9.4	9.1	10.7	7.2	8.5	8.8	−0.7
태국	8.2	6.9	5.9	5.4	5.6	5.8	4.6
한국	9.5	9.3	7.2	8.3	13.2	10.4	7.7
일본	9.4	4.5	4.2	3.3	3.5	4.5	5.2

(단위: %)

자료: 세계은행(WB)

상으로 인한 경기침체였다. 1차 석유위기는 그럭저럭 넘길 수 있었으나 제2차 석유위기의 여파로 인한 세계 경기침체는 아세안 모든 국가에 영향을 미쳤다. 1979년 하반기에 폭등하기 시작한 유가는 1980년 상반기에 정점에 이른 이후 1982년 상반기 한때는 50% 가까이 하락하는 등 변동을 보였다. 유가 상승은 미국에도 영향을 미쳤는데 미국의 성장률은 1980년 −0.2%를 기록했다. 레이건 대통령이 1981년 1월 취임한 후 경기 진작과 보호주의 정책을 쓰면서 성장률은 1981년 2.6%로 회복되었으나 1982년에는 다시 −1.9%로 경기가 부진했다.

제2차 석유위기 직후에는 자원의존도가 높은 인도네시아, 말레이시아 및 자원 중계가 중요했던 싱가포르는 1979~80년 유례없는 높은 성장률을 기록했고 이를 기반으로 대규모 중화학공업 프로젝트를 시작하기도 했다. 이들에 비해 원유를 수입해야 하는 필리핀의 성장률은 1979년 5.6%에서 1980년 5.1%로 낮아졌고 태국의 성장률도 1978년 10.3%에서 1979년 5.4%로, 1980년에는 5.2%까지 낮아졌다. 싱가포르를 제외하면 수입대체 공업화 정책을 따르던 아세안의 산업은 수출경쟁력이 높지 않았다. 미국 경기의 침체와 보호주의적 경향은 미국 시장에 의존하던 필리핀이나 태국에 더 큰 부정적 영향을 미쳤다. 태국은 1983년과 84년 두 차례의 자국 통화 평가절하로 외환유동성 위기를 극복하고자 했다.

세계 경기침체는 유가 하락을 불러왔다. 인도네시아, 말레이시아, 싱가포르에도 문제가 생겼다. 싱가포르는 1985년 −0.7%, 말레이시아는 −1.0%라는 마이너스 성장을 했다. 상대적으로 내수 비중이 높았던 인도네시아의 성장률도 2.5%로 떨어졌다. 가장 큰 타격을 입은 국가는 필리핀이었다. 자원가격 하락에도 불구하고 필리핀은 1984~85년 평균 7% 이상의 역성장을 했다. 마르코스 정권 말기, 정점으로 치닫던 계엄령 통치에 따른 정치·사회적 불안정, 장기간에 걸친 연고자본주의에 따른 자원의 왜곡 분배, 그리고 수출 산업의 부재 등이 복합적으로 작용한 결과였다.

싱가포르의 경기하락은 의외였다. 신흥공업국으로 부상하던 싱가포르의 급격한 경기 반전의 이유를 한마디로 설명하기란 어렵다. 싱가포르는 1970년대 노동집약적 제조업을 육성하면서 임금안정 정책을 썼으나 노동력이 부족해지자 1979~82년 국가임금위원회NWC가 산업구조 고도화를 위해 임금을 대폭 인상하였다. 임금 조정은 1982년에 끝났기 때문에 임금 인상이 경기부진의 주요 이유라고는 할 수 없었다. 직접적인 이유는 1980년대 초 건설 붐 종료와 전자산업의 수출침체였다. 민간의 대형 빌딩, 정부의 지하철MRT 프로젝트가 1985년경에 끝났고, 또 싱가포

	1979	1980	1981	1982	1983	1984	1985	1986
인도네시아	–	–	-0.7	-5.9	-7.8	-2.2	-2.3	-4.9
말레이시아	4.4	-1.1	-9.9	-13.4	-11.5	-4.9	-1.9	-0.4
필리핀	-5.4	-5.9	-5.8	-8.6	-8.3	-4.1	-0.1	3.2
싱가포르	-7.9	-13.1	-10.4	-8.1	-3.4	-2.0	0.0	1.7
태국	-7.6	-6.4	-7.4	-2.7	-7.2	-5.0	-4.0	0.6
한국	-6.2	-10.5	-8.9	-7.1	-4.0	-1.8	-2.1	2.4
중국	–	–	–	2.8	1.8	0.8	-3.7	-2.3
인도	0.0	-1.0	-1.4	-1.3	-0.9	-1.1	-1.8	-1.8

자료: 세계은행

르 비석유 수출의 절반 정도를 차지하던 전자산업을 하이테크 및 고부가가치 산업으로 전환하기 위한 노력이 미국 등 세계 시장에서의 수요 급감으로 타격을 입었다.

이 시기에 아세안 주요국의 수출구조는 근본적으로 변하지 않았다. 1970년에 플랜테이션이나 쌀 의존도가 높았던 국가들은 여전히 여기에 의존하고 있었고 원료 농산물, 즉 고무 의존도가 낮아진 인도네시아와 말레이시아는 대신 유가 상승에 따른 연료 의존도가 높아졌다. 따라서 공산품의 수출비중은 인도네시아에서 1983년에도 여전히 낮은 6.4%에 그쳤고, 1970년에 비해 증가했다지만 말레이시아나 필리핀은 20% 중반에도 미치지 못했다.[23] 싱가포르와 태국이 다소 높았고 싱가포르는 48.2%에 이르렀지만 경쟁국에 비해 여전히 낮았다.*

---

* 한국의 공산품 수출 비중은 83.4%로 싱가포르의 2배 정도에 이르고 있었다.

수입대체 공업화 기간이 끝날 즈음인 1982년 아세안의 수출의존도 는 여전히 낮았다. 세계 시장에서 격리된 미얀마의 수출의존도는 1970 년 수준인 6% 수준에 그쳤고 인도네시아는 22.4%로 1970년에 비해 높 아졌으나 여전히 낮은 수준이었다. 말레이시아도 51.9%에 이르렀으나 이는 1970년 40.9%에서 크게 높아지지 않은 것이었다. 필리핀의 경우 는 오히려 19.1%에서 17.3%로 감소했고, 태국은 24.9%로 16.7%에 비 해 증가했으나 여전히 낮은 수준이었다. 이에 비해 한국은 14.3%에서 38.9%로 대폭 증가했다.[24]

경상수지 적자는 이 시기에 아세안에 골치 아픈 경제 문제였다. 싱 가포르의 경상수지 적자는 GDP의 10% 이상에 이르기도 했다. 말레이시 아의 적자도 1982~83년 기간에 GDP의 10% 이상이었고 인도네시아도 계속 적자였다. 경상수지 흑자는 현실적으로 수출과 수입의 차이에 주로 기인하지만 다른 한편으로는 경제 전체의 투자가 저축보다 더 많다는 것 을 의미한다. 따라서 경제가 호황일 때도 적자가 나타날 수 있는데 1970 년대 후반의 싱가포르를 비롯한 태국, 말레이시아의 대규모 경상수지 적 자는 이런 측면에 기인했다.

경상수지 적자는 자본수지 흑자, 즉 외국으로부터의 투자 유입이나 차입으로 해소되어야 한다. 아세안의 경상수지 적자는 외국인투자로 해 소할 수도 있었지만 적자 규모가 너무 컸다. 아세안은 차입, 특히 국제개 발금융기관 혹은 상업은행으로부터 차입했는데 그 결과 외채상환 부담 이 증가했다. 일부는 IMF의 긴급 지원을 받기도 했는데 필리핀이 대표 적인 국가였다. 이런 상태에서 1차 산업 중심의 성장전략에 의문이 일기 시작했다. 이들은 기존의 수입대체형 전략과 자원의존형 경제가 취약하다는 사실을 인식하게 되었다.

2. 수출주도 공업화와 경제발전

플라자합의와 동아시아지역의 외국인투자 증가

1980년대 초는 세계 경제의 격변기였다. 영국은 북해유전의 석유 덕분에 무역수지는 흑자를 기록했지만 저성장에 시달렸고, 미국은 무역수지와 경상수지 모두 대규모 적자였다. 대처가 1979년 5월 영국 총리에, 1981년 1월에는 레이건이 미국의 대통령으로 취임했다. 이들은 경제난을 해결하기 위해 고비용구조를 탈피하겠다고 천명하고 규제완화와 복지축소 등을 중심으로 한 이른바 신자유주의 정책을 선택했다. 신자유주의 정책이 얼마나 효과적이었는가에 대해서는 합의된 결론은 없고, 또 효과가 있다고 해도 경제가 하루아침에 극적으로 변할 것은 아니었다. 사실 영국의 실업률은 1981~83년 연평균 10%를 넘었고, 미국의 경우도 8% 수준이었다.

세계 경제질서에 큰 의미를 갖는 것은 미국의 무역수지 적자였다. 미국의 무역수지는 1970년대 후반부터 계속 적자였고, 1984년에는 처음으로 1,000억 달러를 넘어서 1,200억 달러대에 진입했으며, 1985년에는 1,300억 달러를 넘어섰다. 미국을 상대로 흑자를 낸 대표적인 국가는 일본과 독일이었는데 자원 수입국인 일본은 두 번의 석유위기 때 무역수지 적자였으나 1981년부터 흑자규모가 매년 큰 폭으로 증가했다. 일본의 흑자규모는 1970년 이후 독일보다 적었으나 1983년 이후에는 더 많아졌고, 1984년에 이르러서는 일본의 무역흑자는 335억 달러로 독일의 거의 두 배에 이르렀다. 한편 독일의 경우 1970년 이후 적자를 기록한 해가 한 해도 없을 정도였다.

미국은 일본에 무역흑자 감축을 강력하게 요구했다. 일본은 1981년 연간 168만 대의 자동차만 미국에 수출하도록 수출자율규제를 하는 등 미국에 성의를 보였지만 이러한 조치만으로 경쟁력이 약화되는 미국 산업을 구하기는 어려웠다. 1985년 9월 22일, 뉴욕 플라자호텔에 모인 미국, 일본, 영국, 독일, 프랑스 등 5개국 재무장관과 중앙은행 총재는 일본 엔화와 독일 마르크화 환율을 절상하기로 약속했다. 플라자합의로 불리는 이 조치로 이후 2년이 채 안 되어 엔화 가치는 달러화 대비 두 배 정도로 상승했고 수출에 의존하던 일본 기업들의 경쟁력은 떨어졌다. 이에 일본 기업들은 아시아 진출을 확대했다. 1980년대 중반 1차 산품 수출가격 하락, 외채 이자율 증가, 공적자금 유입 감소 등으로 국제수지 문제를 겪던 아세안 국가들도 외국인투자를 유치하기 위해 인센티브를 확대했다.

일본 기업이 가장 많이 진출한 곳은 태국이었다. 태국과 일본은 제2차 세계 대전 동안 같은 진영에 서 있었다는 점, 같은 입헌군주국이라는 점, 태국이 이슬람 국가가 아니라는 점, 그리고 이미 1960년대 일본 기업이 활발히 진출해 있었다는 점 때문에 일본 기업은 태국을 선호했다. 또한 태국은 1972년 외국인투자법Alien Business Law, 1977년에는 투자장려법Investment Promotion Act을 제정함으로써 다른 나라에 비해 외국인 투자제도를 먼저 갖추기도 했다. 1986년 하반기부터 태국에 투자가 급격히 증가하여, 1987년 한 해의 투자는 1960~86년까지의 누적 투자를 상회할 정도였다.[25] 태국 정부가 1986~90년 기간 승인한 외국인투자에서 일본 기업은 평균 47%를 차지했다. 이후에도 비중은 감소했지만 태국에서 쿠데타와 유혈 사태가 있었던 1992년을 제외하면 1994년까지 일본은 태국 최대의 투자국이었고 1993년에는 그 비중이 62.9%에 달했다. 이 시기 태국 경제의 성과는 거의 일본의 투자에 좌우되었다고 할 수 있었다.[26]

일본의 말레이시아 투자는 1980년대 초반 자원 분야에서 이미 활발했다. 1960~70년대 말레이시아는 내수시장이 크지 않아 일본 기업이 내수 지향 투자에 관심을 두지 않았다. 그래도 마쓰시타 전기가 1966년 소규모의 투자를 했고 이후 점진적으로 투자를 확대하여 마쓰시타그룹의 계열사 다수가 슬랑오르주Selangor의 사하 알람Shah Alam 지역에 입지했다. 절정에 달했던 1990년대에는 20개 이상의 마쓰시타 계열사가 제조 공장과 연구개발센터를 운영했다. 말레이시아의 외국인 투자제도는 투자기업의 수출에 따른 외자비율 규제 외에는 개방도가 높았다. 이 때문에 말레이시아에 대한 투자는 인도네시아나 필리핀에 비해 더 활발했다.

인도네시아는 1985년부터 외국인 직접투자에 대한 규제를 완화하기 시작했다. 기존에는 특정 개방 분야를 설정하여 그 외 분야에는 투자가 제한되었지만 100% 수출하는 경우 개방 분야를 확대했다. 1986년에는 외국인 투자기업의 활동 기간을 기존 설립부터 30년까지에서, 확장 승인 이후 30년간으로 변경했으며, 특정 조건에서 국내 시장에서 내국 기업처럼 판매할 수 있도록 하고 100% 수출 기업이나 낙후 지역, 위험성이 높은 사업, 1천만 달러 이상 프로젝트에 대해서는 외국인 투자지분을 95%까지 허용하면서 5년 내로만 80%로 감축하도록 했다. 또 1986년 적어도 85% 이상 수출하는 기업은 제한 없이 원료를 수입할 수 있도록 하고 수입관세를 면제해 주었다. 1987년에는 내국인에 대한 지분 이전기간을 10년에서 15년으로 연장하였고, 1989년에는 외국인투자 분야를 우선순위 리스트 대신 네거티브 리스트로 대체하고 외국인이 바탐Batam 섬에 투자하거나 혹은 100% 수출 시 지분 100% 소유가 가능하도록 했다. 이때 상업 생산 후 적어도 5%의 지분을 인도네시아에 양도하도록 했다. 또한 주식시장에서 외국인투자 상장기업 지분율을 49%까지 허용했다.

1980년대 후반 엔고와 함께 나타난 일본의 대아세안 투자는 새로운 파도였다.[27] 일본 기업은 기존의 생산시설을 확충했고, 기존 내수 지향 생산에 더해 제3국 수출을 위한 우회 생산도 늘려 나갔다. 아세안 5개국에 소재한 일본 현지법인은 1995년 10월 모두 3,589개가 있었는데 이 중에 36.7%는 1986년 이전에 진출했고, 33.1%는 1987년부터 1990년까지 4년 사이에 진출하여 이후 1991년에서 조사시점인 1995년 10월까지 진출한 28.1%보다 더 많았다. 1990년대 들어 일본 기업들이 상대적으로 인도네시아와 필리핀을 선호하면서 1980년대 후반보다 더 많은 법인이 양국으로 진출했다. 1992년 태국의 유혈 쿠데타가 일본 기업의 태국 투자에 부정적 영향을 주었기 때문이었다.[28] 이 시기 아세안의 산업 생산과 수출은 일본 기업의 투자에 좌우되었다.

일본 기업에 이어 한국, 대만 기업도 아세안에 진출했다. 플라자합의 이후 3저 시대에 한국이나 대만은 대미 무역흑자를 기록하며 미국의 강력한 통상압력에 직면하였다. 더구나 경상수지 흑자가 국내 물가를 자극하고 물가안정을 위해서도 흑자관리는 문제가 되었다. 게다가 이 시기에 한국과 대만에서 민주화가 진전되어 노동권이 강화돼 인건비도 급상승했다. 한국 기업들은 인도네시아와 태국으로 진출했고, 대만 기업은 전자산업 기반이 강했던 말레이시아와 태국으로 나갔다.

　외국인투자가 증가하면서 아세안의 투자에서 외국인투자가 차지하는 비중이 커졌다. 1985~90년 외국인 직접투자가 국내투자에서 차지하는 비중은 말레이시아에서 43.7%에 이르렀고 싱가포르에서는 59.3%에 달했다. 태국 10.2%, 인도네시아 7.6%, 필리핀 13.6%로 싱가포르와 말레이시아에 비하면 낮았으나 1980~85년 동안의 비중 각각 3.1%, 1.0%, 0.9%에 비해서 적게는 3배 많게는 10배 이상 높아졌다.[29] 아세안 각국의 전체 투자는 정부의 사회간접자본 투자나 다른 산업에 대한 투자를 포함하지만 외국인 직접투자는 주로 제조업 부문으로 유입되었기 때문에 아세안의 제조업 내 투자에서 차지하는 외국인 직접투자의 비중은 훨씬 높았다. 투자는 1990년대에도 활발하게 이루어졌고 경기는 호황이었다. 증권과 부동산시장이 호황을 보였고, 소비도 활황세를 보였으며 아세안 주요 도시에서는 여기저기 고층건물이 올라가고 있었다. 유능한 인재를 찾는다는 다국적 기업의 광고가 신문을 뒤덮을 정도였다.

수출 증가와 고도성장

　한국, 대만, 일본의 투자로 아세안의 의류, 신발, 기타 봉제품 등 노동집약적 경공업제품의 수출이 급속히 증가했다. 투자국에서 경쟁력이 저하된 산업에 속하던 제품이었다. 이 시기의 글로벌 밸류체인은 일본과 아시아 신흥공업국들의 기술, 자본재, 원재료 수출, 아세안의 가공조립, 아세안의 역외 시장 수출로 구성되었다. 아세안의 수출 시장은 미국, 유럽, 그리고 투자기업 모국이었으나 그래도 최대 시장은 미국이었다. 수출을 이끌었던 기존의 동북아시아 기업들의 주요 시장이 미국이었는데 이들이 생산지만 바꿔 그대로 미국에 수출했기 때문이다.

이 시기 아세안 선발 국가의 경제발전 특징은 공산품 수출이 견인한 제조업의 발전이었다. 총 수출에서 차지하는 공산품 수출은 인도네시아에서 1985년 13.0%에서 1995년 50%로 대폭 증가했고, 말레이시아도 27.2%에서 74.7%로, 필리핀은 26.8%에서 41.5%로, 싱가포르는 51.2%에서 83.9%로 급증했다. 태국도 마찬가지였는데 38.1%에서 73.1%로 증가했다. [30] 선발 아세안 국가의 수출의존도 상품수출/GDP 는 나라마다 차이가 있으나 수출의 증가에 따라 1985년 대비 1995년 모두 증가했다. 인구가 많아 내수시장 규모가 컸던 인도네시아는 소폭 증가했지만 말레이시아와 태국은 대폭 늘어났다. 싱가포르와 필리핀도 증가했다.

공산품 수출 증가와 제조업 발전으로 아세안 경제는 호조를 보이기 시작했다. 일본 기업의 투자가 먼저 유입된 태국에서는 1980년대 후반 성장률 평균치가 10.3%로, 그 이전 5년의 5.4%에 비해 두 배 가까이 증가했다. 싱가포르, 말레이시아, 인도네시아의 성장률도 대폭 상승했고, 1980년대 전반기에 마이너스 성장을 했던 필리핀조차도 마르코스의 축출 등 정치·사회적 격변에도 불구하고 성장률 평균치가 4.7%에 이르렀다. 1990년대 전반기는 정정이 불안했던 태국의 성장률이 둔화된 가운

	1961~70	1971~80	1981~85	1986~90	1991~95	1996
인도네시아	3.9	7.4	4.8	6.3	7.1	7.8
말레이시아	6.5	8.3	5.2	6.9	9.5	10.0
필리핀	4.9	5.9	−1.1	4.7	2.2	5.8
싱가포르	9.4	9.1	6.9	8.7	8.7	7.5
태국	8.2	6.9	5.4	10.3	8.2	5.7
한국	9.5	9.3	9.4	10.5	8.4	7.6

아세안 국가의 평균 경제성장률 추이 (단위: %)

자료: 세계은행(WB)

데 경기 활황이 말레이시아와 인도네시아로 확산되었다. 말레이시아의 성장률은 다른 아시아 국가들을 압도하며 평균 9.5%에 이르렀고 국가 규모가 큰 인도네시아도 7.1%의 성장률을 기록했다.

아세안 선발국의 경제성과는 기적과도 같았다. 세계은행은 1993년 싱가포르, 말레이시아, 태국, 인도네시아를 포함한 동아시아 8개국은 30여 년 이상 급속한 성장을 지속했고 이와 같이 장기간 고도성장을 유지한 경우는 세계적으로 유례가 없었다고 평하며 이들의 성장을 동아시아의 기적이라고 불렀다.[31] 아세안 선발국들은 경제성장 과정에서 소득 분배 영역에서도 성장이 불균형의 축소라는 바람직한 방향으로 전개되었다. 이 외에도 농업 분야의 급속한 생산 증가 및 생산성 향상, 공산품 수출의 급속한 증가, 출산율의 급속한 감소, 인적자본에 대한 높은 투자 등으로 동아시아 경제는 소득의 증가에 머문 것이 아니라 사회구조 전반의 개선으로 이어졌다.

경제성장으로 생활수준 또한 높아졌다. 인도네시아에서는 20년 동

	중등학교 진학률(%)		영아(0~5)사망 (천 명당)	
	1975	1995	1970	1995
인도네시아	20.5	48.0	169.6	66.6
말레이시아	45.7	57.8	51.7	13.4
필리핀	53.6	77.0	89.4	44.6
싱가포르	n.a	n.a	27.1	5.3
태국	22.9	53.5	98.1	24.7
베트남	n.a	41.9	73.7(1975)	44.3
한국	53.2	97.8	52.0	7.5

자료: 세계은행(WB)

안 6천5백만 명 이상이 빈곤에서 벗어날 수 있었다. 말레이시아와 태국
은 이 기간에 절대적 수준의 빈곤 문제를 거의 해소했다. 기대수명도 대
폭 증가했는데 1975년에 인도네시아에서 태어난 신생아는 47.9세까지
살 것으로 예측되었으나, 1995년에 태어난 아이는 63.7년을 살 수 있을
것이라고 전망되었다.[36] 아세안 선발 국가의 사례는 경제성장이 인간의
삶에 얼마나 이로운가를 여실히 보여주었다.

경제발전으로 교육기회도 증가했다. 교육은 인적자원을 개발하여
성장에 기여하지만 경제성장을 통해 자아를 더 깊이 인식하고 실현해 가
는 과정에서 중요하다. 선발 아세안 국가에서 교육에 대한 국민들의 인
식에는 차이가 있었는데, 극단적으로 싱가포르 같은 유교 전통을 가진
국가와 태국 같은 불교 전통을 가진 국가는 상당히 다른 양상을 보이며,
한 국가 내에서도 예컨대 태국의 경우 화교계와 현지 민족 간의 교육열
에는 차이가 있었다. 그럼에도 불구하고 소득증가에 따라 교육기회도 증

가했다.

고도성장으로 아세안 주요국은 성장의 도취 상태에 빠졌다. 성장에도 불구하고 무역수지 적자가 계속되자 각국 정부는 소재 부문 수입대체 정책을 추진했다. 기업들도 공업화로 수요가 증가하던 석유화학, 철강 등 소재 부문의 투자에 나섰다. 태국에서는 찻차이 춘하완Chatichai Choonhawan 정부가 '전장에서 시장으로'라는 슬로건을 걸고 태국을 대륙부 동남아의 허브로 하는 바트 경제권을 만들겠다는 포부를 보였다. 그 일환으로 정부는 방콕을 국제금융센터로 만든다는 계획에서 방콕을 국제은행중심지Bangkok International Banking Facility, BIBF로 육성하기 위한 금융 부문의 규제완화를 시행했다. 말레이시아에서는 1991년 마하티르Mahathir 총리가 또 다른 거대한 비전을 내놓았다. 1991년 제6차 계획에서 제시한, '비전 2020'이라고 명명된 이 청사진은 말레이시아가 2020년까지 경제적 번영, 사회적 복지, 세계 수준의 교육, 정치적 안정, 심리적인 균형 등 삶의 모든 측면에서 자족적인 공업국이 되겠다는 것이었다. 말레이시아는 또 신설 국제공항과 수도 쿠알라룸푸르를 연결하는 일대를 멀티미디어코리도라는 IT 지역으로 만들기로 하고 행정기관들을 입주시키기 시작했다.

지체된 국가들의 사정

아세안의 기적을 만든 국가들이 1980년대에서 90년대 전반기까지 고도성상을 이어 가는 동안 선발 아세안 국가 중 유일하게 필리핀만은 경쟁국들의 빠른 공업화를 지켜보고 있어야 했다. 마르코스 재임기 재계를 장악한 마르코스의 친구들은 자신들의 산업보호에 더 관심이 많았고 그 결과 수입관세는 다른 아세안 국가보다 높았다. 외채 문제 때문에 필리핀 경제 운용에 개입하고 있던 세계은행은 무역자유화를 권고했지만 소용이 없었다. 오히려 필리핀 정부는 1970년대에 들어 일관제철소, 디젤엔진, 석유화학 복합단지 등 11개 주요 산업 프로젝트 개발이라는 중화학공업화를 시도했다. 세계은행은 필리핀이 이러한 산업에 비교우위가 없다고 판단했으나 마르코스는 한국, 말레이시아, 인도네시아에서 부는 중화학공업화가 그럴듯하다고 생각했다. 그러나 곧바로 제2차 석유위기가 시작되면서 중화학공업화는 타격을 받지 않을 수 없었다. 한편 계엄령 아래서 1983년 마르코스의 정치적 라이벌인 베니그노 아키노 Benigno Aquino가 미국에서 귀국하던 중 마닐라 공항에서 암살당했고, 이후 1984~85년 2년 동안 경제는 뒷걸음쳤으며, 1984년 한 해에만 물가가 50% 이상 치솟았다.

1986년 마르코스가 축출되고 국민의 큰 기대를 안고 대통령이 된 코라손 아키노 Corazon Aquino 정부는 중기경제개발계획 1987~92에서 경기회복을 위해 단기적으로 재정정책을 사용하되 중기적으로는 시장 및 민간 주도의 경제를 지향하기로 했다. 정부는 필리핀 대학 UP 경제학자들의 적극적인 지원을 받아 기존 수입대체 정책을 농업 기반의 개발계획으로 변경하고자 했다. 농촌의 빈곤해소와 고용 및 소득창출을 목표로 우선순위를 농업개발에 두었다.[33] 중기계획은 종합적인 토지개혁도 포함한 것이었는데 분배의 정의를 달성하여 소농에게 이익이 돌아가도록 하자는 것이었다. 환율은 시장에서 결정되도록 변동환율제로 이행하고 세제개혁도 추진하기로 했다.

그러나 1980년대 후반은 외채 문제로 국론을 통일하기 어려웠다. 도입된 외채는 마르코스 시절 비생산적으로 사용되거나, 마르코스를 비롯한 정치인 그리고 기업가들이 해외로 빼돌린 사례가 많았다. 아키노 정부는 군부의 쿠데타 시도, 기득권층의 반발에 시달려야 했다. 신헌법에 담았던 토지개혁에 대해서는 토지에 기반을 둔 정치인들이 이런저런 핑계를 대어 가며 개혁을 원하지 않았다. 실제로 아키노 대통령 세력의 성격은 반 마르코스 세력의 연합체로 다양했기 때문에 아키노 대통령이 강력한 경제적 리더십을 발휘하기 어려웠다. 1990년이 되면 아키노 정부는 토지개혁 프로그램의 추진을 거의 포기하기에 이르렀다.[34]

마르코스나 아키노 정부에서 필리핀의 무역규모는 증가하지 않았고, 만성적인 무역수지 적자 상태였다. 1960년에서 95년 사이에 필리핀이 무역흑자를 기록한 해는 1973년 한 해뿐이었는데 그조차도 흑자규모는 1억 달러가 채 되지 않았다. 무역수지 적자는 고난 속에서도 유쾌하게 일하는 해외의 필리핀 노동자들의 송금액으로 충당하였으나 외채는 지속적으로 증가하여 1986년 외채규모는 GDP와 같은 수준이었다. 필리핀은 1949년 이후 거의 10년 주기로 외환위기를 겪었고 그때마다 미국이나 IMF의 신세를 져야 했다. 다른 아세안 국가들이 경기호황이던 시절, 필리핀에도 외국인투자가 유입되기는 했으나 근본적으로 수출과 제조업 구조를 바꿀 정도는 아니었다. 그래서 상품 수출의 대GDP 비율은 1985년 15.0%에서 1995년 23.6%로 미미하게나마 증가하기는 했으나 공산품 수출비율은 41.5%에 불과했다.

인도차이나 국가들 역시 아세안의 고도성장 대열에 합류하지 못했다. 네 윈의 버마식 사회주의와 군부통치는 미얀마를 국제사회에서 완전히 유리시켰다. 한때 자랑스러웠던 쌀농사도 생산성이 낮아졌고, 제조업은 거의 존재하지 않았다. 미얀마 통화 짯kyap의 공식 환율은 1달러당 6짯이었지만 실제 시장에서는 이보다 20배 이상 높게 거래되었다. 여행 안내서 《론리 플래닛-미얀마》에서는 미얀마를 방문하는 배낭여행객에게 공식적으로 반입이 허용되는 한도인 주류 1병과 담배 1보루로, 가장 저렴한 조니워커 레드라벨과 담배 777을 사 갈 것을 권유했다. 공항을 빠져나가면 바로 접근하는 미얀마인에게 이 술과 담배를 팔면 미얀마를 1주일간 여행할 수 있는 현금을 마련할 수 있을 정도였다.

정부는 경제난에 대한 국민의 불만에 강압통치로 대응했다. 견디지 못한 학생과 승려가 민주화 시위에 나섰지만, 오히려 군부가 1988년 9월, 국가권력을 장악하고 국가법질서회복평의회SLORC를 설치하여 내각 역할을 했다. SLORC은 사회주의헌법을 철폐하였고 집권당인 사회주의계획당도 해체함으로써 26년간 미얀마의 하늘을 맴돌던 사회주의를 포기했다. 군부는 외국인투자 유치에도 나섰다. 위로부터 추진하는 변화의 바람이 부는 듯했다. 이러한 변화를 기반으로 자신감이 생긴 군부는 1990년 다당제에 의한 총선을 실시했지만 군부의 예상과는 달리 아웅 산 수 치Aung San Swu Kyi 여사가 이끄는 반군부 진영이 설립한 민족민주동맹NLD의 압승으로 끝났다. 실망한 군부는 세계의 비판을 받으면서도 정권을 이양하지 않고 군부체제를 지속했다. 민주화의 길은 멀어졌고 서방에서 경제제재 조치까지 실시하면서 미얀마에 외국인투자가 유입될

여지는 없었다. 국제사회는 1991년 아웅산 수 치 여사에게 노벨평화상을 수여하는 등 압력을 행사했고 경제는 더욱 어려워졌다. 이 과정에서 서방 세계의 반대에도 불구하고 기존 아세안은 미얀마를 회원으로 가입시키는 것이 문제해결 수단이 될 수 있다는 합의에 이르렀다.

　캄보디아의 상황은 더 열악했다. 앙코르 와트의 문화를 꽃피웠던 크메르 제국의 영광은 15세기 들어 톤레사프Tonle Sap 호수의 일몰처럼 사라졌다. 앙코르가 붕괴한 1451년 이후 캄보디아는 거의 4세기 동안 태국의 영향을 받았고, 18세기 베트남의 힘이 커지자 이제 태국과 베트남 양쪽에서 압박을 받았다. 캄보디아는 고래 사이에 낀 새우 같은 신세로 프랑스가 베트남에 상륙하자 자발적으로 프랑스에 보호를 요청하였다. 베트남과 라오스를 지배한 프랑스는 캄보디아까지 포함한 인도차이나를 출범시켰다. 1953년 12월 독립한 캄보디아의 국왕 시아누크Sihanouk 는 냉전시대에 살아남기 위해 중립을 표방했고 베트남전쟁 과정에서도 미국 편에 서지 않았다. 1970년대 미국의 지원을 받은 것으로 알려진 친미론 놀Lon Nol 정권이 출범했으나 베트남의 침공으로 무너지고 폴 포트Pol Pot의 크메르 루즈 정권이 들어섰다. 폴 포트 정권은 인류사의 가장 큰 비극 중 하나인 킬링필드를 일으켰고 캄보디아는 내전에 접어들었다. 1991년 10월, 캄보디아의 4개 정파는 파리에서 평화협정을 체결하였고 유엔 잠정통치기구UNTAC의 통치를 수용했다. 선거를 거쳐 훈 센Hun Sen 정부가 들어섰다. 캄보디아가 다시 국제사회로 들어선 것은 1990년대 중반 이후였다.

　동아시아 경제가 고도성장하면서 인도차이나에도 변화의 바람이 불기 시작했다. 태국이 인도차이나반도의 중심국가로 부상하기를 꿈꾸었고, 베트남은 1980년대 후반에 개혁개방 정책을 시작해 외국인 직접투자를 유치하기 위해 법과 제도를 정비했다. 라오스 역시 개방을 시작했다. 1975년 파테트라오Pathet Lao에 의해 공산화된 이후 서방 세계에 적대적 자세를 취하고 있었으나 구소련 붕괴로 경제협력의 방향 전환이 필요해졌다. 라오스의 수도 비엔티안 외곽과 태국의 농카이를 연결하는 메콩강 제1우호교가 1994년 개통되었다. 호주 정부가 4,200만 호주달러를 지원하여 건설한 이 다리는 내륙국 라오스를 세계와 연결시켰다. 인도차이나의 4국은 1990년대 중반부터 아세안에도 가입했다. 서방 세계는 미얀마와 캄보디아를 신규 회원국으로 승인한 아세안에 불만을 표했지만 아세안은 이들을 국제사회로 이끌어 내는 것이 오히려 체제 전환에 도움이 될 것이라고 주장했다. 비록 이들이 국제사회에 편입되었으나 경제적 연계는 크지 않았다. 일찍 개방을 시작한 베트남의 경우 1995년 수출이 GDP의 23%에 이르렀을 뿐 미얀마, 라오스, 캄보디아는 통계조차 구하기 어려운 상태였다.

제2장

1990년대 후반,
동아시아를 강타한 외환위기와
아세안의 시련

1. 외환위기와 기적의 붕괴

거품 형성과 환율 폭등

수출 호조로 아세안 선발국 경제는 1990년대 들어 내수도 증가하고, 주식시장과 부동산 부문 모두 활황을 보였다. 경제가 가장 호황을 보였던 태국의 주가지수는 1989년 전년 대비 2배 이상 상승했고 이후 지속적으로 상승하여 1993년에는 1,600선을 넘었는데 이는 1988년에 비해 4배나 오른 것이었다. 제조업 부문을 다국적 기업에게 맡겨 둔 태국 기업인들은 금융·은행·유통·부동산에 진출했고, 은행 대출은 이 분야로 흘러 갔다. 1994년부터 주가는 하락세를 보여 1996년에는 800선으로 떨어졌다. 1996년에 팔리지 않은 빈집이 200억 달러 규모에 이르렀지만 부동산과 건설 부문의 연간 경제성장 기여율은 무려 절반에 가까웠다. 투자의 절반이 부동산에 관련되어 있다는 평가도 있었다.[1]

한편 1990년대 초 아세안 주요국은 대폭적인 무역수지 적자를 겪었고 경상수지 역시 적자를 면치 못했다. 태국의 경상수지 적자는 1993년

GNI의 4.9%에서 1995년과 96년에는 모두 8.0%로 증가했다. 인도네시아의 적자도 1995년 GNI의 3.2%, 96년 3.4%로 증가했다. 말레이시아 역시 1994년 6.1%, 95년 9.7% 그리고 96년에는 개선되었으나 여전히 4.4%에 이르렀다.[2] 경상수지 적자로 인도네시아, 태국 등의 외채가 증가했지만 정확한 외채규모를 파악할 수 없을 정도로 금융과 자본시장에 대한 감시가 이루어지지 않았다.

경상수지 적자가 증가한다는 것은 아세안 통화가 고평가되어 있다는 것을 의미했지만 아세안의 정책 당국은 조정을 주저했다. 태국 바트화는 달러화에 연동peg되어 있었고, 1980년대 중반 한때 대폭적인 환율 절하로 위기를 경험한 인도네시아는 루피아 환율을 1년에 3~4% 정도 평가절하하는 소위 크롤링crawling 정책을 사용했다. 말레이시아나 필리핀 통화 환율 역시 순수하게 시장에서 결정되지 않았다. 고정환율제는 경제주체에 불확실성을 제거해 준다는 장점이 있었지만, 대규모로 경상수지 적자가 지속되는 상황에서는 부작용을 야기할 수밖에 없었다. 1996년 말부터 외환시장에서 바트화 매도세가 꾸준히 이어졌으나 태국의 중앙은행과 재무부는 13년이나 유지해 온 달러페그제를 고수했다. 태국 시장에 대한 신인도는 시간이 지나면서 계속 낮아졌고 투기적 공격이 가속화되었다. 가용 외환보유고가 1997년 6월 말 10억 달러선까지 떨어지자 태국 정부는 7월 2일, 드디어 환율방어를 포기하고 변동환율제로 전환하였다. 같은 날 태국의 바트화 가치는 거의 20% 폭락했다.

바트화가 붕괴되자 지리적·정치적·심리적으로 밀접한 인도네시아, 필리핀, 말레이시아에서도 달러의 탈출이 시작되었다. 외환시장에서 아세안 통화의 투매가 나타나고 1997년 8월 말 시점에서는 대부분의 동남아 국가가 환율방어를 포기하기에 이르렀다. 국제통화기금IMF이 태국 지원을 결정하면서 상황이 개선되는 듯했으나 일단 불붙은 전염효과는 꺼질 줄을 몰랐다. 더구나 말레이시아가 금융시장에 다양한 규제를 시도하고 마하티르가 서방 금융자본에 대한 비난을 계속하면서 지역 전체의 신인도가 하락하는 상황이었다.

인도네시아는 차입경제의 구조를 띠고 있었다. 이미 1980년대에 금융자유화를 시작한 인도네시아에서는 기업들이 해외자금 조달을 통해 국내외 이자율 차이를 이용하여 이익을 얻고 있었다. 기업은 해외에서 저리에 자금을 도입하여 투자하거나 금리가 15% 이상인 루피아화 계좌에 돈을 예치하기만 해도 이익을 얻을 수 있었다. 환율 안정을 믿고 헤지 hedge를 하지 않은 채 외채를 도입한 기업들은 환율이 상승하자 원리금 상환을 위해 다투어 외화를 매집하기 시작했다. 인도네시아의 경상수지 적자가 GNI의 4% 수준으로 상대적으로 낮았고, 재정수지도 균형을 이루고 있었으며, 인플레이션도 낮아 외형상 태국보다 더 안정된 거시경제 환경을 유지하고 있었다는 점은 위안이 되지 못했다. 인도네시아는 1997년 10월 IMF의 우산 아래로 들어가기로 결정했다. 1997년 10월 31일, 인도네시아는 IMF와 협의하여 16개 은행을 폐쇄하기로 결정한다.

인도네시아를 제외한 태국, 말레이시아, 필리핀, 싱가포르 등의 통화가치는 1998년 1월에 들어서면 더 이상 하락하지 않았다. 그래도 97년 말까지 인도네시아 루피아는 같은 해 6월 말에 비해 55%나 하락했고 가장 안전한 싱가포르달러조차도 이 기간에 14.9%나 떨어졌다. IMF의 직접 지원을 받지 않은 말레이시아와 필리핀 통화도 35% 정도 가치가 떨어졌다. 루피아의 상황이 더 좋지 않았던 이유는 인도네시아 정부가 IMF와 맺은 협약을 계속 지키지 않으려 했기 때문이었다. 마침내 인도네시아가 IMF의 협약을 따르기로 하고 석유제품에 대한 보조금을 삭감하면서 유가를 인상한 1998년 5월 인도네시아는 걷잡을 수 없는 사태에 들어섰다. 인도네시아의 환율은 1998년 6월 17일, 1달러당 15,000루피아를 돌파했다. 환율이 상승하면서 인도네시아 기업들은 1997년 말부터는 이미 외채상환을 포기하고 있었다. 달러당 환율이 2,500루피아 수준에서 10,000루피아 이상으로 상승할 때, 달러로 이를 온전히 상환할 수 있는 기업은 많지 않았다.

환율이 폭등하자 금융권에도 문제가 생기기 시작했다. 이미 태국에서는 위기 발생 1년 전에 작은 상업은행이 부실화되자 중앙은행의 부속기구인 금융기관개발기금Financial Institutions Development Fund, FIDF에서 출자하여 해결하기도 했다. 1997년 3월에도 이름이 밝혀지지 않은 2개의 파이낸스사에 유동성이 지원되었다.[3] 이들의 부실은 모두 부동산 부문에 대한 과도한 대출 때문이었다. 금융시장의 불안정을 막기 위해 태국은 IMF의 1차 지원을 받기 전까지 파이낸스사 58곳의 영업을 정지시켰다. 이들 대부분은 심사를 거쳐 1997년 12월에 폐쇄되었다. 인도네시아도 처음 IMF와의 협약에서 금융안정을 위해 16개의 은행을 폐쇄했다. 그렇지만 오히려 같은 달 예금인출사태가 발생하여 전체 금융기관 자산의 절반이 빠져나갔다. 인도네시아와 IMF는 2차 지원프로그램을 발표하면서 1998년 1월 15일에 예금지급보장을 확인했고, 26일에는 인도네시아은행구조조정기구IBRA를 설립하면서 예금인출사태를 막기 위해 예금보장제를 시행했으나 이미 금융시장에 신뢰가 저하되어 유동성 지원이 불가피했다. IMF가 조사한 바에 따르면 1999년 상반기 말까지 외환위기를 겪은 국가들의 유동성 지원 규모는 가장 작은 필리핀이 GDP의 0.8%, 말레이시아 13%, 인도네시아 17%, 태국은 22%에 이르렀다.[4]

경제위기와 IMF 프로그램

태국에서 외화가 빠져나가자 IMF는 이미 1997년 5월부터 상황을 면밀히 지켜보고 있었다. 7월 태국 정부의 구제요청으로 IMF가 주도하는 172억 달러의 지원 프로그램이 만들어졌다. 세계은행, 아시아개발은행ADB이 지원기관으로 참여했고, 일본, 싱가포르, 한국, 말레이시아, 중국, 호주 등도 지원국으로 참여했지만 호주를 제외하면 모두 아시아 국가였다. 태국의 외환위기는 아시아의 문제에 국한된 것으로 여겨졌다. 태국과 IMF의 제1차 합의서에는 1997년과 1998년의 경제성장률을 2.5% 및 3.5%로 예상했다. 투자는 1997년 10.2%, 1998년 0.8% 감소하고, 인플레이션은 기말 기준으로 9.5%와 5.0%로 전망되었다. 경상수지 적자는 GDP의 5.0% 및 3.0%로 예상했다. 고금리가 불가피할 것으로 생각했는데 1997년 8월과 9월 기간에는 콜금리에 대해 12~17%로, 10월에는 11~16%를 참고 금리로 설정하였다.[5] 위기가 몰려오던 8월 8일까지의 금리가 14%로 비상하게 높았던 것을 감안한다면 참고 금리는 매우 높은 수준이었다. 실제로 IMF는 통화증가율 인하와 고금리가 외환시장 안정에 필요하다고 판단했다.

인도네시아와 IMF는 상당한 진통을 겪은 이후 1997년 11월 5일, 역시 태국과 거의 동일한 내용의 대기성차관합의Stand-by Arrangement에 이르렀다. 인도네시아 일각에서는 과연 IMF 지원을 요구해야 하는지 의문을 제기하고 있었고, 정부도 호락호락하지 않았다. IMF는 태국과의 협상과 비교해 훨씬 더 강경해져 경제 전반에 다양한 개혁조치를 요구하였다. 인도네시아와 IMF의 합의에 따른 의향서는 1997년 10월 31일 발표되었지만 여기에는 거시경제 지표에 대한 프로그램 목표치가 담겨 있지 않았다.[6] 그로부터 며칠이 지난 11월 5일, IMF는 언론보도문 형식으로 인도네시아에 대한 3년 대기성차관 101억 달러를 승인했다고 발표하고 여기에 주요 거시경제지표의 목표치를 수록했다.[7] 인도네시아-IMF의 의향서에 따르면 97년 말 인도네시아의 외채는 GDP의 60%인 1,400억 달러였고 단기외채가 330억 달러에 이르렀으며 외채 원리금 상환액은 상품과 서비스 수출의 1/3에 달했다.

인도네시아는 IMF와 약속한 프로그램을 성실하게 이행하지 않았다. 프로그램 상당 부분이 수하르토 가족과 친구들의 사업 활동을 제약하는 것이었다. 12월에 루피아 환율은 더 상승하였고 결국 1998년 1월 15일 인도네시아와 IMF는 한 번 더 대기성차관합의를 하지 않으면 안 되었다. 인도네시아의 수하르토 대통령이 합의서에 서명하는 동안, IMF 미셸 캉드쉬Michel Camdessus 총재가 팔짱을 끼고 지긋이 내려다보는 사진이 언론에 보도되었다. 대통령이 항복문서에 서명하는 것 같았고, IMF에 대한 국민의 반감은 높아졌다.[8]

수하르토는 1998년 3월에 다시 대통령으로 선출되었는데 그 과정에서 IMF와 상의 없이 새로운 환율제도 도입을 고려했다. 외환시장이 불안해지자 곧 다시 IMF 프로그램을 따르기로 하고, 5월 초에는 유류보조금을 축소하면서 유가가 대폭 인상되었다. 시민이 거리로 나섰고, 수하르토는 곧 사임했다. 6월에 체결한 두 번째 보충 프로그램에서 IMF는 인도네시아의 성장률을 −10%, 인플레이션을 80%로 예측했다. 제1차 합의에서 성장률 3.0%, 인플레이션 9.0%를 예상했던 것에 비하면 경제상황은 걷잡을 수 없을 정도로 나빠졌다. 외환부족으로 쌀 수입까지 곤란을 겪자 수하르토를 이은 하비비Habibie 대통령이 7월 초 쌀을 절약하기 위해 일주일에 2끼씩 금식하자는 전국적인 금식운동을 제안했다. 만약 1,500만 명이 참가한다면 1년에 300만 톤의 쌀을 절약할 수 있다는 계산이었다. 비극적인 운동이었다.

IMF 프로그램에도 불구하고, 지원대상국 경제는 물론이고 다른 아세안 경제도 예상보다 훨씬 더 악화되었다. 프로그램을 성실하게 수행한 태국의 1998년 1/4분기 경제성장률은 −7.8%였고, 인플레이션은 당초 예상한 5.0%에서 10.0%로 상승했지만 환율상승을 감안할 때 크게 나빠진 것은 아니었다. 이에 비해 인도네시아의 인플레이션은 1998년 80% 정도였는데 환율을 감안해도 상당히 높았다. 이와 같은 높은 인플레이션은 주로 유가와 수입식품가의 인상에서 기인한 것으로 국민 생활은 더욱 어려워졌다. 가동률 저하와 기업의 도산으로 산업 생산은 감소하고, 실업은 급증했다.

이와 같은 불황은 일정 부분 IMF 프로그램에 기인했다. IMF 지원 프로그램의 1차적인 목적은 긴축재정과 고금리를 통해 외환시장을 안정시키면서 경제의 신뢰를 회복하는 것이었다. 긴축정책으로 총수요를 억제한다는 목적은 정확한 상황 분석이 아니었다. 총수요 억제로 기업의 재고는 증가하고 가동률은 저하되었다. 실업은 증가했고 실직 우려로 소비는 더욱 위축되었다. 아세안의 대아시아 수출 비중이 50%가 넘는 상태에서 불황에 빠진 일본이 수입국의 역할을 포기했고, 위기에 빠진 다른 역내 국가들도 수입을 늘릴 여유가 없었다. 높은 환율 수준으로 수출경쟁력이 증가했지만 1998년 1/4분기 동남아 5개국의 달러 기준 수출은 증가하기는커녕 5%가 감소했다. 수출 물량이 대폭 감소했다는 뜻이다.

외화유출을 막기 위한 고금리정책은 가뜩이나 부채비율이 높은 기업들의 부담을 가중하였다. 운영자금 조달도 어렵지만 자금을 조달한다 해도 경기부진 상태에서 20%에 달하는 이자를 보전할 정도로 이윤율이 높은 사업이 있을 수 없었다. 기업의 도산은 증가하고 금융기관의 부실채권 역시 늘어났다. 은행은 신규대출을 늘릴 수 없었고, 기존 대출 회수에만 주의를 기울였다. 1998년 들어 아세안 주요국의 제조업 생산이 전년 동기 대비 급감했다. 위기 경험국가인 태국, 인도네시아, 말레이시아, 필리핀은 물론이고 싱가포르조차도 98년 3월부터 생산증가율이 감소했고, 5월에는 마이너스 성장세로 전환되었다.

IMF는 태국과 1998년 전반기까지 3차례의 중간협의를 했는데 그때마다 98년의 거시경제 목표치를 수정했다. 1998년 경제성장 목표치가 처음 합의서에는 3.5%였으나 97년 연말의 1차 협의에서는 0~1%로, 다음 해 2월의 2차 협의에서는 −3~−3.5%로 그리고 5월의 제3차 협의에서는 −4~−5.5%로 설정했다. 재정수지 적자도 원래 목표치에 비해 크

태국-IMF 합의의 1998년 경제 목표 지표				(단위: %)
	대기성차관합의 (1997. 8. 14)	제1차 협의 (1997. 11. 25)	제2차 협의 (1998. 2. 24)	제3차 협의 (1998. 5. 24)
경제성장률	3.5	0~1	−3~−3.5	−4~−5.5
투자증가율	−0.8	−6.5	−21.0	−24.0
소비자물가	5.0	6.0	10.6	10.0
통화증가율	11.0	6.8	5.1	9.0
콜금리	12~17 (97. 9)	15~20 (97. 11~98. 3)	목표 없음	목표 없음
재정수지	1.0	1.0	−2.0	−3.0
경상수지	−3.0	−1.8	3.9	6.9

자료: 국제통화기금(IMF), Thailand letter of Intent 여러 편

게 증가하였다. 경상수지는 흑자로 전환되어 외환시장의 안정에 기여했다. 경상수지 개선은 수출증대로 달성되기보다는 자본재, 산업용 소재 및 원료 등의 수입감소 때문이었다. 태국이나 인도네시아의 수출 산업이 부품산업이나 중간재산업의 취약으로 수입의존도가 높다는 점을 고려한다면 수입감소 자체가 바람직한 것은 아니고 오히려 성장잠재력을 잠식했다는 것을 의미한다.

경제난에 따라 IMF는 긴축정책을 완화하려는 움직임을 보였다. 통화증가율을 늘렸으며 고금리정책 또한 환율변동에 따라 신축적으로 대응하는 것으로 변했다. 태국과의 2차 및 3차 프로그램 협의에서 IMF는 고금리정책을 더 이상 강조할 수 없다는 현실을 인정하고 콜금리의 목표수준을 설정하지 않았다. 경기는 나빠졌고 증시는 계속 하락을 면치 못했다. 태국증권거래소지수SET는 1997년 6월 말 527.28이었으나, 98년 6월 말에는 267.33이 되어 1년 동안 49.3%가 하락했다. 인도네시아의

주가도 1997년 6월 말 대비 연말 44.6%가 하락했고, 98년 6월의 소요를 겪은 이후 다소 회복되었으나 전년 동기에 비하면 38% 이상 떨어진 상태였다. IMF의 지원을 받지 않은 3국의 주가도 대폭 떨어졌다. 특히 말레이시아의 경우 1998년 6월 말 주가가 외환위기 발생 전에 비해 57.7%가 하락하여 낙폭이 가장 컸다. 주식시장의 붕괴는 실물경제의 부진을 반영한 결과이지만 동시에 IMF 프로그램을 준수하거나태국, 인도네시아, 자발적으로 긴축정책을 사용말레이시아해도 대외신인도가 전연 해소되지 않았기 때문이기도 하다.

위기의 원인은 취약한 경제구조

외환위기 원인에 대해서는 장님이 코끼리 만지듯 다양한 평가가 있었다. 극단적으로 말레이시아의 마하티르 총리는 아시아의 발전을 질투한 서구, 특히 유태인의 음모로 위기가 발발했다고 평가했고, 진보 진영은 1990년대 이후 보수주의 물결과 함께 등장한 워싱턴 컨센서스의 신자유주의에 의해서 촉발되었다고 주장한다. 위기 직전의 거시경제지표는 이들의 견해를 뒷받침하는 듯이 보이기도 한다. 1996년 당시 경제의 취약성을 나타내는 인플레이션이 5% 이상 되는 나라는 인도네시아, 태국, 필리핀이었지만, 말레이시아나 한국의 경우 5% 미만이었다. 재정적자가 GDP의 2% 이상 되는 국가는 필리핀 정도에 불과했다. 정부채무가 GDP의 50% 이상 되는 나라도 필리핀뿐이었다. 그러나 실제로 필리핀은 태국과 인도네시아의 위기가 같은 동남아 내에서 일어난 사건이란 점에서 전염되었을 뿐이었다.

냉정하게 위기가 처음 발생한 태국부터 평가해 보면 원인을 외부에서 찾는 데는 무리가 있다. 태국의 위기 원인은 내부에서 고도성장 이후의 거품 형성과 국제경쟁력 저하, 외환·금융시장에서의 관리감독 정책의 부실로 나눌 수 있다. 경쟁력 저하는 중국의 부상에 따른 세계 시장에서의 경쟁압력 심화, 대량생산 제조업에서 국내 및 동아시아에서 과잉투자에 의한 과당경쟁과 교역 조건 악화, 그로 인한 경상수지 적자의 확대 등이었다. 금융 및 외환시장에서의 부실한 정책은 태국이 국제 금융시장을 육성하기 위해 국제은행중심지 계획BIBF을 추진한 이후 국내 고금리 상황에서 외화자본의 급격한 유입 속에 국제경쟁력을 반영하지 않은 환율의 고평가였다. 여기에 덧붙이면 금융·외환정책에 관계된 정치인들의 경제적 리더십 부족이 있었다.

태국의 1996년 수출액은 557억 달러로 95년의 564억 달러에 비해 감소했다. 다른 국가들의 수출액도 그 이전 시기에 비해 둔화되었으나 태국은 유일하게 감소했다. 특히 태국의 무역수지 적자폭은 다른 국가에 비해 더 컸다. 수출 둔화는 부분적으로 중국 상품에 비해 경쟁력이 저하되었기 때문이었다. 위안화는 1990년 달러당 4.8위안에서 93년 5.8위안까지 점진적으로 절하되었는데, 중국은 1994년 1월 8.6위안으로 대폭적인 평가절하를 단행했다. 이에 비해 태국, 말레이시아, 필리핀 등의 통화는 여전히 미국 달러에 긴밀하게 연계되어 있었기 때문에 가격경쟁력을 갖기 어려웠다.

또한 한국과 다른 아세안 국가에서 대량생산 제조업에 대거 투자를 확대함으로써 동아시아 수출 상품 가격이 하락했고 태국의 수출도

	1994	1995	1996	1997	1998	1999	2000
인도네시아	-1.6	-3.2	-3.4	-2.3	4.3	4.1	4.8
말레이시아	-6.1	-9.7	-4.4	-5.9	13.2	15.9	9.0
필리핀	-4.6	-2.7	-4.8	-5.3	2.1	-3.5	-2.7
싱가포르	15.5	16.4	14.4	15.3	21.6	17.0	10.8
태국	-5.5	-8.0	-8.0	-2.0	12.5	9.8	7.4
한국	-1.1	-1.8	-4.1	-1.9	10.7	4.5	1.8

자료: 세계은행(WB)

가격하락 때문에 수출 물량과 관계없이 감소했다. 이 점이 특히 중요한
데 1990년대 전반의 호황으로 아세안 각국은 철강, 석유화학, 사회간접
자본 등에 투자를 늘렸다. 이러한 과도한 투자는 세계 시장에서 동아시
아 상품의 가격결정력을 저하시키는 요인이 되어 교역 조건이 악화되었
다. 수출 부진과 내수 호황은 경상수지 적자를 야기했다. 경상수지 적
자는 대부분 상품무역수지 적자에 기인했다. 태국의 경상수지 적자는
1995~96년 2년 연속 GDP의 8%에 이르렀고, 말레이시아와 인도네시
아의 경상수지 적자도 높은 수준에서 유지되었다. 그럼에도 불구하고
1995년 6월에서 97년 6월까지의 실질환율은 오히려 상승하여 수출경쟁
력을 떨어뜨리고 있었다.

국제금융시장에서는 오랫동안의 경기침체로 금리가 하락했고 플라
자합의 이후 동아시아가 고도성장하면서 1990년대 들어 저리의 자금이
공급되기 시작했다. 금융자유화와 함께 기업의 해외차입이 가능해지면서
태국과 인도네시아 기업의 외채가 급증했다. 이렇게 외채가 누적되고 있

었으나 외환위기가 시작될 때까지도 인도네시아, 태국 등은 정확한 외채 규모조차 파악하지 못하고 있었다. 국제결제은행BIS이 수집한 통계에 따르면 1996년 말 외국 은행에 대한 채무가 태국은 702억 달러, 인도네시아는 555억 달러, 그리고 말레이시아가 222억 달러였다. 한국의 경우는 1,000억 달러였다. 태국은 1994년 말에 비해 260억 달러 이상 증가했고, 인도네시아도 200억 달러 이상 늘어났다.

금융의 세계화가 신중한 감독 없이 이루어졌다는 점은 중요한 약점이었다. 외환위기 이전에 태국에서는 외국 은행 포함 29개의 은행이 영업하고 있었으며, 준 은행 역할을 한 파이낸스사가 91개나 난립해 있었다. 1996년 버블 붕괴와 수출 감소로 기업의 자금경색이 심화되면서 파이낸스사들은 유동성 부족에 시달렸다. 태국 기업들은 90년대 중반 이후 수익성이 저하되었고 부실 비율이 증가하여 은행의 무수익자산 비율 NPL도 40% 이상에 달했다. 화교 가문의 은행과 파이낸스사들은 연고 영업을 했기 때문에 사업타당성 평가를 충실히 하지 않았고 기업실적이 악화되자 부실채권이 급증했다.

인도네시아의 금융위기는 과도한 외채, 기업의 과다 채무, 금융기관의 난립에 기인했다. 인도네시아에도 외국 은행 10개를 포함하여 상업은행이 238개나 난립했고, 대기업집단은 자신의 기업자금 조성 창구로 2~3개의 은행을 소유하는 경우가 대부분이었다. 은행을 소유한 모기업은 예금자의 돈을 쌈짓돈 쓰듯이 비효율적인 사업에 쏟아붓고 있었다. 인도네시아는 은행의 지배주주 등 관계자에 대한 법정대출비율Legal Lending Limit을 설정하고 있었으나 이를 준수하는 은행은 거의 없었다.

또한 인도네시아는 이미 1980년대부터 자본자유화를 시행함으로써 기업들은 해외차입을 통해 과도한 외채를 지고 있었기 때문에 외환위기와 함께 환율이 상승하자 환차손으로 대규모 적자가 따라왔다. 기업의 부실이 심화되자 1998년 초 금융기관의 NPL 비율은 49% 수준에 이를 정도였다.

좀 더 경제·사회적인 측면을 강조하는 견해도 있다. 경제활동의 세계화와 과거 30여 년간의 경제성장으로 아세안의 중산층이나 저소득층조차도 경제성장의 과실을 나눠 갖는 데 만족하지 않고 경제적·정치적 의사결정 과정에 참여하려는 욕구가 증가했다는 것이다. 아세안의 외환위기는 이 세계화와 참여 욕구라는 두 가지 요인에 정부가 적절하게 대응하지 못하면서 시작되었다.[9] 이 점에서 위기 이후 지속가능한 성장이 이루어지기 위해서는 세계화와 참여 욕구 증대에 어떻게 대응하는가가 중요하다. 세계화 관리, 경기활성화 그리고 새로운 사회계약이 특히 중요한 과제가 된다.[10] 여기서 새로운 사회계약은 결국 거버넌스governance의 중요성을 말한다.

2. 외환위기의 유산

험난한 구조조정의 길

외환위기는 국제경쟁력 하락에 따른 수출 부진, 과잉투자로 인한 기업의 채무 증가, 외환시장에서 환율 급등, 이에 따른 기업의 채무불이행,

은행의 부실화, 금융신뢰도 하락에 따른 금융시장 붕괴 순으로 나타났다. 아세안 각국 정부는 단계별로 금융시장 붕괴를 막기 위한 예금지급 보장, 긴급유동성 지원, 부실 금융기관의 구조조정, 즉 폐쇄 등의 조치를 취했다. 또한 금융시장의 신뢰를 회복하고 금융기관의 체질강화를 위해 위기 과정과 이후에 금융기관을 합병하고, 부실채권을 매각했으며, 신규 자본을 공급했다. 금융 구조조정과 함께 기업 구조조정도 진행되는데 단기적으로는 채무 문제를 해결하기 위한 채무탕감, 채무를 자본금으로 전환하는 출자전환, 장기적으로는 기업들의 부실사업 정리, 신규 유망 산업 진출, 그리고 기업 지배구조 개선 등을 포함하고 있었다. 채무의 출자전환은 부실 대출을 보유한 은행의 입장에서도 해당 기업이 생존할 수 있다는 확신만 있다면 수용할 수 있는 정책이었다.

태국은 IMF의 지원과 함께 파이낸스사를 대거 정리했다. 또한 대부분 화교 가문이 소유했던 상업은행에 대해 자체적으로 자본을 확충하도록 독려했다. 일부 극도로 부실한 소규모 은행에 대해서는 중앙은행에 설립되어 있는 금융기관개발기금FIDF이 자금을 공급했으나 원칙은 자체 자본 확충이었다. 은행들은 독자적으로 외국의 전략적 파트너를 구하거나 소규모 은행 일부는 정부의 개입 이전에 외국에 매각했다. 싱가포르개발은행DBS, 네덜란드의 ABN-AMRO 은행이 소규모 은행을 매입했다.

경제상황의 악화로 부실이 계속 증가하면서 민간 주도의 은행 정상화 정책이 효과를 발휘하지 못하자 태국 정부는 1998년 8월, 은행의 자산 건전화를 위해 정부가 공적자금을 투입하여 자본 재구축을 지원하되, 기존 주주도 책임을 지도록 독려하기로 했다. 이러한 시장친화적 금융

구조조정의 효과도 크지 않았다. 민간은행 주주들은 자신들의 소유권 약화를 우려하여 정부의 자금 투입을 적극적으로 요청하지 않았고, 기업의 채무구조를 조정해도 신규 부실이 발생하여 무수익자산 비율이 높은 수준에서 유지되었다. 이에 2001년 탁신Thaksin 총리는 새 정부 출범과 함께 NPL 문제를 해결하여 기업 구조조정을 촉진하고 경제를 재건하기 위해 한국과 같은 중앙집중식의 태국자산관리공사Thai Asset Management Corporation, TAMC를 설립하여 NPL을 인수하기 시작했다.

태국의 많은 부실기업이 문을 닫았고 주요 대기업은 구조조정을 단행했다. 왕실이 소유한 시암시멘트그룹은 자동차, 철강, 석유화학 등 새로 진출하던 분야에서 합작 파트너에게 지분을 매각하는 형태로 구조조정을 선택했다. 그룹의 다양한 사업범위도 축소하였다. CP그룹은 중국에 진출한 사업을 상당 부분 정리했고 농가공 사업도 더욱 효율화하기 위해 다수의 회사를 합병시켰다. 물론 석유화학 업체로 수십억 달러의 채무를 지고 있던 TPI와 같은 석유회사들은 현실을 인정하려 하지 않았다. 수년 동안 은행 및 정부와 싸우면서 구조조정을 지연시키기도 했다.

인도네시아의 금융 구조조정은 위기의 정도가 더 심했기 때문에 훨씬 복잡하고 어려웠다. 인도네시아는 1997년 말과 98년 상반기 금융시스템의 붕괴를 막기 위해 예금지급보장제를 실시하면서 중앙은행이 대규모 유동성을 지원했다. 환율이 가장 크게 급등했고, 경제위기가 정치·사회적 위기로 확산된 인도네시아에서는 최대 은행인 살림그룹의 BCA은행을 중심으로 대규모 예금인출사태가 발생했다. 이러한 금융시장 붕괴에 직면한 정부는 자금을 공급하지 않을 수 없었다. 당좌대출 형식으로 당시 170조 루피아의 유동성을 지원했다.

　인도네시아의 금융 구조조정과 공적자금 투입은 중앙은행과 외환위기 이후 발족한 인도네시아은행구조조정기구IBRA를 중심으로 진행되었다. 1998년 초 발족한 IBRA는 한국과는 달리 부실자산 처분과 자본 재구축을 위한 자본 투입기관이 통합되어 있었으며 2004년까지 한시적으로 운영되기로 했다. IBRA는 금융 구조조정 과정에서 폐쇄하거나 정부가 인수한 은행, 그리고 자본 재구축 은행 등 73개에 달하는 은행의 부실채권을 인수했다. 부실채권을 상환해야 할 채무자 수는 12만 명 이상이었고 부실채권 규모는 2001년 6월 말 기준 310.7조 루피아에 이르렀다. 이 중 채무가 많은 21대 채무자에 대한 채무가 90.8조 루피아, 50대 채무자의 경우 138.7조 루피아에 이르렀다. IBRA는 이들 21대 및 50대 채무자와는 MOU를 체결하여 채무를 회수하기로 했다.

　또한 IBRA는 예금인출사태 시기에 일부 민간은행에 유동성을 공급하면서 국유화를 단행했다. 이들 살아남은 은행에 대해서도 이들이 위기 이전에 은행 소유자에게 법정대출한도를 초과한 부분을 회수하기로 했다. 즉, 실패한 은행 전 주인의 위법에 대한 자금회수로 이는 정부의 유동성지원 회수에서 가능성이 가장 높은 부분이었다. 예를 들면 BCA은행을 갖고 있던 살림그룹으로부터는 52.6조 루피아의 대출을 회수해야 했는데 이를 위해 정부는 살림그룹으로부터 108개 기업의 지분을 양도받았다. 여기에는 인도네시아 최대 자동차 회사인 아스트라인터내셔널 지분 24.3%도 포함되어 있었다. 인도네시아 제2의 은행으로 인정받았던 다나몬은행의 주인 우스만Usman 그룹으로부터는 12.5조 루피아 대신

순위	기업명	그룹	업종	매출액		대주주 (2019)
				1996	2010	
1	Astra International	아스트라	지주회사 겸 자동차	4,966	14,427	자딘사이클 앤캐리지
3	Indocement Tunggal	살림	시멘트	1,808	1,236	하이델베르크 시멘트
4	Indofood	살림	지주회사 겸 식품	1,196	4,262	퍼스트퍼시픽 (홍콩)
5	Bank Danamon Indonesia	다나몬	은행	1,180	2,041	싱가포르 테마섹지주회사
7	HM Sampoerna	삼포르나	지주회사 겸 담배	1,002	4,815	필립모리스
8	Bank International Indonesia	시나르 마스	은행	987	943	말레이시아 메이뱅크
11	United Tractors	아스트라	중장비	838	4,142	자딘마치슨

자료: 각 기업의 연차 보고서, 뉴스보도 등에서 정리

에 27개 기업 지분을 양도받는 등 모두 112.8조 루피아를 대신해 228개 기업의 지분을 넘겨받았다.

IBRA는 양도받은 기업의 지분을 해외에 매각했는데, BCA은행에 대해서는 2000년 5월에 기업공개를 통해 22.5%의 지분을 일반에 매각함으로써 일부를 회수했다. 또한 IBRA는 2002년 3월 BCA의 지분 51%를 미국의 헤지펀드 패럴론캐피털Farallon Capital에 5억 6,750만 달러당시 환율로 5.6조 루피아에 매각했다. 패럴론캐피털의 뒤에는 인도네시아의 다른 화교 기입인 담배회사 자룸Djarum이 있었는데, 2019년 현재 자룸은 싱가포르개발은행으로부터 2016년 아세안 최대의 은행 자리를 넘겨받은 BCA의 지분 51%를 보유하고 있다.

동시에 IBRA는 양도받은 다른 기업들의 지분도 해외에 매각했다. 매출액 기준 1996년 인도네시아 상장 기업 11개 중 2017년 현재 해외에 매각된 기업은 7개이다. IBRA는 아스트라인터내셔널 지분을 싱가포르의 자동차 유통업체인 자딘사이클앤캐리지에 매각했다. 96년 매출 3위였던 인도시멘트 Indocement는 독일의 하이델베르크시멘트 Heidelberger Zement에 매각되었고, 5위였던 다나몬은행은 싱가포르의 테마섹에 매각되었다. 해외로 매각된 기업 중 인도시멘트와 뱅크 인터내셔설 인도네시아만 제외하면 2010년까지 매출이 회복되었다. 특히 아스트라의 매출액은 1996년 50억 달러에서 2010년 144억 달러로 증가했다.

떨어진 경제 역동성

외환위기는 아세안의 많은 것을 바꾸었다. 외환위기의 발생에도 불구하고 대안이 없다는 이유로 인도네시아는 간접선거에 의해 76세의 노쇠한 수하르토를 다시 대통령으로 선출하여 복잡한 인도네시아의 앞날을 7년 더 맡기기로 했다. 1998년 3월 10일이었다. 국민들은 거의 자포자기 상태로 국민협의회에서 단독 출마한 수하르토를 대통령으로 선출하는 것을 지켜봐야 했다. 그러나 시민들은 IMF 정책이 자신들의 삶에 직접적인 영향을 미칠 때, 인도네시아의 시스템을 바꿔야 한다는 생각을 하게 되었다. 5월 유가 인상과 함께 일어난 시민 소요는 정부의 부적절한 대응으로 인해 폭동으로 변했다. 예금인출 사태가 벌어지고 화교들이 공격을 받았다. 많은 화교들이 자카르타를 떠났고 그들과 함께 돈도 같이 떠났다. 인도네시아 경제개발의 아버지 Bapak Pembangunan라 불렸던 수하르토는 5월 21일 물러났다. 1967년 권력을 장악한 후 31년 만이었다.

수하르토의 퇴임은 1968년 그가 대통령으로 취임한 이후 수카르노와 구별하기 위해 주창한 신질서 Orde Baru 시대의 종말을 의미했다. 신질서는 경제개발을 위한 정치질서 유지를 핵심 내용으로 했으나 정치질서 유지는 대중의 정치 참여를 차단함으로 달성되었다. 수하르토가 권력을 장악하는 과정에서 좌파 인사를 비롯하여 수많은 사람이 희생되었다. 군부는 군의 이중 기능 Dwi Fungsi을 이유로 강력한 정치적 역할을 했고 반대자들을 억압했다. 수하르토의 뒤를 이은 대통령은 오랫동안 인도네시아 과학기술의 발전에 관심을 가졌던 하비비였으나 테크노크라트였던 그의 정부는 오래가지 못했고, 이어 종교지도자에서 정치인으로 변신한 압두라만 와힛 Abdurrahman Wahid 역시 종교지도자와 정치지도자는 달라야 한다는 사실을 깨우쳐 주면서 조기에 물러났다. 인도네시아는 수카르노의 딸인 메가와티 Megawati 대통령 시기와 다시 군인 출신이었지만 생각하는 장군이라고 불렸던 유도요노 Yudhoyono를 거치면서 제도적 민주화를 진전시켜 나갔다. 그리고 1990년대의 인도네시아를 관찰했던 사람들이 전혀 생각지도 못했던, 국민에 의한 대통령 직선제를 확립시켰다. 아직 정당이 이념에 따라 분화한 영미식으로 발전한 것은 아니지만 제도적 민주주의가 정착했다.

태국에서는 외환위기 직후에 군부 출신인 신여망당의 차왈릿 용차이웃 Chavalit Yongchaiyudh 정권이 퇴각하고 전문 정치인 출신인 민주당의 추안 리크파이 Chuan Likphai 정권으로 바뀌었다. 추안 리크파이는 IMF와 협조하여 금융 구조조정과 기업 구조조정을 추진했다. 외환위기로 정치제도도 개혁되었다. 선거구제가 중선거구제에서 소선거구제로 바뀌었고 의원이 되기 위한 조건도 까다로워졌다. 추안 리크파이 정부는 오래가지 못했다. 정치제도 개혁으로 소선구제가 도입되었고 경제난이 지속되자 재벌 기업인에서 정치가로 변신한 탁신 친나왓Thaksin Chinnawat이 정권을 이어받았다. 탁신은 태국 정치사에서 정책으로 선거를 치른 최초의 총리였다. 나중에 대중영합주의라고 비난받은 주요한 정책, 즉 태국 전역 각 마을에 일정 자금을 무상배분하고, 30바트에 병원에 갈 수 있도록 하고, 일본의 정책을 모방하여 1땀본 1프로덕트One Tambon One Product 운동을 실시했다. 그의 정책은 방콕 중산층의 반발을 샀지만 정책의 수혜를 받는 농촌 지역에서는 환영받았다. 인기가 높아지면서 자만한 탁신은 통신사 AIS의 지분을 가진 가족회사 신그룹Shin Corp 지분을 싱가포르의 테마섹지주회사에 매각했다. 국가 기간산업을 싱가포르 정부 지주회사에 매각했다는 점, 탁신 가족이 양도소득세를 물지 않았다는 점은 적어도 당시의 규정에 불법은 아니었지만, 외환위기의 경험이 생생했던 기득권층의 반발을 산 데다 그해 가을 왕실의 암묵적인 묵인이 있었다는 평가 속에 탁신은 쿠데타로 실각했다.

　외환위기를 겪은 한국과 인도네시아에서도 마찬가지였지만 위기 이후 태국에서도 정부, 채권자 혹은 채무를 상환하기 위해 기업을 외국투자자에게 저가에 매각하는 사례가 많았다. 국민들은 이러한 매각을 불난집의 떨이 판매라고 인식했는데, 설사 매각이 불가피하다고 해도 안타까운 국부유출로 여겼다. 탁신이 쿠데타로 실각했고 이후 혼란기를 거쳐 탁신의 동생인 잉락 친나왓Yinglak Chinnawat이 재집권하기도 했으나 그녀의 쌀값 부양정책 또한 방콕 중산층의 반발을 샀다. 다시 한번 쿠데타가 있었고 태국의 민주화는 후퇴하고 말았다. 외환위기로 진전을 보였던 정치개혁의 기회, 사회·경제적 불평등을 다소나마 해소할 수 있던 기회는 사라지고 말았다.

경제적으로 외환위기가 남긴 지워지지 않은 상처는 역동성의 급격한 저하였다. 기업들은 채무를 줄이기 위해 구조조정을 했을 뿐만 아니라 신규 투자도 줄였다. 투자자금의 조달도 쉽지 않았고, 과거에 비해 문어발식 투자가 정책적 혹은 이윤 동기로 더 이상 가능하지 않았다. 다국적 기업도 중국이 2001년에 WTO에 가입하자 아세안을 더 이상 매력 있는 투자 지역으로 보지 않았다. 1990년대 전반기에 비해 외환위기가 일단락된 다음인 2001~05년 기간에 인도네시아의 투자율은 6% 포인트이상 하락했고, 말레이시아는 거의 16% 포인트나 떨어졌다. 태국과 싱가포르 역시 투자율이 대폭 하락했다.

이에 비해 저축률은 더 높아졌다. 필리핀을 제외한 주요 아세안 국가들의 저축률은 2001~05년 기간, 투자율보다 높았다. 가장 큰 차이는 싱가포르인데 거의 20% 포인트, 말레이시아 역시 20% 포인트 가까운 차이가 있었다. 저축이 투자보다 많다는 것은 경상수지가 흑자이고, 경상수지 흑자는 외환보유고 증가나 해외 투자자산의 증가를 의미한다. 문제는 경상수지 흑자가 경쟁력의 상승 때문이 아니라 국내에서 투자가 부족하기 때문에 나타나는 불황형 흑자라는 점이었다. 투자율은 시간이 지나면서 회복되었지만 높은 성장률은 다시 볼 수 없었다. 외환위기 이전 10년 이상 연평균 8% 이상을 달성했던 말레이시아의 성장률은 2001~05년 4.8%로 떨어졌고, 태국의 경우도 5.5%로 하락했다. 외환위기에 가장 큰 타격을 받았던 인도네시아는 1990년대 전반기의 평균 성장률 7.1%에 비해 2001~05년 성장률은 4.7%로 하락했다. 성장률 둔화는 2005년 이후에도 이어지고 있는데, 아직 중진국 단계에 있는 이들과 중국의 성장률은 큰 격차를 보인다. 2011~17년, 아세안 출범 5개국 중 필리핀의 성장률이 6%를 상회했을 뿐 다른 나라는 모두 그 이하이고 정치적 불안정이 영향을 미쳤을 태국의 경우 2006년 이후 2017년까지 성장률은 3%를 벗어나지 못했다.[11]

개방도가 낮아 외환위기를 비껴간 CLMV

아세안 선발국이 외국인 직접투자로 고도성장하는 동안 CLMV는 경제체제 정비를 시작했거나, 아직 혼란의 시기를 보내고 있었다. 베트남은 1986년 도이머이 정책을 도입한 이후 외국인 직접투자를 유치하여 공업화를 시도하고 있었다. 그러나 나머지 3국은 1990년대가 되어도 여전히 혼란한 상태였다. 미얀마는 1980년대 말, 민주화 시위를 군부가 억눌렀고 SLORC가 억압통치를 계속했다. 1990년대 중반 아세안에 가입했지만 군부통치 기간에 인프라투자는 거의 불가능했기 때문에 외국인 기업이 투자를 할 수 없었다. 캄보디아는 유엔 잠정통치기구UNTAC의 통치가 종료되었으나 국가의 기본적 틀은 아직 완비되지 못했다. 훈 센 정부가 정부를 꾸리고 수년 후에도 외국인투자법은 있었지만 거의 형식적인 수준에 불과했다. 이에 비해 라오스는 정치적 안정 속에서 베트남과 같은 시기에 경제개방과 개혁을 추진했다. 신경제메커니즘New Economic Mechanism, NEM이라고 알려진 라오스의 경제개혁 정책은 국영기업 민영화, 외국인직접투자법 제정, NEM의 기반으로서 신헌법 제정 등을 포함했다. 그러나 라오스는 결정적인 약점을 갖고 있었다. 내륙국이었고 인구도 적었다. 라오스의 인건비가 아무리 저렴하더라도 외국인 기업들이 투자를 할 유인이 되지 못했다. 그 결과 베트남을 제외한 CLM의 제조업은 경제를 주도하지 못했고 여전히 농업의 성과에 따라 경제성과가 결정되었다.

수출 역시 그 역할이 크지 않았다. 선발 아세안 국가의 버블이 정점에 이르렀던 1996년에도 CLM의 수출은 10억 달러에도 미치지 못했는데, 캄보디아 6.4억, 라오스 3.2억 그리고 미얀마 7.5억 달러 등이었다. 다만 그래도 베트남은 외국인 기업이 섬유, 의류, 신발 등에 투자하면서 73억 달러의 상품을 수출하고 있었다.

더욱이 CLMV는 금융시장을 거의 개방하지 않았다. 이들의 통화는 대부분 태환성이 없었고 자본시장 역시 존재하지 않았다. 무역수지 적자를 기록하고 있었지만 금융시장이 닫혀 있는 한 투기적 자본의 공격은 불가능했다. 그렇다고 완전히 외환위기에서 동떨어진 것도 아니었다. 다른 위기 전염국과 무역과 투자로 어느 정도 연결되어 있었기 때문이었다. 예컨대 캄보디아와 라오스에는 태국의 중소 제조업체나 서비스 업체가 진출해 있었고, 베트남에는 한국 기업이 활발하게 투자하고 있었지만 위기를 거치면서 이들은 투자를 줄였다. 위기 전염국들의 경제가 수직 낙하한 1998년에도 CLMV 국가들은 성장을 거듭했는데 캄보디아

4.7%, 라오스 4.0%, 미얀마 5.9% 그리고 베트남 5.8% 등이었다. 이 중에서 캄보디아와 미얀마는 1997년 대비 성장률이 더 상승했고 라오스는 1997년 6.9%에서 4.0%로, 베트남은 8.2%에서 5.8%로 하락해서 영향을 받은 것은 사실이었다.

외환위기에 큰 타격을 받지 않았다고 해도 이들의 경제가 지속적으로 성장한 것은 아니었다. CLM의 1999년 성장률은 98년 대비 더 높아졌으나 베트남은 4.8%로 더 낮아졌다. 이후 중국의 WTO 가입 이후 고도성장과 아세안 선발국의 완만한 경기회복으로 CLMV 국가들의 성장률은 높아졌다. 2018년 캄보디아와 미얀마의 수출은 각각 144억 및 167억 달러로 증가했고 라오스의 경우도 53억 달러에 이르렀다. 자원이 부족한 캄보디아에는 중국과 동북아의 봉제업체의 투자가 많았고 2000년 이후 공산품은 전체 수출의 95% 수준을 유지하고 있다. 이에 비해 라오스는 여전히 공산품 수출비중이 30% 미만이고, 미얀마의 경우도 이제 막 40%를 넘었을 뿐이다.

한편 베트남은 전연 다른 모습으로 제조업 부문에서 아세안의 중요한 생산 및 수출기지가 되었다. 노동집약적 경공업 제품에서도 세계 시장에서 중국의 압력 속에서도 수출을 늘리고 있으며 전자, 철강 등에서 경쟁력이 향상되고 있다. 특히 삼성전자, 인텔 등 전자업체가 베트남에 진출하면서 베트남은 중요한 전자제품 생산국이 되었다. 베트남을 제외한 3국은 여전히 제조업중심 국가라고 할 수 없다. 공산품이 전체 수출의 95%에 이르는 캄보비아 역시 수출규모를 고려하면 여전히 농업중심 국가이다.

제3장

아세안 경제의 오늘

1. 아세안의 인구와 자연, 자원 등의 기초 환경

인구구조의 변화

아세안의 대도시를 여행하는 사람이라면 복잡한 도시의 풍경을 만들어 내는 수많은 사람을 보고 신기해 할 것이다. 자카르타, 방콕, 마닐라의 숨 막히는 더위 속에서 교통체증을 묵묵히 참아 내는 사람들, 방콕과 호찌민, 하노이를 기묘하게 달리는 오토바이들의 대열 속에서 특히 인구의 증가가 멈춰 버린 서구의 여행자들은 눈을 크게 뜨지 않을 수 없다. 물론 태국이나 베트남의 푸른 논에서 묵묵히 일하는 농부나, 인도네시아와 말레이시아의 정글, 라오스, 미얀마의 외딴 산중에서는 또 다른 느낌을 받을 수 있다.

아세안의 인구는 2015년 기준 6.3억 명을 상회하는데, 1980년 3.6억 명에서 1.74배가 증가했다. 인도네시아 인구가 약 2.6억 명으로 가장 많으며 브루나이의 인구는 42만 명에 불과하다. 인구가 1억 언저리에 있는 국가는 필리핀, 베트남 등이며 태국, 미얀마의 인구는 5천만 명 이상이

아세안의 인구 추이					(단위: 만 명)	
	1980	**1990**	**2000**	**2010**	**2015**	**2020(예측)**
아세안	35,637	44,335	52,379	59,622	63,337	66,764
브루나이	19	26	33	39	42	45
캄보디아	669	897	1,215	1,431	1,552	1,672
인도네시아	14,749	18,144	21,154	24,252	25,816	27,222
라오스	326	426	533	625	666	717
말레이시아	1,380	1,809	2,319	2,811	3,072	3,287
미얀마	3,337	4,063	4,610	5,016	5,240	5,481
필리핀	4,740	6,195	7,799	9,373	10,172	10,970
싱가포르	241	301	391	507	554	594
태국	4,739	5,658	6,296	6,721	6,866	6,941
베트남	5,437	6,821	8,029	8,847	9,357	9,836

자료: 유엔

다. 가톨릭 국가로 가족계획에 부정적인 필리핀이나 더 많은 아이를 낳아 알라를 찬양해야 한다고 믿는 사람들이 있는 인도네시아와 말레이시아에서는 인구가 더 빠르게 증가했다. 태국과 미얀마의 인구 증가율은 상대적으로 낮은데 태국의 경우 2015년 인구는 1980년에 비해 1.45배 증가하는 데 그쳤다. 태국은 우리나라와 함께 가족계획을 가장 성공적으로 추진한 국가 중 하나로 평가된다. 내전을 거친 캄보디아와 베트남의 인구도 빠르게 증가했다. 정치의 안정화 이후 베이비붐이 있었기 때문이다.

인구는 경제개발 과정에서 노동력을 공급하는 원천이기도 하지만 소비의 담당자이기도 하다. 경제개발 초기에 개발도상국들은 자본이 부족하고 농촌에 위장실업이 존재하기 때문에 가능하면 투자는 늘리되 인구 성장을 둔화시키려는 정책을 쓴다. 이러한 정책은 국민 1인당 자본량을 늘려 경제적 효율을 증가시킨다. 이와 관련하여 실제 인구구조에서 생산활동가능인구의 크기도 중요하다. 아세안 인구는 1960~70년에는 고령층은 적고 저연령층이 많은 피라미드 형태를 보였다. 생산가능인구, 즉 15~64세 인구가 비생산가능인구 14세 이하 및 65세 이상 인구를 얼마나 부양해야 하는지가 중요하다. 생산가능인구가 부양해야 하는 인구가 적다면 국가적으로 저축을 많이 할 수 있고, 투자도 늘릴 수 있으며 경제활동이 활발할 수 있지만 그렇지 않을 경우 저축의 여력이 줄어든다.

경제가 저개발 단계에 있을 때는 65세 이상 인구가 많지 않고 유아사망률도 높아 부양비율은 낮은 수준에 있다가 소득이 증가하고 보건위생 상황이 개선되면 신생아도 증가하고 고령층도 많아져 높아진다. 경제가 더 발전하면 이제는 생산가능인구의 비중이 높아지면서 부양비율이 하락한다. 부양비율 하락 현상은 일정 기간 계속되면서 경제활성화를 야기하지만 고령층이 더 증가하면 부양비율은 다시 상승한다. 국가마다 사정이 다르지만 경험상 부양비율이 감소하는 기간은 40년 정도 계속되며 이 기간은 경제성장에 유리한 기간이라 하여 기회의 창window of opportunity 혹은 인구배당demographic dividend기라고 부른다.[1]

부양비율 계산에서 생산가능인구를 15~64세 인구보다는 20~64세 인구로 정의하는 편이 더 현실적일 수 있다.[2] 이 기준으로 계산하면 동남아의 부양비율은 1970년에 135.2에서 1980년 126.5로 하락했고 2015년에는 70.4로 계속 낮아지고 있다. UN 추계의 인구 증가를 적용하면 2025년에도 부양비율은 낮아질 것으로 전망된다.[3] 아세안 국가 중에서는 싱가포르, 베트남, 태국 등이 2015년 현재 부양비율 상승기에 접어든 것으로 보인다. 싱가포르는 1970년 부양비율이 117.3에서 하락하기 시작해 2010년 50.0까지 하락했지만 이후 상승세로 돌아섰고, 베트남도 1970년 143.9에서 2015년 59.5까지 감소했지만 이후 증가세로 전환되었다. 태국 역시 1970년 135.2에서 2010년 54.7까지 하락했다가 이후 증가하고 있다.[4] 이에 비해 인도네시아, 말레이시아, 필리핀, 미얀마, 캄보디아 등은 적어도 2025년까지는 부양비율이 낮아질 전망이다.

아세안은 동북아보다 더 종교의 영향을 많이 받는다. 대부분의 아세안 사람들은 내세를 믿는다. 현실에 대한 순응도가 높고 마음의 안정을 더 깊이 누린다. 그 결과 동북아 국가에 비해서는 교육에 덜 적극적이다. 물론 경제발전에 따라 교육에 대한 투자비용보다 편익이 더 크다는 사실을 알게 된 싱가포르, 방콕, 호찌민 등의 중산층은 교육을 강조하지만, 여전히 농촌 지역에서는 교육이 상대적으로 경시되고 있다. 이 때문에 아세안 사람들은 인적자원 개발 측면에서 큰 격차가 나타난다. 교육, 기대수명, 1인당 국민소득을 기준으로 유엔개발계획UNDP이 작성하는 인간개발지수는 국가마다 큰 차이를 보인다. 싱가포르의 인간개발지수는 2017년 세계 189개국 중 9위였으나 캄보디아는 146위, 미얀마는 148위, 라오스는 139위였다.[5]

아세안의 부존자원

아세안은 적도를 따라 분포된 인도네시아뿐만 아니라 대부분의 국가가 열대지역에 위치한다. 기후는 대체로 건기와 우기로 구별되며, 우기에는 몬순이 불어온다. 필리핀, 인도네시아, 베트남은 태풍의 영향권에 있고 특히 필리핀은 많은 태풍이 시작되는 곳이기도 하다. 필리핀은 환대평양 지진대에 속하고 인도네시아는 알프스-히말라야 지진대의 일부이다. 따라서 필리핀에서는 지진이 자주 일어나고 인도네시아에서는 쓰나미가 빈번하게 발생하여 사람들의 삶이나 경제활동에 영향을 미친다.

지형으로는 산악과 평야가 공존한다. 국제하천 메콩강이 미얀마, 태국, 라오스, 캄보디아, 베트남의 농업에 영향을 미친다. 또 미얀마의 이라와디강, 태국의 짜오프라야강, 베트남의 홍하 등이 평야 지역을 형성하고 있다. 인도네시아의 수마트라나 보르네오, 말레이시아의 사바와 사라와크 그리고 말레이반도의 중동부지역은 산악지대가 많고 미얀마의 경우도 동북부는 산악 지역이다. 라오스 북동부 또한 산악 지역으로 구성되어 있다. 국토에서 농경지 비율이 가장 높은 국가는 태국으로 그 비율이 43%에 이른다. 캄보디아, 인도네시아, 필리핀, 태국, 베트남의 경작지 면적은 모두 30% 이상으로 한국의 17.4%에 비해서는 2배 가까이 높다. 이에 비해 라오스와 미얀마는 농경지 비율이 20% 이하로 우리와 비슷하다.

농경지가 모두 곡물 생산에 이용되지는 않는다. 해양부 아세안에서는 큰 강보다는 열대우림지역이 분포되어 있어 곡물 생산보다는 플랜테이션에 더 적합하다. 열대과일이 풍부하고 기름야자팜유의 원료, 사탕수수, 고무, 타피오카, 커피 등 다양한 작물이 재배된다. 그래도 아세안 대륙 지역의 농업에서 쌀은 가장 중요한 작물이다. 식량 생산 비중이 높은 나라는 쌀을 이모작으로 생산하는 태국, 베트남, 미얀마이다. 태국은 국토의 중앙지역을 종단하는 짜오프라야강을 중심으로 광대한 평야지대

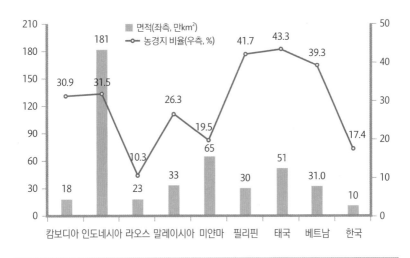

주: 면적은 2018년 기준이며, 농경지 비율은 2016년 기준
자료: 세계은행(WB)

가 있다. 베트남의 중부지역은 서부의 쯔엉선산맥에서 흘러내린 물이 급
경사를 이루며 많은 강을 만들어 내지만, 평야지대를 형성할 정도로 길
지는 않다. 베트남에서는 북부의 홍하와 남부의 메콩강이 삼각주를 만들
면서 중요한 미작지대를 형성한다. 미얀마는 이라와디강이 형성하는 대
평원 지역이 중요한 미작 지역을 만들고 있다.

쌀 경작지나 생산량은 국토가 넓은 인도네시아가 가장 많아 2017년
수확면적은 1,579만ha에 생산량은 벼 기준으로 8,138만 톤이었다.[6] 인
도네시아의 쌀 생산량은 베트남의 4,276만 톤의 2배에 가깝고, 태국의
3,338만 톤, 미얀마의 2,562만 톤, 필리핀의 1,928만 톤에 비해서도 훨
씬 많다. 쌀은 일부 국가를 제외하면 자급자족용이다. 쌀을 지속적으로

수출하는 국가는 태국, 미얀마, 베트남, 캄보디아 등이며, 도시국가인 싱가포르와 열대작물 비중이 큰 말레이시아는 수입국이다. 태국은 2016년 약 987만 톤의 쌀을 수출했고, 베트남이 521만 톤을 수출했다. 작황에 따라 달라지기도 하지만 인도네시아와 필리핀은 쌀을 수입하는 경우가 더 많다. 인도네시아는 쌀 생산량이 가장 많지만 인구 또한 가장 많기 때문이다. 2016년 인도네시아는 532만 톤 그리고 말레이시아가 377만 톤을 수입했다. 필리핀은 211만 톤을 수입했는데 우루과이 라운드UR 협상에서 쌀의 비관세를 관철해 낸 소수 국가 중의 하나였다. 유예기간이 끝났을 때 필리핀은 쌀의 관세화를 수용했고, 2019년 3월부터는 쌀 수입에 대한 각종 수량제한을 완전히 철폐했다. 쌀의 완전 관세화는 미작농뿐만 아니라 도정 공장의 고용 등에 영향을 미칠 것으로 여겨졌지만, 도시의 인플레이션을 억제할 수 있는 수단으로 인식되기도 했다.

아세안은 쌀 이외에도 다양한 원료 농산물을 생산하는데 그중에서도 기름야자가 특별하다. 기름야자에서 채유되는 팜유는 1960년대 이후 플랜테이션의 가장 대표적인 수출 산업으로 등장했다. 또한 아세안은 세계 천연고무 대부분을 생산하고 있다. 제2차 세계 대전 이후 고무는 아세안 국가들을 상징하는 외화 수입원이었지만 합성고무의 등장과 함께 수요가 둔화되었다. 석유화학제품에서 나오는 합성고무의 가격은 국제유가의 영향을 받기 때문에 유가 변동은 천연고무 가격과 생산량에까지 영향을 미친다. 그럼에도 불구하고 아세안에서 고무는 아직 중요한 산업으로 남아 있다.

아세안은 또한 중요한 에너지 자원인 석유, 천연가스, 석탄의 중요

	석유			천연가스			석탄		
	확인매장 (10억 배럴)	세계 비중 (%)	가채 연도 (년)	확인 매장 (조㎥)	세계 비중 (%)	가채 연도 (년)	확인매장 (백만톤)	세계 비중 (%)	가채 연도 (년)
브루나이	1.1	0.1	26.6	0.3	0.1	22.4			
인도네시아	3.2	0.2	9.2	2.9	1.5	42.9	22,598	2.2	49
말레이시아	3.6	0.2	14.1	2.7	1.4	34.9			
미얀마				1.2	0.6	65.0			
태국	0.3	–	2.1	0.2	0.1	15.7	1,063	0.1	65
베트남	4.4	0.3	36.0	0.6	0.3	68.3	3,360	0.3	88
세계	92,649	100.0	50.2	193.5	100.0	52.6	1,035,012	100.0	134

자료: BP(2018). *BP Statistical Review of World Energy 2018*

한 공급지이다. 말레이시아, 인도네시아, 브루나이, 베트남이 원유 및 가스의 생산국이고, 베트남을 제외하면 모두 오랫동안 석유를 채굴해 왔기 때문에 확인 매장량은 많지 않다. 인도네시아와 말레이시아에서는 추가로 매장량이 발견되지 않고 있지만, 베트남은 확인 매장량이 계속 증가하고 있다. 각국이 더 이상 매장량을 발견하지 못한다면 2017년 기준으로 인도네시아는 10년 이내에 그리고 말레이시아는 14년 내에 더 이상 석유를 생산할 수 없게 된다. 양국의 경우 현재도 소비량이 생산량보다 더 많아 순석유수입국이다. 베트남도 확인 매장량에 비해 생산량은 그리 많지 않아 석유의 순수입국이다. 인도네시아의 석유 정제시설은 2017년 말 기준 하루 111만 배럴, 말레이시아 62만, 필리핀 27만, 태국 124만, 베트남 17만 배럴이다. 이는 한국의 325만 배럴보다 훨씬 적고 싱가포르의 151만 배럴보다도 더 적은 수준이다. 베트남은 2009년부터 본격적으로 정제산업이 시작되었으며 인도네시아도 자체적으로 정유설비를 가진 지는 얼마 되지 않았다.

석유에 비해 천연가스의 매장규모는 상대적으로 더 크다. 인도네시아, 말레이시아, 미얀마, 베트남이 주요 가스전을 보유하고 있다. 인도네시아의 매장규모는 2017년 말 기준 2.9조m^3이고 말레이시아는 2.7조m^3, 미얀마가 1.2조m^3이다. 인도네시아와 말레이시아의 매장량은 각각 세계의 1% 이상이다. 석유에 비해 가채 연도도 더 길어 베트남과 미얀마는 65년 이상 채굴 가능하다. 인도네시아는 일본, 한국, 중국, 대만 순으로 주로 동북아에 가스를 수출하고 있으며, 말레이시아 역시 일본, 중국, 한국, 대만 순으로 수출하고 있다.

인도네시아에는 무연탄 및 역청탄 151억 톤, 아역청탄sub-bituminous과 갈탄lignite이 75억 톤 등 226억 톤의 석탄이 매장되어 있다. 인도네시아는 2017년 2.72억 석유환산톤4.61억톤의 석탄을 생산했다. 따라서 향후 49년간 채탄이 가능하지만 세계 전체의 134년보다는 짧다. 인도네시아의 석탄 생산량은 2017년 중국, 미국, 호주, 인도에 이은 5위로 세계 전체 생산의 7.2%를 차지한다.

아세안 국가가 1차 자원 수출에 크게 의존하는 한, 이미 1950년에도 그랬듯이 국제가격의 변화에 큰 영향을 받게 된다. 2000년 이후에도 국제 자원가격은 급변동했는데, 유가의 경우 제2차 석유위기가 진정되고 1980년대 초 하락한 이후 1999년까지 배럴당 20달러 이하에 머물렀으나, 2000년 20달러 위로 올라선 이후 점진적으로 상승하여 2012~14년에는 배럴당 100달러를 상회했다. 그러나 2015~17년에는 다시 배럴당 50달러 선으로 하락했다. 액화천연가스LNG 가격도 비슷한 움직임을 보였는데 일본의 운임보험료포함가격CIF 기준으로 1990년대에는 계속 백만Btu당 4달러 미만에서 유지되었으나 2000년 이후 4달러 위로 올라섰고 2012~14년에는 16달러 이상이었다. 2016~17년에는 다시 6~8달러 선으로 떨어졌다. 비에너지 자원가격도 2000년 들어 급등했는데 세계은행은 2003~08년 기간의 자원시장 호황이 지난 1세기 동안 4번 나타났던 자원시장 호조 중에서도 가장 장기간 지속되었으며 가격 상승도 가장 높았다고 했다.[7]

세계은행의 이러한 주장은 가격이 더 높았던 2014년까지를 포함하지 않은 것이어서 2014년까지의 자원가격 상승을 고려하면 적어도 아세안 국가 중 인도네시아, 말레이시아는 자원가격 상승으로 큰 혜택을 받았다. 그러나 자원가격의 상승이 장기적으로 아세안 경제에 긍정적이었다고 말하기는 어렵다. 자원이 부족한 동북아에 비해서 아세안의 장기성장률이 오히려 더 낮았다. 인도네시아는 중국의 고도성장과 이에 따른 국제 자원가격의 상승 때문에 더치디지즈Dutch Disease 현상까지 겪었다.[8] 실제로 인도네시아는 외환위기 이후인 2000년까지 1차 산품의 수출 비중은 감소했으나 이후 증가하여 2000년 41.1%에서 2010년 58.6%로 증가했고 당연히 공산품 수출 비중은 감소했다. 공산품 중에서도 고기술 산업의 제품 수출은 2000년 15.3%에서 2010년 8.1%로 하락하는 퇴행현상까지 나타났다.[9]

2. 각국의 국내총생산과 내·외국인투자

아세안 각국의 GDP 성장

국가 간에 경제규모, 즉 GDP 비교는 명목환율로 하지만 경제 외적 요인에 의해 환율이 변동할 수 있으므로 주의가 필요하다. 아세안에서 경제규모가 가장 큰 나라는 인도네시아이다. 2017년 인도네시아 GDP 는 1조 달러 이상으로 아세안 전체의 36.7%에 이른다.[10] 이 비중이 2010 년에 38%였기 때문에 큰 차이를 보이지는 않지만 아세안의 평균 성장에 비해 성과가 좋았다고 하기는 어렵다. 인도네시아는 아세안에서 유일하게 G20의 일원이다. 외환위기 이후 환율의 급격한 상승으로 2000년의 GDP가 1995년보다 작았다. 시장환율 기준으로 볼 때 인도네시아 경제 는 후퇴한 셈이다.

두 번째로 경제규모가 큰 나라는 4,553억 달러의 태국인데 역시 외 환위기 이후 경제규모가 축소된 경험을 했다. 경제규모 순위는 태국에 이어 싱가포르, 말레이시아, 필리핀이며 이들 모두 GDP가 3,000억 달 러 이상이었다. 빠르게 성장하고 있는 베트남의 GDP는 2,238억 달러였 다.[11] 말레이시아 연방에서 떨어져 나간 싱가포르의 GDP가 말레이시아 GDP보다 더 크다는 사실도 주목할 만하다. 미얀마, 캄보디아, 라오스, 브루나이의 GDP는 모두 1천억 달러에도 못 미친다. 브루나이는 인구가 워낙 적기 때문에 당연하지만 다른 나라들은 지난 수십 년 동안 성장이 정체되어 있었다. 캄보디아와 라오스의 GDP는 아세안 대형 기업 1개의 매출보다도 더 적다.

아세안의 명목 1인당 GDP 및 PPP GDP

(단위: US 달러)

	1인당 GDP				1인당 PPP GDP			
	2000	2010	2015	2018	2000	2010	2015	2018
브루나이	18,013	35,270	31,165	31,628	65,306	78,908	80,178	80,778
캄보디아	303	786	1,163	1,512	1,102	2,471	3,514	4,354
인도네시아	780	3,122	3,332	3,894	4,621	8,285	11,063	13,057
라오스	325	1,141	2,135	2,568	1,980	4,131	6,076	7,441
말레이시아	4,044	9,041	9,799	11,239	12,974	20,605	27,117	31,698
미얀마	191	979	1,133	1,326	1,026	3,613	5,372	6,662
필리핀	1,039	2,124	2,867	3,103	3,361	5,468	7,313	8,935
싱가포르	23,852	47,237	55,647	64,582	41,663	71,566	89,007	101,353
태국	2,008	5,076	5,840	7,273	7,313	13,213	16,294	19,018
베트남	390	1,318	2,085	2,564	2,048	4,343	5,990	7,435

자료: 세계은행(WB)

세계은행의 구분에 따르면 2018년 기준으로 고소득국은 1인당 GNI 가 12,235달러 이상인 국가로 아세안에서는 브루나이와 싱가포르를 제 외하면 모두 중소득국에 속한다. 말레이시아, 태국 등은 중소득국 중에 서도 1인당 GNI가 3,956달러 이상인 중상위소득국이며, CLMV와 필리 핀은 중하위소득국이다. 인도네시아는 경계선에 있다. 또한 라오스, 캄 보디아, 미얀마는 UN이 정한 최저개발국최빈국에 포함된다. 아세안의 1 인당 소득은 국가마다 다르지만 대체로 2000년 이후 대폭 증가했다. 주 로 저소득국을 중심으로 1인당 명목소득이 6~7배 성장했다. 경제발전 단계가 높을수록 수확체감 현상이 나타나기 때문에 성장세는 둔화된다.

구매력평가PPP GDP는 명목환율 기준 GDP와 다른 모습을 보인다.

싱가포르의 소득은 9만 달러 이상이고, 말레이시아도 3만 달러에 근접한다. 명목환율 기준 1인당 소득에서 1만 달러 이상의 국가는 도시국가인 싱가포르와 브루나이뿐이었지만 구매력평가 GDP로는 인도네시아, 말레이시아, 태국까지 1만 달러를 넘어선다. 구매력평가 소득은 각국의 물가 수준을 고려해 실질적인 구매력을 반영한다. 아세안 국가의 물가 수준이 아주 낮기 때문에 같은 1달러의 구매력이 미국보다 3~4배 이상 높다. 실제 아세안 사람들의 삶의 수준은 그들이 국내에서만 머물고 소비한다면 상당히 높아진다.

세계화가 진행될수록 삶의 반경은 확대된다. 이 때문에 명목환율은 중요한 의미를 갖는다. 명목환율은 그 나라의 국제경쟁력을 반영한다. 특히 대외의존도가 높은 아세안 국가들은 싱가포르를 제외하면 명목환율이 계속 상승했는데, 이 같은 통화가치의 하락은 국제경쟁력이 장기적으로 약화되어 온 것을 의미한다. 아세안이 수출하는 상품과 서비스가 수입 상품 및 서비스보다 가격을 인상하기 어렵고, 가격의 인상은 곧 수출에 부정적 영향을 미친다. 그 결과 아세안 수출국은 지속적으로 낮은 가격에 제품을 공급해야 하고 다국적 기업의 투자 유치를 위해서는 임금을 안정시켜야 한다. 임금 안정을 위해 말레이시아나 태국은 외국인 노동력을 많이 활용한다. 내국인의 임금 안정은 소득의 상승을 막고, 소득 격차에도 영향을 미친다.

여기서 주목할 점은 아세안 국가들의 명목 1인당 소득이 고소득국의 문턱을 넘지 못하고 있다는 점이다. 싱가포르를 제외하면 가장 소득이 높은 말레이시아의 1인당 GDP가 11,239달러에 이르고 있으나 외국인투자가 많은 말레이시아는 GNI가 GDP보다 더 작은 나라여서 1인당 GNI 는 이보다 더 적다. 세계은행이 정리한 말레이시아의 1인당 GNI는 2012 년 10,180달러로 1만 달러를 돌파했지만 2018년에도 10,460달러로 거 의 변하지 않았다. 말레이시아 외에 다른 아세안의 중진국들은 고소득국 으로 진입하기 위해서는 많은 시간을 노력해야 한다.

회복세인 투자율

국내총생산GDP은 소비지출, 투자 그리고 상품과 서비스의 수출에 서 수입을 뺀 순 상품 및 서비스 수출로 구성된다. 소비지출은 민간소비 지출과 정부소비지출로 구분되는데, 각 구성요소가 차지하는 비율은 개 별 국가마다 다르다. 저개발국일수록 투자가 활성화되어 있지 않아 대부 분의 나라들은 민간소비지출이 GDP에서 가장 큰 비중을 차지한다. 선 발 아세안 국가 중에서는 필리핀의 민간소비지출 비중이 2000년 이후 계 속 70% 이상이다. 후발국인 미얀마, 캄보디아, 라오스의 민간소비지출 은 2017년에도 60% 이상이고 캄보디아는 73.5%에 이른다.

민간소비지출에서는 소득이 증가하면 내구소비재, 문화서비스, 해 외여행, 의료서비스 등 소득탄력성이 높은 부문이 증가한다. 따라서 소 비구조가 바뀌면 생산도 변한다. 그렇지만 인도네시아에서 2019년 7월 10일 기준으로 시가 총액이 1위인 기업은 BCA은행이고, 2위가 담배업 체 삼푸르나, 3위가 유니레버였다. 태국이나 인도네시아에서 자동차 수 요는 많지만 승용차보다는 상용차 위주이다. 특히 미얀마, 캄보디아, 라 오스에서는 신차 수요보다도 중고차 수요가 더 많다. 싱가포르, 태국, 말

아세안의 소비·투자

	민간소비지출			정부최종소비지출			총자본 형성		
	2000	2010	2017	2000	2010	2017	2000	2010	2017
캄보디아	88.2	81.3	73.5	5.2	6.3	5.1	17.4	17.4	22.9
인도네시아	61.7	56.2	57.3	6.5	9.0	9.1	22.2	32.9	33.7
말레이시아	43.8	48.1	55.3	10.2	12.6	12.2	26.9	23.4	25.6
미얀마	-	56.5	-	-	10.8	-	-	23.2	-
라오스	87.6	74.6	65.2	6.5	11.9	12.9	13.4	27.5	29.0
필리핀	72.2	71.6	73.5	11.4	9.7	11.3	18.4	20.5	25.1
싱가포르	41.5	35.5	35.6	10.7	10.2	10.9	34.9	28.2	27.6
태국	54.1	52.2	48.8	13.6	15.8	16.4	22.3	25.4	22.8
베트남	66.5	66.6	68.0	6.4	6.0	6.5	29.6	35.7	26.6
한국	53.8	50.3	48.1	11.3	14.5	15.3	32.9	32.0	31.1

자료: 세계은행(WB)

레이시아에서는 많은 사람들이 해외여행을 떠나지만 인근 국가가 아닌 원거리 해외여행은 아직 일부 고소득층에 국한되어 있다.

정부지출은 GDP에서 차지하는 비율이 낮지만, 정부 역할이 강조되는 선진국에서는 그 비중이 높다. 아세안에서는 복지비용 지출을 늘릴 정도로 선진국이 되지는 못했음에도 인도네시아, 말레이시아, 태국의 정부소비지출 비중이 증가해 왔다. 아세안은 외환위기 이전에는 정부 부문이 크지 않았지만 위기 이후 경기회복을 위해 정부지출을 늘렸다. 저개발국인 CLMV 국가들의 낮은 정부지출 비율은 세원 발굴이 어렵고 정부의 경제적 역할도 아직 작기 때문이다.

외환위기 이후 감소했던 투자율은 대부분의 국가에서 2010년 이후 증가세로 돌아섰다. 인도네시아의 2017년 투자율은 33.7%에 이르렀는데 이는 2000년에 비해 11% 포인트 이상 상승한 것이다. 그러나 같은 위기를 겪었던 태국의 경우 투자율이 거의 변하지 않았고 말레이시아와 싱가포르의 투자율은 감소한 상태다. 말레이시아와 싱가포르는 국내에서 투자 기회가 축소되고 있다. 경제발전 단계상 최빈국 상태에 있던 캄보디아의 투자율은 2017년 22.9%로 2010년의 17.4%에 비해 5.4% 포인트 상승했고, 라오스의 경우도 투자율이 29%에 이르러 2000년의 13.4%에 비하면 크게 높아졌다. 캄보디아와 라오스가 이제 투자가 가능한 정상적인 경제 운용이 가능한 국가가 된 것이다. 필리핀의 경우도 아직 투자율이 고도성장국에는 미치지 못하지만 대폭 상승하면서 경제의 이륙 가능성을 보이고 있다. 투자는 일차적으로 국민소득의 중요한 구성요소이지만 장기적으로는 생산 능력을 확충하는 이중적인 기능을 한다. 따라서 투자가 증가하는 것은 현재의 국민소득 증가뿐만 아니라 미래의 소득도 증가할 것이라는 사실을 나타낸다.

투자의 주체는 기업이지만 정부 또한 투자를 한다. 정부는 인프라를 건설하고 장기 경제성장에 필요한 교육 및 연구개발 R&D에 투자한다. 미래 세대에 빚을 남기지 않겠다는 싱가포르를 제외한 나머지 아세안 국가들은 재정수지가 적자이며 캄보디아, 라오스, 미얀마 등 저개발국에서 재정수지 적자가 많다. 세수가 확보되지 않은 상태에서도 기본적인 국가 운용에 돈이 들어가기 때문이다. 말레이시아 및 인도네시아·필리핀 등 중견국도 재정수지 적자를 기록하고 있다. 재정수지 흑자는 사실상 어려운 일이다. 경기가 좋아져서 조세 수입이 늘어날 때조차도 국민들은 다양한 정부지출 확대를 기대한다. 하물며 경기가 부진할 때 정부

	2000	2005	2010	2013	2015	2016	2017
브루나이	10.9	21.1	15.6	10.1	− 14.5	− 21.7	− 9.9
캄보디아	− 2.1	− 0.7	− 8.8	− 6.9	− 2.6	− 2.7	− 3.1
인도네시아	− 1.1	− 0.5	− 0.7	− 2.2	− 2.6	− 2.5	− 2.9
라오스	− 4.6	− 4.5	− 2.2	− 5.2	− 3.8	− 4.4	− 5.4
말레이시아	− 5.5	− 3.4	− 5.3	− 3.8	− 3.2	− 3.1	− 3.0
미얀마	0.7	− 4.3 (2006)	− 4.6	− 1.4	− 4.3	− 2.6	− 5.7
필리핀	− 3.7	− 2.6	− 3.5	− 1.4	− 0.9	− 2.4	− 2.2
싱가포르	9.7	6.4	7.6	8.1	4.3	5.2	−
태국	− 2.8	0.1	− 2.9	− 0.6	− 1.2	− 0.7	− 1.7
베트남	− 4.3	− 1.0	− 2.1	− 5.0	− 4.3	− 4.2	− 3.5
한국	1.0	0.4	1.3	1.0	0.0	1.0	1.4

자료: 아시아개발은행(ADB)

는 경기진작을 위한 재정지출을 늘려야 한다고 생각한다.

외환위기 이전 대부분의 아세안 국가에서 균형재정을 이루고 있었지만 위기 이후 적자가 보편화되었다. 놀라울 정도로 대부분의 국가들이 2000년 이후 적자를 기록하고 있는데 재정적자가 통화 발행으로 충당되면 인플레이션을 야기할 수 있고, 통화가치가 하락하면 구매력의 약화를 초래할 수 있다. 또한 정부가 지출을 늘리기 위해 차입을 통해 자금을 조달하면, 금리를 인상시켜 민간기업의 투자를 저해할 수 있다. 재정수지 적자가 큰 캄보디아, 라오스, 미얀마는 사실상 정부의 재정정책이나 통화·금융정책을 사용하기 곤란한 나라이다. 이들은 재정적자의 상당 부분을 외국의 공적원조ODA로 충당하는데, 무상원조가 아닌 한 외국의 원조는 나중에 상환해야 하는 국가채무이다. 또 국내에서 차입하는 경우도 국가채무의 증가로 나타난다. 더구나 이들 3국은 통화·금융정책도 쉽게 사용할 수 없다. 캄보디아는 일상 거래에서조차 달러화가 흔하게 사용되며, 라오스 통화도 거의 태국 바트화에 연계해 놓았다. 미얀마의 환율 역시 역사적으로 대폭적인 평가절하를 해 왔다.

아세안에서 또 다른 투자의 주체는 다국적 기업이다. 다국적 기업은 다양한 산업 분야에 투자하지만 아세안 경제의 성장과 관련해서는 제조업 투자가 중요하다. 플라자합의가 있었던 1980년대 중반 이후 외환위기가 발생한 1997년까지 아세안에 대한 투자는 대량생산 조립제조업에 대한 투자가 많았고, 상당 부분은 일본 및 아시아 신흥공업국의 투자였다. 위기 이후 다국적 기업의 투자는 계속 감소했는데, 예컨대 1997년 352억 달러 유입에서 2002년에는 152억 달러로 감소했다가 이후 2007년까지는 다시 증가했다. 2007년의 투자유입액은 783억 달러였는데 다음 해 발발한 글로벌 금융위기로 감소하여 2008~09년에는 400억 달러 수준이 되었다.[12]

아세안에 대한 외국인 직접투자는 2010년부터는 다시 급속히 증가하여 2010년에는 전년 대비 2배 이상 증가했다. 이후 지속적으로 호조를 보이며 중국의 대체·보완 지역으로 각광받고 있다. 아세안에 대한 외국인 직접투자는 2012년 이후 매년 1,000억 달러를 넘었다. 중국이 WTO에 가입한 후 한동안 아세안 투자가 중국으로 대체되는 현상이 있었으나 중국에서의 생산비 상승으로 다시 아세안으로 회귀하고 있다. 그렇지만 아세안에서도 정작 투자가 필요한 저개발국보다는 싱가포르로 가장 많

	2003~06	2007~10	2011~13	2014~16
캄보디아	22.4	56.0	76.3	52.3
인도네시아	4.8	5.3	6.6	4.9
라오스	6.2	15.1	12.3	24.0
말레이시아	14.3	13.5	14.7	13.4
미얀마	69.0	21.4	4.1	10.5
필리핀	6.9	5.8	4.6	8.4
싱가포르	79.2	61.1	67.6	91.7
태국	14.4	12.6	8.2	4.2
베트남	11.0	24.6	21.6	23.8

(단위: %)

자료: 유엔무역개발회의(UNCTAD)

이 유입되었다. 2016년의 경우 싱가포르에 대한 투자는 전체 아세안 투자의 63%에 달하며, 17년에도 45.7%에 이른다.[13]

외국인 직접투자가 각국의 투자에서 차지하는 비중은 국가별로 다르지만 2014~16년의 실적은 말레이시아를 제외하면 과거 고투자의 시기에 비해 낮지 않다. 인도네시아와 태국은 1990년대 전반 국내 기업의 투자가 워낙 호조를 보였기 때문에 외국인투자가 많이 유입되었음에도 총투자에서 비율이 높지 않았다. 따라서 아세안 각국 외국인투자의 총투자비율은 더 높아졌다. 특히 싱가포르, 캄보디아, 라오스, 베트남 등에서는 그 현상이 두드러진다. 싱가포르에서 외국인 직접투자 유입금액은 총고정자본 형성, 즉 총투자 대비 90% 이상으로 1980년대 후반 60%나 1990년대 전반의 20% 초반에 비하면 아주 높다. 싱가포르는 아세안의 중심지, 국제금융도시, 중계무역항 등의 기능 때문에 주로 비제조업 투자가 많은 것으로 알려져 있지만, 그래도 여전히 외국인 직접투자는 제조업에서도 중요한 역할을 한다. 싱가포르 정부가 조사한 2017년 제조업 실태조사에 따르면 다국적 기업은 고용의 56%, 매출의 80%를 차지한다.

과도한 대외비중

아세안의 GDP에서 가장 큰 비중을 차지하는 것은 수출이다.[14] 2017년 현재 싱가포르의 상품 및 서비스 수출은 GDP 대비 173% 이상인데 이조차도 2000년의 189.2%에 비해서는 감소한 것이다. 수출 비중이 높은 국가는 베트남, 말레이시아, 태국, 캄보디아 등이다. 베트남의 경우 수출 비율이 빠른 속도로 증가했고 캄보디아 역시 대폭 증가했지만, 말레이시아는 감소했고 태국은 변하지 않았다. 이는 베트남과 캄보디아가 세계 경제에 빠르게 편입되고 있음을 뜻한다. 베트남은 빠르게 공업화되고 있으며 캄보디아는 경제규모가 작은 상태에서 외국인 투자기업의 봉제품 생산이 많다. 말레이시아의 수출 비율 감소는 전자산업을 중심으로 수출이 빠르게 증가했으나 2000년대 중반 이후 자원가격의 하락과 전자제품 수출 증가율이 둔화되고 있기 때문이다. 인도네시아와 필리핀도 수출 비율이 대폭 하락했다. 경제의 개방도가 오히려 낮아진 셈이다. 이에 비해 새로 개방을 시작한 미얀마는 수출의 GDP 비율이 1% 미만에서 19.4%로 증가했다.

상품 및 서비스 수입의 대GDP 비율도 싱가포르가 가장 높으며 베트남, 말레이시아, 캄보디아가 60% 이상 되는 국가들이다. 수출 비율과 동일하게 싱가포르나 말레이시아는 감소했고, 베트남은 빠르게 증가했다.

아세안의 GDP 대비 상품 및 서비스 수출입 비중								(단위: %)
	수출				수입			
	2000	2005	2010	2017	2000	2005	2010	2017
브루나이	67.4	70.2	67.4	49.6	35.8	27.3	28.0	35.6
캄보디아	49.9	64.1	54.1	60.8	61.7	72.7	59.5	64.3
인도네시아	41.0	34.1	24.3	20.4	30.5	29.9	22.4	19.2
말레이시아	119.8	112.9	86.9	71.5	100.6	91.0	71.0	64.4
미얀마	0.5	0.2	19.6	19.4	0.6	0.1	15.1	23.7
필리핀	51.4	46.1	34.8	31.0	53.4	51.7	36.6	40.9
싱가포르	189.2	226.2	199.7	173.3	176.9	196.4	173.7	149.1
태국	64.8	68.4	66.5	68.2	56.5	69.5	60.8	54.6
베트남	55.0	63.7	72.0	101.6	57.5	67.0	80.2	98.8

자료: 세계은행(WB)

미얀마의 경우 2000년 수입이 GDP에서 차지하는 비중은 0.6%에 불과했으나, 경제를 본격적으로 개방하면서 2017년에는 23.7%로 증가했다. 수출에서와 마찬가지로 인도네시아와 필리핀의 수입 비율도 하락했다.

상품과 서비스 수출에서 수입을 빼면 바로 경상수지이다. 2017년 기준 경상수지 흑자인 나라는 싱가포르, 말레이시아, 태국, 베트남 등이고 적자인 나라는 캄보디아, 라오스, 미얀마, 인도네시아, 필리핀 등이다. 캄보디아와 라오스의 경상수지 적자규모는 GDP의 7% 이상이고, 미얀마도 7%에 육박한다. 경상수지의 흑자나 적자 모두 과도할 때는 경제운용에 부담이 된다. 외환위기가 발생했을 때 태국의 경상수지 적자가 GDP의 8% 수준이었다는 점에서 캄보디아나 라오스, 미얀마는 외환유동성 관리가 필요하다.

	2001~05	2006~10	2011~15	2016	2017
GDP 대비 경상수지 비율 추이 (단위: %)					
캄보디아	-3.6	-6.4	-8.4	-8.4	-7.9
인도네시아	2.5	1.6	-2.2	-1.8	-1.6
라오스	-3.7	1.3	-9.6	-8.8	-7.1
말레이시아	10.6	14.8	5.4	2.4	3.0
미얀마	1.0	4.4	-2.7	-2.8	-6.7
필리핀	0.3	4.0	3.1	-0.4	-0.7
싱가포르	18.1	21.2	17.9	17.9	16.6
태국	1.7	3.7	2.5	11.7	11.0
베트남	-1.5	-6.0	3.2	4.0	2.7
한국	1.6	1.5	5.0	6.9	4.9

자료: 세계은행(WB)

경상수지 적자는 해외차입으로 충당되고 특히 저개발국은 외국의 원조로 충당하고 있다. 아세안에서 외채의 절대 규모가 큰 나라는 인도네시아로서 2017년 말 현재 3,500억 달러 이상이다. 태국과 베트남의 외채규모도 1,000억 달러 이상이다. 외채의 부담 정도를 나타내는 GNI 대비 비중은 라오스가 90.8%, 캄보디아 57.2%, 베트남 48.8% 등으로 후발 아세안 국가에서 높게 나타난다. 이 나라들의 외채 중에서는 저리에 장기적 성격을 갖는 원조형 외채가 많기 때문에 이것으로는 그 부담 정도를 정확히 알기 어렵다. 또 2017년 이후 중국의 일대일로BRI 정책에 의한 아세안 지원, 아시아인프라투자은행AIIB의 지원으로 상대적 부담은 증가할 것이다. 또 다른 외채 부담을 나타내는 지표는 외환보유고를 기준으로 몇 개월의 수입을 충당할 수 있는가이다. 선발 아세안 국가들

은 외채규모가 크지만 외환보유고도 외환위기 때보다 훨씬 많아졌다는
점은 긍정적이다.

3. 높은 농업 비중과 노동집약적 제조업 중심의 산업구조

여전히 중요한 농업과 도시화의 진행

아세안은 경제발전의 격차만큼 산업구조 역시 차이가 있다. 경제성
장에 따라 농업 비중은 감소하는데, 일부 국가에서 농업은 여전히 경제
를 좌우하는 산업이다. 캄보디아와 미얀마에서 농업은 2018년 현재 산
업별 부가가치 생산의 20% 이상을 차지한다. 인도네시아, 라오스, 베트
남도 부가가치의 10% 이상을 농업에 의존하고 있다. 2000년 이후 모든
나라의 농업 생산 비중은 대폭 감소했는데 미얀마, 캄보디아, 라오스 그
리고 베트남에서 농업 비중이 빨리 하락했다. 경제가 개방되면서 자원이
생산성이 높은 비농업 부문으로 이전한 까닭이다. 말레이시아와 태국 등
의 농업 생산 비중은 변동 없이 유지되고 있는데, 이는 이들이 이미 충분
히 개방된 상태이기 때문이다.

제조업 비중이 20% 이상인 국가는 말레이시아, 태국, 싱가포르 등
이다. 흥미롭게도 이 국가들은 2000년 대비 제조업 비중이 모두 감소했
는데 말레이시아는 9% 포인트, 싱가포르는 5% 포인트 낮아졌고 태국도
1.5% 포인트 이상 하락했다. 제조업 비중은 낮지만 광공업 비중이 높은

나라인 브루나이는 산유국이다. 인도네시아 역시 유사한 구조다. 서비스업은 도소매유통, 금융, 개인 및 사회 서비스 그리고 공공행정 서비스를 모두 포함하기 때문에 대부분의 나라에서 산업 생산에서 가장 큰 부분을 차지한다. 또 서비스 수요는 소득탄력성이 높아 시간이 지나면서 모든 나라에서 그 비중이 상승한다. 라오스에서만 유일하게 비중이 감소했는데 전력 등 광공업 부분이 빨리 성장한 결과이다.

농업 고용은 또 다른 측면을 보여준다. 라오스, 미얀마의 농업 인구 비중은 2017년 현재 50%를 넘는다. 캄보디아, 인도네시아, 태국, 베트남의 농업 고용도 여전히 30% 이상으로 높다. 농업 고용 비중은 이들 나라에서 지난 20여 년 사이에 대폭 감소했지만 생산 비중에 비해 고용 비중이 높은데 이는 농업 생산성이 떨어진다는 것을 의미한다. 예를 들면 라오스의 농업 고용은 68.4%이지만 생산 비중은 18.3%로, 전체 산업에 비해 라오스의 농업 생산성은 30%에도 미치지 못한다는 것이다. 이러한 낮은 농업 생산성은 농업 비중이 낮은 태국에서도 마찬가지이다. 2017년 태국의 농업 고용은 30.9%이지만 농업 생산 비중은 8.7%이다. 즉 태국의 농업 고용 생산성 역시 전체 산업의 30%에도 미치지 못한다.

이 같은 이유로 아세안 일부 지역에서 농업은 빈곤의 중요한 원인이면서 경제·사회적 또는 정치적 문제의 근원이 되기도 한다. 아세안에서 미작 농업은 동북아에 비해 덜 집약적이기 때문에, 동북아 국가에 비해 생산성이 낮고 각국의 빈곤 인구는 농업 분야에 가장 많이 존재한다. 농촌의 빈곤은 구조적인데 세대를 거듭할수록 토지가 자손에게 분할 상속되면서 평균경작지가 축소된다는 점, 농업 부문에서 신용 이용성이 제한

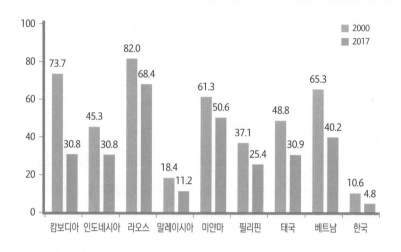

아세안의 농업 고용 비중 (단위: %)

- 2000
- 2017

	캄보디아	인도네시아	라오스	말레이시아	미얀마	필리핀	태국	베트남	한국
2000	73.7	45.3	82.0	18.4	61.3	37.1	48.8	65.3	10.6
2017	30.8	30.8	68.4	11.2	50.6	25.4	30.9	40.2	4.8

자료: 세계은행(WB)

된다는 점 등이 작용하고 있다. 아세안 농업의 상대적인 생산성은 쌀농사에 의존할수록 더 낮아진다. 즉 특용작물 비중이 높을수록 농업 부문의 생산성이 제고되는데 품목 다변화가 이루어진 베트남이나 말레이시아가 농업 부문의 1인당 생산성이 제조업 부문의 1인당 생산성과 비교적 격차가 적다.

한편 농업 부문의 비중이 크고 인구의 이동성이 상대적으로 어려운 나라일수록 농촌에 많은 인구가 살고 있다. 아세안은 도시 지역인 싱가포르나 브루나이와 산업화가 성숙한 말레이시아를 제외하면 전반적으로 도시화율이 낮다. 2017년 50% 이상인 나라는 말레이시아 75.4%, 인도네시아가 54.7%에 불과하고 40~50%인 국가는 태국이 49.2%, 필리핀이 47.7%이다. 가장 낮은 국가는 CLMV, 즉 캄보디아, 미얀마, 라오스, 베트남 등인데 2017년 캄보디아는 23%에 불과하고, 베트남, 라오스, 미얀마는 30% 수준이다.

도시화는 도시에서 제조업이나 서비스산업에서 고용이 창출되어 농촌으로부터 인구 이주가 있을 때 가능하다. 도시 지역에서 노동집약적 공업화가 진행되거나 도시화의 진전으로 서비스 수요가 증대할 때 이주가 가속화될 수 있다. 도시화가 빠른 속도로 진행된 대표적인 나라가 바로 한국인데 1960년대 이후의 경제발전 과정에서 농촌 인구의 도시 집중이 현저해졌고, 도시화율은 1980년에 이미 56.7%였으며 2017년에는 81.5%에 달했다. 따라서 1980년 한국보다 도시화가 더 진행된 나라는 도시국가를 제외하면 말레이시아와 인도네시아 정도이다. 아세안의 도시화율은 더디게 진행되는데, 경제기적을 일군 태국도 1980년 도시화율이 26.8%에서 2017년 49.2%로 증가하는 데 그쳤다. 필리핀의 경우 1980년 도시화율이 37.5%였으나 2017년 46.7%로 10% 포인트도 증가하지 않았고 미얀마도 이 기간에 24%에서 30.3%로 증가했을 뿐이다.[15] 도시화는 경제적 역동성의 결과이기도 하지만 동시에 경제적 역동성을 창출하기도 한다.

도시화와 함께 또 하나 중요한 사실은 특정 도시의 과밀 문제다. 태국에서 방콕은 인구가 600만을 헤아리지만 2위 도시 치앙마이의 인구는 30만도 채 되지 않는다. 필리핀의 메트로 마닐라는 서울과 비슷한 면적에 1,300만 명이 몰려 살고 있다. 인도네시아 자카르타 역시 마찬가지이다. 일극 중심의 도시화는 주택, 교통, 환경 등 집적의 비경제를 만들어내면서 국가 전체의 발전을 저해하고 있다. 일극 중심의 도시화는 경제·

사회적 문제뿐만 아니라 태국의 방콕과 같이 중산층의 이해가 국가 전체의 이해와 관계없이 형성되고, 이들이 정치·경제제도에 결정적인 영향을 미친다는 국가와 도시의 이해상충 문제도 낳는다.

노동집약적 제조업 중심의 산업 발전

아세안이 공업화를 추진하면서 제조업은 경제의 중심이 되었다. 영국 해군 주둔과 지리적 이점을 가진 싱가포르는 1960년대 수리조선을 시작으로 조선업을 시작했지만 다른 나라는 주로 농가공, 식품, 의복 등 노동집약적 경공업에서 제조업이 시작되었다. 태국의 정미업에 기반한 식품가공업, 인도네시아의 식품 및 담배업은 각각 해당 국가의 비교우위를 이용하고 소비 성향에 부응하면서 자본 축적에 기여했다. 1970년대 이후에는 싱가포르, 말레이시아의 반도체산업이나 전자산업, 태국의 전자 및 자동차산업, 인도네시아의 자동차산업으로 자본 및 기술집약적인 공업이 중심이 되었다.

외환위기 이전 아세안 선발국의 경제발전 과정은 외국인 직접투자 유치 → 공산품 수출 증가 → 제조업 비중 확대였다. 아세안에 진출한 다국적 기업은 본국에서 생산 비용이 상승하면서 경쟁력이 떨어지던 산업을 아세안 선발국에 이전하였고 플라자합의 이후 그 경향은 더욱 분명해졌다. 아세안의 총 수출에서 차지하는 공산품의 수출 비중도 증가했다. 2017년 현재 한국의 공산품은 총 수출의 89.5%인데, 아세안에서도 캄보디아, 필리핀, 베트남 등은 공산품 수출이 80%를 넘는다. 이 밖에 말레이시아, 싱가포르, 태국 등의 공산품 비중도 60% 이상이다.

		2000	2010	2014	2018	2018/2010
베트남	총 수출	14,482	72,236	150,217	277,376	3.8
	섬유봉제신발	5,113	16,205	32,739	56,207	3.5
	비중	35.3	22.4	21.8	20.3	
인도네시아	총 수출	62,124	157,779	176,036	180,215	1.1
	섬유봉제신발	6,539	9,249	11,789	14,279	1.5
	비중	10.5	5.9	6.7	7.9	
캄보디아	총 수출	1,389	5,590	6,846	18,987	3.4
	섬유봉제신발	994	3,211	5,775	15,302	4.8
	비중	71.5	57.4	84.4	80.6	
미얀마	총 수출		7,625	11,452	15,377	2.0
	섬유봉제신발		431	1,086	5,255	12.2
	비중		5.7	9.5	34.2	

주: 섬유봉제신발은 HS코드 42, 61, 62, 64의 합

자료: 유엔 무역통계(UN Comtrade)

　　아세안 국가들이 외국인투자를 유치하는 과정에서 부존자원, 특히 노동력을 효과적으로 활용한 대표적인 산업은 노동집약적 경공업인 의류 및 신발산업이었다. 의류산업은 고용창출 효과가 높고 외화가득률도 높기 때문에 아세안 저개발국 모두 원하는 산업이었다. 아세안에서 의류·신발산업이 상대적으로 발달한 4개국은 인도네시아, 베트남, 미얀마, 캄보디아이다. 의류 및 신발 수출은 2000년에 베트남 51억 달러, 인도네시아 65억 달러, 캄보디아 10억 달러로 각각 총 수출의 35.3%, 10.5%, 71.5%를 차지했다. 수출은 2018년 베트남 562억 달러, 인도네시아 143억 달러, 캄보디아 153억 달러로 증가했고, 미얀마도 53억 달러

를 수출했다. 그러나 총 수출에서의 비중은 베트남과 인도네시아에서는 감소했고, 캄보디아에서만 증가했다. 특히 베트남에서 비중이 대폭 감소했는데 수출 다변화에 성공했기 때문이었다. 이처럼 의류·신발은 공업화 초기에 풍부한 노동력을 활용했던 산업이었다.

캄보디아에서 노동집약적 경공업은 특히 중요하다. 캄보디아의 2018년 총 수출 190억 달러 중 의류 수출은 122억 달러에 이르고, 신발 수출이 20억 달러 그리고 가방 등 기타 잡화가 9억 달러로 이들이 전체 수출의 80%를 차지한다.[16] 캄보디아는 이외에도 대만 기업의 투자로 생산되는 자전거로 5억 달러 가까운 수출을 창출하는데 이들이 공산품 수출의 전부라 해도 무방하다. 그래서 캄보디아에서 근대 부문은 섬유·의류산업이라 할 수 있고, 수출액이 인도네시아의 같은 산업 부문 수출보다 더 많아질 정도로 캄보디아 경제에 기여하고 있다. 이 때문에 훈 센 정부는 정권유지를 위해 이 부문에 종사하는 노동자에게 호소하는 정책들을 폈는데, 예컨대 섬유산업에만 최저임금을 적용하는 것 등이다. 미얀마에서도 의류산업은 중요한 역할을 한다. 2018년 총 수출 154억 달러 가운데 45억 달러가 의류 수출이었다.[17] 캄보디아와 미얀마의 사례는 중국이나 다른 아세안 국가에 투자했던 한국, 중국, 대만 기업들이 저임금을 찾아 이동해 온 결과이다.

2018년 아세안 수출액은 1조 4,803억 달러이다. 18년 수출은 17년의 1조 3,197억 달러 대비 대폭 증가했는데 2014~16년 부진했던 수출이 17년부터 급속히 회복되었다. 상품 분류HS 4단위를 기준으로 최대 수출품목은 전자집적회로 1,665억 달러였고, 그다음은 전화기로 800억 달러

HS 코드	품목	2010	2014	2016	2018
	아세안의 주요 무역수지 흑자 제품 추이 (단위:억 달러)				
	전체 수지	1,013	602	607	227
61~62	의류	232	354	373	499
8517	전화기(부품 포함)	-73	67	168	331
64	신발	76	147	170	255
1511	팜유 및 그 부분(화학 변형제품 제외)	242	284	225	236
8541~8542	반도체	179	257	187	211
8471	자동자료처리장치	240	224	203	197
2711	천연가스	277	284	120	132
2701	석탄	165	152	83	118
4001	천연고무 및 관련 제품	184	122	86	95
9403	가구 및 부분품	52	60	58	77
1006	쌀	60	76	59	61

주: 2018년도 실적에서 베트남과 같은 일부 국가의 실적은 교역 대상국의 수출입 통계로 파악된 것임
자료: 국제무역센터(ITC) DB

였다. 컴퓨터 관련제품 HS 8471, 그리고 다이오드 트랜지스터 HS 8541 등이 전자 관련제품이다. 전자제품 다음으로는 석유, 가스, 석탄 등 광물자원 역시 중요한 수출 산업이다. 이들 제품 수출은 모두 대폭 증가했는데 세계적으로 미국 경기회복과 4차 산업혁명, AI 등에 대한 관심과 투자가 증가하면서 전자부품이나 반도체 수요가 증가했기 때문이다.

아세안은 전자제품을 많이 수출하지만 수입 또한 많다. 2018년에 전자집적회로 수입액은 1,523억 달러에 이르렀다. 전화기 부품 수입도 469억 달러였다. 중간재 및 부품을 수입하여 이를 가공하거나 완제품으로 조립하여 수출하는 가공무역으로 나타나는 현상이다. 최근 아세안에

서 수출입이 급증하고 있는 자동차의 경우도 마찬가지이다. 자동차 부품을 2018년 179억 달러만큼 수입했는데 이는 승용차 152억 달러, 81억 달러에 달하는 상용차 수출의 밑거름이었다. 이러한 중간재 수입과 완제품 수출은 섬유 부문이나 정유제품 등에서도 나타난다.

한 국가가 동일한 산업에 속하는 제품을 수출도 하고 수입도 하는 현상을 산업내무역이라고 하는데 아세안에서 산업내무역은 같은 산업에서 부품과 중간재의 수입-완제품 수출 형태로 나타난다. 국제 생산체제 속에서 이와 같이 부품이 국경을 통과하고 완제품으로 조립되어 다시 수출되는 글로벌 밸류체인의 확산은 세계 무역을 증가시키는 중요한 메커니즘이다. 산업내무역 또는 글로벌 밸류체인의 확산 과정에서 하나의 상품을 생산하는 데 여러 나라에서 참여하는 생산공유production sharing는 아세안을 포함하는 아시아 생산체제의 중요한 특징이다. 예컨대 베트남에서 삼성전자가 갤럭시 스마트폰을 생산하기 위해서 한국의 삼성전자로부터 반도체를 공급받고, 또 중국에서 부품을 수입한다. 결국 갤럭시의 수요 증가는 베트남, 한국, 중국 모두의 생산을 유발한다.

글로벌 밸류체인 혹은 생산 공유의 확산은 세계 무역을 확대하고 참여국, 참여기업, 참여 노동자 모두가 이익을 보지만, 외화가득률에 관심을 갖는 개별 국가는 밸류체인의 전 과정을 모두 장악하기를 기대한다. 이런 관점에서 무역수지를 보면 아세안에 실질적으로 가장 큰 외화획득 분야는 의류산업이다. 2018년 아세안은 의류 부문에서 499억 달러의 흑자를 기록했다. 과거 중간재로 직물이나 섬유사를 수입했지만 점점 자체 생산으로 전환하면서 외화가득률이 상승했다. 전화기도 331억 달러의 흑자를 기록했고 신발도 255억 달러의 흑자를 기록했다. 이렇게 본다면 아세안은 여전히 노동집약적 제조업 부문에 비교우위가 있는 셈이다.

다국적 기업의 진출과 공산품 수출 증가는 제조업 부문에서 생산과 고용 모두를 증가시켰고 경제성장을 견인했다. 그 결과 산업 생산에서 차지하는 제조업 비중이 증가했는데 2018년 현재 태국이 26.9%로 가장 높고 그다음은 21.9%를 차지하는 말레이시아이다. 제조업 생산 비중은 싱가포르 20.8%, 인도네시아 19.9% 등으로 과거 세계은행이 평가한 아시아의 기적을 만들었던 나라들이 모두 제조업 기반 위에서 성장했다. 이에 비해 미얀마나 라오스의 제조업 비중은 아직 10% 미만이다.

4. 기업구조와 규모 그리고 소유자

아세안의 기업구조

건강하고 경쟁력이 높은 기업이 많을수록 국민경제는 튼튼해지고 성장도 빠르다. 대부분의 국가에서 중소기업은 기업의 수나 고용에서 절대적인 비중을 차지하는데, 이런 중소기업의 발전은 경제 안정화에도 도움이 된다. 상품은 많은 부품이 여러 단계로 나뉘어 결합되어 생산된다. 한 조립업체가 모든 부품을 다 생산할 수도 없고 공정의 전 과정을 담당할 수도 없다. 세계화의 진전으로 어느 조립 완제품이더라도 부품을 국내외에서 조달받아야 하고, 해당 조립업체가 전체 공정을 다 갖고 있더라도 서로 다른 공정을 국내외 다른 공장에서 담당하도록 하는 경우도 많다. 이 때문에 완제품을 최종 조립하는 조립 대기업과 부품을 생산하는 중소기업이 협력을 통해 생산에 참여한다. 대기업과 중소기업의 협력은 제조업에 국한하지 않는다. 기술의 발전으로 제조업과 서비스업의 구분이 어려워지고 있으며 순수 서비스업이라도 완성된 서비스를 공급하기 위해서는 많은 중소기업의 참여가 필요하다.

건강한 중소기업의 발전과 성장은 대기업의 발전에 기초가 되기 때문에 모든 나라는 중소기업 육성에 관심을 갖는다. 아세안도 예외는 아니어서 기업의 규모를 기준으로 중소기업에 인센티브를 준다. 아세안에서는 중소기업을 중기업, 소기업, 마이크로기업으로 구분하는 나라가 많다. 인도네시아와 필리핀은 제조업과 서비스업을 구분하지 않고 자산 규모로 분류하고, 태국은 종업원 기준으로 중소기업을 분류하고 있다.

어떻게 정의하든지 아세안에서 중소기업은 사업체나 고용에서 큰 비중을 차지하지만 GDP나 수출에서의 기여도는 높지 않다. 인도네시아, 필리핀, 태국, 말레이시아 등에서 GDP 기여율은 30% 수준으로 큰 차이를 보이지 않고 수출에 대한 기여도 크지 않은데 인도네시아와 말레이시아가 20% 이하이고 태국의 경우는 이보다 약간 높지만, 모두 한국보다는 낮다.[18] 사업체나 고용 비중에 비해 중소기업의 생산이나 수출기여율이 낮은 것은 다국적 기업이 조립제조업을 주도하여 경제개발을 한 결과이기 때문이다. 다국적 조립업체가 아세안에 진출할 때 핵심 부품을 수입하고 또 중요한 부품업체들은 동반 진출함으로써 다국적 기업과 현지 중소기업의 연계성이 낮다. 그 결과 아세안에서는 특정 분야에서 세계적 경쟁력을 갖고 있는 중소기업을 발견하기 어렵다.

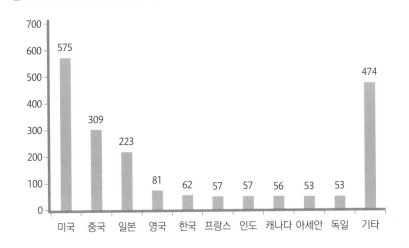

자료: 《포브스》, Global 2000.

　　대신 아세안에서는 복합 대기업의 역할이 크고 국제적으로도 경쟁
력 있는 기업들이 성장하고 있다. 《포브스Forbes》는 매년 상장기업 대상
으로 글로벌 2000 기업을 조사·발표하는데 매출, 순이익, 자산규모, 시
가 총액을 고려하여 순위를 부여한다. 2019년 글로벌 2000에는 총 61개
국에서 1개 이상 기업을 순위에 포함시켰는데 미국 기업이 575개, 중국
기업이 309개 그리고 일본 기업이 223개였다. 아세안 기업은 전체 53개
가 포함되었는데, 태국 15, 싱가포르 13, 말레이시아 9, 인도네시아와
필리핀 기업이 각각 6개 그리고 베트남 기업이 4개였다. 제조업 강국인
독일 기업이 53개에 불과하기 때문에 국민경제규모와 글로벌 2000 기업
수의 관계가 반드시 일대일의 관계는 아니지만 글로벌 2000에 가장 많은
기업을 포함시키고 있는 미국, 중국, 일본 경제의 규모가 크다는 사실 또

한 분명하다.

태국은 15개 기업 중에서 8개 기업이 1000위 안에 있다. 가장 순위가 높은 기업은 165위인 PTT로서 정부가 대주주인 석유 및 정유회사이다. 13개 기업이 포함된 싱가포르는 6개 기업이 1000위 이내에 있다. 정부 자본이 투자된 DBS은행이 213위로 가장 높다. 말레이시아도 은행을 중심으로 9개 기업이 글로벌 2000에 포함되어 있는데 순위는 고루 분포된 편이다. 필리핀은 은행, 투자회사들을 포함한 6개 기업이 모두 1000위 밖에 있고, 인도네시아 기업은 6개 중 상위 5개가 1000위 이내에 포함되어 있어 필리핀과는 다소 다른 모습을 보인다. 베트남도 4개 기업이 모두 1000위 안에 들지는 못했으나 그래도 글로벌 2000에 4개나 포함되었다는 사실 그 자체가 놀라운 일이다. 경제발전 속도로 볼 때 향후 더 많은 기업들이 글로벌 2000에 포함될 수 있을 것이다.

또 다른 경제잡지 《포춘Fortune》은 매출액 기준으로 포춘 글로벌 500을 조사·발표한다. 아세안의 6개 기업이 2018년 500에 포함되어 있다. 싱가포르 3개, 태국, 인도네시아, 말레이시아가 각각 1개씩이다. 싱가포르의 3개 회사는 트라피구라그룹Trafigura group(32), 윌마인터내셔널 Wilmar International(248), 플렉스Flex(466)이다. 트라피구라그룹은 원유 및 석유제품, 석탄 및 철광석 등의 원자재 유통 및 운송을 담당하고 있는 스위스 제네바에 본사를 둔 다국적 기업으로, 국제 해운망의 중추적인 기업으로 싱가포르에 등기를 했을 뿐이다. Flex도 다국적 EMS* 기업이며

---

* EMS란 Electronics Manufacturing Service의 줄임말로 전자제품의 밸류체인에서 생산에 전문적으로 특화되어 다른 기업을 위해 수탁·생산하는 기업을 말한다.

미국을 근거지로 한다. 결국 순수 아세안 기업은 싱가포르의 월마인터내셔널, 태국의 PTT, 인도네시아 가스석유회사 페르타미나Pertamina, 말레이시아의 페트로나스Petronas이다. 월마를 제외하면 모두 국영 석유기업이다.

기업의 소유자는 누구인가

국영기업은 국가나 지방 정부가 소유하고 경영에 관여하는 기업이다. 사회주의 국가를 표방하는 베트남의 보편적인 기업 형태이기도 하다. 일반적으로 주식회사로 운영되고 증권시장에 상장되어 있기도 하지만 극단적으로는 정부 부처처럼 운영될 수도 있다. 싱가포르와 말레이시아에서 흔한 국영기업의 형태는 정부연계기업GLC*이다. 싱가포르에서는 주요 기간산업을 민간에 맡길 수 없다고 하여 출범한 기업이 많고, 말레이시아에서는 말레이 민족의 경제력을 확대한다는 부미푸트라 정책의 일환으로 시작된 기업이 많다.

OEM은 단순 위탁·생산인 데 반해, 주문자의 제조 기능 전체를 위임받는다.

* GLC는 Government-Linked Company로 보통 공기업으로 번역하여 사용하나, 아세안에서는 그 의미가 달라진다. 한국과 같은 경제체제에서 공기업은 대개 국가기반시설이나 공익적 사업으로 영역이 한정되는 데 반해, 싱가포르 등지에서 GLC는 적극적인 이윤 추구 기업으로 범위가 넓혀져 있다. 항공산업을 예로 들면, 우리나라에서는 인천국제공항공사나 한국공항공사는 기반시설을 담당하는 공기업인 데 반해, 대한항공과 아시아나항공과 같은 항공사는 사기업이다. 반면 싱가포르에서는 싱가포르항공 또한 GLC로서 정부나 정부투자회사가 대주주의 지위를 차지하고 있다. 이런 점을 감안하여 이 책에서는 GLC를 공기업과 구분하여 정부연계기업이라는 표현으로 사용하였다.

싱가포르 건국의 주역들은 비록 싱가포르가 화교 중심의 사회였지만 화교 기업가들에게 경제개발을 맡길 수는 없다고 생각했다. 리콴유를 비롯한 바바baba*들은 전통적인 화교의 기업경영 방식이 근대 국민국가 건설에는 너무 낡고 불필요하다고 생각했다. 이들 중에 영국에서 유학했던 사람들은 영국이 남긴 제도가 너 낫다고 보았고, 중국인의 전통 경제 조직 대신 영국식의 행정체계에 일부 현지 사정을 반영한 제도를 마련했다. 정부 조직인 경제개발청EDB이나 무역개발청TDB이 싱가포르중화총상회의 기능 일부를 맡도록 했다. DBS가 중국인 방幇**의 자금대부 기능을 대신하는 등 정부의 여러 조직이 방의 여러 기능을 나누어 가짐으로써 방은 약화되었다.[19] 그 결과 싱가포르에서 정부연계기업은 경제발전을 이끄는 중심세력이 되었다.

영국에서 독립한 직후 말레이시아의 실제 경제력은 영국 자본과 식민지 시대에 성장한 화교가 대부분을 장악하고 있었다. 고무 플랜테이션 부문을 장악한 영국 기업은 런던 증시에 상장되어 있었다. 1970년 말레이시아 주식 자본의 60.7%를 외국 자본이 소유하고 있었고 화교는 22.5%를 장악하고 있었다. 이에 비해 부미푸트라의 자본 소유 비율은 1.9%에 불과했다. 말레이시아에 민족 간 경제력 격차의 문제는 1969년 5·4 사태로 표면화했다. 화교에 대한 말레이계의 반발로 일어난 5·4 사

* 주로 말레이반도에 정착하여 현지에 적응한 화교들을 일컫는 말이다.
** 방(幇)은 동향 조직을 말한다. 같은 지역 출신들이 상부상조하기 위해 조직하여 활동하는 경제·사회적 조직이다. 아세안에는 5개의 방이 대표적으로, 자세한 내용은 이 책의 6장, 〈아세안과 중국을 잇는 가교, 화교 자본〉 참조.

태에서 많은 사람이 희생되었고 말레이시아 정부는 민족 간 경제력 격차 해소를 중요한 과제로 고려했다. 이러한 정치·사회적 변화는 신경제정 책NEP을 태동시켰다.

신경제정책의 핵심은 말레이 민족, 즉 부미푸트라에 대한 우대였다. 정부는 말레이계의 경제력을 주식 자본 기준으로 30%까지 높이기 위해 기업공개IPO 시에 부미푸트라에게 30%를 할당하도록 했으며, 외국인투 자도 부미푸트라에게 30%의 지분을 배분하도록 규정했다. 또한 말레이 계가 더 많은 교육기회를 갖도록 했다. 1980년대부터는 민영화를 추진 하는 과정에서 국가 기간산업의 민영화에서 부미푸트라 기업인에게 우 선권을 주었다. 정경유착의 소지가 있었지만 기업가정신이 취약한 말레 이계 기업인을 육성한다는 취지를 강조하면서 추진되었다.

정부는 신경제정책 실천을 위해 1978년 정부연계투자회사인 PNB Permodalan Nasional Berhad를 설립했다. 또한 1993년에는 정부투자지주회 사국부펀드인 카자나내셔널Khazanah Nasional을 설립하여 기간산업에 투 자했다. 1980년대 후반부터 국영 부문의 경영효율 증대를 위해 민영화 를 추진하면서 말레이계 경영인들은 정부로부터 기업을 인수했다. 마하 티르가 은퇴하고 2005년, 압둘라 바다위Abdullah Badawi 정부는 10년 계 획으로 정부연계기업GLC의 효율화 사업인 GLC TRANSFORMATION GLCT 프로그램을 시작했다. 이때 말레이시아 증시에 상장된 GLC는 40 개로 상장기업의 5%에 불과했으나 시가 총액은 36%를 차지할 정도였 다. GLC는 전력, 통신, 우편, 항공, 공항, 대중교통, 은행 및 금융 서비 스를 제공하고 있었다.[20] GLCT에도 불구하고 GLC는 2010년에도 연방

정부 332개, 주 정부 113개 등 445개가 있었는데, PNB와 카자나내셔널과 같은 투자회사 13곳과 이들이 투자한 432개 기업이었다.[21]

국영기업은 태국에도 존재한다. 매출과 시가 총액 등에서 압도적인 위치를 차지하는 석유회사 PTT는 대표적인 공기업이다. 이와는 다소 다른 형태지만 왕실 자본이 투자한 기업이 있다. 태국 왕실은 1900년대 초부터 투자했는데 왕실재산관리처 Crown Property Bureau, CPB가 지배 주주로 있는 대표적인 기업은 시암시멘트 SCG와 시암커머셜뱅크이다. CPB의 1997년 매출은 2,382억 바트로, 2위 방콕은행그룹의 1,950억 바트, 3위 CP그룹의 1,610억 바트보다 훨씬 많은 최대 비즈니스 그룹이었다. 2019년 7월 현재 시암시멘트는 시가 총액 5위, 시암커머셜뱅크는 7위를 차지하고 있다. 더욱이 CPB는 법에 의해 조세 의무가 면제된다.[22]

아세안에서도 가장 흔한 기업 형태는 민간기업이다. 대기업과 중소기업을 망라하여 대부분의 아세안 기업은 민간기업이다. 그런데 변변한 구멍가게도 다 화교들이 갖고 있다고 할 정도로 민간기업의 화교 운영 비중이 높고, 상장회사를 중심으로 본다면 대부분은 소수의 화교 가족이 통제한다. 물론 인도네시아나 말레이시아에서 일부 인도계 혹은 현지인이 성장시킨 기업이 없지는 않다. 화교 기업은 식품, 유통, 금융 분야에서 두각을 나타내고 있으며, 제조 기술이 취약하고 경험이 일천한 상태에서 내수시장을 지향하고 동남아에 투자를 시작한 다국적 기업의 현지 안내자 역할을 했다. 그래도 일부 아세안 민간기업은 아세안 내 화교 네트워크를 이용하여 여러 국가에서 사업활동을 하면서 다국적 기업으로 성장했고, 이들은 아세안이 경제통합을 추진해 나가면서 아세안 현지 사

싱가포르 제조업 실태(2017)

	기업 수	고용(명)		제조 매출(백만 싱가포르달러)		
		고용	업체당 고용	제조 매출	업체당 매출	1인당 매출
전체	9,096	381,128	42	305,742	33.61	0.80
싱가포르	8,369	214,425	26	61,142	7.31	0.29
외국인	727	165,703	228	244,599	336.45	1.48
− 미국	177	56,096	317	117,949	666.38	2.10
− 일본	171	27,307	160	19,337	113.08	0.71
− 유럽	250	55,071	220	82,387	329.55	1.50

자료: 싱가포르 경제개발청(EDB)

정에 밝다는 경쟁우위를 갖고 활발한 지역화를 추진하고 있다.

다국적 기업은 아세안 경제를 지탱하는 또 하나의 지주로서 주로 아세안의 조립제조업을 주도한다. 1960년대부터 진출한 일본 기업이 가장 두드러지지만 P&G, 네슬레, 유니레버 등 소비재 분야에서 유서 깊은 서구 기업도 있다. 한국 기업도 베트남을 중심으로 활발하게 사업을 전개하고 있다. 다국적 기업은 대개 현지 증권시장에 기업을 상장하지 않기 때문에 정확한 정보를 얻기 힘들지만 특정 국가에서는 대표적인 기업이 되기도 한다.

다국적 기업의 역할을 가장 잘 설명하는 나라가 싱가포르이다. 싱가포르에는 2017년 9,096개의 제조업체가 있었고, 이 중 8,369개는 싱가포르인 소유이고, 나머지 727개는 외국계 기업이었다. 기업 수로는 절대다수가 싱가포르인 소유이지만 다국적 기업은 싱가포르 제조업의 고용 56%, 매출 80%를 차지한다. 싱가포르 기업에 비해 다국적 기업은 업체당 고용규모가 훨씬 크고 특히 미국 기업의 업체당 고용인원은 317명으로 싱가포르인 기업의 26명에 비해 10배 이상이다. 매출도 다국적 기업의 매출규모가 싱가포르인 기업 매출의 10배에 이르며, 미국 기업의 업체당 매출은 싱가포르인 기업 평균 매출의 20배에 달한다. 다국적 기업의 투자가 없었다면 오늘날 선진국으로 부상한 싱가포르를 상상할 수 없다.

기업규모로 본 경제발전 단계

국민경제의 중심 산업이 제조업의 어떤 업종인가에 따라 경제발전 단계를 평가할 수 있듯이 한 나라 대표 기업의 특성에 따라 그 나라의 경제발전 단계를 가늠해 볼 수 있다. 외환위기 이전 아세안의 화교 기업들은 풍부한 자금, 소극적인 기업정보공개 성향 등으로 기업을 증시에 상장하지 않고 개인 기업으로 유지하는 경우가 많았다. 위기 이후 자금 조달이 여의치 않고 각국 정부가 기업 경영의 투명성을 강조하고 기업 지배구조 개선 요구가 높아지면서 새로 주식시장의 문을 두드리는 기업이 늘었다.

《포브스》의 글로벌 2000에 속한 기업을 다시 보면 싱가포르의 13개 기업은 은행 3개, 외국 기업으로서 싱가포르에 등기한 기업 3개, 통신 1개, 항운 1개 그리고 부동산 및 공단개발 3개 등이었다. 팜유 플랜테이션과 가공업의 윌마인터내셔널이 유일한 제조업체라고 할 수 있지만 생산 및 매출에서 중국 비중이 가장 큰 복합기업집단의 지주회사이기 때문에 싱가포르의 제조업을 대표한다고 보기는 어렵다. 결국 싱가포르는 도시

국가로서 내수시장을 활용하여 대규모 기업이 출현하기 어렵고 국제금융도시로서의 경쟁력이 있다는 것이다.

말레이시아에서 글로벌 2000에 포함된 9개 기업 중 6개가 은행이었고 통신, 전력이 각 1개 그리고 석유화학이 1개 기업이었다. 2개 은행은 정부-부미푸트라 투자지주회사가 대주주인 국영은행이고, 전력, 석유화학 역시 동일한 성격을 갖고 있다. 제조업체로는 유일하게 페트로나스케미컬이 말레이시아가 산유국이라는 비교우위를 활용하고 있다. 결국 나머지 4개 은행이 민간은행인데 말레이시아 역시 주력 산업이 분명하지 않다. 말레이시아 쿠알라룸푸르 증권거래소의 2019년 7월 현재 시가 총액 상위 10대 기업을 보면 4개가 은행이고, 나머지는 전력, 통신, 석유화학, 가스 등이다. 이들은 《포브스》 글로벌 2000 말레이시아 기업에 포함된 기업이기도 하다. 다만 시가 총액 1위 기업인 UOA 개발UOA Develpment은 부동산 개발회사로, 글로벌 2000에는 포함되지 않았다.[23] 말레이시아도 몇 개의 은행과 사회간접자본 관련 기업이 경제를 주도하고 있다.

인도네시아 기업은 글로벌 2000에 6개가 포함되어 있는데 은행이 4개, 통신사가 하나 그리고 제조업체라고는 담배회사 구당가람Gudang Garam이 유일하다. 자카르타 증시에 상장된 기업의 2019년 7월 말, 시가 총액 기준 10대 기업 가운데 4개가 은행이다. 이 중 3개는 정부가 대주주이고, 시가 총액 1위인 BCA은행은 화교 기업집단인 자룸Djarum 그룹이 소유하고 있다. 나머지는 담배회사 2개, 정부가 대주주인 통신 1개, 아스트라그룹 2개, 유럽계 다국적 기업인 유니레버가 역시 10대 기업에 포함된다. 자룸 역시 담배회사이다. 10대 기업의 소유주는 정부가 4곳, 외국인이 4곳2위 기업인 삼푸르나, 아스트라그룹 2곳, 유니레버, 그리고 민간이 2곳을 소유하고 있는데 모두 화교 기업이다. 은행과 담배가 주력 산업인 나라에서 상위 4개 기업을 외국인이 소유하고 있는 것이다.

아세안에서 가장 많은 13개 기업이 글로벌 2000에 포함된 태국은 은행 등 금융업체가 5개, 석유 및 석유화학 관련 기업이 3개, 그리고 농가공 및 음료 기업 2개, 시멘트 1개 기업으로 구성되어 있다. 상대적으로 제조업체가 많이 포함되어 있지만, 주로 소재산업에 진출한 기업이다. 태국 증시에 상장된 기업 중 시가 총액 15대 기업도 대부분 《포브스》 글로벌 2000의 태국 기업과 중복된다. 은행이 5개, PTT 계열사 3개, 왕실 2개, 유통업체 2개CP all과 Central, 통신 1개 등이다. 역시 은행이 많다.

필리핀은 다소 다른 모습을 보인다. 글로벌 2000에는 6개 기업이 포함되어 있으나 금융 2개 사, 지주회사 3개 사, 그리고 1개의 에너지 탐사 기업이 포함되어 있다. 시가 총액 기준으로는 2018년 말 현재, 4곳이 은행을 포함한 금융업체이고 4곳은 지주회사이다. SM그룹은 지주회사, 쇼핑센터, 은행을 포함한 3개 기업이, 아얄라그룹은 지주회사, 건설회사, 은행 등 3개 기업이 포함되어 있다.

대표 기업으로 아세안 경제를 평가한다면 몇 가지 특징을 이야기할 수 있다. 첫째, 대표 기업으로서 은행이 많다. 경제가 아직 본격적으로 발전하지 않은 개발도상국에서 은행은 저축과 투자를 연결하는 중개 기능을 한다. 1970년대 일본의 은행, 1980년대 한국의 은행은 각국에서 대표적인 기업 역할을 했지만 경제발전에 따라 은행은 다른 업종에 대표

기업의 역할을 넘겨주었다. 둘째, 소수의 가족 지주회사나 소수 기업집단에 속한 기업들이 각국 경제의 대표 기업군을 형성한다. 이 점은 경제력 혹은 부의 집중 문제가 존재한다는 것을 말한다. 셋째, 제조업체가 몇 개 있으나 현재 세계 경제를 주도하고 있는 분야에 아세안 기업은 거의 존재하지 않는다. 아세안의 자원을 기반으로 하는 석유화학 등에 일부 기업이 두각을 나타내고 있으나 이들은 모두 정부가 대주주인 공기업이고, 전자, 자동차, 기계와 같은 기술집약적 산업에서 선도 기업은 나타나지 않고 있다.

5. 아세안 경제의 그늘

높은 대외의존도와 불균등한 소득·자산 배분

아세안은 다국적 기업 유치와 이들의 수출을 통해 성장했기 때문에 무역의존도가 높다. 싱가포르, 말레이시아, 베트남, 캄보디아 등에서 상품무역의 대GDP 비율은 2017년 현재 100% 이상으로, 싱가포르는 200% 이상 그리고 베트남도 190%에 이른다. 무역의존도는 흔히 한 국민경제의 경제개방을 나타내는 것으로, 경제발전 과정에서 내수규모가 작은 나라들의 무역의존도는 높아지기 마련이다. 무역의존도 변화 추이로 볼 때 미얀마는 세계 경제에 급속히 편입되고 있다. 이에 비해 싱가포르와 말레이시아의 무역의존도는 오히려 감소하는 추세다. 인도네시아와 필리핀은 무역의존도가 높지 않은 상태에서 감소했다. 수출을 담당하는 다국적

상품무역의존도(GDP 대비)

(단위: %)

	2000	2005	2010	2013	2015	2017
브루나이	83.5	80.7	83.3	83.2	74.0	71.5
캄보디아	90.9	108.5	93.3	116.1	125.1	120.8
인도네시아	58.0	50.1	38.9	40.5	34.0	32.1
라오스	52.9	52.8	56.5	44.5	64.8	57.1
말레이시아	192.1	178.3	142.1	134.4	126.4	131.1
미얀마	1.1	0.3	0.2	40.2	44.3	45.4
필리핀	89.6	86.0	53.3	43.8	44.4	49.6
싱가포르	284.5	338.6	281.4	265.4	218.9	216.2
태국	103.9	120.7	110.7	108.2	99.9	96.1
베트남	96.6	120.1	135.5	154.2	169.6	190.0
한국	59.2	60.8	81.5	82.4	69.7	68.7
중국	39.2	62.2	48.7	43.3	35.7	33.5

자료: 아시아개발은행(ADB), *Key Indicators*(2018)

기업이 경쟁력 있는 상품을 만들지 못했기 때문이다. 중국 및 한국과 아세안의 무역의존도를 보면 먼저 아세안 주요국의 무역의존도가 중국이나 한국에 비해 더 높고, 특히 중국과 격차가 크다.

교역 대상국을 보면 아세안 역내가 가장 큰 파트너이다. 2017년 현재 아세안 각국은 역내에 전체의 23.5%를 수출하고, 22.3%를 수입한다. 역내의 교역품은 석유, 가스 등 원료를 비롯해 집적회로, 자동차 등이다. 원료 부문은 아세안 기업이 거래의 당사자이고 공산품은 주로 다국적 기업 간 거래이다. 개별 국가로 보면 중국이 가장 큰 무역 파트너인데 2017년 대중국 수출은 전체의 14.1%, 수입은 이보다 더 큰 20.3%에 이르렀다.[24] 수출입비율 모두 2000년 이후 급격히 증가했는데 수입비율이 좀 더 빨리 높아졌다. 수입의 경우 아세안에 진출한 다국적 기업이 주로 중국에서 부품과 소재 등을 수입하거나 아세안 기업이 소비재를 수입하고 있다.

전통적으로 미국과 일본은 아세안의 주요 교역 파트너였다. 아세안은 1970년대 이후 일본에서 중간재와 소재를 수입하고 이를 가공·조립하여 미국이나 유럽에 수출하는 형태의 가공무역구조를 유지해 왔었는데 이러한 무역구조가 빠르게 변하고 있다. 2000년 이후 미국에 대한 수출의존도는 빠르게 감소했고, 일본으로부터의 수입의존도도 빠르게 줄어들었다. 새로운 시장이자 수입조달처로서 중국의 역할이 커졌기 때문이다. 한국에서의 수입도 대폭 증가하여 일정 부분 일본과 미국으로부터의 수입 조달을 대체했다.

아세안은 아직 개발도상국이기 때문에 해외투자보다는 외국인 직접투자가 더 많다. 싱가포르나 말레이시아와 같이 상당 기간 경상수지 흑자가 계속되면서 저축이 투자보다 많은 국가는 해외투자를 하고 있지만 CLMV 국가를 비롯한 인도네시아, 필리핀 등은 여전히 외국인투자 유치가 필요하다. 아세안에 대한 외국인 직접투자는 2017년 1,356억 달러였으며, 아세안 역내에서 270억 달러, 비아세안지역으로부터 1,087억 달러가 유입되었다. 아세안 내에서는 싱가포르와 말레이시아가 각각 187억 달러와 40억 달러를 역내에 투자했다. 비아세안에서는 EU가 249억 달러를 투자했는데 EU는 28국으로 구성되었다는 점을 염두에 두어야 한다. 일본이 134억 달러, 중국이 114억 달러, 그리고 한국도 51억 달러를 투자했다.[25] 2010년 비아세안지역에서는 미국과 일본이 비슷한 수준으로 투자했고 한국의 투자는 중국의 투자보다 더 많았다. 투자는 매년 다양한 요인에 영향을 받기 때문에 한 해의 투자를 비교한다는 것은 큰 의미가 없으나 전체적으로 일본의 꾸준한 투자, 중국의 투자 증가, 그리고 한국의 일정한 역할 등이 특징이다.

아세안 역내 투자는 싱가포르, 말레이시아, 태국이 주로 공급자 역할을 하지만 실상은 아세안에 이미 진출한 다국적 기업의 투자일 수도 있고 역내에서 성장한 아세안 다국적 기업일 수도 있다. 특히 아세안 역내 투자 중 60% 정도를 차지하는 싱가포르는 최대 투자국이다. 싱가포르는 정부 차원에서 1990년대부터 아세안 역내 투자를 장려했지만, 기존에 싱가포르에 진출해 있던 다국적 기업도 역내 투자를 하고 있다. 말레이시아 기업은 부동산 등 다양한 분야로 인도차이나지역에 진출하고 있으며, 태국에서는 태국에 진출한 일본 기업의 인근 국가에 대한 투자도 눈에 뜨인다.

경제개방도가 높아지면서 경제적 불균형도 심해졌다. 아세안 대부분의 국가에서 경제적 격차는 높은 수준을 나타낸다. 최근의 지니계수는 인도네시아 0.381, 말레이시아 0.410 필리핀 0.401 등이다. 태국이 0.365이고 베트남이 0.353으로 한국의 지니계수 0.316 2012보다 훨씬 높다. 다행히도 인도네시아를 제외하면 모두 지니계수가 감소 추세이다. 한 국가의 소득분배는 경제발전 초기에는 상대적으로 양호하지만 경제성장 과정에서 악화되었다가 경제발전이 성숙하면 다시 균형 쪽으로 이동한다고 한다. 즉 지니계수는 경제발전 초기에는 낮게 출발하여 경제발전이 진행되면 높아지다가 다시 낮아진다.26 그러나 악화되고 개선되

	2000	2004	2008	2012	2017
인도네시아	0.285	0.327	0.351	0.396	0.381
말레이시아	–	0.461	0.455	0.413(2013)	0.410(2015)
필리핀	0.428	0.415(2003)	0.418(2009)	0.422	0.401(2015)
태국	0.428	0.425	0.403	0.393	0.365
베트남	–	0.368	0.356	0.356	0.353(2016)
한국	–	0.317(2006)	0.323	0.316	–

자료: 세계은행(WB)

는 소득수준의 기준이 어느 정도인지는 정확히 알 수 없다. 또한 지니계수의 각국 통계를 단순히 비교한다는 것은 크게 의미를 둘 정도는 아니라는 평가도 있다. 그럼에도 불구하고 아세안의 지니계수는 상당히 높고 인도네시아 같은 경우는 계속 상승하고 있다.

대부분의 국가에서 지니계수가 감소하는 것은 농업 부문의 고용 감소와 무관하지 않다. 제조업과 서비스 등 근대 부문에서 일자리가 창출되면서 상대적으로 생산성이 낮은 농업 부문에서 노동력이 근대 부문으로 이전한다. 그 결과 농업 부문과 비농업 부문의 상대적 생산성 격차가 축소된다면 소득분배가 개선될 수 있다. 그러나 농업 부문에서 이탈한 인구가 제조업이 아닌 영세서비스업으로 흡수된다면 소득분배는 악화될 수 있다. 아세안에 진출한 다국적 기업은 기본적으로 아세안의 풍부한 노동력을 활용하지만 선택하는 생산기술은 아세안의 요소부존도를 완전하게 반영하지는 못한다. 즉 아세안의 요소부존도에 비해 더 자본집약적 생산기술을 선택하는 것이고, 이 때문에 제조업의 고용창출 효과

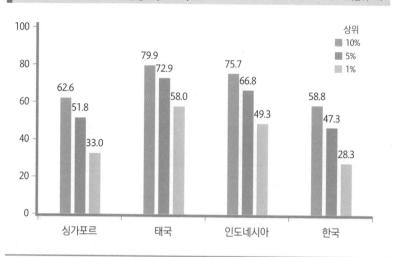

주요국 고자산가의 소유집중도(2016)　　(단위: %)

상위
- 10%
- 5%
- 1%

싱가포르: 62.6, 51.8, 33.0
태국: 79.9, 72.9, 58.0
인도네시아: 75.7, 66.8, 49.3
한국: 58.8, 47.3, 28.3

자료: 크레디트 스위스(2016). p. 148. table. 6-5에서 추출

는 떨어지고 제조업과 서비스업의 소득격차를 확대시킨다. 필리핀과 태국의 소득불평등도 개선은 이 나라들이 빈곤계층을 위한 정책을 펼치고, 의료보장제도를 확대하는 등 재정지출도 중요한 역할을 했다.[27]

　　한편 소득격차는 자산부의 격차를 낳는다. 태국은 상위 1%가 전체 자산의 58%를 차지하고, 상위 10%까지는 전체의 79.9%를 소유한다. 이와 같은 부의 분배의 불평등성은 정도의 차이는 있지만 인도네시아나 싱가포르에서도 보이는데 양국에서 1%의 국민이 49.3%나 33.0%의 부를 차지하고, 상위 10% 인구가 75.7% 및 62.6%를 소유한다. 소득이나 자산의 고소득층 편중 현상은 세계화, 기술진보 등 많은 요인이 있지만 근본적으로 사회적 이동성이 제한되는 경제·사회적 구조의 경직성을 의미하며 이는 아세안 경제의 구조가 바람직하지 않다는 것을 말한다.

미성숙 탈공업화의 이른 등장

한때 아세안 경제의 고도성장을 이끌었던 제조업 부문이 일부 국가에서는 정체 상태를 겪고 있다. 제조업의 생산 비중이 빠르게 감소하고 고용도 줄어드는 미성숙 단계의 탈공업화premature disindustrialization가 등장한 것이다. 미성숙 탈공업화는 공업화가 완전히 성숙하기 전에 경제에서 차지하는 제조업의 비중과 역할이 감소하는 현상을 말한다. 경제가 발전하여 고도화될수록 서비스 수요가 증가하기 때문에 제조업 비중이 감소하는 것은 당연하다. 아세안 주요국의 제조업 생산 비중은 정도의 차이는 있지만 2000~17년 기간 감소했다. 이 기간에 한국의 제조업 비중은 약간이나마 증가했는데 아세안 모든 나라에서는 감소했다. 특히 싱가포르, 말레이시아, 인도네시아, 필리핀의 제조업 생산 비중은 5% 포인트 이상 감소했고 말레이시아는 7.5% 포인트 그리고 싱가포르는 8.5% 포인트 감소했다. 그나마 현상을 유지하는 국가는 태국 정도에 불과했고, 베트남의 경우 2000년 수준에는 미치지 못했지만 2014년 이후 증가하는 추세다.

고용 비중은 생산과는 달리 일부 국가에서 증가했다. 인도네시아, 태국은 증가한 사례고 다른 나라는 감소했다. 고용 비중은 절대 규모가 크지 않은데 말레이시아가 17.4%로 한국보다 약간 높고, 그다음으로 태국과 베트남의 제조업 고용비율이 높다. 싱가포르와 말레이시아의 고용비율은 대폭 감소했는데, 베트남은 2010년 이후 급속한 공업화에 따라 제조업에서 많은 일자리를 창출했다.

경제발전 단계에 따라 탈공업화와 서비스 비중의 증가는 자연스러

	생산					고용				
	2000	2005	2010	2014	2017	2000	2005	2010	2014	2017
인도네시아	27.7	27.4	22.6	21.6	21.0	13.0	12.7	12.8	13.3	14.1
말레이시아	29.9	27.9	23.7	23.1	22.6	23.5	19.8	17.7	17.1	17.4
필리핀	24.5	24.1	21.4	20.6	19.5	10.0	9.5	8.4	8.3	8.6
태국	28.4	29.6	30.9	27.6	27.1	14.9	15.8	14.1	16.8	16.3
베트남	18.6	18.8	14.8	14.7	17.0	18.6	18.8	12.9	14.0	16.7
싱가포르	27.7	27.8	21.4	18.8	19.2	19.5	16.7	14.8	11.8	10.2
한국	29.0	28.3	30.7	30.2	30.4	20.3	18.1	16.9	17.2	17.1

자료: 아시아개발은행(ADB), *Key indicators*(2018)의 각국 통계편에서 계산

운 현상으로 이해되지만 제조업에서 노동생산성이 증가한다면 고용 비중 감소보다 생산 비중 감소폭이 더 적어야 한다. 생산 비중 감소폭보다 고용 비중 감소폭이 훨씬 큰 싱가포르와 말레이시아는 이 사실을 증명한다. 그렇지만 도시국가이자 고소득국인 싱가포르에 비해 말레이시아의 생산 비중 감소폭이 워낙 커서 노동생산성 증가에 의한 바람직한 현상이라고 보기는 어렵다. 인도네시아, 필리핀 등의 탈공업화도 발전 단계의 자연스런 이행으로 보기에는 곤란하다. 관찰 기간 내에 제조업 고용이 10% 이상이었던 때가 없었던 필리핀은 아예 제조업이 꽃을 피워 보지도 못한 상태에서 미성숙 탈공업화를 맞고 있다. 아직 제조업의 추격 단계에 있는 베트남만 2010년 이후 생산·고용 모두 비중이 증가했다.

현재 아세안 주요국에서 나타나고 있는 탈공업화는 이들이 아직 중진국 단계라는 점에서 선진국의 탈공업화와는 다르다. 아세안 경제가 수출의존도가 높다는 점에서 이와 같은 탈공업화는 아세안 경제의 수출

	1980	1985	1990	1995	2000	2005	2010	2013	2016	2017
동남아 주요국의 공산품 무역수지 추이 (단위: 억 달러)										
인도네시아	−65	−50	−77	−66	108	−3	−267	−429	−218	−239
말레이시아	−48	−46	−82	−113	95	144	113	3	56	83
필리핀	−27	−8	−39	−91	76	−11	−101	18	−190	−203
태국	−30	−28	−102	−159	46	28	176	37	245	−
베트남	−	−	−	−	−52	−100	−151	−23	63	−
한국	61	98	165	249	565	990	1,732	2,168	1,810	2,113
중국	−	−148	19	208	508	2,178	6,180	10,045	8,839	−

주: 공산품 무역수지는 각국의 상품무역에서 차지하는 제조상품의 비중을 이용하여 각각 수출과 수입을 구하여 계산

자료: 세계은행 World Development Indictors DB 이용 저자 작성

경쟁력과 밀접한 관계가 있다. 아세안 선발 국가의 공산품 무역수지를 보면 인도네시아는 1980년 이후 흑자를 기록한 적은 2000년뿐이었고, 2010년 이후에는 적자가 수백억 달러에 달한다. 말레이시아도 적어도 1990년대 중반까지는 공산품 무역수지 적자를 기록했고, 2005년까지는 흑자가 증가했지만 이후에는 흑자가 줄어들었다. 필리핀은 전체적으로 무역수지 적자를 기록해 왔고 공산품의 경우도 마찬가지이다. 2016~17년 공산품 적자는 매년 200억 달러에 이른다. 필리핀의 총 수출이 600억 달러 수준이라는 점을 고려하면 공산품 수지 적자가 얼마나 큰가를 알 수 있다. 태국의 경우 상대적으로 안정적인 공산품 수지 흑자를 기록하고 있어 수출경쟁력을 유지하고 있다. 이 점은 왜 태국이 상대적으로 미성숙 탈공업화 현상이 현저하지 않은지를 알려 준다.

미성숙 탈공업화, 즉 수출경쟁력 하락은 다양한 차원에서 경제에 영

향을 미친다. 수출경쟁력을 유지하기 위해서는 가격 인상을 자제해야 하지만 수입 가격이 계속 오르면 교역 조건은 악화된다. 교역 조건이 악화되면 경제가 성장해도 국민의 삶의 수준이 개선되기가 어렵다. 또 수출 경쟁력이 낮다면 제조업 부문의 투자가 부진해진다. 이는 아세안의 투자율이 낮은 한 이유가 된다. 낮은 투자율은 또 저조한 성장률로 연결된다. 중진국 연합체인 아세안의 성장률은 같은 중진국인 중국에 비해 훨씬 낮고, 1980년대 중반에서 1990년대 전반기의 고도성장은 다시는 재현하기 어렵다.

다국적 기업 중심의 생산구조에 따른 한계

아세안이 세계적인 수출기지로 성장했음에도 불구하고 아세안을 대표하는 기업은 금융, 다각화한 가족 지주회사들이다. 가족 지주회사도 부동산, 유통, 금융 등으로 다각화하고 있다. 제조 기업 중에서는 식품음료, 담배, 농가공 분야나 1차 농가공 분야에서 세계적 기업이 부상하고 있으나, 세계 교역의 주요 부문에서 아세안 기업의 역할은 극히 미미하다. 즉 아세안은 금융 및 서비스업에서 상대적으로 경쟁력이 있고 자원가공 및 음식료 부문에서도 경쟁력이 있으나 세계 제조업을 주도하는 전자, 자동차, 철강, 기계 등은 다국적 기업에 맡겨 두고 있는 실정이다.

싱가포르, 말레이시아, 필리핀, 베트남의 전자산업, 태국과 인도네시아의 자동차산업 등은 모두 다국적 기업이 지배하고 있다. 다국적 기업은 의류산업을 제외하고 대부분의 수출 산업을 장악하고 있는데 의류의 경우도 태국, 인도네시아 등 아세안 기업이 진출해 있을 뿐이고 미얀마, 캄보디아 등 새로 수출국으로 등장한 나라에서는 역시 다국적 기업이 장악했다. 자국 기업인의 진출이 증가하여 사정이 좀 더 나은 인도네시아에서도 의류 및 신발산업의 수출이 정체하고 있다는 사실에 주목할 필요가 있다.

현지 기업이 다국적 기업을 대체하지 못하는 이유는 많다. 세계화가 급속히 진행되는 과정에서 세계의 주요 산업이 과점화된다는 점, 또 글로벌 밸류체인이 심화되는 과정에서 아세안 기업들이 밸류체인을 장악하기 어렵다는 점, 또한 대량생산 조립제조업의 초기 투자비가 막대하다는 점, 아세안 기업의 기술역량이 취약하다는 점 등이 현실적으로 아세안 기업의 수출 산업 진출을 힘들게 한다. 여기에 더해 다국적 기업이 아세안에 진출할 때 사업 파트너로 제휴하는 현지 기업의 성격이 매판적이라는 점도 중요하다. 사업 파트너들은 현지 시장을 소개하고 중간 지대 렌트를 차지하는 데 만족하는 경우가 많다. 결국 주요 산업에서 다국적 기업이 생산을 지배한다는 것은 아세안 국가들이 현실적으로 산업 주권을 상당 부분 행사하지 못한다는 것을 의미한다.

아세안이 할 수 있는 정책은 선진국의 기술이전을 촉진시키는 것이다. 이를 위해 아세안은 다국적 기업의 생산 활동에서 현지화를 강조한다. 현지 부품기업을 육성하도록 요구하고, 다국적 기업의 생산제품 집합에서 중·저급품이나 표준화 제품이 아닌 첨단기술을 사용하는 제품을 현지에서 생산하기를 희망한다. 그래야만 기술이전이 되고 현지의 산업 연관효과가 증가하여 산업의 외연이 확장할 수 있다고 보기 때문이다. 그러나 이 점에서 아세안은 거의 성공하지 못하고 있다. 다국적 기업은 현지에서 부품을 공급받고 있지만 부품업체들은 모국에서 다국적 기업과 이미 관계를 맺고 현지에 진출한 경우가 많기 때문이다.

아세안의 대량생산 제조업에 가장 큰 영향력을 행사하는 현지 진출 일본 기업의 원자재 조달 내용은 이 점을 어느 정도 설명해 준다. 태국에 진출한 일본 기업 중에서 원자재 조달 설문에 응답한 291개 기업 가운데 원자재를 현지에서 조달하는 비율은 2018년 57.2%였고 일본에서 수입 조달하는 경우는 27%였다. 태국에서 조달하는 57.2%를 다시 세분하면 태국인 기업으로부터 40.7%, 태국에 진출한 일본 회사로부터 55.1%를 조달하고 있었다.[28] 현지 조달률은 현지 부품산업이 얼마나 발전했는가에 달려 있는데 태국 같은 경우 일본이 일찍 진출하였기 때문에 현지 조달 비율이 높은 편이다. 문제는 역사가 긴 만큼 일본의 부품업체들도 많이 진출했다는 것이다.

더욱 중요한 사실은 현지 조달 품목에서도 현지 기업과 일본 현지 기업으로부터의 조달에서도 차이가 있다는 점이다. 현지 기업으로부터는 포장재나 단순한 액세서리를 조달하지만 현지 일본 기업으로부터는 핵심 부품을 조달한다. 그래서 아세안 내 외국인투자는 현지와 산업 연관 효과가 거의 없다는 평가를 들었다.[29] 이러한 평가는 2019년 현재도 유효하다.

일본 기업을 비롯한 다국적 기업의 산업 지배는 아세안의 기술 개발을 저해할 수 있다. 다국적 기업은 현지에서 연구개발R&D 활동을 하지만, 현지 시장의 기호에 제품을 적응시키는 정도일 뿐 원천기술을 개발하지는 않는다. 기업은 한 국민경제에서 R&D 활동의 중심이다. 미국,

일본, 한국 같이 세계적으로 실용특허를 많이 획득한 나라들의 특허 상당 부분을 기업이 갖고 있다. 그렇지만 아세안에서 기업의 R&D 활동은 극히 미약하다. 아세안에 진출한 다국적 기업은 형식적으로만 연구개발하고 있으며 현지인 기업들은 R&D 역량을 갖추지 못하고 있고, 내수시장에서 사업하는 그들은 R&D의 필요성조차 크게 느끼지 않는다.

아세안은 다국적 기업들이 진출할 때 현지 기업과의 합작을 장려했다. 수출주도형 공업화로 전환하면서 지분규제가 완화되었으나, 1960년대에서 1980년대 초반까지는 다국적 기업의 단독투자는 불가능했다. 다국적 기업이 아세안에 진출할 때 현지 파트너들은 상당수가 화교 기업이었다. 이들은 세계의 산업 조류를 따라가지 못했기 때문에 직접 경영에 참여하기보다는 외국 기업의 성장에서 수혜를 입는 쪽을 택했다. 한국, 대만, 일본 기업과 같이 독자적으로 브랜드를 만들기보다는 외국 기업과 합작하고 이들을 자국 시장에 안내하는 역할에 만족한 것이다. 정치인들은 흔히 합작 사업에 진출했고, 기업인들은 정치에 진출하여 지대 추구 rent seeking에 참여했으며, 경제적 효율은 낮아졌다.

THE RISE OF ASEAN:
INTRODUCTION TO ASEAN'S ECONOMY

제2부

세계 속의 아세안 산업과 기업, 자본

한국과 아세안은 비슷한 경험을 공유하고 지난 역사 속에서 서로에게 힘이 되어 준 친구입니다. 식민 지배의 아픔을 딛고 일어서서 민주화와 경제성장을 추구하는 같은 길을 걷고 있습니다. 한국이 전쟁으로 고통 받을 때 아세안 국가가 도움을 주었습니다. 냉전 시대, 강대국의 틈바구니에서 생존과 자존을 지켜야 했던 어려움도 함께했습니다. 아시아 외환위기를 서로 도와 가며 함께 극복하기도 했습니다.   – 아세안 기업투자 서밋(ABIS) 연설, 2017.11.13.

제4장

국제 분업구조 속에서 아세안의 산업

1. 팜유로 대표되는 플랜테이션

주요 농작물의 수출

다양한 열대작물이 생산되는 아세안은 팜유나 천연고무 생산의 중심지이다. 아세안 주요국의 상업용 농작물은 식민지 시기에 낭만주의자들이 만들어 낸 플랜테이션에 기반을 두고 있다. 1960년대 이전까지 가장 중요한 열대작물이었던 천연고무는 1876년 말레이반도에서 처음으로 재배되기 시작했다. 수년 전 브라질에서 밀수로 씨앗을 도입한 영국은 식민지에 그 씨앗을 분배했다. 말레이시아에 최초로 고무를 심은 사람은 싱가포르식물원장이었던 헨리 리들리 Henry Nicholas Ridley 였다. 리들리는 식물원에서 재배한 묘목 9개를 말레이시아에 심었고 그중의 하나는 아직도 말레이시아 페락주 Perak 쿠알라캉사르 Kuala Kangsar 에 남아있다. 리들리는 '미친 리들리 crazy Ridley'로 불렸는데, 고무 씨앗을 주머니에 가득 넣고 다니면서 만나는 사람마다 씨앗을 나눠 주면서 재배하도록 권유했기 때문이었다. [1]

리들리의 노력으로 말레이반도에 고무 플랜테이션이 자리를 잡았고 시간이 흐른 후 새로운 낭만주의자들이 고무산업에 합류했다. 스코틀랜드 모험가였던 윌리엄 사임 William Sime은 친구 헨리 다비 Henry Darby와 함께 1910년 믈라카 Melaka에 200ha의 고무 플랜테이션을 확보해 사임다비 Sime Darby를 설립했다. 사임다비는 1920~30년대 세계 고무 수요가 증가하면서 높은 성장을 거듭했다. 이후 사임다비는 말레이시아 최대 플랜테이션 업체로 성장했고, 1960년대부터는 팜유 부문으로 사업을 확장했다.[2]

이후 아세안의 농작물 중 가장 대표적인 수출 상품은 팜유로, 2015~16년의 팜유 수출은 평균 243억 달러로 2012~13년의 311억 달러에 비해서는 감소했지만 여전히 아세안에서 가장 수익성이 높은 수출품이다. 팜유 수출은 2006~07년 연평균 136억 달러에서 대폭 증가하여 쌀을 대신해 농업 부문 최대의 외화 창출 상품이 되었다. 아세안 팜유의 중요 시장은 유럽과 인도 그리고 중국이다.

커피도 주요 작물이다. 커피는 커피콩 coffee bean, 커피추출물 coffee extracts, 볶은 커피 coffee roasted 상태로 수출되는데 베트남, 인도네시아, 라오스 등이 주요 수출국으로 베트남의 고원 지역에서 가장 많은 커피를 생산한다. 2016년 아세안의 커피콩 수출액은 약 37억 달러였는데 그중 베트남이 27억 달러였고, 추출물의 경우 14억 달러 중 베트남이 약 4억 달러, 볶은 커피도 3억 달러 가운데 베트남이 2.7억 달러를 수출했다. 인도네시아도 중요한 수출국이다. 2016년 커피콩 약 10억 달러, 커피추출물을 4억 달러가량 수출하여 베트남과 인도네시아가 대부분을 차지하고 있다.

주요 농산물 수출			(단위: 억 달러, 연평균)
	2006~07	2012~13	2015~16
설탕	12.8	39.5	34.4
팜유	136.0	311.2	242.8
팜핵유	14.4	22.5	25.5
쌀	45.2	76.3	75.2
커피콩	22.4	43.5	36.4
커피추출물	3.2	11.2	13.2
천연고무	13.9	21.2	12.9
천연고무(건조)	109.2	184.5	93.2

자료: 식량농업기구(FAO)

아세안은 2016년 한 해 건조 천연고무 88억 달러, 천연고무 13억 달러를 수출했다. 태국, 인도네시아, 말레이시아가 주요 수출국인데, 천연고무의 경우 태국의 비중이 가장 높고, 건조 천연고무의 경우 태국과 인도네시아가 비슷하며 말레이시아는 이들의 1/3 수준이다. 건조 천연고무의 국제가격은 2017년 중반 이후 1kg에 2달러 이하에 머물고 있지만, 2011년 한때 6달러 이상 치솟은 적도 있었기 때문에 2011년에는 건조 천연고무로만 300억 달러 이상의 수출을 기록하기도 했다.

쌀은 주식으로 교역규모 자체는 크지 않다. 2015~16년에 평균 75억 달러의 쌀을 수출했다. 한국과 일본은 쌀 생산비가 비싸지만 아세안과는 다른 품종을 주식으로 하기 때문에 공업용 이외의 수입량은 많지 않다. 태국의 잉락 정부가 농촌 소득을 올리기 위해서 쌀값 지지정책을 폈고, 쌀을 비축하면서 국제가격의 상승을 기다렸으나 현실화되지 못했다. 아세안에서 쌀을 주식으로 하는 시장은 필리핀, 인도네시아 등 소수 국가에 불과했고 또 태국이 쌀 수출을 연기하는 동안 베트남, 미얀마 등이 쌀 공급을 늘렸기 때문이었다. 이러한 특징에도 불구하고 태국, 미얀마, 베트남의 농촌에서 쌀은 주요 수입원이다.

아세안 농업의 중심, 팜유

아세안에서 의류산업 다음으로 순수출이 많은 팜유는 인도네시아와 말레이시아가 생산과 수출의 대부분을 차지한다. 2018년의 팜유 수출액은 255억 달러로 인도네시아가 165억 달러, 말레이시아가 87억 달러 수준이었다. 팜유 수출은 2011년 354억 달러에 비해서는 대폭 하락했다. 말레이시아의 팜유 수출은 2011년 이후 지속적으로 감소한 반면 인도네시아는 현상 유지를 하고 있다. 태국도 팜유산업을 시작했으나 수출액이 많지는 않다. 인도와 중국은 주로 요리용, 즉 식용유로 팜유를 수입하며, 유럽에서는 바이오연료 제조를 목적으로 수입한다. 미국 역시 팜유를 수입하는데 과자류 제조에 사용한다.

팜유 수출은 장기적으로 공급과 수요에도 영향을 받지만, 단기적으로는 팜유 가격 변동에 크게 영향을 받는다. 수요 측면에서는 2000년 이후 소득이 높아진 중국과 인도가 고급식용유 수요가 증가하면서 팜유 가격 상승에 일조했다. 팜유 가격은 2002년에는 톤당 200달러 정도였으나 2006년 하반기에는 500달러를 돌파하였고 급기야 2008년 1월에는 1,000달러를 넘어섰다. 글로벌 금융위기 이후 가격이 다시 500달러 수준으로 급락하기도 했지만 세계 경제가 위기에서 벗어나고 바이오디젤에 대한 관심이 높아지면서 가격은 점진적으로 상승하여 2011년에도 다

팜유 국제가격 추이 (단위: 달러/톤)

자료: 시카고상업거래소(CME)

시 1,200달러 이상으로 상승했다.

공급 측면에서 팜유산업의 선두주자였던 말레이시아가 1992년 713만 톤을 생산했고, 2002년에는 1,300만 톤 이상 그리고 2013년에는 2,000만 톤 이상 생산했다. 인도네시아가 말레이시아에 뒤이어 공급을 늘렸는데 2002년에 1,000만 톤, 2008년에는 2,000만 톤 정도를 공급하여 말레이시아의 생산량을 넘어섰다. 2018년 현재 인도네시아의 생산량은 4,150만 톤으로 말레이시아의 2,050만 톤의 2배 이상이다. 이와 같은 공급 증가 역시 팜유 가격의 점진적 하락에 주요 원인이 되고 있다.

인도네시아의 2001년 팜유 수출은 11억 달러, 말레이시아는 23억 달러 수준이었으나 07년에는 각각 79억 및 82억 달러로 증가했고, 08년에는 124억 및 127억 달러까지 늘어났다. 이 시기에 정제 전 팜유 가격이

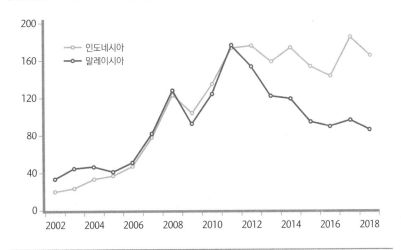

| 인도네시아와 말레이시아의 팜유 수출 추이 | (단위: 억 달러) |

자료: 국제무역센터(ITC) 통계를 이용하여 필자 작성

폭등했는데 2008년에는 2007년 대비 2배 가까이 상승했다. 중국의 고도 성장 때문에 대부분의 1차 산품 가격이 폭등하던 시기였다. 따라서 팜유 산업 각각의 밸류체인에 참여하고 있는 농민, 파쇄공, 운송노동자, 가공 공장 종업원까지 노동자들의 소득도 상승했다. 인도네시아 경제에 대한 희망도 덩달아 오르던 시기였다. 그러나 2008년 발생한 글로벌 금융위기로 팜유 가격은 폭락을 면치 못했는데, 세계의 모든 자원가격이 동시에 폭락했기 때문에 팜유만 특별히 타격을 입었다고 하기는 어렵다. 인도네시아에서 2018년 팜유HS 1511 수출은 175억 달러로 HS 4단위 기준으로는 석탄 187억 달러에 이은 2위이다. 산유국으로서 천연가스 수출이 172억 달러라는 점을 고려하면 팜유가 인도네시아인의 삶에 얼마나 많은 영향을 미치고 있는지 알 수 있다.

이에 비해 말레이시아의 팜유 수출은 2011년을 정점으로 감소했다. 팜유 생산은 2013년 2,016만 톤을 기록한 이후 몇 년에 걸쳐 줄어들었지만 감소폭은 크지 않았고 2018년 생산량은 과거 최고치였던 2013년 실적을 웃돌았다. 말레이시아의 팜유 수출이 감소한 것은 물량보다는 가격 요인 때문이다. 말레이시아와 인도네시아가 수출 성과에 큰 차이가 있는 이유는 말레이시아의 생산량이 정체 상태에 있고, 인도네시아의 생산은 가격 하락을 상쇄할 정도로 공급이 증가했기 때문이다.

말레이시아의 생산량 정체는 기업들이 더 이상 팜나무를 새로 식목하지 않기 때문이다. 물론 사바와 사라와크 지역에서는 플랜테이션을 조성하기도 하지만 말레이반도에서는 더 이상 추가적인 플랜테이션을 조성하지 않는다. 플랜테이션을 조성하기 위해서는 열대우림을 벌채해야 하는데 전 세계 환경 단체의 비판을 받게 된다. 말레이시아에서 노동비용이 상승한 것도 한 이유다. 말레이시아의 팜유 기업은 말레이반도에서 시작하여, 보르네오로 그리고 인도네시아의 칼리만탄Kalimantan이나 수마트라로 플랜테이션을 확대했다. 인도네시아가 최대의 팜유 제품 수출국으로 부상한 이면에는 말레이시아 기업들의 활동이 있다.

말레이시아 팜유 플랜테이션의 가장 대표적인 기업은 사임다비이다. 사임다비는 런던 증시에 상장되어 있었지만 1970년대 말레이시아 측이 지분을 확보하면서 말레이시아 팜유산업의 선두주자가 되었다. 2017년 11월 사임다비는 플랜테이션 분야를 〈사임다비 플랜테이션〉으로 분리 독립하여 말레이시아 증시에 상장시켰다. 사임다비 플랜테이션은 250개 농장에 73개 공장mill, 그리고 11개의 정유소refinery를 말레이시아, 인도네시아, 파푸아뉴기니, 솔로몬제도, 그리고 아프리카의 라이베리아에 두고 팜나무 열매 더미 fresh fruit bunches, FFB를 공장에서 팜원유 crude palm oil, CPO로 가공한다. 사임다비는 2019년 상반기 현재 63만 ha의 팜유 플랜테이션을 소유하고 있고, 14,700ha의 고무 플랜테이션, 5,600ha의 사탕수수 플랜테이션을 운영하고 있다. 팜유 재배면적은 말레이시아에 34만ha, 인도네시아에 20만, 그리고 파푸아뉴기니에 9만ha, 라이베리아에 1만ha 등이다.

사임다비 외에도 주요한 기업들이 팜유산업에서 활동하고 있다. 그 중에서 큰 IOI그룹은 17만ha의 팜유 플랜테이션을 갖고 있다. 말레이반도에 25%, 보르네오섬에 65% 그리고 인도네시아에 10%를 보유하고 있다. 쿠알라룸푸르크퐁 Kular Lumpur Kepong의 경우 1900년대 초 영국인들이 고무 플랜테이션으로 시작했으나 1970년대 화교 기업인이 인수했고 이때부터 팜유 분야로 확대했다. 1994년에는 인도네시아의 플랜테이션을 확대하여, 식재 면적으로는 말레이시아와 인도네시아가 거의 비슷하다. 카지노와 리조트를 운영하는 말레이시아의 알짜 그룹 겐팅그룹도 플랜테이션 부문에 진출하고 있으며, 말레이시아와 인도네시아의 칼리만탄에 플랜테이션을 보유하고 있다.

인도네시아 팜유 기업들은 말레이시아 기업에 비해 시기적으로 다소 늦게 시작했으나 국토가 넓고 인건비가 상대적으로 저렴하기 때문에 자생적으로 대기업집단이 플랜테이션에 많이 진출했다. 월마인터내셔널, 시나르마스그룹 계열의 시나르마스 농가공 및 식품 Sinar Mas Agribusiness and Foos, SMART 및 골든애그리리소스 Golden Agri-Resource, GAR, 아스트라ASTRA 그룹의 아스트라아그로ASTRA Agro, 살림그룹 계열의 인도애그리Indoagri 등이 있다. 특히 싱가포르에 본사를 둔 윌마인터내셔널은 인도네시아에서 처음 플랜테이션을 시작했다. 그 결과 2018년 말 현재 소유 중인 23만ha 중에 67%가 인도네시아에, 25%가 말레이시아에 있다. 또한 종업원도 9만 명 중 인도네시아에 44%가 고용되어 있다.[3] GAR 도 싱가포르 증시에 주식을 상장하고 있다.

팜유산업은 크게 두 부분으로 나뉘는데 플랜테이션 부문과 하류 부문이다. 플랜테이션을 통해 수확한 팜유를 이용해서 산업이나 가정용 제품을 제조하는 것이다. 팜유는 수많은 최종 제품에 사용되지만 상류 부문은 소수의 말레이시아 및 인도네시아 기업들이 지배하고 있다. 대기업들은 직접 플랜테이션을 소유하고 있으며 또 소규모 개인 농장들과 계약 재배를 통해 기름야자를 수집한다. 팜유 플랜테이션 부문의 세계 최대 기업인 사임다비의 플랜테이션 면적은 63만ha에 이르지만 전체 매출은 1/3 면적의 윌마인터내셔널에 비해 턱없이 작다. 이는 하류 부문, 즉 가공분야로 얼마나 사업범위를 확대했는가와 관계가 있다. 과거 팜유 가격은 급격히 변동했고, 상류 부문에 집중하는 경우 기업경영의 위험도는 높다. 결국 얼마나 많은 가공분야에서 부가가치를 창출하느냐가 중요한데 윌마는 그 방향으로 움직였고 사임다비는 그렇지 못했다. 그래서 많은 팜유 기업들이 하류 부문으로 사업을 확장하는 추세이다.

환경 문제와 경제발전의 적절한 조정

팜유산업은 말레이시아와 인도네시아의 농촌소득 개선에 크게 기여했다. 팜유의 밸류체인에는 많은 노동력이 필요하고 팜유산업의 부가가치가 다른 산업에 비해서 높은 것도 사실이다. 따라서 팜유산업이 각국 경제에서 차지하는 비중은 매우 높고, 수출이 감소하는 말레이시아에 비해 수출이 증가하는 인도네시아에서는 특히 그러하다. 팜유 제품의 주요 시장은 중국, 인도, EU 등인데 인도네시아에는 특히 이 시장이 중요하다. 인도네시아는 2010년 인도에 43억 달러의 팜유를 수출했는데 이는 대인도 전체 수출의 43.8%였고, 다소 감소했지만 2018년에도 36억 달러를 수출하여 대인도 총 수출액 137억 달러의 25.9%였다. 그런데 인도 또한 자국의 팜유산업을 육성하려 한다. 아세안과 인도의 FTA 협상에서 가장 큰 난제의 하나가 인도의 팜유시장 개방 문제였다. 인도가 과연 팜유산업에 적절한 조건을 갖추고 있는지는 분명하지 않지만, 인도와 중국 시장에서 지속적인 수요 증가는 아세안 팜유산업에 중요한 전제조건이다.

팜유 가격은 수요와 공급의 변화에 따라 변동폭이 크지만 동시에 대체재인 콩기름대두유, 해바라기기름, 옥수수기름의 가격에도 영향을 받는다. 이들은 주로 미국, 중남미지역에서 공급되기 때문에 이들의 기후조건이 궁극적으로 팜유 가격에 영향을 미치는 것이다. 이러한 상황에서 인도네시아나 말레이시아는 팜유의 직접 수출보다는 고부가치화 할 수 있는 바이오디젤 등의 산업을 장려하고 팜유산업의 지속가능성을 제고하기 위해 투자할 목적으로 팜유 수출에 세금을 부과하기도 한다. 국제가격의 변동에 따라 세금을 조절하기도 하지만 세금은 팜유 수출에 영

인도네시아와 말레이시아에서 팜유의 중국 및 인도 수출 (단위: 억 달러, %)

		2010			2018		
		세계	중국	인도	세계	중국	인도
인도네시아	총 수출	1,578	157	99	1,802	271	137
	팜유	135	19	43	165	21	36
	팜유 비중	8.5	11.9	43.8	9.2	7.7	25.9
말레이시아	총 수출	1,988	251	65	2,473	344	90
	팜유	124	23	8	87	6	12
	팜유 비중	6.2	9.1	12.6	3.5	1.9	13.4

자료: 유엔 무역통계(UN Comtrade)

향을 미칠 것이다. 실제로 2019년 인도네시아와 말레이시아에서 팜원유 CPO에 대한 세금을 인하하면서 대인도 수출이 증가했고 인도 식용유업체의 반발을 사기도 했다. 이러한 상황에서 인도네시아와 말레이시아는 가공 분야를 확대할 필요가 있다. 이는 싱가포르에 본사를 둔 윌마인터내셔널의 주요한 전략이기도 한데 가공은 주로 중국에서 이루어지고 있다. 인도네시아보다는 말레이시아가 그리고 말레이시아보다는 중국이 식용유 전체의 밸류체인에서 더 높은 부가가치 분야를 장악하고 있다.

환경보존과 경제발전의 조정 문제가 가장 첨예하게 대립하고 있는 분야가 바로 팜유산업이다. 인도네시아에서 팜유 플랜테이션을 하기 위해서는 열대우림을 벌채해야 한다. 또 불을 내 플랜테이션 예정지를 정리해야 한다. 수마트라에서 팜유 플랜테이션 조성을 위한 산불 작업은 싱가포르와 말레이시아에 연무 haze를 발생시키고 국제 환경 문제를 일으키기도 했다. 플랜테이션의 이러한 환경과 사회에 미치는 부정적 영향 때문에 기업들은 사회적 책무를 다한다고 발표하고 있으나 더러는 편법을 써 비판받고 있기도 하다.4 서구 시민 사회는 아세안 팜유 기업들의 노력이 부족하다고 평가한다. 팜유산업은 열대산림을 파괴할 뿐만 아니라 생물다양성을 해치고 또한 이산화탄소나 연무를 배출하면서 환경을 파괴한다. 또한 팜유 노동자에게 최저임금보다 낮은 임금을 지급하고, 여기에 임금에 남녀 성 격차도 존재한다는 비판도 받았다. 유럽의 시민 사회에서 이에 대한 비판이 많았고, 그 결과 유럽의회는 2017년 4월 "팜유 및 우림의 벌채에 관한 결의"에서 전 세계 40%의 벌채가 단일경작적 팜유 플랜테이션 때문이라고 밝힌 바 있었다.5 이러한 비판과 현실적인 문제를 어떻게 바람직한 방향으로 흡수하고 지속적으로 농촌소득을 제고할 수 있을 것인지가 아세안 팜유산업에 중요한 과제이다.

2. 자동차산업 육성과 일본 기업의 진출

자동차 생산기지와 시장으로서의 아세안

아세안의 자동차 생산 대수는 2016년 이후 계속 400만 대를 상회하며, 2018년에는 437만 대로 한국의 403만 대를 넘어섰다. 국가별로는 태국이 2018년 200만 대 이상, 인도네시아도 130만 대 이상을 생산했다. 신차 판매는 2018년 350만 대 이상이었는데 이는 한국 판매량의 2배 정도이다. 자동차 판매 대수는 정부의 정책에 따라 변하기 마련인데, 2018년 실적은 과거 정점이었던 2013년의 359만 대 수준을 회복한 것이다.

아세안의 자동차 생산과 판매

(단위: 만 대)

	생산				판매			
	2015	2016	2017	2018	2015	2016	2017	2018
아세안	390	402	402	437	311	317	330	356
– 태국	191	194	199	217	80	77	87	104
– 인도네시아	110	118	122	134	103	105	108	115
– 말레이시아	61	55	50	56	67	58	58	60
– 필리핀					29	36	43	36
– 베트남					24	30	27	29
한국	456	423	411	403	158	159	155	155

자료: 아세안 전체는 일본 Jetro, 개별 국가 통계는 Automotive Industry Portal MARKLINES 참조

아세안에서 자동차 수요는 싱가포르나 말레이시아를 제외하면 승용차 보다 상용차가 더 많다. 예컨대 2018년 태국에서는 승용차가 40만 대, 상용차가 64만 대 팔렸으며 상용차 중에서 픽업트럭이 51만 대였다.

태국은 2018년 217만 대를 생산해 내수 신차 판매가 104만 대였고, 인도네시아는 134만 대를 생산하여 115만 대를 팔았다. 재고를 감안하더라도 양국은 자동차 수출국이다. 태국은 생산, 내수, 수출 모두에서 2018년에도 아직 2012~13년 수준을 회복하지 못했다. 이는 태국 경제가 이 기간에 저성장한 결과 내수가 대폭 감소했기 때문이다. 생산량은 태국이 가장 많으나 내수시장은 인구가 많은 인도네시아가 더 크고, 이러한 현상은 2015년 이후 지속되어 왔다. 인도네시아는 인구를 고려하면 앞으로 소득이 증가하면서 시장규모가 더 커질 것이다. 이에 비해 말레이시아는 56만 대를 생산해 60만 대의 신차를 팔았다. 말레이시아는 한 때 아세안의 가장 유망한 자동차산업 국가로 인정받았다. 정부가 전폭적

으로 지원한 국민차는 영연방 국가에 수출하기도 했고, 정부의 재정 보조에 따라 국내 시장의 대부분을 장악하기도 했지만 인구규모에 따른 시장 크기에 한계가 있고 비효율성이 누적되어 수출 산업으로 전환하지 못했다. 필리핀과 베트남은 생산량이나 판매 모두 아직 그리 많지 않다.

아세안에서 자동차산업은 태국이 선도하고 인도네시아가 뒤따르며 경쟁하는 구조이다. 2012년 태국은 245만 대의 자동차를 생산했고 내수 규모가 143만 대에 이르렀다. 정부가 경기진작을 위해서 '생애 첫 차 구입' 등 자동차 구입에 다양한 혜택을 주었기 때문이다. 수출구조로 볼 때 인도네시아는 승용차 부문에 비교우위가 있고 태국은 승용차와 상용차 모두 상당한 경쟁력이 있는 것으로 판단된다.

아세안은 태국과 인도네시아를 중심으로 자동차산업이 수출 산업으로 전환되었다. 예컨대 태국의 경우 2018년 114만 대의 완성차CBU를 수출했고 인도네시아도 30만 대 이상의 자동차를 수출했다. 금액으로 보면 태국은 오토바이를 포함한 수송기기 수출이 2018년 304억 달러에 이르는데 그중 승용차가 111억 달러, 상용차가 78억 달러 그리고 부품 수출이 85억 달러였다. 인도네시아는 수송기기 수출이 76억 달러였는데 승용차가 33억 달러, 부품이 22억 달러 정도였다. 싱가포르, 말레이시아, 필리핀도 부품 중심으로 자동차를 수출하고 있다. 자동차 수입도 무시할 수 없는 규모다. 태국과 인도네시아는 주로 부품을 수입하고, 말레이시아, 필리핀은 완성차를 수입하고 있다. 역내 수입보다는 역외 수입이 많은데 주로 일본 등에서 부품을 수입하여 이를 완성차로 조립한 후 역내를 중심으로 판매하고 있다는 점을 시사한다.

품목	수출			수입		
	2000	2010	2018	2000	2010	2018

아세안의 자동차 수출입 추이 (단위: 백만 달러)

	품목	수출 2000	수출 2010	수출 2018	수입 2000	수입 2010	수입 2018
태국	자동차	2,519	18,583	30,447	2,050	7,817	10,238
	승용차	220	7,028	11,092	284	805	1,237
	상용차	1,417	5,844	7,842	61	180	137
	부품	504	4,156	8,516	1,335	5,065	6,922
인도네시아	자동차	492	2,900	7,552	1,891	5,737	8,069
	승용차	7	1,027	3,277	191	1,406	1,068
	상용차	13	74	101	161	1,390	1,663
	부품	222	1,171	2,163	1,120	1,963	3,776
싱가포르	자동차	947	4,161	3,725	2,664	4,458	5,431
	승용차	72	244	335	1,057	1,197	2,017
	부품	456	2,447	2,006	639	1,736	1,831
말레이시아	자동차	436	1,508	1,979	1,776	5,717	6,339
	승용차	92	232	417	1,047	2,508	1,899
	상용차	8	17	19	204	847	955
	부품	135	763	839	298	1,592	2,513
필리핀	자동차	642	1,861	1,163	1,085	2,872	8,647
	승용차	1	127	9	202	1,507	3,703
	상용차	1	0	2	139	368	1,762
	부품	568	1,671	1,029	231	372	622

자료: 유엔 무역통계(UN Comtrade)

국가별 자동차 수출입 실적을 통해서 태국, 인도네시아, 말레이시아, 필리핀 자동차산업의 발전 과정을 추적해 볼 수 있다. 태국은 승용차, 상용차, 부품 모두 비약적인 발전을 했다. 승용차 수출액은 2000년 이후 2018년까지 50배가 증가했고, 상용차와 부품도 그 정도는 아니지만 대폭 증가했다. 태국은 자동차 각 부문에서 대폭적인 무역수지 흑자를 기록하고 있다. 인도네시아는 상용차 대신 승용차와 부품 분야에서 비약적으로 발전했다. 승용차와 부품의 수출이 크게 증가했으나 상용차와 부품에서 무역수지 적자를 기록하고 있다. 말레이시아는 2018년 수출에서 승용차가 4억 달러, 부품 8억 달러 이상이지만 2000년에 비해 완만한 성장을 이뤘을 뿐이다. 수출에 비해 수입이 오히려 큰 폭으로 증가하여 승용차 부문에서 14억 달러, 부품에서 17억 달러 정도의 적자를 기록하고 있다. 필리핀의 경우는 더 부진하다. 2000년에 자동차 부품을 6억 달러 가까이 수출했으나 2018년에는 10억 달러 정도 수출하는 데 그쳤고 오히려 2010년에 비해서는 부품 수출이 대폭 감소했다. 이에 비해 승용차와 상용차의 수입은 대폭 증가했고 완성차에서만 54억 달러 이상의 적자를 기록하고 있다. 이를 볼 때 말레이시아와 필리핀의 자동차산업 육성정책이 성공했다고 보기는 어렵다.

국가별 자동차산업 육성

자동차산업은 기술집약적인 산업으로서 산업 연관효과가 크고 소득 증가에 따라 수요가 지속적으로 늘어난다는 점에서 정치인들은 자동차산업을 육성하고 싶어 한다. 동시에 자동차산업은 기술과 자본집약적으로 세계 시장구조가 이미 과점화되어 개도국이 섣불리 진출하기 어려운 산업이기도 하다. 아세안도 예외는 아니어서 많은 국가에서 자동차산업을 육성하려 시도했다. 아세안에서 가장 성공적으로 자동차산업을 키운 태국은 2018년 현재 오토바이를 포함한 자동차산업에서 200억 달러 이상의 무역흑자를 기록하고 있다. 자동차산업에 종사하는 노동자도 85만 명에 이르고 GDP에 대한 자동차산업의 기여도 역시 높다.[6]

태국은 1961년 산업진흥법에서 자동차의 국내 조립에 인센티브를 부여했는데 다음 해에는 반조립 CKD 수입품에 관세를 대폭 인하했다. 일본의 도요타와 닛산은 이 제도를 이용하여 태국에서 자동차를 조립하기 시작했다. 태국 정부의 자동차산업에 대한 관심은 어떻게 국산화하느냐와 규모의 경제를 달성하느냐에 있었다. 1971년부터 국산화율 조건 LCR이 도입되었고 1978년부터는 2,300cc 이하의 완성차에 대해서는 수입을 금지하고, 2,300cc 이상에 대해서도 관세를 80%에서 150%로 인상했다. 반조립품의 관세율도 인상했으며 새 조립공장 승인을 중단했다. 1982년과 86년에도 국산화율 LCR을 강화했다. 고도성장기인 1990년대 전반에는 일본 자동차 부품업체들의 진출이 증가하면서 관세율을 낮추었다. 외환위기 이후 외국인투자를 유치하기 위해 태국은 외국인투자자의 지분 제한을 철폐했고 또 우루과이 라운드 타결과 함께 개도국들이 한시적으로 유지할 수 있었던 국산화율 조건도 폐지했다. 국산화율 조건 폐지에 따른 부정적 효과를 차단하기 위해 1999년 반조립품 관세율을 다소 인상하기도 했으나 2003년에는 아세안자유무역지대 AFTA 출범으로 역내 수입 자동차 관세는 5% 이하로 낮아졌다.

태국의 자동차 생산은 상용차를 중심으로 2008년 139만 대, 수출도 완성차 기준으로 69만 대에 이르렀다. 이는 인도네시아와 말레이시아 생산량의 2배에 이른다. 개발도상국으로서 완성차를 수출하는 국가는 많지 않다. 특히 1톤 픽업트럭은 도요타, 닛산 등이 태국을 생산기지로 삼고 있다. 글로벌 금융위기 직후인 2009년에는 생산과 수출 모두 감소했지만, 국민차를 육성하기 위해 노력한 말레이시아보다 두 배 이상 생산이 많았다. 그리고 2018년에는 200만 대 이상의 자동차를 생산했고 수출 300억 달러도 달성할 수 있었다.

인도네시아는 개방형과 보호형의 중간 전략을 사용했다. 인도네시아에서 자동차산업은 이미 1920년대 GM이 당시 네덜란드령 바타비아였던 인도네시아에 가야모토Gaya Motor를 설립해 진출한 바 있었다. 가야모토는 미국 자동차업체가 아시아에 설립한 최초의 자회사였다.1954년 GM이 철수한 이후 가야모토는 국영기업이 되어 거의 방치된 상태로 있었다. 곧 아스트라그룹이 이를 인수하여 다시 GM 자동차를 수입해서 팔았고 곧 일본의 자동차업체와 손잡고 조립을 시작했다. 아스트라그룹은 일본의 도요타, 다이하쓰, 혼다 등과 독립적으로 합작투자하여 자동차를 생산했다. 인도네시아 정부는 1974년 완성차 수입을 금지했고 외국 자동차업체의 투자도 금지하였다. 국산화 정책의 일환이었다. 이에 기존에 진출한 일본 자동차업체는 일본에서 부품을 수입하기가 어려워지자 아스트라와 합작으로 부품도 생산하기 시작했다. 아스트라가 생산한 도요타의 키장Kijang *은 인도네시아 스타일의 밴이었는데 인도네시아 자동차산업의 대명사가 되었다.

인도네시아 자동차산업은 1990년대 중반 새로운 시도를 했다. 수하르토 대통령의 3남인 토미Tommy가 국민차 사업을 시작한 것이다. 일본

---

* 현지 발음은 "끼장"에 더 가깝다.

자동차산업이 진출한지 30년이 되었지만 국산화율이 여전히 낮은 상태에서 자동차산업의 주권을 회복하기 위해서 국민차를 생산하겠다는 것이었는데, 실상은 수하르토 3남에게 한국의 기아자동차 세피아를 국민차로 지정하여 수입을 허용함과 동시에 각종 세금을 경감하는 내용이었다. 그 대신 국민차는 국산화율을 3년 내에 60%로 높이기로 했다. 수십 년 동안 아스트라에서 도요타 자동차를 생산했지만 동일한 수준으로 국산화율을 올리지 못한 상태에서 3년 내에 60%의 국산화율을 달성한다는 계획은 처음부터 불가능한 것이었다. 국민차 프로젝트가 수하르토의 아들에게 특혜를 주려는 것이었는지, 실제로 자동차산업의 국산화에 목적이 있었는지는 알 수 없지만 외환위기가 발발하자 IMF 구제금융 프로그램에 의해 국민차 프로젝트가 폐지됨으로써 인도네시아는 자국산 브랜드 자동차 생산을 포기할 수밖에 없었다.

말레이시아는 전형적으로 보호주의 정책을 사용했다. 말레이시아의 마하티르 총리는 말레이시아 주도의 자동차산업 육성에 심혈을 기울였다. 1980년대 중반 이미 일본의 미쓰비시와 협력하여 미쓰비시 자동차의 기술을 이용하여 국민차 프로톤Proton을 생산하였다. 수입 차량에 높은 관세를 부과하면서 프로톤에 대해서는 막대한 보조금을 지급했다. 부품 국산화를 위해서 1987년부터 37개 품목을 국산품 사용 품목으로 지정했다. 다른 아세안 국가들이 아직 자동차산업을 궤도에 진입시키지 못한 시점에서 국민차 사업은 어느 정도 성공하는 듯이 보였다. 말레이시아는 1990년대 들어 제2의 국민차 페로두아Perodua를 설립하여 일본의 다이하쓰 모델을 변형시킨 경차들을 생산하기 시작했다. 페로두아의 생산량은

자동차산업의 개방과 보호의 이해득실

		장점	약점
개방	태국 인도네시아 베트남 필리핀	– 정부 부담 작음 – 시장 확대에 유연하게 대응	– 외국자본 주도로 산업 주권 행사 곤란 – 다수 기업 난립으로 규모의 경제 실현 곤란 – 부품산업 발전 곤란
보호	말레이시아	– 대규모 생산 가능 – 부품산업 성장 상대적 유리 – 자국에 의한 주도로 산업 주권 확보	– 조세, 보조금 등 정부부담이 큼 – 과잉보호로 다각화 곤란 – 시장 심화에 대응 곤란

곧 프로톤의 생산량을 넘어섰다. 영연방 국가에 저가로 국민차를 수출하기도 했으나 기술과 시장의 부족 때문에 국민차 사업은 결국 성공하지 못했다. 말레이시아의 자동차 생산은 2018년 총 56만 대에 불과하다. 중국 업체 지리Geely는 말레이시아 국민차 프로톤의 지분 49.9%를 인수했다.

필리핀은 전후에 가장 먼저 자동차산업을 시작한 국가였다. 자동차 왕국 미국의 지배를 받은 필리핀에서는 독립 직후부터 자동차산업이 시작되었는데 필리핀 기업이 미국의 부품SKD/CKD을 수입하여 자동차, 트럭, 오토바이를 조립하기 시작했다. 또 미국의 GM, 포드, 크라이슬러도 조립공장을 설립하여 1960년까지 이미 12개의 조립업체가 있었으며, 1968년에 이르면 필리핀의 주요 도시를 질주하는 지프니Jeepney 생산자를 제외하고도 29곳이나 되었다. 이들은 미국, 유럽, 일본에서 CKD/SKD 부품을 수입하여 필리핀에서 조립했다.[7] 특히 국내 부품 조달률 정책을 가장 적극적으로 시행했던 나라가 필리핀이었다. 자동차 국산화를 위해 정부는 누적적 자동차 제조 프로그램Progressive Car Manufacturing Program, PCMP 정책을 시행했다. 완성차 수입을 금지하고 CKD/SKD에 대해서는 PCMP에 의해서 국산화율을 점진적으로 올리도록 하는 목표치를 둔 5개의 기업에게만 수입권을 주었다. 합작회사 5개 중 2개는 포드와 GM이 파트너로 참여했고 나머지 3개는 일본의 도요타, 미쓰비시, 닛산이었다.

그러나 제2차 석유위기, 1980년대 전반의 경기부진, 1983~85년 기간의 외채위기로 PCMP는 거의 실패로 끝났고 필리핀은 2005년 자동차 생산량이 10만 대에도 이르지 못하는 선발 아세안 가운데 가장 낙후된 자동차 생산국이 되었다.[8] 대신 부품산업이 상대적으로 발전했는데 이는 일본 기업들의 상표간보완제도Brand to Brand Complement, BBC나 아세안공업협력제도Asean Industrial Cooperation Scheme, AICO를 이용하기 위한 것에 힘입은 바 크다. 필리핀에는 자동차 와이어하니스배선 다발, wire harness를 생산하는 야자키矢崎가 1974년에 진출했는데 이는 PCMP 계획에 따라 일본 완성차업체와 동반 진출한 것이었다. 변속기의 경우 도요타, 미쓰비시, 혼다 등이 생산하고 있는데 이는 BBC 제도의 결과이다.

그러나 필리핀의 부품산업 역시 경쟁력이 저하되었다. 부품 수출은 2001년 6억 달러에서 2006년 14억 달러로 증가했고, 2008년에는 21억 달러까지 증가했다. 글로벌 금융위기로 2009년 14억 달러까지 수출이 감소했다가 2011년 21억 달러 수준으로 회복되었지만, 이때가 정점이었고 다시는 이 수준을 회복하지 못했다. 이후 지속적으로 수출이 감소하여 2018년에는 10억 달러까지 감소했다. 부품 수출에서 대아세안 비중이 높지만 아세안에서 자동차산업의 지역 밸류체인이 심화되고 있는 가운데 필리핀으로부터 수입이 감소한 것이다. 특히 태국은 필리핀 부품을 주로 수입했었지만, 수입은 줄어들고 있다.[9]

일본 기업 중심의 자동차산업

아세안 주요국이 자동차 국산화를 위해 완성차에 대한 고관세와 국산화율 정책Local Content Requirement, LCR을 실시했지만 이러한 정책이 성공했다고 하기는 어렵다. 자동차산업이 가장 성공적이라고 할 수 있는 태국에서조차도 국산 부품조달 정책은 국내 부품 공급업자들에게 지속적으로 긍정적인 파급효과를 만들어 내지 못했다. 즉 국산화율 정책은 국내 공급업자들의 기술역량 구축에 충분조건이 되지 못했다.[10]

이런 상황에서 아세안은 1980년대 후반 미쓰비시 자동차의 제안으로 상표간보완제도BBC를 도입하여 특정 기업이 자동차 부품을 한 국가에서 생산하여 아세안 내 다른 국가로 수출할 때 관세를 50% 감면해 주었다. 여기에 더해 일본 자동차업체의 권유를 수용해 1996년부터 아세안공업협력제도AICO를 만들었다.[11] AICO는 아세안 산업협력 확대, 통합 강화, 아세안과 비아세안지역 간 투자 확대, 역내 무역 확대 등 다목적 산업협력 프로그램이었다. 몇 개의 기업이 자원을 공동이용하거나 공유하는 형태로 협력하고 아세안의 지분도 최소 30%로 규정했다. AICO 조치로 승인된 AICO 제품은 승인과 함께 역내 수출 시 0~5%로 관세율을 우대받았다. AICO는 모든 업종을 대상으로 하고 있었으나 신청 기업은 대부분 자동차 기업이었다.[12] BBC가 특정 기업을 대상으로 한 것이라면 AICO는 특정 산업을 대상으로 한 것이었고, AICO에서 자동차부품의 관세율은 5% 이하로 감소했다.

BBC나 AICO는 아세안의 자동차산업 생산 네트워크를 확장하고 또 생산 활동에 저개발국가도 참여할 수 있는 시스템을 만드는 기초가 될 수 있었다. 예를 들면 자동차산업의 중심지인 태국에서 다른 아세안 국가에서 생산된 부품을 수입 조달하면 다른 아세안 국가도 자동차산업에 참여하고 규모를 키울 수 있었던 것이다. 혼다, 도요타 및 많은 일본의 자동차 부품업체도 이 AICO를 활용하면서 아세안 역내의 생산 네트워크가 확장될 수 있는 계기가 만들어졌다.

그러나 실제로 이러한 정책이 지속적으로 효과를 냈는지는 분명하지 않다. 자동차 수출이 가장 많은 태국에서 승용차의 아세안 역내 수출 비중은 오히려 줄어들었고, 필리핀으로의 수출은 증가했지만 인도네시아와 말레이시아에 대한 수출은 감소했다. 승용차 수입 시장은 규모가 커 추세를 이야기하기 어렵다. 필리핀과 베트남으로의 상용차 수출이 급증했지만 아세안 역내 수출은 10% 정도에 불과하다. 역시 수입은 얼마 되지 않는다. 아세안 산업협력을 위한 BBC나 AICO의 핵심인 부품에서 태국은 8년 사이에 수출을 2배 이상 늘렸다. 태국의 부품 수출액은 다른 모든 아세안지역에서 증가했다. 그러나 아세안에 대한 비중은 오히려 감소했는데 비아세안지역에 대한 수출이 더 빨리 증가했기 때문이다. 수입은 수출만큼 빠르게 증가하지 않았고, 말레이시아와 필리핀으로부터의 수입은 오히려 감소했다. 아세안으로부터의 수입은 전체 수입 증가율보다 결코 높지 않다. 결국 아세안이 자동차산업협력을 위해 시행한 BBC

		수출				수입			
		금액		비중		금액		비중	
		2010	2018	2010	2018	2010	2018	2010	2018
8703 (승용차)	전체	7,028	11,223	100.0	100.0	805	1232	100.0	100.0
	인도네시아	936	286	13.3	2.5	189	203	23.5	16.5
	말레이시아	423	142	6.0	1.3	51	310	6.3	25.2
	필리핀	701	1,639	10.0	14.6	118	0	14.7	0.0
	베트남	23	0	0.3	0.0	0	0	0.0	0.0
8704 (상용차)	전체	5,844	7,929	100.0	100.0	180	136	100.0	100.0
	인도네시아	251	300	4.3	3.8	18	26	10.0	19.1
	말레이시아	231	340	4.0	4.3	0	1	0.0	0.7
	필리핀	132	686	2.3	8.7	0	0	0.0	0.0
	베트남	23	392	0.4	4.9	0	0	0.0	0.0
8708 (부품)	전체	4,156	8,585	100.0	100.0	5,065	6,891	100.0	100.0
	인도네시아	535	865	12.9	10.1	258	500	5.1	7.3
	말레이시아	530	789	12.8	9.2	85	71	1.7	1.0
	필리핀	163	310	3.9	3.6	361	254	7.1	3.7
	베트남	157	329	3.8	3.8	15	129	0.3	1.9

자료: 유엔 무역통계(UN Comtrade)

나 AICO는 태국이 가장 혜택을 보았다고 할 수 있으며, 필리핀은 오히려 자동차산업이 위축되었다.

자동차산업 육성을 위한 개별 국가의 정책이나 아세안 차원의 노력이 진행되는 동안 아세안의 자동차산업은 일본 기업의 독무대가 되었다. 태국의 2018년 내수 판매 대수는 도요타가 314,498대, 이스즈가 177,864, 혼다가 128,290, 미쓰비시가 84,560, 닛산이 72,394대였다. 승용차가 399,657대, 상용차는 511,669대였다. 인도네시아의 자동차산업은 아스트라그룹과 일본 기업의 합작 형태가 많고 이는 1960년대 말부터 시작된 것이다. 아스트라는 4륜차 생산을 위해 아스트라 다이하쓰 자동차Astra Daihatsu Motor(31.87%), 이스즈 아스트라 자동차Isuzu Astra Motor (50%), 도요타 아스트라 자동차Toyota-Astra Motor(50%) 등을 설립했고, 이륜차오토바이로는 아스트라 혼다 자동차Astra Honda Motor(50%), 부품으로는 아스트라 오토파츠Astra Otoparts(80%)가 있다. 아스트라는 일본차 외에도 푸조와 BMW도 조립하고 있으나 생산량은 많지 않다. 이미 1970년대 초가 되면 일본 기업의 인도네시아 자동차산업 장악은 일반 국민들의 눈에도 심각하게 보였다.[13] 2018년 도요타는 전체 내수 판매의 30.6%, 다이하쓰가 17.6%, 혼다 4.1%, 미쓰비시 12.4% 그리고 스즈키가 10.3% 등으로 이들 5개 업체가 85%를 차지하고 있었다.

완성차뿐만 아니라 부품 분야에서도 일본 기업은 중요하다. 예컨대 태국에서 오토바이 부품업체를 포함하여 1차 협력사가 710개사이며, 2~3차 협력사는 1,700개 사 이상으로 알려져 있다. 1차 협력사 710개사를 다시 구분해 보면 외자 기업이 단독투자를 했거나 대주주인 회사가 58%, 태국인이 대주주인 기업이 39%이다. 태국과 외국인이 동등한 비율을 갖는 기업은 3%이다.[14] 외국계가 대주주인 경우는 일본 기업이 대부분을 차지하고 있음은 물론이다. 이들은 일본 조립업체와 계열관계게이레츠를 맺고 결과적으로 태국의 신규 부품업체들의 진입을 어렵게 하고 있다. 태국의 중소기업이 국제 생산 네트워크에 주도적으로 참여할 수 없는 구조다.

자동차산업을 육성하기 위해 태국, 인도네시아, 필리핀은 처음부터

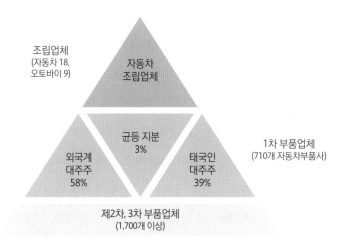

조립업체
(자동차 18,
오토바이 9)

자동차
조립업체

균등 지분
3%

외국계
대주주
58%

태국인
대주주
39%

1차 부품업체
(710개 자동차부품사)

제2차, 3차 부품업체
(1,700개 이상)

자료: Thailand BOI(2017)

다국적 기업에 자동차산업을 위임했다. 인도네시아는 1996년 국민차 프로젝트를 추진하기도 했지만 외환위기와 미국, 유럽, 일본의 다국적 자동차 업체들의 반발로 실패하고 말았다. 국산화를 위해 국산화율을 설정했고 관세정책을 활용했지만 자국 기업 육성에 성공하지 못했다. 말레이시아는 정부의 보호가 필요한 국민차 프로젝트를 진행했다. 그렇다고 말레이시아 전략이 성공한 것도 아니다. 국민차 프로톤은 상대적으로 작은 내수시장, 낮은 기술 수준으로 정부 보조에 의해 연명하여 왔으나 중국의 지리에 매각되고 말았다.

아세안 자동차산업의 미래

자동차산업에서는 다양한 움직임이 보인다. 먼저 일본의 아성인 아세안에 뿌리를 내리기 위해 중국 자동차가 도전하고 있다. 중국 업체 지리가 말레이시아 국민차 프로톤의 지분 49.9%를 인수했고, 태국에서도 상하이 자동차가 CP와 합작으로 영국의 자동차 브랜드인 MG를 생산하고 있다. 미국과 중국의 합작회사인 상용차 생산업체인 SAIC-GM Wuling Automobile上汽通用五菱汽车이 서부 자바에 7억 달러를 투자해 공장을 열었다. 울링은 2017년 2,325대를 판매했으나 2018년에는 17,002대로 판매량을 대폭 늘렸다. 상하이 자동차는 또한 필리핀의 대표적인 기업집단인 아얄라그룹과 손잡고 상하이 자동차가 보유하고 있는 영국의 상용차 브랜드 맥서스Maxus를 필리핀에 판매하기로 하면서 일본의 아성에 도전장을 내밀었다.[15]

또한 이미 다국적 자동차업체가 다수 진출한 상태에서 베트남 최대의 민간기업인 빈그룹Vin이 빈패스트VinFast라는 브랜드의 세단을 출시했다. 이러한 시도가 지금까지 성공하지 못했던 아세안 브랜드의 자동차를 만들 수 있을 것인지는 두고 봐야 한다. 자동차산업을 다국적 기업에 맡겨 둔다는 것은 아무리 성공했다고 해도 절반의 성공에 그친다. 아세안 자동차산업의 모범 사례인 태국에 대해서도 "태국의 자동차 부문은 '아시아의 디트로이트'는 아니다. 왜냐하면 외국 기업이 소유하고 있기 때문이다. 그럼에도 불구하고 자동차 부문의 성장은 자동차산업이 없었더라면 가능하지 않았을 수십만 명의 제조업 고용을 창출했다"는 평가가 있다.[16] 필리핀 자동차산업의 실패를 비극으로 표시한 한 연구에서도 "무엇보다도, 자동차산업은 다른 산업에서도 그랬듯이 분명한 산업비전과 전략적 계획이 없었기 때문이다. 어떻게 필리핀의 자동차산업을 다국적 자동차업체의 투자계획에만 의존하여 개발할 수가 있겠는가? 다국적 자동차업체들이 독자적인 글로벌이나 지역 계획을 갖고 있는 것은 당연한 것 아니겠는가"라고 주장했다.[17]

아세안 자동차산업의 경쟁은 더욱 격화될 것이다. 아세안경제공동체의 단일시장 전략으로 2018년부터 자동차의 역내 관세는 모두 철폐되었다. 과연 태국이 자동차산업 국가로 살아남을 수 있을 것인지, 인도네시아가 막강한 내수 잠재력을 가지고 어떻게 경쟁을 허용하면서 산업을 육성할 것인지를 지켜보는 일은 흥미로울 것이다. 태국에서 50년 이상 자동차산업을 선도하고 있는 도요타는 하이브리드 생산을 확대할 것이고, 생산 능력도 확충하고 있다. 혼다는 2011년 태국 중부지방을 휩쓴 홍수에 큰 타격을 받았으나, 곧 회복하여 2016년에 아유타야에 새 공장을 열었고 2017년에는 R&D 설비도 갖추었다. 인도네시아 또한 중국뿐만 아니라 일본의 자동차업체들도 추가로 유치하고 있다. 인도네시아의 도요타는 2개의 완성차 공장과 2개의 부품 공장에서 9,300명을 고용하고 있다. 닛산은 인도모빌Indo Mobil과 합작투자를 하고 있는데 자회사인 미쓰비시가 2017년 4월에 치까랑Cikarang에 16만 대 규모의 공장을 열었다. 남진하는 중국이 어떤 전략을 전개할 것인지, 다른 산업에서 아세안 선진국을 따라잡은 베트남이 자동차산업에서도 그러한 성공을 거둘 것인지도 관찰해야 한다.

3. 아세안 산업의 핵심, 전자산업

아세안 최대 규모의 산업

전자산업은 완제품으로 가정용 전자, 정보기기 컴퓨터 및 주변기기, 통신기기 등으로 구분할 수 있으며, 각 조립 혹은 완제품 생산에 필요한 부품업으로 크게 반도체와 일반 전자부품 등으로 구별할 수 있다. 전자산업은 단일 산업이라 할 수 없을 정도로 범위가 넓고 기술 수준도 다양하며 신기술 개발로 새로운 품목이나 분야가 등장하면서 계속 확대되고 있다. 다양한 분야가 존재하기 때문에 전자산업은 자동차, 조선, 기계산업 등에 비해 개도국의 참여가 용이하다. 또한 일부 부품이나 조립공정은 노동집약적인 측면이 있고, 젊은 세대의 고용창출에 효과적이다.

나아가 전자산업은 세계 시장규모나 성장성이 크며, 디지털 혁명 혹은 AI 등과도 연계되기 때문에 일정 수준 이상의 경제규모를 가진 국가라면 전자산업에 진출하지 않을 수 없다. 아세안 국가들은 모두 1960년대 이후 전자산업을 육성한 결과 전자산업은 오랫동안 아세안을 대표하는 수출 산업이었다. 실제로 국제관세분류 HS 85를 전자산업으로 간주하면,[18] 2018년 기준으로 전자산업은 싱가포르 전체 수출의 31.3%, 말레이시아 33.6%, 태국 14%, 필리핀 48.7% 그리고 베트남 총 수출의 35%에 이르고 있다.

전자산업 최대의 수출 품목은 반도체 IC 칩이다. 아세안의 2018년 IC 집적회로 수출은 1,665억 달러, 다이오드 및 트랜지스터 등은 233억 달러였다. 일반적으로 반도체산업이라고 부를 수 있는 제품군 수출은 1,900억 달러 정도로 아세안 총 수출의 15% 정도에 이른다. 집적회로는 싱가포르가 828억 달러, 말레이시아가 458억 달러를 수출했다. 수입은 1,523억 달러로 싱가포르가 638억, 말레이시아가 348억 달러를 수입했다. 싱가포르는 아세안 역내에서 활동하는 다국적 기업들이 싱가포르를 부품의 구매기지로 활용하고 있기 때문에 중계무역이 많은 부분을 차지한다. 반도체는 메모리, ASIC, 파운드리, 어셈블리 및 테스트 등 다양한 제품과 공정으로 나뉘어 여러 국가가 연계되어 있기 때문에 수출국이 수입국이 되는 경우가 많다. 아세안은 집적회로 반도체를 홍콩, 중국, 대만, 싱가포르, 한국 등에 수출하고, 대만, 한국, 중국, 말레이시아, 미국 등에서 수입한다.

아세안에서 반도체산업은 다른 전자산업에 비해 오랜 역사를 갖고 있다. 1960년대 미국 텍사스 인스트루먼트TI의 투자를 유치하면서 시작된 반도체산업은 오랫동안 싱가포르를 대표하는 산업으로 역할해 왔다. 싱가포르에 이어 말레이시아가 페낭에 자유무역지대를 건설하면서 서구 반도체업체들이 입주하였다. 싱가포르와 말레이시아는 중요한 반도체 가공기지로 성장했고, 특히 말레이시아의 공업화 과정에서 반도체를 중심으로 한 전자산업은 경제성장에 가장 중요한 역할을 했다.

2018년 기준 2위 전자제품은 유무선 전화기이다. 2010년 122억 달러에 불과했던 전화기 수출은 품종의 고급화, 휴대전화에서 새로운 유형의 제품 등장, 다국적 기업의 아세안으로의 생산설비 이전에 힘입어 아세안, 특히 베트남을 상징하는 수출 산업으로 성장했다. 베트남의 전화기 수출은 2008년 2억 달러에서 2012년에는 132억 달러, 그리고 2017년

	2010	2014	2016	2017	2018
전체	10,515	12,909	11,480	13,197	14,803
IC집적회로	1,153	1,371	1,264	1,422	1,665
전화기	122	396	529	666	800
자동자료처리장치	377	387	355	380	392
다이오드, 트랜지스터	203	200	230	232	233
기타 전기기기	45	50	62	143	127
자동자료처리장치 부속품	280	173	131	120	123
라디오TV 부분품	37	41	36	42	120

단위: 억 달러

자료: 국제무역센터(ITC)

에는 477억 달러 이상으로 증기했다.

전화기 다음의 전자제품은 자동자료처리장치 HS 8471이다. 컴퓨터 부품, 특히 하드디스크 HDD가 여기에 포함되는데 자동자료처리장치 부속품 HS 8473과 함께 한때 아세안의 중요한 산업이었다. 2010년에도 두 상품군의 수출은 657억 달러에 이르렀으나 2018년에는 515억 달러로 대폭 감소했다. 이 산업의 최고 호황기는 2005~08년으로 싱가포르에서는 하드디스크산업이 사양화하기 시작했으나, 아직 말레이시아에서 전성기를 누리며 태국에서 부상하고 있었을 때이다.

국가별 전자산업의 특색

전자산업의 역할이 큰 나라 중의 하나가 싱가포르이다. 싱가포르의 전자산업은 2018년 현재 싱가포르 제조업 생산의 37.6%, 부가가치의 31.4%, 직접 수출의 47.4%를 차지한다. 싱가포르는 반도체 웨이퍼 파

싱가포르 제조업과 전자산업

(단위: 억 싱가포르달러)

	사업체 (개)	종업원 (천 명)	생산	부가가치	직접수출
전자산업 전체	202	65	1,148	248	1,013
- 반도체	46	35	832	188	789
- 컴퓨터 주변기기 및 저장장치	46	14	152	28	105
- 정보통신기기	58	9	137	20	95
- 기타 전자부품	52	7	28	12	24
석유 및 화학	397	26	817	143	356
바이오의약 제조	152	22	278	136	243
정밀엔지니어링	2,765	95	381	108	272
수송장비	1,244	81	212	75	149
일반 제조	4,336	92	221	80	103
제조업 전체	9,096	381	3,057	791	2,137

자료: 싱가포르 경제개발청(EDB)

운드리의 세계적인 공급지이다. 세계 주요 웨이퍼 파운드리업체, 어셈블리 및 테스트업체, 팹리스 IC 디자인업체가 싱가포르에 입지해 있고 이들에게 부품을 공급하는 업체들까지 포진하고 있다. 그 결과 반도체 부문 46개 업체가 3만 5천 명을 고용하여 싱가포르 제조업 전체 고용의 9.2%, 생산에서도 27.2%를 차지한다. 동시에 싱가포르는 플렉스트로닉스Flextronics 및 솔렉트론Solectron 등 대형 EMS 업체들이 활동하는 중심지이기도 하다.

말레이시아의 최대 산업 또한 전자산업이다. 1966년 일본의 마쓰시타가 진출하면서 말레이시아의 전기전자산업이 본격적으로 시작되었다. 1970년대는 페낭을 중심으로 서구와 일본계 반도체업체들이 입주하

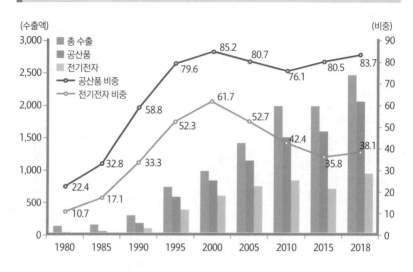

말레이시아의 전기전자 수출 (단위: 억 달러, %)

기 시작했다. 마쓰시타는 1970~80년대 쿠알라룸푸르 인근에 계열사를 순차적으로 입지시키면서 거대한 마쓰시타 복합단지를 만들었다. 삼성그룹도 스름반Seremban 지역에 삼성SDI, 삼성전자, 삼성코닝을 입지시켰다. 마쓰시타나 삼성은 부품보다는 완제품 중심으로 품목의 성쇠에 따라 말레이시아 경제에 미치는 영향이 달랐고 또 중국의 전자산업이 부상함에 따라 완제품 산업의 성장이 정체되면서 전자부품, 즉 반도체 어셈블리 및 테스트 부문이 말레이시아를 상징하는 부문으로 남게 되었다.

전기전자산업은 고무, 주석 등 1차 산품의 수출국이었던 말레이시아 경제를 근본적으로 변화시켰다. 총 수출에서 차지하는 전기전자제품 비중은 1980년 10.7%에 불과했으나 2000년에는 61.7%까지 상승했다.

이에 힘입어 공산품 수출 비중도 1980년 22.4%에서 85.2%까지 상승했다. 이와 같은 전기전자산업의 중요성은 이후 그 비중의 감소로 나타났는데 2005년 52.7%에서 2015년 35.8%까지 하락했다. 2018년 38.1%로 약간 증가했으나 과거와 같은 높은 비중을 보일 가능성은 없어졌다.

전기전자제품의 비중 감소가 한 산업에 대한 의존도를 낮추는 수출산업의 다각화라면 바람직하겠지만 전기전자제품 수출의 절대치가 별로 증가하지 않았다는 데 문제가 있다. 즉 가격 상승에도 불구하고 말레이시아의 전기전자제품 수출액은 정체하고 있는데 이는 말레이시아 전기전자산업이 특히 반도체 가공에 크게 의존하고 있기 때문이다. 전기전자 전체에서 차지하는 반도체의 비중은 2010년 39.2%였으나 2015년에는 49.5%, 2018년에는 57.8%까지 증가했다. 다른 전기전자산업 부문이 경쟁력을 상실하고 있다는 것을 의미한다.

태국에서는 가정용 전기전자산업이 다른 국가보다 이른 시기에 태동했다. 일본의 마쓰시타가 1959년 내셔널타이를 설립하면서 태국에 진출했고 1964년에는 미쓰비시가 진출했다. 이후 1970년대 전반까지 일본의 주요 가전업체 대부분이 태국에 진출했다. 일본 기업들은 주로 태국 내수시장에 판매하기 위해 전력계량기, 형광등, 선풍기, 밥솥, 라디오 등 가정용 전자제품 혹은 전기기기 등을 생산했다. 1980년대까지 아세안에는 일본의 주요 전자업체, 즉 마쓰시타, 산요, 소니, 도시바, NEC, 히타치, 미쓰비시, 샤프 등이 모두 진출해서 TV, 냉장고, 세탁기, 오디오, 비디오 기기, 전자부품 등을 생산하면서 서로 치열하게 경쟁하였다.

전기전자산업은 중요한 수출 산업으로 1995년 총 수출의 25.5%,

태국의 전기전자제품 수출 비중 추이	1995	2000	2,010	2018
전기전자제품	25.49	33.46	22.82	20.07
전자제품	19.14	25.74	17.39	14.76
– 컴퓨터	5.08	0.85	0.24	0.20
– 컴퓨터부품 및 주변기기	4.05	11.35	8.29	5.92
– IC	4.13	6.46	4.18	3.29
– 인쇄회로기판	0.99	1.63	0.49	0.55
– 통신장비	2.71	3.07	2.12	2.30
– 기타 전자제품	2.17	2.37	2.07	2.48
전기기기	6.36	7.72	5.43	5.31
– 에어컨	1.23	1.34	1.56	1.83
– 전자레인지	0.31	0.36	0.31	0.25
– 냉장고	0.53	0.47	0.73	0.68
– 기타 가정용 기기	1.28	1.65	1.15	0.91
– 전기부품	3.00	3.90	1.68	1.65
전체 수출	100.0	100.0	100.0	100.0

자료: 태국 중앙은행(BOT)

2000년에는 33.5%까지 증가했다. 이후 비중은 감소세로 전환, 2018년에는 20.1%까지 하락했지만 2000년 전기전자 수출이 9,280억 바트에서 2018년 1조 6,280억 바트로 크게 증가했기 때문에 다른 수출 상품, 즉 농가공산업, 자동차산업, 석유 및 석유화학공업 등이 고루 발전한 결과이지 말레이시아와 같이 전자산업 자체가 경쟁력을 잃은 것은 아니다. 그렇지만 전자제품 중 컴퓨터부품 및 주변기기 비중은 2000년 11.4%에서 2018년 5.9%로 대폭 감소했는데 이 기간에 실제 수출액도 5,067억 바트에서 4,803억 바트로 하락하여 전체적으로 전기전자제품 수출 부진을 초래하였다. 이 부문은 컴퓨터의 가장 핵심적인 부품인 하드디스크 산업으로 스마트폰이 보편화되면서 컴퓨터 수요 감소에 영향을 받고 있다. 전체적으로 하드디스크 수요가 하락하고 있으나 다국적 하드디스크업체가 싱가포르, 말레이시아, 중국에서 생산을 중단하고 구조조정의 일환으로 태국에 생산을 집중하면서 태국은 그런대로 생명을 유지하고 있다. 태국의 동북부 나콘라차시마 Nakhon Rachasima 는 시게이트 Seagate 가 생산을 집중하면서 세계적인 하드디스크 생산기지가 되었다.

필리핀의 전자산업 규모는 다른 아세안 국가의 전자산업보다 크지 않지만 수출에서 차지하는 비중은 더 높다. 2018년 필리핀 총 수출은 675억 달러였고 전자제품 HS 85 수출은 329억 달러로 전체의 48.7%를 차지했다. 전자산업 의존도는 더 높아진 것으로 2010년에는 총 수출 515억 달러 중 전자산업 수출이 142억 달러로 전체의 27.6%였다. 수출액으로 볼 때 전자집적회로 수출이 137억 달러로 가장 많으며 기타 전기기기, 즉 주로 일본 기업의 진출이 활발한 부품이 66억 달러로 크다. 집적회로 부문은 수입이 169억 달러로 무역수지 적자이기 때문에, 실제로는 65억 달러가량 흑자를 내고 있는 기타 전기기기 부문이 중요하다.

후발 주자인 베트남은 1990년대 후반 가정용 전자제품의 생산을 시작하였지만 다른 아세안 국가 및 중국과의 경쟁 속에서 생존이 중요한 상황이었다. 베트남 전자산업은 2000년대 들어 미국의 반도체업체인 인텔의 대규모 투자와 삼성전자가 가전 부문에 이어 스마트폰 생산라인을 설치하고 확장하면서 일대변모를 겪게 되었다. 삼성전자의 투자로 베트남은 스마트폰의 세계적인 공급기지가 되었다. 또한 일부 가전제품 생산설비가 인도네시아, 말레이시아, 태국을 떠나 베트남으로 이전하기도 했다.

글로벌 밸류체인에서 아세안의 위치

전자산업은 글로벌 밸류체인이 심화된 산업이다. 특정 제품이 최종 완제품으로 조립되기까지 부품이나 공정이 여러 번 국경을 통과하고 다수 지역에서 생산이 이루어진다. 따라서 밸류체인의 확산은 세계 무역 증가의 주요 배경이 된다. 즉 수출 제품에는 수입 중간재가 포함되며, 지난 30년간 이 과정이 가속되면서 세계 무역을 증대시키는 중요한 메커니즘이 되었다.

애플Apple은 제품을 생산하는 데 2018년 기준 45개국에 1,049개의 공급처가 활동하고 있고, 아이폰의 경우 이러한 부품과 구성품을 조달하여 대만 기업인 폭스콘Foxconn과 페가트론Pegatron에 보내져서 주로 중국에서 조립한다. 애플은 상위 200곳의 공급처를 발표하는데 이들은 애플 제품의 재료, 제조, 조립비용의 98%를 차지한다.[19] 아세안도 애플의 스마트폰 생산에 참여할 수 있다. 그러나 애플의 200대 공급처 중에 아세안 기업은 찾아보기 힘들며 다국적 기업들이 아세안에서 생산하여 네트워크에 참여하고 있을 뿐이다. 말레이시아에서는 반도체 업체인 인피니온이 크다주Kedah의 쿨림공단과 플라카의 자유무역지대에서 생산하고 있으며, 인텔 역시 페낭에서 생산을 하고 있다. 베트남에는 인텔, LG이노텍 및 삼성전자가 생산활동을 한다. 태국과 필리핀이 이런 방식으로 애플의 생산에 참여하고 있다. 아세안은 이러한 글로벌 밸류체인에 더 많은 참여를 원하지만 가능성은 오히려 낮아지고 있다. 중국이 빠른 속도로 전자부품업을 육성하고 있기 때문이다.

전기전자산업의 글로벌 밸류체인은 고정된 것이 아니다. 국가 간 비교우위구조의 변화, 기술진보에 따라 변한다. 밸류체인의 변화가 가장 극명하게 나타난 전자제품은 컴퓨터에 주로 사용되는 하드디스크이다. 하드디스크는 HS 8471에 속하는데 반도체와 함께 한때 싱가포르의 전자산업을 이끌었다. 미국계 시게이트를 비롯하여 10여 개의 하드디스크 업체가 1982년부터 싱가포르에 진출하면서 싱가포르는 1980년대 중반부터 세계 하드디스크산업의 중심지가 되었다. 싱가포르의 HS 8471 부문 수출은 1990년 68억 달러 이상으로 총 수출의 13%, 1995년에는 193억 달러로 16.5%를 나타냈다. 싱가포르는 1986~96년 기간에 세계 하드디스크 출하량의 45~50%까지 차지했을 정도였다.[20]

인건비가 상승하고 공장용지 가격이 오르자 다국적 하드디스크업체들은 싱가포르의 생산설비를 줄이고 이웃 나라인 말레이시아로 이전하기 시작했다. 2005년 싱가포르의 하드디스크 수출은 134억 달러로 전성기에 비해 대폭 감소했는데, 2008년에는 98억 달러로 더욱 줄어들었다. 이에 비해 말레이시아의 하드디스크 수출은 2000년 72억 달러에서 2005년 140억 달러, 그리고 2008년에는 142억 달러로 증가했다. 그러나 말레이시아의 시대도 오래가지 않았다. 시게이트 등이 태국에 공장을 설립하면서 이제 태국이 하드디스크의 중심국으로 떠올랐다. 2000년 20억 달러에 불과하던 수출은 2005년 83억 달러, 2008년에는 133억 달러, 2012년에는 137억 달러로 증가했다. 시간이 지나면서 하드디스크 업체의

M&A가 시작되었고, 마지막 남은 공룡이었던 시게이트는 2010년 싱가포르 앙모키오Ang Mo Kio의 공장을 폐쇄함으로써 하드디스크산업의 중심지를 태국에 내주었다. 오늘날에는 태국도 도전에 직면했다. 스마트폰 보급이 확산되고, 노트북이나 컴퓨터의 수요가 스마트폰으로 이전해가면서 하드디스크 수요가 정체된 것이다. 태국의 수출은 2012년 137억 달러를 정점으로 감소하여 2016년에는 105억 달러까지 줄었다.

아세안은 반도체의 글로벌 밸류체인에 적극적으로 참여하고 있다. 싱가포르는 파운드리, 팹 부문에 강하고, 말레이시아는 어셈블리와 테스트가 중심이다. 중국이 반도체산업의 전반적인 분야에 욕심을 낸다면 아세안 반도체의 미래는 현재와 같지 않을 가능성이 크다. 더구나 아세안 반도체산업의 주역들은 대부분 다국적 기업이다. 싱가포르 반도체의 핵심인 팹 부문을 싱가포르인이 소유하고 있는 경우는 없다. 이는 말레이시아나 태국도 마찬가지이다. 말레이시아에는 카셈Carsem, 유니셈Unisem 등 소수의 말레이시아 반도체 패키징 기업이 있지만 핵심은 여전히 다국적 기업이다. 이들은 국가 간 비교우위의 변화에 따라 하드디스크산업에서 볼 수 있듯이 언제든지 설비를 이전할 수 있다.

아세안 국가들이 자국 기업의 육성을 완전히 등한시했던 것은 아니다. 반도체와 같은 막대한 자본과 기술이 필요하지 않은 조립산업인 가전제품에서 말레이시아, 태국, 베트남 등에서 자국 기업 육성이 시도되었고 시도 중이다. 말레이시아는 1990년대 말레이시아전자Malaysia Electronics Company, MEC가 가전제품을 생산한 적도 있으나 외국 제품에 밀려 문을 닫고 말았다. 태국에서도 다이스타Distar라는 기업이 TV를 생산하여 판매하기도 했다. 그러나 세계 시장이 통합되면서 브랜드가 약한 아세안 기업들이 생존하기는 역부족이었다. 태국에서는 또 외환위기 이전에 반도체 칩을 생산하기 위해 알파텍이란 기업이 설립되어 큰 기대를 갖게 했다. 그러나 알파텍도 외환위기와 함께 자금난에 무너졌다.[21] 베트남에서는 자동차 부문에서와 같이 자국 기업인 아산조Asanzo가 TV 부문에서 어느 정도의 시장점유율을 차지하고 있다. 창업 수년만에 아산조는 베트남인들 사이에 잘 받아들여져, 2016년 50만 대, 2017년 71만 대를 판매했다. 특히 소득이 낮은 농촌 지역에서 아산조는 70% 이상의 시장점유율을 보이고 있다.[22]

아세안이 다국적 기업의 생산체제에서 어느 정도 독자성을 확보하고 또 중소기업의 글로벌 밸류체인 참여를 확대하기 위해서는 기술 문제를 해결해야 한다. 예컨대 삼성의 경우 200여 공급처가 있지만 베트남 기업은 35곳에 불과하고 이 기업들은 포장재 등을 공급할 뿐이다. 파나소닉의 경우도 40개의 공급처 중에서 베트남 기업은 3개에 불과하며 원자재 비용의 10% 이하만을 차지한다.[23]

제5장

외환위기와
아세안 주요 기업의 명암

1. 정부연계기업이 성장을 주도한
싱가포르와 태국, 테마섹과 시암시멘트

싱가포르 테마섹과 자회사

싱가포르 건국 지도자들은 영국의 영향을 크게 받았다. 1950년대의 노동운동 등 사회적 소요도 직접 겪었다. 자원이 없는 신생 독립국을 이끌게 된 리콴유를 비롯한 정치가들은 정치적 안정과 분배 문제의 중요성에 일찍 눈을 떴다. 토지를 국유화했고 정부가 주택을 공급했다. 자신들 대부분이 화교였음에도 불구하고 경제를 화교 기업인들의 전근대적 방식에 맡겨 둘 수 없다고 생각했다. 그래서 정부가 직접 기업을 운영하기로 했다.

그 결과 정부연계기업GLC은 싱가포르 경제를 떠받치는 가장 중요한 지주가 되었다. 싱가포르항공, 싱가포르텔레콤, 싱가포르개발은행 DBS, 싱가포르항만공사PSA 등 독과점적 지위로 싱가포르의 기간산업을 운영하는 이 기업들은 모두 재무부의 투자지주회사인 테마섹홀딩스

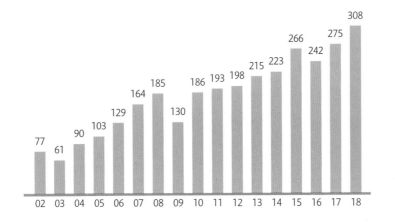

테마섹홀딩스의 순자산가치 추이 (단위: 십억 싱가포르달러)

주: 매년 3월 말 기준
자료: 테마섹홀딩스

이하 테마섹가 소유하고 있다. 테마섹은 기간산업 기업들만 포트폴리오에 담고 있었으나 2000년대 초에 아시아 경제의 고도성장을 활용하기 위해 아시아지역까지 진출하기 시작했다. 테마섹의 순자산가치는 2018년 3월 말 3,080억 싱가포르달러인데 이는 2002년의 770억 싱가포르달러에 비해 4배나 증가한 것이다. 순자산가치는 국내외 경제환경 변화에 따라 자본시장이 출렁일 때마다 감소하기도 했다. 글로벌 금융위기가 있었던 2009년에는 1,300억 싱가포르달러로 2008년 3월 말 수준에 비해 대폭 감소하는 곤욕을 치르기도 했지만 이후 다시 증가하였다. 추세적으로 볼 때 테마섹의 자산가치는 계속 높아졌다.

테마섹은 금융, 통신·미디어 기술, 소비재 및 부동산, 제조업, 생명공학 및 농가공산업 등에 투자하고 있다. 테마섹의 2018년 3월 말 기준

순자산은 금융서비스에 26%, 통신·미디어 기술 분야에 21%, 소비재 및 부동산 16%, 수송 및 공업 16% 등이다. 금융 부분은 싱가포르개발은행 그룹 지주사의 29%, 그리고 영국의 스탠더드차터드은행 16%, 인도네시아 외환위기 이후 인수한 뱅크다나몬인도네시아 지분 54%를 소유하고 있다. 이 밖에 싱가포르개발은행은 중국, 인도네시아, 홍콩, 대만에 현지 은행을 운영 중이다. 이 외에도 중국공상은행, 중국건설은행, 그리고 핑안보험平安保險 등의 지분을 일부 갖고 있다. 중국의 금융기관은 경영이 목적이 아니라 지분투자로 배당을 받거나 자본 이득을 목적으로 보유한다.

수송·통신 분야의 중심 기업도 소유하고 있다. 싱가포르항공, 싱가포르항만공사, ST 엔지니어링, 싱가포르전력, 싱가포르 대중수송시스템SMRT, 케펠Keppel 그룹 및 셈코프Sembcorp 산업, 싱가포르 창이공항 물류 서비스 회사인 SATS 등이다. 싱가포르항공은 여행자들이 가장 선호하는 항공사 중의 하나로서 혁신을 자랑으로 삼고 있으며, 싱가포르 항만 역시 컨테이너 항만으로서 세계 항만해운업을 이끌고 있다. 케펠그룹은 수리조선에서 시작하여 해양구조물사업에서 경쟁력을 자랑하고 있다. 이들은 공기업에 내재될 수 있는 비효율을 극복하고 오히려 세계적으로 효율적인 기업이 되었다.

테마섹은 또한 국제적으로 사업을 다각화하고 있다. 테마섹의 순자산은 2018년 3월 말 기준으로 싱가포르 27%, 중국 26%, 기타 아시아 15%, 북미 13%, 유럽 9% 등에 나누어 투자되고 있다. 자원이 부족한 싱가포르는 1990년대 초반 경제영토의 해외 확장을 추진하였고 그 과정에서 지역화 전략을 추진했는데, 한정된 자원을 고려하여 아시아지역 중심

테마섹지주회사의 주요 자회사

	기업	지분	매출(백만 싱가포르달러)		
			2016	2017	2018
금융	DBS	29	11,489	12,274	13,183
교통·통신산업	Singtel	52		63,980	55,002
	Keppel Corp	20	6,767	5,964	5,965
	PSA	100	3,680	3,968	4,096
	Sembcorp	49	7,907	8,346	11,689
	ST Engineering	51	6,684	6,521	6,698
	Singapore Airlines	56	14,869	15,806	16,323
	Singapore Power	100	3,722	4,068	
	SMRT	100	1,327	1,334	
부동산 및 소비재	Capital Land	40	5,252	4,619	5,602
	Olam International	54	20,587	26,273	30,479
	Mapletree Investment	100	2,329	3,194	
	SATS	40	1,729	1,725	1,828
	Surbana Jurong	100	770	1,372	
	Ascendas	51		723	841

자료: 테마섹홀딩스 홈페이지 및 각사의 연차 보고서

의 지역화 정책regionalization policy을 택했다. 지역화 전략은 싱가포르 지도자들의 주된 관심사였는데 권좌에서 퇴임한 리콴유 총리는 1995년에 "지금은 1995년이다. 싱가포르가 앞으로 50년을 갈 수 있을지 확신하지 못하겠다. 아마도 앞으로 20년은 갈 수 있을 것이다. 앞으로 10년은 갈 가능성이 크다"고 말했다.[1] 그는 싱가포르 기업의 해외진출 필요성을 역설하였고, 정부의 이러한 지역화 전략에 첨병을 담당한 기관이 테마섹 산하 기업인 케펠과 셈코프였다. 이 시기의 지역화 정책은 중국, 베트남,

인도네시아의 개방 확대에 대한 싱가포르의 국가적 대응이기도 했다.

정치 일선에서 물러난 리콴유는 테마섹 산하의 기업을 이끌고 해외 진출을 추진했는데 자신은 주로 현지의 고위층과 담판하여 사업의 물꼬를 트는 역할을 했다. 싱가포르 정부가 최초로 해외 공단을 개발한 사례는 바탐섬에 싱가포르 테크놀로지 산업단지Singapore Technology Industrial Park(현재 Sembcorp로 통합) 사가 인도네시아 살림그룹과 합작으로 공단을 건설한 것이다. 싱가포르의 저부가가치 제조업을 이전시키기 위한 이 프로젝트는 인도네시아의 바탐섬이 위치한 리아우제도, 싱가포르, 말레이반도 남단 조호르바루Johore Bharu를 연결하는 산업협력지대, 성장의 삼각지대Growth triangle 형성을 위한 밑거름이 되었다. 아세안의 개발독재를 이끌었던 싱가포르의 리콴유, 인도네시아의 수하르토 그리고 말레이시아의 마하티르가 협력한 것이었다. 이후 케펠은 중국의 쑤저우蘇州 공업단지 건설에 참여했다. 리콴유 총리는 이 프로젝트에도 발 벗고 나섰다. 중국 고위층을 만났고 프로젝트를 실현시켰다. 프로젝트 추진 과정에서 아시아 외환위기로 공업용지 수요에 문제가 발생하기도 했으나 우여곡절을 겪은 후 중국-싱가포르 쑤저우 공단은 현재의 쑤저우 경제를 번성시킨 기초가 되기도 했다.

테마섹은 캐피털랜드Capital Land, 메이플트리Mapletree, 아센다스Asendas 등 자회사를 통해 부동산을 개발하고 있다. 물론 케펠그룹과 셈코프도 부동산 개발에 참여하고 있다. 이들은 한국에도 종로의 서머셋플레이스 등 호텔과 경기 일원에 많은 물류창고를 운영하고 있다. 테마섹 자회사로서 가장 많은 매출을 기록하는 회사는 올람Olam이다. 아프리카에서 시작된 인도계 농산물 유통회사인 올람은 농산물 구매, 가공, 포장, 판매 등 세계적 규모의 일관 기업인데 런던에 있던 본사를 싱가포르로 유치했고, 결국 테마섹이 대주주가 되었다.

테마섹은 단순히 기업을 운영하기보다는 때로 단기 투자자처럼 활동하기도 하며 성장 산업에 벤처캐피탈 형태의 투자도 한다. 테마섹은 한국의 바이오제약회사인 셀트리온과 셀트리온헬스케어에 투자하고 있는데 여기서도 큰 평가익을 거두었을 것이다. 물론 단기 투자자처럼 행동하면서 손실을 입기도 한다. 그럼에도 불구하고 테마섹이 이와 같은 투자를 할 수 있는 것은 싱가포르 정부가 국민으로부터 신뢰를 받고 있기 때문이다.

왕실 기업 시암시멘트

태국 경제는 중국 광둥성廣東 동부의 차오저우조주, 潮州 출신들이 장악한 가운데 정부가 지배하는 PTT가 매출 기준 최대 기업으로 체면을 유지하고 있다. 석유 무역, 정유, 석유화학까지 일관 체제를 갖추고 있는 PTT는 증시에 상장되어 있지만 재무부가 51.1%의 지분을 보유한 국영 기업으로 자원 분야를 독과점적으로 지배하고 있다는 점에서 태국 자본주의를 대표한다고 하기는 어렵다. 오히려 왕실이 소유하고 있는 시암시멘트그룹SCG은 역사, 소유의 성격, 매출을 기준으로 할 때 비화교 기업으로서 명맥을 유지하고 있다는 점에서 주목해야 할 기업의 하나이다.

SCG의 최대 주주는 2019년 2월 말 현재 지분 33%를 보유한 왕실재산관리처이다. 해외 투자자의 무의결예탁증서를 주로 관리해 주는 2대주주 Thai NVDR이 7.83%를 소유하고 있기 때문에 왕실의 지배력이 확고하면서도 동시에 주식 지분이 고루 분산되어 국민 기업의 성격을 갖기도 한다. SCG는 국왕 라마 7세, 프라차티뽁Prajadhipok이 국민의 삶의 질을 개선하기 위해 건자재산업을 일으키겠다는 뜻으로 1913년 12월 8일 설립한 기업이다. 1915년 최초로 시멘트 공장을 완공하여 연간 2만 톤의 시멘트를 생산하기 시작했다. 시암시멘트의 역사가 바로 태국 근대 제조 기업의 역사이자 태국 경제의 역사이기도 하다.

시암시멘트는 몇 가지 점에서 주목할 만한 기업이다. 먼저 시암시멘트의 대주주, 즉 실질적인 주인이 국왕이다. 절대군주 시대뿐만 아니라, 21세기 들어서도 국왕이 큰 힘을 갖고 있다는 점에서 시암시멘트는 독특한 권한을 갖고 있다. 시암시멘트의 경영자들도 이를 잘 알고 있다. 제1차 세계 대전 이후 혁명의 시기를 거치면서 태국도 1932년 입헌 혁명이 일어나 국왕의 지분은 감소했으나, 시암시멘트는 몇 년 앞서 쭐랄롱꼰Chulalongkorn이 설립한 시암커머셜뱅크와 함께 현재 왕실이 소유한 두 개의 기업 가운데 하나다. 이 외에도 왕실은 방콕 시내 중심가에 많은 토지를 소유하고 있어 국왕이 가진 재산 전부를 파악하기는 힘들다.

시암시멘트는 덴마크의 기술로 건설되었고 이 때문에 덴마크인들이 1970년대까지 계속 사장직을 맡았다. 시멘트와 건축자재를 생산하던 시암시멘트는 1950년대에 건축용 철강업에 진출했고, 1976년에는 부실 기업이었던 한 제지 회사를 인수하여 제지 및 펄프사업에까지 진출했다. 시암시멘트는 일본의 도요타 자동차가 1962년에 태국에 진출할 때 10%의 지분을 확보한 바 있어 자동차산업에도 어느 정도 발을 걸치고 있었

| --- | --- | --- | --- | --- | --- |
	2000	**2005**	**2010**	**2015**	**2018**
수입	1,282	2,183	3,103	4,396	4,784
순이익	0	322	374	454	447
자산	2,603	1,994	3,747	5,100	5,898

자료: 시암시멘트 연도별 연차 보고서

다. 1976년에는 일본의 쿠보다Kubota와 합작으로 소형 디젤엔진을 생산하기 시작했다. 1980년대 정부가 동부임해화학단지를 건설할 때 폴리에틸렌 사업에 진출하여 후일 SCG의 가장 핵심 사업으로 발전시켰다. 1980년대 후반부터 본격적으로 일본 기업과의 협력이 진행되었다. 쿠보다 외에 도요타, 미쓰비시, 소니, 신일철 등 전자, 자동차, 기계업에서 일본 기업과의 합작 프로젝트를 진행했는데, 이는 내수시장에서 가장 영향력을 갖고 있는 시암시멘트의 업종 다변화 의도, 현지 시장에 용이하게 진출하기 위한 일본 기업의 이해가 일치된 결과였다.

시암시멘트는 또한 외환위기 과정에서 구조조정과 관련해서도 주목할 필요가 있다. 외환위기 발발 전까지 시암시멘트는 태국 제1의 우량 기업으로 태국 경제 건설에 앞장서 왔다. 시암시멘트는 환차손으로 적자를 냈던 1997년 이전 90년 넘게 단 한 번도 적자를 기록한 적이 없었다. 시암시멘트가 화학, 전자, 자동차부품, 철강 등에 대한 투자를 확대하면서 1997년 시암시멘트의 외채규모는 43억 달러에 이르렀고, 외채 금리는 8~9%에 달했다. 1997년 매출은 1,153억 바트였고 영업이익은 소폭의 흑자였지만 환차손 때문에 순손실이 522억 바트였다.[2]

위기 이후 시암시멘트는 미래 성장 산업으로 여기고 일본 기업과 합작했던 전자, 철강, 자동차부품 등에서 완전 철수하거나 일부 지분을 남기고 철수했다. 당시 경영진은 시장점유율에서 주도적 위치에 있지 않은 업종에서는 철수해야 한다고 판단했다. 지분을 남긴 경우는 태국 시장에서 시암시멘트의 영향력을 활용하기 위해 파트너들이 요구했기 때문이었다. 시암시멘트는 구조조정과 함께 시멘트, 석유화학, 제지 및 펄프 등 3개 핵심 분야에 전념하기로 했다.[3] 시암시멘트라는 이름은 버리지 못했지만 1980년대부터 신흥 성장 산업으로 진출했던 시암시멘트는 외환위기와 함께 미래 성장 산업에서 물러나 다시 전근대적인 느낌의 시멘트와 건축자재를 주력으로 하는 기업으로 되돌아온 것이다. 현대적으로 옷을 갈아입은 것은 기업의 이름을 시암시멘트에서 SCG로 바꾼 것뿐이었다. 시암시멘트나 태국 경제에 안타까운 일이었다.

SCG의 2018년 매출은 4,784억 바트였고, 순이익은 447억 바트로 매출은 전년 대비 약간 증가했지만 순이익은 감소했다. 석유화학 부문이 매출의 46%, 시멘트 등 건설자재 36% 그리고 제지 부문이 18%를 차지했고 순이익도 석유화학 부문에서 65%를 창출했다. 지역별로는 2018년 국내 매출이 57%였고, 아세안 내 자회사의 매출이 15%, 아세안에 대한 수출이 10%, 그리고 비아세안지역 수출이 18%였다. 아세안 자회사의 매출 비중은 2010년 7%에 불과했으나 2015년 11%로 그리고 2018년 15%로 증가했다.

SCG는 2018년 말 현재 전체 자산의 28%인 1,633억 바트가 아세안에 있는데 이 중 679억 바트가 베트남, 516억 바트가 인도네시아, 115억

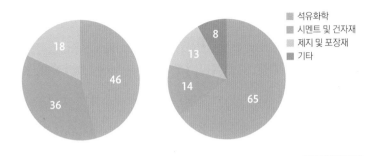

시암시멘트그룹의 부문별 수입 및 순이익(2018)

- 석유화학
- 시멘트 및 건자재
- 제지 및 포장재
- 기타

자료: SCG 연차 보고서(2018)

바트가 라오스, 캄보디아에 113억, 그리고 미얀마에 111억 바트가 있다. 즉 건설붐이 시작된 인도차이나를 주요 활동무대로 보고 있다.[4] 내수시장의 정체에 아세안에서 시장을 확보하려는 전략으로 전환한 것이다.

　SCG의 아세안 내 사업은 2020년 이후에는 또 다른 얼굴을 할 것이다. SCG는 2018년에 베트남 붕타우에 54억 달러의 석유화학복합단지를 건설하여 올레핀계 제품을 생산할 계획으로 투자를 시작했다. 본격적인 생산은 2023년에 시작될 예정인데 생산량은 160만 톤에 이를 것이다. SCG의 2018년 말 현재 수입 4,784억 바트는, CP그룹의 농가공회사 CPF의 5,419억 바트나 국영기업인 PTT의 2조 3,362억 바트에 비해 규모가 작지만 베트남에서 석유화학복합단지가 완공된다면 매출은 증가할 것이며 특히 아세안 매출 비중이 훨씬 확대될 것이다.

2. CP그룹과 윌마, 농가공업을 장악한 화교 기업

태국 최대 민간 기업 CP그룹의 성장

태국 최대 민간 기업집단은 CP Charoen Pokphand 그룹이다. CP그룹은 2018년 말 현재 200여 개 이상의 자회사와 31만 명의 종업원을 가진 다국적 기업집단이다. 세계 20개국 이상에 투자하고 있으며 매출은 600억 달러 이상으로 평가된다. 중국 광둥성 차오저우 산터우汕頭에서 태국으로 이주한 화교 이민 1세인 시아엑초 Chia Ek Chor, 謝易初와 그의 동생인 시아시우위 Chia Siew Whooy, 謝少飛가 1921년 방콕에 채소 씨앗 가게 '정대장 正大莊'을 설립한 것이 오늘날 CP의 모태가 되었다. 正大莊은 초기에는 중국에서 씨앗을 수입하여 태국 농민에게 판매했고, 방콕의 차이나타운에 늘어나는 중국인을 대상으로 중국산 수입 야채 판매 사업도 병행했다. 종자 사업은 현재 에어로플레인Aeroplane이라는 브랜드로 남아 있다. CP그룹은 창업주의 4남 중 막내인 다닌 치와라바논Dhanin Chearavanont 회장이 서른 살의 나이로 1968년 고령인 부친으로부터 사업을 승계 받은 이후 급속히 발전했다.

CP의 사업 영역은 2018년 말 현재 농가공사업, 즉 사료 및 축수산물 가공업, 정보통신업, 유통, 부동산 개발, e-커머스 및 디지털, 자동차, 제약, 금융투자 부문으로 구성되어 있지만 농가공업, 통신업, 유통업을 3대 핵심 영역으로 삼고 있다. 농가공업은 초기의 사업이 진화하고 다각화한 것으로 종자, 사료, 축산 및 수산 양식, 축산물의 가공, 식품 등이 있다. 농가공산업을 대표하는 지주회사 CPF Charoen Pokphand Foods는 세계 최대 사료 생산업체이자, 육계, 육돈, 새우의 최대 생산자 중의 하나이다. CP그룹은 1953년에 사료사업에 진출했는데 1960년대 후반에 이미 태국의 선도적인 축산사료 생산자가 되었다. 당시 태국 내에서 증가하고 있던 사료 수요와 정부의 사료산업 육성을 위한 투자 장려에 힘입은 바 있다. CPF는 17개국에서 사업을 영위하면서 30개국 이상에 제품을 수출하고 있다.

유통업의 중심 기업은 CP All인데 1988년 세븐일레븐에 진출하면서 시작했다. 세븐일레븐은 2018년 현재 태국 전역에 1.1만 개 이상의 점포를 갖고 있다. 또한 회원제 도매업체인 시암매크로 Siam Makro는 태국뿐만 아니라 미얀마, 캄보디아, 중국, 인도 등에 진출했다. 로터스 Lotus, 卜蜂蓮花는 중국에서 2018년 말 현재 80개의 스토어와 3개의 쇼핑센터를 두고 있다. 각각의 스토어는 4,000m²에서 13,500m² 면적을 갖고 있다. 로터스는 1997년 상하이 푸동 浦东에 1호점을 개점한 이후 2018년 말 현재는 83개로 증가했다. 광둥성에 매장 40곳을 운영하고 CP그룹의 창업주 고향인 산터우시에만 8개의 마켓이 있다.

CP그룹은 1990년 유선전화 200만 회선의 부설을 인가받아 통신업에 진출했다. 미국 기업과의 합작으로 텔레콤 아시아Telecom Asia를 설립하여 사업을 시작했는데 통신사업은 인허가로 독과점이 가능한 분야였고, 또 디지털경제의 등장과 함께 농가공이란 다소 전통적인 그룹의 이미지를 첨단 사업에 진출한 기업으로 전환시키는 역할도 했다. 텔레콤 아시아는 외환위기 이후 트루True로 개칭했으며 2018년 말 현재 이동통신 분야에서 시장점유율 2위를 확보하고 있다.

CP는 보통의 동남아 화교 기업처럼 일찍이 세계화를 시작했다. 1972년에 인도네시아에 사료 공장을 설립했다. 창업주의 3남 수맷 지라바논Sumet Jiaravanon 가족이 지배하는 CP Indonesia는 시가 총액 기준으로 2019년 7월 인도네시아의 상위 10대 기업 안에 든다.

중국이 1978년 개혁개방을 시작하자 가장 먼저 호응하고 진출한 기업도 CP였다. CP는 경제특구인 선전深圳과 산터우에서 각각 중국이 허가한 제1호 외국인투자 기업이었다. CP그룹의 중국 사업 중 사료-양식-식품가공은 홍콩에 상장된 CPP卜蜂國際有限公司가 지주회사로 관할하고 있으며, CPF가 CPP의 주식을 53% 소유하는 형식으로 양사는 연결된다. 유통 부분은 로터스가 운영하고 있다.

CP의 중국 사업은 2000년대 들어 또 다른 변화를 거쳤다. 먼저 본사를 케이맨제도에 둔 중국생물제약Sino-Biopharmaceutical Ltd을 설립했다. 홍콩 증시에 상장된 중국생물제약은 다양한 의약품을 개발하여 중국 시장에 판매하면서 급속도로 성장하고 있다. 또한 중국 최대의 보험회사이자 세계 최대의 보험회사인 핑안보험의 지분 16%를 94억 달러에 HSBC로부터 인수하여 최대 주주가 되었다.

태국 외환위기는 CP그룹에도 큰 타격이었다. 위기가 시작된 1997년 6월 CP는 중국 상하이에서 최초의 슈퍼마켓인 로터스 1호점을 개장하는 등 투자를 확대하고 있었다. 중국 사업을 총괄하던 홍콩의 지주회사 CPP도 중국 사업을 위해 막대한 외화를 차입했으나 상환 압박에 시달렸다. 태국 내에서 새로 진출한 텔레콤 아시아도 1997년 환차손 때문에 6억 달러 이상의 적자를 기록했다. CP는 중국에서 가장 성공적이었고 뉴

		매출			순이익		
		2016	2017	2018	2016	2017	2018
태국 (억 바트)	CPF	4,645	5,015	5,419	147	153	155
	CP All	4,519	4,894	5,279	167	199	209
	Siam Makro	1,728	1,868	1,929	54	62	59
	True	1,247	1,423	1,628	-28	6	70
중국 (백만 위안)	Lotus	101	97	101	-5	2	-3
	중국생물제약	135	148	209	24	27	37
	핑안보험	6,377	8,752	10,025	624	891	1,074
홍콩 (백만 미 달러)	CPP	5,281	5,638	6,709	260	42	282

자료: 각 사의 연차 보고서

욕 증시에까지 상장했던 오토바이업체 Shanghai Ek Chor Motorcycle를 합작 파트너였던 상하이 자동차에 매각했다. 텔레콤 아시아의 채무도 재조정 했고 나중에 되샀지만 도매업체 시암매크로의 지분 30% 중에서 13.4% 만 남기고 네덜란드 모기업에 매각했다.

외환위기 이후 구조조정 과정에서 CP그룹은 여러 회사로 나뉘어 있던 사료 및 축산사업 부문의 효율성을 제고하고 경쟁력을 높이기 위해 11개 계열사를 1999년 초까지 CPF로 통합했다. 구조조정을 끝낸 2000년에 CPF는 "Kitchen to the World"라는 슬로건을 내걸고 그룹의 핵심 기업으로 재탄생했다. CPF는 크게 사료 부문, 양식축산과 수산 부문 그리고 식품 부문으로 구성되는데 사료생산-부화-양계양돈, 양어-생고기-육가공-판매수출 등의 수직적 통합을 이루었다.

구조조정을 끝낸 CPF는 2002년 영국과 중국에 투자를 시작했다. 영

동아시아 지역에서 CPF의 사업					
	사료	양식			식품
		양돈	양계	새우	
태국	○	○	○	○	○
중국	○		○	○	○
대만	○	○	○		○
베트남	○	○	○	○	○
캄보디아	○	○	○		○
필리핀	○	○			
말레이시아	○	○		○	○
라오스	○	○	○		○

자료: CPF 연차 보고서(2018)

국에는 EU 시장을 목적으로 냉장 치킨을 생산하고, 중국에서는 광둥성 베이하이 北海와 상하이에 치어 부화 및 양식, 수산사료 제조 등에 진출했다. 2003년에도 중국 하이난섬에 수산사료 회사를 설립했다. 이 시기에는 미국과 일본 등에도 CP의 닭고기와 돼지고기를 판매하기 위해 투자했다. CPF는 2004년 이후 본격적으로 해외에 사업을 확대하여 2018년 말 현재 사료, 농축수산 양식, 가공사업을 하는 국가가 가까이는 인도차이나에서 멀리는 브라질까지 17개국에 이른다. 특히 지리적으로 가깝고 경제발전 단계가 낮은 동아시아지역은 CPF의 주요한 활동무대이다. 2018년 현재 CPF는 대만, 말레이시아, 베트남, 캄보디아, 라오스 등에서 사료, 양식, 식품사업을 전개하고 있다.

CPF의 2018년 매출 5,419억 바트 중 해외 부문은 3,632억 바트로 전체의 67%에 이른다. 국내 매출은 2016년에도 38.4%에 이르렀는데 2년

CPF의 분야별 국별 매출 구성(2018)					(단위: 억 바트)
	태국	중국	베트남	기타	계
사료	496	1,172	276	352	2,295
양식	838	195	518	673	2,224
식품	453	63	23	361	900
계	1,787	1,430	817	1,386	5,419

자료: CPF 연차 보고서(2018)

사이에 5% 포인트 이상 감소한 것이다. 사료 부문 매출이 42%인 2,295억 바트이고, 양식 부문 매출이 2,224억 바트로 41%였다. 식품 부문은 900억 바트로 17%를 차지하고 있다. 국내 매출은 1,787억 바트, 그리고 해외 자회사의 매출이 3,632억 바트이다. 2015년 매출이 각각 1,406억, 그리고 2,543억 바트였으니, 해외 자회사의 매출이 급속히 증가한 것이다. 2015년 대비 사료 부문보다는 양식 부문과 식품 부문이 빨리 증가하고 있었다.

CP그룹이나 CPF는 전형적인 가족기업 형태로 운영되어 그룹의 투명성도 문제가 될 수 있다. CP그룹 산하에는 무수히 많은 기업이 있고 그 정점에는 다닌 회장 가문이 있다. 가문은 다수의 지주회사를 설립하여 사업을 운영하고 있는데 이들 지주회사들은 대부분 케이맨제도, 버진아일랜드 등 조세피난처에 설립되어 있다. 창업주 세대에서 2세로 경영권이 승계된 과정에서 다닌 회장은 4형제 중 막내로 경영권을 승계했다.[5] 다닌 회장과 3명의 형은 CP의 지분을 거의 동등하게 소유한 것으로 알려져 있지만 가족에서 지주회사로 연결되는 구조에 대한 정보는 알 수 없다.

다닌 회장이 그룹을 키워 오는 동안 3명의 형은 그룹이나 그룹사의 명예회장이란 직함에 만족하고 언론에 드러나지 않은 채 지켜만 보고 있었다. 다닌 회장은 2017년 초부터 일상 업무에서 손을 떼고 있고 그룹의 주요 의사결정은 세 명의 아들 중 장남 수파킷Soopakij과 셋째 아들인 수파차이Suphachai가 각각 그룹 회장과 대표이사CEO로 담당하고 있다. 다닌 회장은 평상시에 회장은 가족이 맡겠지만 CEO는 유능한 외부 인재가 있다면 개방하고 싶다고 말해 왔다. 창업주에서 3대로 이어 오면서 가문 내 불화가 있다는 소식은 없지만 세대가 거듭되어도 이런 전통이 계속될 것인지는 불분명하다.

CP그룹의 높은 중국 의존도도 명암이 있다. 2018년 현재 CP그룹의 매출에서 태국과 중국 비중은 비슷하지만 곧 중국 매출이 더 많아질 것으로 전망된다.[6] 중국 사업 초기에는 중국이 주는 기회를 활용하고 죽의 장막에 대한 정보가 부족했던 서구 기업들의 요청에 의해 합작 형태로 다양한 분야에 진출했다. 이런 사업 중 일부는 외환위기와 함께 정리되었고, 당시에는 유망해 보였어도 시간이 지나면서 환경이 달라진 분야도 있다. CP의 핵심 사업과는 거리가 먼 오토바이를 생산 중인데 각광받지는 못하고 있다. 중국의 소비 수요나 구조가 빠른 속도로 변하고 있는 가운데 유통사업인 로터스도 매장은 증가했으나 매출은 정체해 있다. 로터스의 2018년 매출규모는 101억 위안이지만 매장 수가 절반 수준이었던 2010년에도 매출액은 94억 위안이었다. 핑안보험의 완전 장악 여부도 확실하지 않다. CP그룹은 홈페이지에 진출 분야로 핑안보험을 소개하고 있다. 핑안의 제2주주는 5.27%를 보유한 센제투자홀딩스Shenzhen Investment Holdings, 深圳投资有限公司이기 때문에 실질적인 지배주주 역할을

할 수 있을 것으로 보이지만 핑안보험에서는 지배주주가 없다고 밝힌 바 있다.[7]

아세안 최대의 다국적 기업, 윌마인터내셔널

농가공 기업인 윌마인터내셔널은 1991년 싱가포르에서 설립되어 짧은 역사에도 불구하고 매출, 순이익, 시가 총액에서 아세안 최대의 기업으로 성장했다. 윌마는《포춘》글로벌 500대 기업에서 2018년 248위를 차지했고,《포브스》의 2000대 기업에서는 2019년 425위에 올랐다.《포브스》2000대 기업에서 윌마보다 앞선 싱가포르 기업은 모두 4곳으로 은행 3개와 싱가포르텔레콤이었다. 윌마의 매출은 이들과 비교할 수 없이 많았지만《포브스》가 매출 외에 다른 요소를 고려하여 순위를 결정함으로써 낮아진 것이다.《포브스》는 2010년에 2000대 기업 중 윌마를 230위로 평가했고 이때는 싱가포르 1위였다.

윌마의 사업 영역은 팜유의 원료가 되는 기름야자 재배에서 기름야자 씨앗 파쇄, 식용유 정유, 설탕 정제, 소비재 제조, 지방산, 올레오케미칼, 바이오디젤 등 팜유와 사탕수수를 기반으로 하는 모든 농가공산업을 포함하며, 여기에 더 나아가 비료, 제분 및 도정 등에도 진출했다. 특히 기름야자 재배에서 최종 식용유까지 수직적 통합을 이루어 경쟁력을 확보했다. 2018년 말 윌마는 중국, 인도, 인도네시아 및 다른 50개 국가에서 500개 이상의 제조 플랜트 및 유통 네트워크를 갖추었고 고용인원은 전체 9만여 명이다.[8]

윌마의 2018년 매출은 445억 달러, 순이익은 11.3억 달러였다. 사업

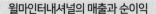

윌마인터내셔널의 매출과 순이익 (단위: 백만 달러)

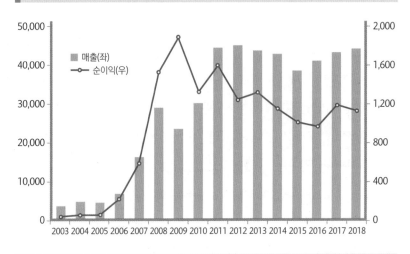

자료: 윌마인터내셔널

별로는 기름야자 재배와 여기서 가공되는 팜유 부분에서 2018년 171억 달러의 매출을 올렸고, 팜유 및 기타 종자유 가공 및 곡물 분야의 매출은 223억 달러, 설탕이 40억 달러, 기타 부분이 23억 달러 정도를 차지했다. 윌마는 창업 이후 2000년대 말 매출과 수익이 빠르게 증가했으나 2011년 이후 매출은 정체되고 순이익은 감소하는 현상을 보이고 있다. 그럼에도 불구하고 윌마의 매출액은 아세안의 민간기업으로서는 압도적인 1위다.[9]

월마는 1991년 아세안 화교 기업의 원로이자 콱Kuok 그룹을 이끌고 있는 로버트 콱의 오촌 조카인 콱쿤홍Kuok Khoon Hong, 郭孔丰과 인도네시아 화교 사업가인 마르투아 시토러스Martua Sitorus, 吳笙福가 싱가포르에서 농산물 유통회사 윌마홀딩스를 설립한 데서 시작한다. 콱쿤홍은 1973년부터 로버트 콱 그룹의 곡물, 식용유사업 분야에서 일하기 시작했고 이후 콱그룹을 나와 1980년대 말부터 협력관계를 유지해 온 "야자유 킹" 시토러스와 월마를 창업했다. 기업명 월마는 콱쿤홍의 영어 이름 윌리엄과 마르투아의 알파벳 앞 글자를 딴 것이라고 한다. 월마인터내셔널은 2005년 이후 국제 팜유가격의 점진적 상승을 이용하여 급성장했고 2007년 획기적인 구조조정을 통해 콱그룹과 결합했다. 로버트 콱 그룹이 갖고 있던 말레이시아의 팜유사업 부문을 월마로 이전하고 콱그룹이 월마인터내셔널 지분의 31%를 확보한 것이다. 월마의 외형 규모는 커졌고, 사업 부문을 확대할 수 있었다.

월마인터내셔널의 강점은 열대유, 오일 종자 및 곡물, 그리고 제당, 기타 등 다각화된 사업구조에 있다. 열대유는 플랜테이션 운영과 여기서 생산된 산품을 팜유 및 라우릭 혼합물로 제조하여 세계 50여 개국에 판매하고 있다. 월마는 2018년 말 현재 자사가 소유하는 팜유 플랜테이션을 23만ha 보유 중이며 이 중 67%는 인도네시아, 25%는 말레이시아 보르네오섬에 그리고 8%는 아프리카에 소재한다. 이 외에도 주로 아프리카지역에 유사한 규모의 소농장들과 계약재배를 하고 있다. 2018년 말 현재 월마가 소유한 열대유 관련 플랜트는 모두 150여 곳에 이르며, 팜유 및 라우릭 정유공장이 중국에 51개, 인도네시아에 25개, 말레이시아에 15개가 있다. 중국은 열대유 부문에서 가장 많은 공장을 갖고 있다.

씨앗 및 곡물 분야는 대두, 제분, 정미 등을 아우르며 여기서 생산된 대두분을 이용한 대두유, 쌀 및 밀국수 등까지 포함한다. 대두분 공장은 중국에 53개, 베트남에 3개 등이 있으며 제분 공장도 중국에 18개, 정

윌마의 열대유 지역별 플랜트(2018년 말 현재)

	정유소	올레오케미칼	특수지방	바이오디젤
인도네시아	25	4	4	11
말레이시아	15	3	1	2
중국	51	10	6	0
베트남	4	0	2	0
유럽	0	1	0	0
아프리카	2	0	2	0
기타	4	0	1	0
플랜트 수	101	18	16	13
연간 생산능력(백만 톤)	30	2	2	3

자료: 윌마인터내셔널 연차 보고서(2018)

미 공장도 중국에 18개를 두고 있다. 이 분야에서 중국의 생산기지 역할이 특히 두드러진다. 2018년 윌마의 씨앗 및 곡물 분야는 제조 부문에서 156억 달러의 수입을 올렸고 소비재 부문에서 68억 달러의 수입을 올려 순이익은 8억 달러 이상이었다.

설탕 부문은 주로 호주와 인도네시아에서 영위한다. 윌마는 호주 최대의 원당 및 제당 생산자이며, 인도네시아 최대의 제당업체이기도 하다. 2018년 40억 달러의 매출을 올렸으나 손실을 기록한 것으로 나타난다. 이 외에도 윌마는 비료와 해운 부문을 소유하고 있다.

사업의 중심지는 중국이다. 중국은 팜유 및 라우릭 최종 소비재의 최대 시장으로 곡물 분야에서도 큰 역할을 담당한다. 윌마는 金龙魚 Arawana 브랜드로 중국 식용유 시장의 45%를 장악하고 있다. 윌마의 지역별 매출도 중국이 압도적으로 많다. 2018년 전체 매출 445억 달러 중 중국에

	2014	2015	2016	2017	2018
동남아	10,024	7,661	8,633	8,930	7,560
중국	19,622	19,371	19,983	22,392	24,993
인도	1,463	1,338	1,317	1,754	1,280
유럽	3,390	2,485	2,711	2,586	2,520
호주/뉴질랜드	1,724	1,411	1,501	779	765
아프리카	2,036	2,024	2,352	2,445	2,473
기타	4,826	4,488	4,904	4,687	4,908

자료: 월마 지속가능보고서(2018)

서 거둔 수입이 250억 달러로 56.2%를 차지하며, 아세안 매출은 76억 달러로 17%에 그친다. 2014년 회계 연도의 경우 중국 비중은 45.5%였고 아세안 비중은 23.3%였다. 아세안의 경우 절대적인 매출도 하락했다. 이는 팜유가격의 변동 때문으로 보이지만 싱가포르에 본사를 두고, 팜유 플랜테이션의 67%를 인도네시아에 두고 있는 월마의 매출 50% 이상이 중국에서 이루어지고 있다는 사실은 월마가 아세안의 가장 대표적인 초국적 기업임을 말해 준다.

월마의 중국 사업은 중국 내 자회사인 이하이케리益海嘉里가 운영하고 있다. 이하이케리는 2018년 말 중국에 300억 위안 이상을 투자했고, 중국 26개 성, 자치구, 직할시의 70개 이상 생산기지에 100곳 이상의 공장을 운영하면서 2만 7천 명을 고용하고 있다. 이하이케리는 소량 포장의 식용유, 쌀, 밀가루, 쌀국수, 대두유, 케이터링 사업용 특수 곡물과 기름, 식품 원료, 올레오케미컬 등을 생산하고 金龙鱼, 欧丽薇兰Olivoila, 胡姬花Orchid, 海皇Neptune 등을 비롯해 10여 개 이상의 브랜드로 판매한다. 중국에서 이하이케리의 신뢰도는 높아서 튀김 요리 식당에 가면 "우리 가게는 이하이케리 집단의 브랜드 기름을 사용합니다"라는 표지판을 붙여 놓은 것을 흔하게 볼 수 있다. 월마의 중국 사업이 이와 같이 확고한 시장 위치를 차지하게 된 것은 2006년 이전 콱그룹의 사업과 관계가 있다. 콱그룹은 중국이 개방하고 얼마 되지 않은 1980년대 초에 베이징에 샹그릴라 호텔을 건설하면서 중국에 진출했다. 또한 1988년 선전의 지완赤灣에 중국과 합작으로 최초로 유지공장, 난하이유지공업지완공사南海油脂工业赤湾公司를 건설하기 시작했다.

이 시기 콱그룹은 싱가포르와 말레이시아의 유지 분야에서 확고한 자리를 잡고 있었고, 콱쿤홍은 콱그룹에서 오일과 곡물 유통을 담당했다. 그가 1991년 독립하여 월마를 공동 창업하고 15년 후에 다시 콱그룹 산하로 복귀한 형태인데, 그가 콱그룹에 있을 때 개발한 브랜드가 아라완Arawana, 즉 금용어金龙鱼로 아라완은 말레이시아와 싱가포르에서 그리고 金龙鱼는 중국에서 상표로 등록했다. 월마가 콱그룹으로 복귀하면서 기존 콱그룹이 갖고 있던 즉 콱쿤홍이 개발한 브랜드를 다시 사용할 수 있었는데, 중국과 아세안에서 갖추고 있던 콱그룹의 인프라를 그대로 이어받았기 때문이었다.

월마는 중국 시장을 장악하고 있어 중국의 소득 증가에 따른 매출 증대를 기대할 수 있었지만 다른 지역에서의 매출은 그렇지 못했다. 아세안의 매출도 감소했고 기대했던 인도 시장도 기대만큼 성장하지 못했다. 또한 다른 팜유 플랜테이션 기업도 동일하지만 플랜테이션으로 기존 열대우림을 파괴해야 한다는 점, 환경보호 문제, 그리고 노동 착취라는 국제 사회의 비난에서 자유롭지 못하다. 실제로 윌마는 인도네시아나 말레이시아 플랜테이션에서 식재를 추가하지 못하고 있다. 윌마를 비롯한 팜유를 원료로 쓰는 많은 미국 및 유럽 기업들이 사회적 책임을 진다고 선언하고 협력하지만 시민 사회의 비판은 여러 측면에서 제기되고 있기 때문에 이에 대해서는 지속적으로 관심을 가져야 할 것이다.

3. 외환위기와 해외에 매각된 아스트라와 살림

아스트라의 비극과 한계

외환위기 이전 아스트라인터내셔널은 항상 살림그룹이나 시나르마스그룹과 비교되었다. 인도네시아 국민들은 화교 1세대가 창업한 살림이나 시나르마스는 수하르토의 비호 아래 성장했지만, 아스트라는 정경유착 없이 성장했다고 평가했다. 생각할 수 있는 모든 사업에 진출한 살림에 비해 아스트라는 상대적으로 자동차에 집중하고 있었던 점도 비교가 되었다. 아스트라를 창업한 윌리엄 스루야자야 Tjia Kian Lion, 謝建隆는 수 대째 인도네시아에 살아온 프라나칸 Peranakan 이었고 림시오리옹이나 시나르마스의 창업주는 중국에서 직접 이주해 온 토톡 Totok 이었다. 또 아스트라의 최고 경영진은 인도네시아계 사람들이 많았고 화교까지도 인도네시아어를 사용했지만, 살림그룹의 최고 경영진은 모두 화교이면서 회사에서도 중국어를 쓰는 것이 보통이었다. 아스트라는 인도네시아 재계에서 보기 드문 현대적 경영을 실천해 온 기업으로 존경받았다.[10]

아스트라를 설립한 윌리엄은 푸젠성福建의 한 작은 항구로 현재는 장저우시漳州市의 한 포구가 되었지만 명나라 시대에 중국 남부의 관문 역할을 했던 해등현海澄縣 출신의 화교 후손이었다. 인도네시아에 정착한 지 오래되어 인도네시아인이 된 화교, 즉 프라나칸으로 중국어를 구사하지 못했다. 독실한 기독교인으로서 그는 한 잔의 차에도 신의 섭리가 있다고 믿었다.

윌리엄이 1954년 설립한 아스트라는 식료품 유통업을 했다가 곧 아스팔트와 건자재로 사업을 확장했고 수하르토가 권력을 장악한 직후인 1967년에는 정부 납품용 트럭수입권을 얻었다. 1969년에는 정부가 가진 가야모토의 지분 60%를 단 100만 달러에 매입하여 도요타 자동차를 생산하기 시작했다. 아스트라는 1971년 도요타의 독점적인 공급자가 되는 도요타 아스트라를 설립했다. 이후 도요타의 주요 파트너가 되었고 도요타 관계사와 다수의 합작회사를 설립하여 인도네시아 자동차산업을 이끌었다. 아스트라가 시장에 내놓은 대표적인 자동차가 도요타의 키장이었다. 아스트라는 자동차 외에도 혼다와 합작하여 오토바이를 생산했다. 또 일본 및 미국 업체와 손잡고 중장비 사업도 전개했다. 아스트라의 사업 부문은 1995년 말 7개 부문에 125개의 기업이 있었고, 종업원은 10만 5천 명에 이르렀다.

1990년대 초에 아스트라의 스루야자야 가문에 큰 시련이 닥쳤다. 윌리엄의 장남 에드워드가 운영하던 숨마그룹Summar의 숨마은행이 부도를 낸 것이다. 금산분리 개념 자체가 없었던 인도네시아에서는 드문 일이 아니었다. 피해를 사회에 떠넘기는 대신 윌리엄은 아버지로서 80%

에 이르던 아스트라의 지분을 매각하여 은행 예금자의 예금에 이자까지 붙여 반환했다. 다른 은행처럼 정부가 나서도록 할 수도 있었으나 윌리엄 가족이 아스트라의 지분을 매각한 것은 윌리엄과 수하르토가 가깝지 않았기 때문이라는 평가가 지배적이었다. 살림그룹, 바리토그룹, 시나르마스 등 10여 개 인도네시아의 내노라하는 화교 기업인들이 백기사로 나서 창업자 가족의 지분을 나눠 매입했다. 윌리엄에 대한 존경심을 담아 나섰다는 평가도 있었지만, 아스트라는 인도네시아에서 모두가 욕심낼 만한 우량 기업 중에서도 우량 기업이었다. 1995년 아스트라는 전체 192,573대의 자동차를 팔았는데 이는 인도네시아 자동차시장의 54.5%였다. 시장점유율은 1985년 44.1%, 90년 52.9%에서 계속 증가해 왔고 자동차 수요는 급증하고 있었다.[11]

외환위기는 아스트라의 운명을 다시 한번 바꿔 놓았다. 외환위기 당시 아스트라 역시 막대한 외채 때문에 부도 직전에 이르렀지만 아스트라 경영진의 성실하고 투명한 자세를 인정받아 인도네시아 대기업으로서는 가장 먼저 채무재조정을 마쳤다.[12] 회사 내의 구조조정과는 달리 소유구조에는 중대한 변화가 일었다. 수하르토 체제가 붕괴하고 살림그룹을 비롯하여 다수의 기업이 정부채무조정기구인 인도네시아은행구조조정기구IBRA에 불법 대출금 상환을 위해 양도한 자산에는 아스트라의 지분이 포함되어 있었다. 즉 윌리엄을 구제하기 위해 1993년에 아스트라의 지분을 인수했던 살림그룹 등 화교 기업인이 이 지분을 정부에 내놓았고 그 지분 규모가 45%였다. IBRA는 40%의 지분을 2000년에 싱가포르의 자딘사이클앤캐리지Jardine Cycle & Carriage에 5억 6백만 달러에 매각

아스트라인터내셔널의 경영 성과					(단위: 조 루피아)
	2006	2010	2014	2016	2018
수입	56	99	202	181	239
순이익	4	14	19	15	22
자산	58	89	236	262	345

자료: 아스트라인터내셔널 연차 보고서

했다. 인도네시아 최대 자동차업체인 아스트라를 작은 섬나라 싱가포르의 자동차 유통업체가 가져간 것인데 새우가 고래를 삼킨 격이었다.

2018년 말 현재 자딘사이클앤캐리지가 아스트라의 지분 50.11%를 소유하고 있고, 자딘사이클앤캐리지는 영국의 자딘매치슨이 75%의 지분을 소유한다. 19세기 초에 설립된 자딘매치슨은 영국 동인도회사가 문을 닫은 이후 무역업을 통해 성장했는데 이들의 무역품에는 19세기 전반 아편전쟁을 불러일으켰던 인도에서 중국으로 가는 밀수 아편도 있었다. 아편 밀수에 손댄 역사를 가진 회사가 인도네시아 현대 경영의 선구자이자 가장 존경받는 기업의 주인이 되었다는 사실은 인도네시아 경제에 비극 중의 비극이었다.

외환위기의 그림자가 걷히자 아스트라는 다시 기지개를 켜기 시작했다. 인도네시아는 기복은 있었으나 정상 국가로 돌아왔고 기업들의 활동도 다시 활기를 띠기 시작했다. 2006년 매출순수입이 56조 루피아에 불과했던 아스트라는 2014년 202조 루피아까지 증가했고 2018년에는 239조 루피아로 늘었다. 순이익도 대폭 개선되어 2006년 4조 루피아에서 2018년에는 22조 루피아가 되었다. 총 자산도 급증하여 2006년 58조

아스트라그룹의 주요 사업 부문과 대표 기업(2018년 말)

산업	세부업종	주요 기업	지분(%)	비고
자동차	4륜차	아스트라 다이하쓰	31.87	비상장
		이스즈 아스트라	50	
		도요타 아스트라	50	
	이륜차	아스트라 혼다	50	비상장
	부품	아스트라 오토파츠	80	상장
금융	은행	Bank Permata	44.56	상장
	자동차 금융	은행, 자동차 금융, 오토바이, 중장비 금융 및 보험		비상장
중장비	건설장비	유나이티드트랙터	59.5	2019. 7 시가 총액 10위 기업
농가공	팜유	아스트라아그로	79.68	상장
인프라 및 물류		건설, 물류, 유료도로 운영		
IT		Astra Graphia	76.87	상장
부동산		Astra Land Indonesia	50	

자료: 아스트라인터내셔널 연차 보고서(2019)

루피아에서 2018년에는 345조 루피아가 되었다. 종업원은 본사 및 자회사만 15만 명이며 관계회사까지 포함하면 23만 명에 이른다. 그러나 인도네시아 국민들이 어떻게 생각하든 아스트라의 의사결정은 싱가포르를 거쳐 최종적으로 영국에서 내려진다.

아스트라그룹의 사업 영역은 크게 변하지 않았다. 자동차, 자동차 할부금융, 중장비, 농가공산업, 인프라 및 물류, IT 그리고 부동산 등이다. 자동차는 도요타, 다이하쓰, 이스즈, UD트럭, 푸조, BMW를 조립, 생산하고 있다. 금융 부문에서는 은행, 할부금융, 보험 등에 진출해 있는

데 페르마타Permata은행은 2002년 5개의 소규모 은행들이 합병하여 출범했고 모바일뱅킹 등에서 앞서가고 있다. 2018년 말 현재 323개의 지점이 있다. 중장비는 일본의 고마츠 중장비를 비롯하여 광산 장비, 플랜테이션 장비, 대형트럭 등을 수입해서 조립, 판매하고 있다. 대표 기업은 유나이티드트랙터United Tractors로 인도네시아의 우량 기업 중의 하나이다. 아스트라아그로Astra Agro는 리아우에 2만ha의 플랜테이션을 갖고 팜유 부문에 진출해 왔다. 이 외에도 IT 부문은 후지-제록스 복사기의 대리점에서 시작하여 현재는 IT 솔루션으로 사업 영역을 확대하고 있다. 이들은 모두 227개 사의 단독 소유거나 50% 이상의 지분을 가진 자회사, 외국 기업과의 합작회사 그리고 소액 지분을 가진 관계회사로 구성되어 있다.

다양한 사업 부문 가운데 아스트라의 핵심은 자동차이다. 아스트라는 2018년 도요타 353,471대, 다이하쓰 202,738대, 그리고 이스즈 26,098대를 판매하여 51%의 시장점유율을 확보했다. 다이하쓰를 중심으로 11만 7천 대도 수출했다. 인도네시아 자동차 생산 능력은 연간 200만 대이기 때문에 경쟁이 치열한 상태이고 아스트라의 4륜차 생산 능력은 70만 대에 이른다.

아스트라는 1960년대부터 인도네시아 자동차산업을 이끌어 왔지만 자국 브랜드를 만드는 데는 실패했고 일본차의 대리점 역할에 만족해 왔다. 인도네시아 정부 역시 국산화율 제고를 위한 노력을 해 왔고, 아스트라 역시 현재 경영에 충실해 왔지만 다른 나라와 비교해 보면 아쉬운 점이 없지 않다. 더구나 인도네시아의 인구를 고려하면 자동차산업의 잠재성은 풍부하다. 인도네시아의 가장 대표적인 제조업체가 일본차의 대리점 역할만 하는, 그것조차 싱가포르의 유통업체가 소유하고 있다는 사실은 인도네시아 경제의 비극이 아닐 수 없다.

외환위기 이후 살림그룹의 구조조정

인도네시아에서 외환위기가 발생하고 수하르토 대통령이 하야할 즈음에 가장 곤욕을 치렀던 기업인은 살림그룹을 창업한 림시오리옹Liem Sioe Liong, Sudono Salim, 林绍良이었다. 자카르타 시민들은 그의 빈집으로 쳐들어가 그의 초상화를 끌어내려 칼로 찢고 불태웠다. 저택 담벼락에 스프레이로 휘갈겨 쓴 "수하르토의 개"라는 말을 누구나 볼 수 있었다. 인도네시아를 떠나 싱가포르에 거주한 그는 가끔씩 인도네시아로 돌아오기는 했지만 2012년 1월, 싱가포르에서 영광과 오욕의 일생을 마쳤다. 당시 그의 부고 기사에서 《자카르타 포스트》의 주필이었던 엔디 바유니 Endy Bayuni는 "좋든 싫든 림시오리옹은 인도네시아 역사에서 수하르토와 마찬가지로 중요한 부분이다. 그는 우연히도 적절한 시간에 적절한 장소에서 적절한 사람이었다"라고 말했다.[13] 그가 세상을 떠나자 전 인도네시아 대통령 메가와티가 그의 영전을 찾았다. 영전을 장식한 명복을 비는 휘장에 인도네시아 글자는 보이지 않았고 모두 한자였다. 그는 싱가포르의 초추강 공동묘지Choa Chu Kang Cemetery에 묻혔다. 어렸을 때 중국을 떠나 수십 년을 인도네시아에서 살았지만 죽어서는 싱가포르에 묻힌 것이다.

살림그룹이라는 당시 동남아 최대의 기업집단을 만들었던 림시오리옹은 중국 푸젠성 푸칭시福清市 바닷가 하이커우진海口镇에서 1917년에 태어나 21살이 되던 1938년 샤먼항夏門港을 떠나 인도네시아 수라바야 Surabaya에 도착했다. 자바섬 쿠두스Kudus에 정착한 그는 쿠두스와 인근의 큰 도시인 스마랑Semarang 등지에서 행상을 했는데 근면하고 싹싹한 성격으로 상당한 성공을 거두었다. 스마랑에 주둔한 군인과도 친하게 지냈는데 그중에 나중에 대통령이 된 수하르토도 있었다. 수하르토의 비호를 받아 1960년대 말에 시작한 제분업은 독점이었고 나중에 원료인 밀의 독점수입권까지 확보했다. 살림그룹은 수하르토 대통령의 재정적 후원자가 되는 대신 다양한 사업에서 독점권을 얻어 땅 집고 헤엄치기로 자산을 축적했다. 수하르토와 얼마나 가까웠는가는 BCA은행 주식 30%를 수하르토의 두 자녀에게 선물로 주었다는 데서도 알 수 있다. 방적, 화학, 전자, 임업, 어업, 항공, 보험, 부동산, 금융, 보석, 호텔, 의료기기, 철강, 시멘트, 자동차 등 살림그룹이 진출하지 않은 분야가 없었다.

1990년대 전반의 경기호황기에 신규 사업에 대거 진출하면서 외채를 사용했다. 1997년 말 살림그룹 산하의 대표 기업 인도푸드Indofood의 외채는 10억 달러, 인도시멘트의 외채는 8억 3천만 달러에 이르렀다. 환율 상승으로 인도푸드는 1997년 환차손만 1.9조 루피아연평균 환율로 환산 시 6.5억 달러에 이를 정도였다. 외환위기로 수하르토 체제가 무너지자 인도네시아 국민들은 이제 살림그룹의 시대는 갔다고 인식했고 BCA은행의 지점으로 뛰어갔다. 비상장은행이었지만 200곳 이상의 인도네시아 은행 중 가장 컸던 BCA은행에서 수일 만에 막대한 예금이 인출되었고 인도네시아 중앙은행은 금융 시스템 붕괴를 막기 위해서 BCA은행에 수십조 루피아를 긴급히 공급했다.

중앙은행의 특별융자를 받은 은행 가운데 BCA은행은 가장 규모가 컸다. 살림그룹이 정부에 상환해야 할 금액은 BCA은행으로부터 차입한 법정 대출금 이상의 불법 대출금 등을 포함 52.6조 루피아였고, 살림은 이를 상환하기 위해 그룹 내 자회사 108개의 지분을 내놓았다. 정부 채무조정기구인 인도네시아은행구조조정기구IBRA는 채권 회수를 위해 이들 자산을 주식의 제3자 할당, 자산매각, IPO기업공개, 외국투자가에 대한 매각 등을 통해 처분하기로 했다. 살림그룹이 정부에 제공한 기업은 인도네시아 최대 규모의 자동차 회사인 아스트라의 지분과 원래 자신의 회사였던 제2의 자동차 회사 인도모빌, BCA은행, 30만ha에 이르는 팜유 플랜테이션, 식용유, 시멘트 등 인도푸드를 제외한 대부분의 회사들이었다. 이로써 살림그룹은 거의 해체되고 만다.

IBRA가 보유하고 있던 살림그룹의 자산은 수하르토 체제 아래 내수 부문에서 독과점적 시장지배력을 갖추고 있던 기업들로 해외투자가들의 관심이 높았다. 살림그룹이 보유한 대표적인 자산은 자동차 회사 아스트라인터내셔널의 지분과 BCA은행이었다. 살림이 보유한 아스트라의 지분은 당시 24.3%였지만 IBRA는 다른 기업으로부터 받은 아스트라 지분까지 합쳐 전체 45%를 확보했고, 그중 40%를 싱가포르의 자딘사이클앤캐리지에 매각했다. IBRA는 또 다른 독과점업체였던 인도시멘트를 독일의 하이델베르크시멘트에 매각했다. 팜유 플랜테이션 25개를 갖고 있던 살림 팜 플랜테이션Salim Palm Plantation은 말레이시아에서 활동하는 다국적 플랜테이션 업체인 구트리Guthrie, 나중에 사임다비로 흡수가 입찰을 통해 매입했다.

살림과 합작했던 외국 기업들도 살림 지분을 매입했다. 한국의 대상이 조미료업체인 인도미원Indomiwon 지분 50%를 매입했고, 일본의 PVC업체인 도요Toyo가 합작했던 PVC업체를 매입했다. 미국의 다우케미칼도 폴리에틸렌 부문을 매입하였다. 살림그룹은 그룹 내 투자회사 머르카페르카사Merka Perkasa가 소유하고 있던 인도시멘트 지분 38%을 하이델베르크시멘트에 매각했다. 즉 하이델베르크시멘트가 IBRA의 보유 지분을 매입하면서 살림그룹이 소유했던 나머지 지분을 같이 사들였던 것이다. 이 거래는 2001년 4월에 모두 끝났는데, 독일의 시멘트사가 인도시멘트 지분 61%를 매입하는 데 투자한 금액은 약 3억 달러에 불과했다.

외환위기 전, BCA은행의 자산규모는 아세안 최대였고, 인도네시아 230여 개 상업은행 전체의 12%를 차지할 정도로 압도적이었다. 예금인출 사태가 있었지만 인도네시아에서는 가장 광대한 네트워크를 가진 은행이었다. 정부는 BCA은행의 기업공개를 통해 일부 지분을 매각했고 나머지는 해외매각하기로 했다. 결국 2002년 3월 공개입찰에서 파인도인베스트먼트FarIndo Investment라는 투자회사가 BCA 지분 51%를 5억 3,100만 달러에 매입했다. 파인도FarIndo의 뒤에는 인도네시아 3위의 담배회사 자룸을 소유한 로버트 부디 하르토노와 마이클 밤방 하르토노 형제가 있었다. 결국 자룸이 BCA은행을 인수한 것이다.

외환위기 이후 살림그룹의 주인이 된 림시오리옹의 넷째 아들 안토니 살림의 가장 큰 목표는 생존이었고, 수하르토 없이도 그룹을 재건할 수 있다는 사실을 보여주는 것이었다. 그는 이를 위해 핵심 기업이자 현금 창출 역할을 했던 인도푸드를 계속 손안에 두기로 했다. 인도푸드는

퍼스트퍼시픽의 자회사 현황(2019년 3월 말)

부문	1차 자회사(%)	2차 자회사(%)
소비재	인도푸드(50.1)	Indofood CBP(80.53)
인프라	Metro Pacific Investments(42.0)	Meralco(45.5)
		Global Business Power(62.4)
	Pacific Light(47.3)	
	Maynilad(41.9)	
천연자원	Philex Mining Corporation(31.2)	
	IndoAgri(74.3)–팜유	
통신	PLDT(25.6)	SMART(100)

자료: 퍼스트퍼시픽 연차 보고서(2019)

공식적으로는 1994년에 발족했지만, 밀가루 분야를 독점했던 1960년대 말에 설립한 보가사리Bogasari를 1995년에 인수하는 등 그룹 내의 다른 기업을 합병하는 형태로 덩치를 키웠다. 생존을 위해 인도푸드는 지분 40%를 홍콩에 있는 투자회사 퍼스트퍼시픽First Pacific에 6억 달러 이상을 받고 매각했다.

　퍼스트퍼시픽은 안토니 살림이 대주주인 투자지주회사였다. 그는 버진 아일랜드와 라이베리아 등 2곳의 조세피난처에 설립한 페이퍼 컴퍼니와 자신이 직접 소유한 지분을 합쳐 퍼스트퍼시픽의 지분 44.32%를 소유하고 있었다. 퍼스트퍼시픽은 인도푸드를 매입하기 이전에도 필리핀의 통신사 PLDT의 25.6%, 전력회사 MPIC의 42.0%, 싱가포르의 FPW 싱가포르홀딩스 50.0%, 필렉스Philex 31.2% 등을 보유하고 있었다. 이제 다시 인도푸드의 지분 50.1%까지 확보한 것이다. 즉, 인도네시아의 최대 기업이 이제는 홍콩 소재 인도네시아인이 소유한 외국 기업으로 바뀐 것이었다. 이제 안토니 살림의 살림그룹은 홍콩에서 인도네시아, 홍콩, 필리핀의 사업을 총괄하는 형태로 기업을 운영하고 있다.

퍼스트퍼시픽의 매출은 2018년 77억 달러로 2010년의 46억 달러에 비해 50% 이상 증가했다. 인도푸드는 2018년 퍼스트퍼시픽 매출의 66%를 차지했지만 영업이익 기여율은 34%에 불과했다. 영업이익 약 4억 달러 중에서 통신사 PLDT와 전력회사 MPIC 등이 있는 필리핀 부분이 62%에 이르렀다.14 과거 화려했던 인도푸드는 이제 살림그룹의 안토니 살림이 통제하기는 하지만 인도네시아 기업이 아니라 홍콩 기업의 자회사가 되었다.

IBRA에 양도했던 제2위 자동차 회사 인도모빌도 싱가포르에 설립해 두었던 투자회사 갈란트벤처 Gallant Venture를 통해 8.09억 달러9.88억 싱가포르달러에 지분 52.4%를 매입하였다.15 이 거래는 2013년 5월에 종료되어 인도모빌은 싱가포르의 안토니 살림이 소유한 기업이 되었다. 2018년 갈란트벤처의 수입은 18억 3천3백만 싱가포르달러였고 이 중에서 인도모빌에 의한 수입은 16억 6천7백만 싱가포르달러였다.16 아세안에서 가장 영향력 있던 살림그룹은 위기를 거친 뒤 핵심 회사인 인도푸드, 인도시멘트, 아스트라, 인도모빌까지 모두 외국인의 손으로 넘어간 것에 다름없다.

인도푸드는 이런 과정을 통해 이제 퍼스트퍼시픽의 자회사가 되었지만 인도네시아에서는 여전히 안정적인 수요 기반을 가진 중요한 기업이다. 인도푸드는 인도미, 슈퍼미, 살리미 등의 브랜드를 가진 세계 최대의 즉석면라면 생산업체이면서 팜유 플랜테이션에서부터 제품의 배송까지 원료의 생산 및 가공, 식품 제조, 시장 마케팅까지 수직적 밸류체인을 갖추고 있다. 동시에 살림그룹의 모체나 다름없는 제분업체 보가사리를 갖고 있다. 농가공 부문에서는 인도푸드애그리리소스Indofood Agri Resources가 팜유 분야를 운영하고 있으며 독립적으로 상장되어 있다. 농가공 분야에서는 연구개발, 육종, 기름야자 재배 및 수확, 식용유 제조 및 마가린 등의 제조가 있다. 또한 농가공 분야는 팜유뿐만 아니라 고무, 사탕수수, 기타 곡물을 재배하고 가공한다.

인도푸드의 매출은 2014년 64조 루피아였고 순이익은 5조 루피아였지만 2018년에는 매출이 73조 루피아 이상, 순이익도 5조 루피아에 가깝다. 이와 같이 매출이 증가하자 살림그룹은 다시 한번 제국 건설을 생각했다. 안토니 살림은 다국적 기업과 손잡고 사업을 확대하기 시작했다. 새로 음료산업에 진출하고 인도네시아의 1만 개 이상의 점포가 있는 편의점 체인 인도마렛Indomaret을 운영하는 인도매크로프리스마타나 Indomarco Prismatama를 보유하고 있는데 점포를 추가로 열고 계속 확장하고 있다. 중국에서 채소가공업체를 인수했으며 브라질과 필리핀에도 진출했다. 싱가포르의 월마와 합작하여 2015년에는 1억 달러를 투자하여 호주의 식품회사 굿맨필더Goodman Fielder를 공동으로 매입했다.

안토니 살림이 중시하는 중동과 아프리카에도 더 관심을 기울이고 있다. 시리아와 이집트에 즉석면 공장을 설립했고 케냐에도 공장을 열었다. 인도네시아는 무슬림 국가로 인도푸드는 글로벌 할랄푸드 사업에서 경쟁우위를 확보할 잠재력이 크다. 인도푸드는 1990년대 중반에 사우디아라비아에서 생산을 시작했는데, 사우디아라비아에서만 2014년에

1조 루피아8천만 달러의 수입을 거두었다. 2014년에는 터키에 라면 공장을 설립했다. 그는 "인도푸드 제품은 터키로 확산되고 있다. 인도미는 세계화하고 있다. 한국에는 삼성과 K-pop이 있다면 인도네시아에는 인도미 Indomie 가 있다"고 말했다. 살림그룹이 어떤 기업지배구조를 갖고 인도네시아 경제를 선도할지 두고 볼 일이다. 살림그룹의 운영은 외환위기 이전보다 더 투명해진 것은 분명하다. 인도푸드 산하의 기업 다수가 싱가포르나 인도네시아에 상장되었다. 그럼에도 불구하고 플랜테이션 부문은 세계 시민단체로부터 비판을 받고 있고 인도푸드의 규정 미준수에 네슬레는 인도푸드와 거래를 끊는다는 발표도 있었다.[17]

4. 삼성전자와 도요타, 아세안의 경제구조를 바꾸다

자동차산업의 성장을 이끈 도요타

자동차산업 성장의 배후에는 일본 자동차 업체들이 있고 특히 도요타 자동차가 중요한 자리를 차지한다. 도요타는 2018 회계연도 2018. 4.1.~2019.3.31. 에 전 세계적으로 898만 대의 자동차를 판매했으며, 2019년 3월 말 현재 일본을 제외한 해외에만 320개의 자회사를 두고 있다. 자동차 판매와 매출액 기준으로는 미국 시장이 가장 크고, 그다음은 일본, 아시아순이다. 아시아에는 중국, 인도 등이 포함되어 있지만 그 중심은 역시 아세안이다. 도요타는 아세안을 중요한 생산 및 판매 시장으로 이용하고 있으나, 동시에 아세안 자동차산업이 고속성장한 뒤에는 도요타가 있다. 또한 도요타는 태국과 인도네시아를 자동차 내수 국가에서 자동차 수출 국가로 전환시켰다.

도요타가 아세안에 처음으로 진출한 것은 1962년 태국이었다. 태국 생산법인은 도요타모터타이Toyota Motor Thailand, TMT로 2019년 3월 말 현재 3개의 공장에 연산 80만 대의 생산체제를 갖추고 아세안과 세계를 상대로 생산, 판매한다. 생산차는 하이룩스, 하이에이스, 코롤라, 캠리, 비오스 등이며, 2018년 2월부터 하이브리드C-HR를 제2게이트웨이 공장에서 생산하고 있다. 비상장기업이기 때문에 정확한 매출규모는 알 수 없지만 태국에서 상위 5대 기업 안에는 포함될 것으로 판단된다. 도요타모터타이에 이어 일본의 다른 자동차 업체들도 대부분 태국에 진출하여 자동차산업을 발전시켰다.

도요타는 태국을 자동차 부품기지로도 육성하고 있다. 자동차 엔진, 바디 제품 등을 직접 운영하고 있다. 이뿐만이 아니라 수많은 부품업체와 자동차산업 시스템을 만들고 있는데 예컨대 도요타가 일부 지분을 보유하고 있는 세계 최대 자동차 부품업체 덴소Denso는 이미 1972년 태국에 진출하여 3개의 공장을 운영 중이다. 또한 공식적으로 2017년 4월 발족한 도요타 다이하쓰 엔지니어링 앤 매뉴팩처링Toyota Daihatsu Engineering & Manufacturing, TDEM은 태국을 R&D 기지로 육성하기 위해서 설립했다. 도요타가 일본을 제외하고 4곳에 설치한, 즉 벨기에, 미국, 중국, 태국 R&D 센터의 하나이다. TDEM은 기술센터, 생산 엔지니어링, 구매, 제조 지원, 정보 시스템, 생산 통제 및 물류 시스템 등 전반에 걸쳐 연구개발 기능을 하고 있다.

도요타는 인도네시아 자회사인 도요타 아스트라 홈페이지에서 "도요타는 40년 이상 인도네시아 사람들의 삶의 일부였다"고 소개하는데 그것은 사실이다. 도요타 자동차는 1971년에 처음 인도네시아의 아스트라인터내셔널과 합작으로 자동차를 조립했는데, 1977년 처음 인도네시아에서 출시한 키장 자동차는 인도네시아인의 삶 속에 자리 잡고 자동차 문화를 결정한 핵심적인 차였다. 한 기업이 국민의 생활 속에서 살아 숨쉬는 사례는 많지 않지만, 적어도 인도네시아에서 키장은 일본에서 도요타가 갖는 의미보다도 훨씬 컸다. 인도네시아에서는 아스트라와 합작으로 2개의 공장을 가동하고 있으며, 하이브리드, 다목적 차량, 승용차, 상용차 등 다수의 자동차를 생산한다.

도요타가 처음 인도네시아에 진출해 윌리엄 스루야자야와 손잡고 도요타 아스트라 자동차를 설립했을 때 도요타와 아스트라는 각각 49% 및 51%로 지분을 나눴지만, 1999년 구조조정으로 생산과 판매를 분리했다. 생산은 도요타가 95%, 아스트라가 5%가 가진 TMMIN Toyota Motor Manufacturing Indonesia 이 담당하고, 판매와 수입은 지분을 50:50으로 균등분할하여 기존의 이름을 그대로 쓴 도요타 아스트라 자동차를 설립했다. 생산과 판매의 분리라는 형식이었지만 생산 부문에서 아스트라를 배제하고 판매 역할만 맡긴 것에 다름없었다. 아스트라는 아스트라 다이하쓰 모터의 지분을 32% 소유하여 도요타가 가진 62%와 협력하고 있다.

도요타가 말레이시아에 진출한 때는 1968년이었다. 인구를 감안하면 1960년대의 말레이시아는 결코 전망이 좋은 시장은 아니었다. 도요타는 말레이시아의 화교가 설립했다가 현재는 부미푸트라 기금이 대주

	회사명	출자비율(%)	주요 생산 품목	비고
태국	Toyota Motor Thailand	86.43	승용차	연산 80만 대
	Toyota Auto Body Thailand	0(TMT 48.9)	승용차 바디부품	
	Toyota Auto Works	도요타 관계사 출자	자동차	하이에이스 (Hi Ace)
	Siam Toyota Manufacturing	40	엔진	엔진
	Toyota Daihatsu Engineering & Manufacturing	100	R&D	
말레이시아	UMW Toyota Motor	49(UMW 51)	승용차	10만 대
	T&K Autoparts	50(UMW10)	스티어링기어	스티어링기어
필리핀	Toyota Motor Philippines	25(미쓰이 15)	승용차	승용차
	Toyota Autoparts Philippines	95(TMP 5)	트랜스미션	트랜스미션
인도네시아	Toyota Motor Manufacturing Indonesia	95	승용차	승용차
	Astra Daihatsu	61.75		
	Toyota Astra Motor	50		

자료: 다수의 자료에서 정리

주인 UMW United Motor Work 와 합작으로 1982년 도요타 자동차의 부품 조립 CKD 형태로 수입, 조립, 판매를 목적으로 UMWTM United Motor Work Toyota Motor 을 설립했다. 도요타는 또한 UMW와 합작으로 배기장치, 촉매변환기를 생산하는 AISB를 운영하고 있으며, UMWTM은 조향장치 전문 기업인 일본 JTEKT의 말레이시아 법인에 10%를 출자 중이다.

도요타는 말레이시아를 제외한 태국, 인도네시아, 필리핀, 베트남에서도 시장점유율 1위이다. 태국에서는 2018년 30.2%를, 인도네시아에서는 도요타와 관계사를 포함하여 50% 이상이다. 말레이시아에서는

아세안 시장에서 도요타 자동차의 위상(2018)				(단위: 천 대, %)
	전체 판매	도요타 판매	비중	시장점유율
태국	1,039	314	30.2	1위
인도네시아	1,151	352	30.6	1위
		203(다이하쓰)	17.6	2위
		40(히노)	3.5	7위
말레이시아	599	66	10.9	4위
		7(히노 및 다이하쓰)	1.1	–
필리핀	402	152	37.9	1위
베트남	289	66	22.8	1위

자료: 다수의 자료에서 정리

국민차 및 일본의 혼다에 밀리고 있으나 그럼에도 불구하고 12% 정도의
시장점유율을 보인다. 그러나 내면을 들여다보면 말레이시아에서 도요
타의 힘은 더 크다. 말레이시아의 자동차 판매는 2018년 1위가 제2의 국
민차인 페로두아 23만 대, 혼다 10만 대 그리고 프로톤 6.5만 대였다. 도
요타는 승용차와 상용차 합쳐 6.6만 대 수준의 차를 판매했다. 그런데 페
로두아는 도요타와 합작하고 있는 UMW그룹이 38%를 소유한 지배주주
이고 도요타의 자회사인 다이하쓰도 25%를 보유하고 있다. 또한 페로두
아의 생산 제품은 다이하쓰 제품의 말레이시아식 모델이기 때문에 실상
은 도요타가 경쟁사인 혼다에 뒤진다고 할 수도 없다.

　도요타의 또 다른 영향력은 아세안의 자동차산업을 적어도 태국과
인도네시아에서는 수출 산업으로 전환시켰다는 것이다. 태국은 100만
대 이상의 자동차를 수출했는데 이는 10여 년 전에는 생각도 못했던 일
이었다. 자동차산업이 수출 산업으로 전환되면서 태국에서 자동차산업

은 전자산업을 제치고 가장 큰 제조업이 되었다. 2018년 도요타모터타이의 수출은 완성차 기준으로 29만 4천 대에 이르렀으며 수출액은 1,546억 바트였다. 또한 OEM 부품 수출도 1,193억 바트에 달했다. 수출과 내수를 합친 도요타의 생산량은 59만 대였다.[18]

베트남 경제구조를 바꾼 삼성전자

삼성전자는 한국 최대 기업일 뿐만 아니라 한국에 본사를 둔 최대 규모의 다국적 기업이기도 하다. 삼성전자는 아세안에서 베트남에 가장 많은 투자를 하고 있고, 베트남을 전자산업, 스마트폰의 세계적 공급지로 전환시키면서 베트남 경제구조 형성에 결정적인 역할을 하였다. 삼성전자는 베트남에 투자하기 훨씬 이전부터 아세안에 진출했다. 현재 남아 있는 아세안의 법인을 기준으로 보면 가장 오랫동안 활동하고 있는 기업은 1988년 10월에 설립한 타이삼성전자 Thai Samsung Electronics, TSE 이다. 태국 동부 시라차 Sri Racha에 가정용 전자제품을 생산하기 위해 진출했고, 이후 말레이시아의 포트클랑 Port Klang에 전자레인지 MWO의 우회 수출기지를 만든 것이 1989년이었다.

1990년 대 들어 인도네시아에서 가전제품을 생산하고, 베트남 호찌민에도 가전 공장을 설립하였다. 또한 말레이시아 스름반에 삼성그룹의 복합단지 안에서 모니터를 생산했다. 1990년대 중반 삼성그룹은 그룹 차원에서 싱가포르에 지주회사인 삼성아시아를 설립하여 아세안에 진출한 그룹 내 여러 회사를 통합 관리하는 체제를 도입했다. 그러나 삼성아시아는 각각 독립된 회사의 아세안 내 자회사를 통제할 마땅한 수단이 없었기 때문에, 아세안 내 각 자회사에 일정한 지분을 투자하는 형태로 관리하도록 했지만 효율성에 문제가 있었고 외환위기의 발생으로 제도는 사라졌다.

싱가포르는 국제 물류의 중심지이자 중계무역항으로서, 다국적 기업의 부품과 원자재 조달기지로서, 또한 다국적 기업의 금융조달 창구로서 중요한 역할을 할 수 있었다. 이와 같은 싱가포르가 가진 전략적 위치나 다국적 기업 지역본사regional HQ에 싱가포르 정부가 제공하는 인센티브 때문에 많은 다국적 기업이 지역본부를 싱가포르에 두었고, 삼성전자도 마찬가지였다. 결국 2006년 삼성아시아SAPL가 다시 설립되었는데 1990년대 말의 삼성아시아가 그룹 차원에서 설립되어 삼성전자 외에 다른 회사의 현지 법인까지 포괄했다면 이때 설립된 삼성아시아는 삼성전자 자회사들의 중간 지주회사 역할을 한다. 물론 과거의 연원이 있기 때문에 삼성전기와 삼성디스플레이 등 삼성전자는 아니지만 전자제품의 수직계열화에 관계된 제품을 생산하는 관계사의 아세안 현지 자회사에도 일정한 지분출자를 하고 있다.

삼성전자의 아세안 사업은 2008년에 일대 전기를 맞았다. 중국에 진출해 있던 생산 네트워크를 아세안으로 확장하면서 중국 생산기지의 대체기지로 베트남을 선택한 것이다. 중국의 과도한 기술이전 요구, 임금 등 생산비 상승 등이 이유였다. 삼성전자는 베트남에서 무선통신기기, 즉 휴대전화를 생산하기로 했다. 먼저 삼성전자는 베트남 하노이 북부 박닌성의 옌퐁 공업단지에 휴대전화 공장을 설립했다. 그리고 곧 인근 타이응우옌성에 다시 공장을 설립했다. 베트남에 휴대전화 생산이 집적되자 삼성그룹에서는 삼성전기가 타이응우옌에 PCB와 카메라 모듈을 생산하여 공급하기 위해 진출했고, 또 삼성디스플레이는 박닌성에 OLED 디스플레이 생산을 목적으로 진출했다. 이들 외에도 삼성전자의 스마트폰 생산량이 증가하자 스마트폰 부품업체들도 베트남으로 동반 진출했다. 삼성의 전체 투자는 170억 달러에 이를 것으로 예상되었고 삼성전자의 투자로 박닌과 타이응우옌은 베트남 경제의 새로운 용광로로 변신했다.

개발도상국으로 농수산물과 노동집약적 경공업 제품을 수출하던 베트남은 이제 첨단 제품의 수출국으로 변모했다. 삼성전자가 세계 스마트폰의 40%를 베트남에서 생산하면서 베트남은 세계 제2위의 스마트폰 수출국이 되었다. 삼성전자 또한 전체 고용의 35%를 베트남에서 창출하고 있다.[19] 삼성전자는 2018년에도 베트남에서 600억 달러를 수출하여 베트남 총 수출의 25%를 차지한다.[20] 베트남의 스마트폰 수출국으로의 부상은 수십 년 동안 전자산업을 육성해 온 싱가포르, 말레이시아도 하지 못한 것이다. 후발 주자인 베트남과 다른 아세안 국가는 2010년에는 존재하지 않았던 스마트폰이란 새로운 교역품을 발굴했다. 베트남은 첨단 제품인 스마트폰을 아세안에만 2017~18년 기간에 평균 30억 달러를 수출했다.[21]

한편 삼성전자는 아세안에 산재해 있던 가전 부문의 구조조정을 통해 베트남을 생산의 중심지로 삼을 계획이다. 베트남 개방 이후 삼성전자는 계속 관심을 갖고 있었고, 1995년에는 당시 다국적 전자기업들이 베트남을 선점하기 위해 경쟁적으로 진출할 때 그 대열에 동참하여 호찌

삼성그룹 전자 관계사의 베트남 투자(2018년 말 현재)

기업	가동 연도	입지	생산품	금액(억 달러)
삼성전자	2009. 4	박닌 – 옌빈	휴대전화	25
삼성전자	2014. 3	타이응우옌 – 옌빈	휴대전화 (스마트폰)	65
삼성전기	2015	타이응우옌 – 옌빈	PCB, 카메라 모듈	20
삼성디스플레이	2015	박닌 – 옌퐁	OLED 디스플레이	40
삼성전자	2016	HCMC 사이공 첨단산업단지	가전 복합단지	20

자료: 각종 자료에서 정리

민에 가전 공장을 열었다. 일본의 전자업체, 한국의 대우전자 및 LG전자 가 규모가 작은 베트남 시장에 경쟁적으로 진출할 때였다.

한 지역의 경제통합은 관세 및 비관세장벽뿐만 아니라 해상 및 육 상 등 수송 인프라도 개선시킨다. 이는 아세안도 동일했다. 다국적 기 업의 입장에서는 과거 개별 국가 시장을 목표로 각국에 공장을 설립 할 필요가 있었으나, 이제 역내의 거래비용이 낮아져 공장의 통합을 통 한 규모의 경제 창출이 더 중요해진다. 이런 점에서 삼성전자는 호찌민 의 사이공 첨단산업단지 내에 삼성전자의 아세안 중핵 가전 종합기지인 SEHC HCMC CE Complec를 설립했다. 베트남의 삼성전자 실적을 독립적 으로 알기는 어려운데, 이는 3개 사업장이 각각 독립 법인으로 싱가포르 에 설립된 비상장기업 삼성아시아가 100% 투자한 형태이기 때문이다. 삼성전자는 삼성아시아의 당기순이익이 2018년에 1.1조 원이라고 밝혔

는데 대부분은 베트남의 사업장에서 창출되었을 것으로 판단된다.[22]

　　물론 삼성전자도 고민이 없지는 않다. 아세안에 진출한 가전 부문의 순이익이 저하되고 있다. 삼성전자에 따르면 2018년 아세안 가전사업체 중에서 가장 이익을 많이 낸 기업은 태국의 TSE로 1,714억 원이었다. 결코 적지 않지만 2016년 TSE의 순이익 2,206억 원에서 500억 가까이 감소했다. 인도네시아의 자회사 SEIN의 순이익도 2016년 1,477억 원이었지만 2018년에는 241억 원으로 더 많이 줄어들었다. 다른 현지법인도 상황은 비슷했다. 이와 같은 이익의 감소는 역내 사업장의 품목 조정에 따른 결과일 수도 있고, 일본 및 중국 기업과의 경쟁 때문일 수도 있다. 만약에 품목 조정, 즉 투자 구조조정에서 오는 것이라면 현지 사회에 대한 책임을 일정 부분 다하지 못한다는 것을 의미한다. 다국적 기업으로서 소비자가 사용하는 제품을 생산하는 경우 현지 사회와 다국적 기업의 이해가 서로 다른 경우가 발생한다. 이런 문제를 어떻게 슬기롭게 극복하느냐가 중요하다. 베트남에서도 현재는 총 국가 수출의 25%를 차지하고 있으나 민족주의가 강한 베트남에서 언제까지 삼성전자로의 경제력 집중에 베트남 정부가 그 역할을 높이 평가해 줄지 알 수 없다.

제6장

아세안과 중국을 잇는 가교, 화교 자본

1. 화교 자본에 집중된 경제력

화교 자본에 집중된 경제력

필리핀 최대 기업집단인 SM투자그룹 명예회장 헨리 시 Henry Sy, 施至成가 2019년 1월 19일에 94세를 일기로 세상을 떠났다. 필리핀 최대 부호로 11년간이나 《포브스》 세계의 억만장자 명단에 이름을 올렸던 그는 2018년에는 순자산 190억 달러로 세계 53위에 올라 아세안 부호 가운데 순위가 가장 높았다. 1923년 12월 중국 푸젠성 진장晉江에서 태어난 헨리 시는 유통, 부동산, 금융 등 거대한 제국을 건설했는데, 시의 가족이 소유하고 있는 SM인베스트먼트 SM Investment는 필리핀 최대의 백화점과 슈퍼마켓 체인인 SM리테일 SM Retail, 최대의 쇼핑몰을 운영하고 있는 SM프라임 SM Prime, 최대 은행인 BDO Unibank를 소유하고 있다. 헨리 시의 장례식은 1월 24일 치러졌는데 빈소가 차려진 타기그의 헤리티지 파크 장례식장 Heritage Park in Taguig에는 대통령 두테르테를 비롯한 여야 정치인, 주필리핀 미국대사 성 김 등이 조문했고 아얄라그룹의 총수 등 재계 인사들도 찾았다.

헨리 시가 세상을 떠난 지 10일도 안 된 1월 26일 또 한 사람의 화교 자본가가 세상을 떠났다. 인도네시아의 시나르마스金光그룹을 창업하여 살림, 아스트라와 함께 3대 기업집단을 만든 외엑총Oei Ek Tjhong, Eka Tjipta Widjaja, 黃奕聰이 98세로 유명을 달리한 것이다. 시나르마스는 인도네시아의 농가공, 펄프제지, 부동산, 금융에서 제국을 건설했다. 그는 1921년 푸젠성 취안저우泉州에서 태어나 10살 무렵에 어머니와 함께 부친이 거주하던 인도네시아로 건너와, 15살 때부터 자전거 행상으로 과자를 팔아 돈을 모았다. 중국식 가부장적 문화 속에서 기업을 이끌었고, 인도네시아 사회에서 많은 비판을 받았다. 이슬람 국가로 다처제가 허용되기는 하지만 화교로 비이슬람인이었던 그가 8명의 부인에게 40여 명의 자녀를 두었다는 점도 비판의 대상이었고, 팜유 플랜테이션을 조성하면서 야생을 파괴하고 토지를 취득하는 방법이 무자비하다고도 비판받았다. 또 외환위기 직후 그의 펄프제지 회사였던 APP가 140억 달러라는 채무를 상환하지 못하면서 벌인 구조조정 과정도 비판을 받았다.[1] 헨리 시나 외엑총의 사망으로 중국에서 태어나 아세안으로 이민을 와 밑바닥에서 시작하여 제국을 키웠던 창업주는 소수만 남게 되어 타이쿤tycoon의 시대에 종언을 고하고 있다.

헨리 시 사후 2019년 3월 발표된 《포브스》의 부호 순위에서 그는 빠졌지만 재산을 상속받은 아들과 딸 6명이 세계 부호 2000위 안에 이름을 올렸다. 필리핀 전체의 GDP가 2017년 현재 3,136억 달러로 한국의 1/5, 1인당 GDP 역시 3,000달러로 한국의 1/10인 상태에서 작고한 헨리 시의 자산이 한국 최대의 부호보다 앞서 있었고, 그의 사후 6명의 자녀가 세계 2000대 부호 안에 들었다는 점은 필리핀 경제의 분배에 문제가 있다는 사실을 웅변해 준다. 필리핀뿐만 아니라 다른 국가에서도 사정은 마찬가지였다. 《포브스》의 2019년 부호 중에서 아세안 10대 부호를 보면, 세계 200위로 아세안 8위인 인도네시아의 스리 프라카시 로히아Sri Prakash Lohia를 제외하면 모두 화교 기업인이다. 따라서 화교 자본의 부에 대한 이해는 아세안의 소득분배를 이해하는 하나의 단초가 되기도 한다.

화교Overseas Chinese는 해외에 이주해 거주하는 중국인이나 그 후손을 말한다. 화교 대신 화인Ethnic Chinese이라는 말도 널리 사용된다. 중국 당국은 화교를 선호하나, 화교가 많이 거주하는 아세안 국가에서는 화인이라는 말을 선호한다. 화교가 해외에 거주하는 중국 국적의 중국계 인구를 말한다면 동남아에 거주하는 중국계 인구의 대부분은 화인이다. 화교라 불리는 이들이 한 지역, 그것도 자신들 조상의 본거지가 아닌 곳에서 이렇게 부를 쌓고 국민경제의 구조를 결정하고 있지만, 이들이 아세안에 얼마나 되는지, 언제부터 거주하게 되었는지 정확하게 알기는 어렵다. 정화의 함대가 믈라카에 기항했을 때 이미 믈라카에 중국인唐人들이 살고 있다는 사실을 발견했다. 또 16세기에는 광동성 조주차오저우 출신 일단의 해적들이 정부군의 공격을 피해 태국 남부까지 내려와 정착하기도 했다.

태국의 현 왕조가 들어서기 직전 아유타야와 짜끄리 왕조 사이에 딱신이 톤부리 왕조1767~1782를 개창했는데 비록 1대에 머물고 짜끄리 왕조에게 망하고 말았지만 그 딱신은 조주 출신의 화교 후손이라고 했다.

세계 순위	성명	재산 (억$)	업종	국가	한국 (참고)
54	Budi Hartono(黃惠忠)	186	담배(Djarum), 은행	인도네시아(화교)	이건희 (65)
56	Michael Hartono (黃惠祥)	185	Budi의 동생	인도네시아(화교)	서정진 (181)
75	DhaninChearavanont (谢国民)	152	복합기업 (CP그룹)	태국(화교)	이재용 (215)
87	Charoen Sirivadhanabhakdi (蘇旭明)	145	음료, 유통, 부동산	태국(화교)	김정주 (244)
104	Robert Kuok(郭鶴年)	128	복합, 부동산, 자원	말레이시아(화교)	
112	Robert &Philip NG (黃志祥 형제)	120	부동산	싱가포르(화교)	
149	Quek Leng Chan (郭令燦)	94	복합(Hong Leong그룹)	말레이시아(화교)	
200	Sri Prakash Lohia	73	섬유, 석유화학	인도네시아(인도)	
203	Goh Cheng Liang (吳清亮)	72	페인트	싱가포르(화교)	
224	Zhang Yong(张勇)	68	음식업	싱가포르(화교)	

자료: 《포브스》

이처럼 화교들의 현지 사회 적응도도 국가마다 다르기 때문에 누가 정확하게 화교인지도 불분명하다. 불교 국가인 태국의 경우 이미 16세기에도 화교가 거주했고 또 문화·종교적으로 중국 사회와 큰 차이가 없었기 때문에 화교와 현지인의 결혼도 흔한 일이었다. 그렇지만 말레이시아나 인도네시아 같이 이슬람 문화가 중국의 전통 사회 믿음 구조와 다른 국가에서 화교는 현지 사회와 동화가 쉽지 않았다. 그래도 인도네시아의 프라나칸이나 말레이시아에서 바바라고 부르는 초기 이민자는 상대적으로 현지 적응도가 높아 20세기에 이주한 화교와 구별하기도 한다.

아무리 아세안에 뿌리를 내리고 동화되어 있다고 해도 간헐적으로 불어오는 내외부의 바람으로 화교는 다시 한번 화교의 정체성을 되찾기도 한다. 1998년 인도네시아에서 외환위기 이후의 사회 위기 당시 화교들은 인도네시아 프리부미 Pribumi *로부터 공격을 받았고 많은 화교들이 해외로 탈출했다. 아세안 최대 기업집단을 일궜던 살림그룹의 창업주 림시오리옹도 마찬가지였다. 중국에서 시진핑이 권력을 잡았을 때 또 한번 화교는 관심을 받았다. 시진핑은 공산당 서기장으로 임명되면서 "중국의 꿈 中國夢"을 설파했다. 그는 일대일로 전략을 제안하고 2014년 6월 7일 세계화교화인협회 7차 대회에서 행한 연설에서 중국의 아들과 딸 중화 兒女, 얼니을 이야기했다.

"통일된 중국은 중국 내외의 아들과 딸의 공통의 뿌리이고, 풍부한 중국 문화는 중국의 아들과 딸의 공통의 정신이다. 중국의 재활성화를 현실화하는 것은 중국의 아들과 딸의 공통의 꿈이다",2 나아가 "수천만 명의 해외교포가 있고, 그들 모두는 중화대가정 中華大家庭의 일원이다"라고 말했다.3 시진핑이 말한 중국의 아들과 딸은 중국 내 중국인과 화교를 모두 포함하는 의미다.

화교는 아세안에서 가장 많은 부를 지배하고 있다. 외환위기 직후 세계은행에서 아시아 기업의 소유와 경영의 분리에 대한 연구를 진행했

---

* 인도네시아 지역의 원주민을 일컫는다. 말레이시아의 부미푸트라와 같은 성격이다.

국가	1대 가족	5대 가족	10대 가족	15대 가족	15대 가족 가치의 GDP 중 비율
인도네시아	16.6	40.7	57.7	61.7	21.5
말레이시아	7.4	17.3	24.8	28.3	76.2
필리핀	17.1	42.8	52.5	55.1	46.7
싱가포르	6.4	19.5	26.6	29.9	48.3
태국	9.4	32.2	46.2	53.3	39.3

상장기업 총 가치 중 상위 가족의 비중 (단위: %)

자료: Stijn Claessens, Simeon Djankov, Larry H. P Lang(2000)

다. 시가 총액에서 차지하는 상위 1대 가족의 비중이 필리핀은 17.1%에 이르렀고, 인도네시아가 16.6%, 말레이시아 7.4%, 싱가포르 6.4%, 태국 9.4% 등이었다. 상위 10대 가족의 시가 총액 점유율은 인도네시아가 57.7%, 필리핀이 52.5%, 태국이 46.2%, 싱가포르와 말레이시아는 각각 26.6% 및 24.8%였다. 즉 소수의 가족이 경제력 지배가 높은데 이는 아세안의 특징이다.

상위 10대 가족이 모두 화교라고 단정하기는 어렵고 특히 필리핀의 경우 스페인계 가문이 포함될 수도 있지만 대부분은 화교 가족이라고 해도 무방하다. 이러한 비중은 외환위기를 거치면서도 별로 변하지 않았다. 더욱이 외환위기 이전에는 화교 가족기업이 기업공개를 꺼렸다는 점을 고려할 필요가 있다. 일본의 노무라연구소에서 발표한 것으로 알려진 한 연구에 따르면 인도네시아에서 화교는 상장기업 중에서 정부 및 외국인이 통제한 기업을 제외한 기업의 시가 총액 73%를 장악하고 있으며, 말레이시아에서는 61%를 보유하고 있다.[4]

각국 경제를 이끄는 대표 화교 기업

화교 기업이 모두 증권시장에 기업을 공개하고 있는 것은 아니고, 또 외환위기 이후 화교 기업의 경영전략이 많이 바뀌었기 때문에 시가총액을 통해 본 화교의 경제력에는 한계가 있을 수 있다. 국가별로 보면 중국인의 나라인 싱가포르에서 화교 기업의 역할은 오히려 적다. 싱가포르 건국의 아버지들이 화교에게 경제를 맡길 수 없다고 생각했기 때문이다. 그러나 홍룽Hong Leong, 豊隆그룹, 파이스턴遠東그룹과 두 개 은행은 중요한 화교 기업집단을 이루고 있다.

홍룽 창업자는 푸젠성 샤먼廈門 부근의 통안同安에서 이민을 왔다. 홍룽은 부동산, 금융, 호텔에서 두각을 나타내고 있는데 싱가포르에 수많은 빌딩과 부동산을 갖고 있고, 도널드 트럼프Donald Trump에게 1995년 인수한 뉴욕의 유서 깊은 플라자호텔을 포함해 20여 개국에 150여 개의 호텔을 운영하고 있다. 홍룽은 중국에도 진출하여 부동산과 디젤엔진을 생산하고 있다.

화교 은행 OCBC華僑銀行와 UOB大華銀行는 아세안의 금융중심지로서 싱가포르의 지리적 이점을 이용하여 화교 네트워크 은행으로 성장했고 아세안 역내와 중국까지 활동을 넓히고 있다. 푸젠성 진먼섬금문도에 연원을 두고 말레이시아 쿠칭Kuching에서 출생한 위켕치앙Wee Kheng Chiang, 黃慶昌의 주도로 1935년 설립된 UOB는 다른 화교 은행을 합병하면서 성장했다. 위켕치앙은 1978년 사망할 때까지 말레이시아 국적을 보유하고 있었다. OCBC는 1930년대 몇 개의 화교 은행이 합병하여 설립했으며 설립을 주도한 리공찬Lee Kong Chian, 李光前은 푸젠 난안南安에서 출생했다. 그는 20세기 전반 동남아에서 활동한 애국 화교 탄카키Tan Kah Kee, 陳嘉庚의 사위였다. 싱가포르 최대의 부동산업체이자 홍콩의 부동산 개발업체인 파이스턴遠東机构은 푸젠성 푸톈莆田에서 출생한 응텅퐁 Ng Teng Fong, 黄廷芳이 1960년대에 창건했다.

말레이시아에서는 영국 식민지 시대에 살아남은 화교 기업집단들이 정부의 부미푸트라 정책에도 불구하고 영향력을 더 확대했다. 다른 동남아 국가에서 그렇듯이 말레이시아 화교는 상공업에서 자산을 축적했다. 영국 식민지 시절이나 독립 이후 일정 기간 화교들이 진입할 수 있었던 분야는 금융, 유통, 호텔 및 부동산 등 서비스 부문이나 일본 등 다국적 기업의 현지 대리점 역할을 하는 정도였다. 싱가포르 홍릉그룹의 사촌이 운영하는 말레이시아 홍릉그룹, 로버트 콱Kuok 그룹이나 카지노 리조트를 운영하는 겐팅Genting 등이 주요 그룹이다. 콱그룹은 말레이시아 조호르바루에서 출생한 로버트 콱의 형제와 사촌들이 공동으로 참여하여 시작한 쌀과 설탕 무역에서 출발하여 다각화했지만, 역시 부동산 개발과 호텔업 등에 집중하고 있고 겐팅은 푸젠성 안시현安溪 출신의 림고통Lim Goh Tong, 林梧桐이 창업한 카지노와 리조트를 중심으로 한다.

태국은 화교 기업의 영향력이 가장 강한 국가이다. 왕실 자본이 소유한 시암시멘트그룹이 있지만 대부분은 화교 기업집단이다. 화교 기업들은 제조업, 서비스업 등 다수의 영역에서 태국 경제를 이끌고 있다. 외환위기 이전 화교 기업이 가장 적극적으로 영향력을 행사했던 분야는 금융산업이었다. 외환위기 이전 15개의 상업은행 중 화교 가문이 지배했던 곳이 13개에 이르렀고 방콕은행은 동남아 전역에서 활동하는 화교 기업

	주요 집단	진출 분야	중국 연고
싱가포르	홍룽(豊隆集団)	복합 기업집단 (금융, 부동산, 호텔, 산업)	푸젠 퉁안
	UOB(大華銀行)	은행	푸젠 진먼
	Far Eastern Organization	부동산	푸젠 푸톈
말레이시아	홍룽(豊隆集団)	복합 기업집단 (금융, 부동산, 산업)	푸젠 퉁안
	꽉(Kuok) 그룹	복합 기업집단 (무역, 팜유, 호텔)	푸젠 푸칭
	Genting(雲頂)	리조트, 카지노, 호텔	푸젠 안시
태국	방콕은행	금융	광둥 차오저우
	CP	복합 기업집단 (농가공, 부동산, 금융)	광둥 차오저우
	Charoen	주류	광둥 차오저우
인도네시아	살림(三林)	복합(식품, 자동차)	푸젠 푸칭
	Gudang Garam (塩倉集團)	담배	푸젠 푸칭
	시나르마스(金光集団)	복합 기업집단 (펄프, 제지, 부동산)	푸젠 취안저우
필리핀	SM	복합(쇼핑, 금융)	푸젠 진장
	Lucio Tan	복합(주류, 담배)	푸젠 샤먼
	JG Summit	복합(통신, 금융, 전력)	푸젠 샤먼

자료: 필자 작성

인들의 자금줄이 되었다. 방콕은행, CP그룹, 짜른Charoen은 모두 광둥성 차오저우 출신들이 설립한 기업집단이다.

인도네시아는 싱가포르와는 달리 석유산업 외에는 정부가 직접 기업을 경영하지 않고, 말레이시아와 같이 부미푸트라 정책도 없었기 때문에, 인구 비중이 얼마 되지 않았음에도 불구하고 화교 자본이 경제의 전 부문을 지배하게 되었다. 한때 아세안 최대 기업집단이었던 살림그룹은 위기를 거치면서 그룹의 경제력이 대폭 축소되었지만 재도약을 시도하고 있다. 인도네시아 자동차산업을 이끌었던 아스트라 역시 화교 기업인이 창업하여 인도네시아의 성장을 이끌었지만 외환위기 이후 외국 자본에 매각되었다. 구당가람은 정향 담배를 제조하면서 필립모리스에 매각된 삼푸르나에 이어 두 번째 시장지배력을 갖고 있다. 구당가람을 창업한 수르야 워노위조조Surya Wonowidjojo, Tjoa Ing Hwie, 蔡雲輝은 푸젠 푸칭 출신으로 4살 때 인도네시아로 이주했다. 시나르마스는 인도네시아 제지산업을 이끌고 있으며 팜유 분야에서도 인도네시아 기업으로서는 최대 규모를 자랑한다.

필리핀 경제는 스페인의 오랜 지배 속에서 스페인계 후손들의 기업들이 경제의 상당 부분을 장악한 가운데, 화교 기업들은 이들의 틈바구니 속에서 성장했다. 루시오 탄Lucio Tan, 陳永栽, SM, 그리고 존 고콩웨이 吳奕輝 그룹은 필리핀 경제에 강력한 영향력을 미치고 있다. 그러나 대부분 화교 기업인은 필리핀 경제가 그렇듯이 제조업보다는 서비스업에 진출해 있으며 제조업에 진출한 경우도 식품 등 경제발전 초기의 업종을 영위한다. 루시오 탄은 마르코스의 친구 자본가였다.

2. 이주의 역사와 자본축적 경로

꿈을 품고 온 사람들

광둥성 동북부 해안에 있는 산터우시는 덩샤오핑의 개혁개방 시기에 설립된 4개의 경제특구 중 하나이다. 선전의 놀라운 발전에 가려져 있지만 산터우 역시 빠르게 성장했다. 제2차 아편전쟁 이후 19세기 후반 산터우가 개항하고 방콕으로 정기여객선이 취항하면서 이름 없는 수많은 중국인들이 빈곤을 탈출하기 위해 이 항구에서 이 지역의 고유한 선박이었던 홍두선紅頭船을 탔다. 지금은 매립되어 사라졌지만 옛날 항구는 이별과 만남의 눈물이 넘치던 곳이었다. 그래서 태국 화교의 60% 가까이가 산터우항을 출발한 차오저우인들이다.

이들 가운데 어머니 몰래 산터우항을 떠나 태국에 정착한 탄쑹우Tan Suang U도 있었다. 태국 작가 보탄Botan이 《태국에서 부치는 편지Letters from Thailand》에서 만들어 낸 주인공 탄쑹우는 1945년 8월 어느 날 밤 어머니에게 편지를 남기고 두 명의 친구와 함께 몰래 방콕행 배를 탄다. 그는 태국에서 경제적으로 성공하고, 일가를 이루고, 자식을 결혼시키는 과정을 답장 한 번 없는 어머니에게 몇십 년간 계속 써 보낸다. 소설은 화교가 성공하는 과정의 애환, 문화적 차이, 고국과 어머니에 대한 그리움 등을 잘 표현했다. 탄쑹우는 왜 시골의 고향을 떠났을까? 어머니에게 써 보낸 첫 편지에서 그는 지금은 돈이 없어 1천 명이나 탄 배의 밑창 가축우리 같은 곳에서 돼지처럼 자리 잡고 긴 여정을 보내지만 언젠가 어머니를 모시고 와서 매일 돼지고기를 드시게 하겠다고 했다. 어머니에게

매일 돼지고기를 드시게 하겠다는 것이 산터우항을 떠난 청년들의 꿈이
었다.

중국인의 해외 이주는 19세기에 들어서면서 본격적으로 시작되었
다. 영국의 동인도회사가 인도에서 조달해 공급한 아편은 중국 남부지방
사람들의 삶을 피폐하게 만들었다. 아편전쟁 이후 청나라와 영국이 체결
한 난징조약에 의해 4개 항구가 개방하면서 중국인들은 희망을 찾아 해
외로 떠났다. 이 시기 중국, 특히 화남지역의 경제적 상황에서 농토를 가
진 농민들의 삶은 어려웠다. 태평천국의 난을 비롯한 정치적 소용돌이와
가끔씩 찾아오는 가뭄은 농민들의 삶을 더욱 곤궁하게 만들었다. 농민의
하루 품삯이 당나귀 하루 여물 값에도 미치지 못했던 시기였다.[5]

20세기 들어 중국의 정치 상황은 더욱 어려워졌다. 청나라가 붕괴되
었고 화남지역은 상대적으로 청의 붕괴에 영향을 덜 받았지만 새로운 시
대를 맞이할 진통은 오히려 광둥이나 푸젠 쪽에서 더 컸다. 신해혁명과
중일전쟁은 광둥성과 푸젠성에 거주하는 중국인의 동남아 이민을 촉진
했다. 중국 공산화 이후 이민이 중단될 때까지 동남아는 중국인이 가장
많이 이주한 지역이었다.

유엔 아시아극동위원회ECAFE의 1947년 지역경제조사에 따르면 아
시아극동지역에 이주해 온 중국인은 1931년 인도네시아에 171만 명,
1941년 말라야 연방말레이시아에 178만 명, 1937년 시암현재 태국에 52만
명, 1939년 필리핀에 12만 명 정도였다. 화교 인구 추계의 가장 이른 통
계로 보인다.[6] 인구 대비로는 말라야 연방의 중국인이 전체 인구의 30%
이상으로 가장 많았다. 화교 이민이 가장 많았던 시기가 1931년에서 제

동남아 주요국의 화교 인구 추정(2010)

(단위: 만 명, %)

구분	싱가포르	인도네시아	말레이시아	태국	필리핀
전체 인구	510	23,420	2,830	6,730	9,400
화교 인구	279	790	648	740	121
비율	54.7	3.4	22.9	11.0	1.3
주요 출신지 인구 비율	푸젠(40.0) 차오저우(23.0) 광둥(18.0)	푸젠(50.0) 하카(16.5) 광둥(11.5)	푸젠(31.7) 하카(21.8) 광둥(21.7)	차오저우(56.0) 하카(16.0) 하이난(12.0)	푸젠(85.0) 광둥(15.0)

자료: 전체 인구는 아시아개발은행(ADB), 화교 인구는 대만교무위원회, 화교 인구 구성비는 호주 외교통상부 (1995)

2차 세계 대전이 끝나고 중국이 공산화될 때까지라고 할 수 있으므로 인도네시아 화교는 이후 많이 증가했을 것이다.

화교 인구는 2010년 싱가포르에 약 280만 명, 인도네시아 790만 명, 말레이시아 650만 명, 태국 740만 명, 필리핀 120만 명 정도이다. 이들이 모두 자신을 중국계라고 자각하는 것은 아니고 태국에서처럼 타이족과 혼합된 인구도 많다. 각국의 총인구에서 차지하는 화교의 비중은 싱가포르가 55% 정도로 가장 높아, 현지 말레이인이나 인도계 인구의 입장에서 볼 때 싱가포르는 중국인의 나라이다. 그다음으로 인구 비율이 높은 말레이시아에서 전체 인구의 약 23%가 화교로 추산되고, 이어 태국이 11% 정도로 추정된다. 전체 화교 인구는 인도네시아에서 가장 많고 태국이 그 뒤를 따른다. 화교와 현지 중심 민족과의 관계는 이슬람 인구가 많은 인도네시아와 말레이시아에서는 상대적으로 덜 동화되어 있다.

아세안의 화교는 출신지별로 광둥인, 차오저우인, 하이난인, 하카인, 푸젠인 등 보통 크게 5개의 방으로 구분된다. 광둥인은 광둥성 서부

지역인 광저우廣州, 자오칭肇慶 등 주강주장강 삼각주 일대 지역 출신이다. 광둥성의 중심이었던 홍콩은 당시 중국과 세계를 연결하는 관문이었기 때문에 광둥인 화교들은 전 세계적으로 분산되어 있다. 그 결과 아세안에서 광둥인이 화교 사회의 주역이 되기는 어려웠다. 광둥인들은 광둥회관, 혹은 광저우와 자오칭을 합친 광조회관을 중심으로 활동하고 있다.

차오저우인들은 광둥성의 동부인 차오저우조주출신이다. 청나라 시기 차오저우는 현재 산터우시, 차오저우시, 지에양시 등 10개 지역을 포괄하는 행정구역이었으며 광둥성에 속하지만 주강 삼각주 지역과는 언어가 달랐다. 차오저우인들은 예부터 상업 활동에서 적극적인 네트워크를 형성했는데 조주상방潮州商幇은 산시성을 기반으로 하는 산서진상山西晋商, 안후이성 황산지역을 배경으로 한 휘주휘상徽州徽商과 함께 3대 상방商幇으로 알려져 있다. 차오저우 사람들은 제2차 아편전쟁으로 차오저우나중에 산터우항항이 개항하고 1880년대에 산터우와 방콕에 정기선이 취항하자 태국으로 많이 이주했다. 차오저우 10고을 중 하카인이 많은 펑순豊順과 다부大埔를 제외한 8고을이 아세안에서 향우회 활동을 하는 것이 일반적이다. 차오저우인들은 태국에 가장 많이 거주하고 있으며, 태국의 주요 기업집단은 대부분 차오저우에 연원을 두고 있다.

하이난인은 하이난섬 출신을 말하는데 하이난성이 1950년대 이전에는 광둥성 소속의 큉저우경주, 瓊州라고 불렸기 때문에 동남아에서는 경주회관을 많이 볼 수 있다. 하이난인의 언어는 광둥어와 달랐고 또 소수라서 아세안 내에서 외형적으로 가장 단결을 잘하는 듯이 보인다. 하이난인은 비중으로는 태국에 많이 거주하고 있으나, 아세안 다른 지역에서도 인구 비중에 비해 활동은 더 현저하다. 하카인客家人은 지역을 배경으로 하지 않는 사람들이다. 이름 그대로 나타나듯 손님, 즉 집시 민족이다. 그러나 시간을 거치면서 남쪽으로 이동해 오늘날의 장저우漳州 등 서부 푸젠성과 메이저우梅州, 허위안河源, 후이저우惠州 등 동부 광둥성의 산악지대로 내려와서 거주했고, 이 때문에 굳이 따지자면 이 지역 출신들이 많다.

푸젠인은 장저우-샤먼-취안저우의 삼각지대에 살던 민남인과 현재의 푸저우복주, 福州를 중심으로 하는 민북인으로 구분한다. 성도인 푸저우를 관통하는 강이 민장강민강, 閩江인데 이 때문에 푸젠성을 '민'이라고 한다. 푸젠인들은 필리핀과 인도네시아에 많이 거주하는데 샤먼 주변의 퉁안, 난안, 진장, 안시 등이 민남 푸젠인들의 중심 고향이다. 민북인들은 푸저우가 중심이며 유명 화교 기업인들은 푸저우 부근의 푸칭시 출신이 많다. 푸칭시 출신을 특별히 혹차Hokchia라고 부른다. 취안저우에서 푸저우의 중간에 있는 푸톈莆田과 셴유仙游 또한 화교들의 중요한 출향지이고 이쪽 사람들은 과거의 지명에 따라 흥화인이라고 불린다.

이렇게 인구를 구분할 때 싱가포르, 말레이시아, 필리핀 등 태국을 제외한 대부분의 국가에서 푸젠인이 가장 많다. 푸젠인은 오랫동안 동남아와 관계를 맺었는데 명나라 때 정화 선단의 주요 기지가 푸젠이었고, 유구 왕국, 대만, 필리핀 등의 중국 통로가 이 푸젠의 푸저우였다.

자본축적의 방법과 과정

광둥성이나 푸젠성의 중국인은 다양한 이유로 현재의 동남아로 이주했다. 19세기 말이나 20세기 초, 어린 나이에 이주한 이들은 먼저 와 있던 친척이나 고향 사람들의 신세를 지는 것이 일반적이었다. 아무 인연을 찾지 못한 사람들은 직접 행상을 하고 인력거꾼이 되었다. 젊은이들은 고무농원, 주석광산, 부두에서 단순 노동을 팔면서 힘든 일을 하는 쿨리苦力가 되었다. 중국인이 운영하는 유곽을 드나들기도 하고, 고통 속에서 아편에 손대는 사람도 있었다. 돈이 모이면 고향에서 얼굴도 모르는 처녀를 데려와 살림을 차렸다. 방콕 차이나타운에 있는 용연사라는 중국식 절은 19세기에 차이나타운에서 유곽을 경영했던 한 여인이 세운 절이다. 유곽을 경영해서 큰돈을 번 그는 내세의 평안을 기원하며 절을 건립했다. 이 절은 방콕의 화교에게 큰 인기가 있다.

쿨리로 일하거나 행상으로 일했던 사람보다 사정이 나았던 이들은 인척이나 고향에서 먼저 동남아에 정착한 사람과 인연이 있던 이들이다. 이들은 인연 있는 사람들의 도움으로 그들이 운영하는 채소가게, 철물점, 쌀전 등에서 일을 했다. 돈이 모이면 자신의 가게를 차렸다. 그래서 새로 온 사람들은 먼저 정착한 사람들이 활동하는 지역에서 유사한 업종에 투신하는 것이 보통이었다. 또 어떤 이들은 소액의 자금을 빌려주는 전당포도 차렸는데 이것이 후일 은행으로 발전했다. 가정에서 필요한 일상 잡화를 생산하면서 제조업에 뛰어들기도 했다.

동남아 역내 무역도 담당했다. 화교 무역상은 식량과 자원이 나지 않는 싱가포르에 동남아 인근에서 물자를 조달하여 공급했다. 자신들이 살고 있는 나라의 독립이나 건국 등 거창한 대의에 연연할 필요가 없었던 화교 일부는 제2차 세계 대전 이전에 일본군에게 군수물자를 납품하여 자본을 축적하기도 했다. 일본과의 관계는 21세기까지도 화교 자본축적에 중요한 수단이다. 제2차 세계 대전 이후 다시 아세안에 진출한 일본 종합상사의 사업 파트너가 되었고, 일본 제조업체의 대리점 역할도 했다.

세계적인 기업집단을 일군 화교들도 시작은 보잘것없었고, 근면과 성실이라는 중국인 특유의 무기를 이용해서 세상을 개척해 나갔다. 작고 한 헨리 시의 SM프라임은 필리핀에 70개, 중국에 7개의 몰을 운영하고 있지만 12살에 필리핀으로 건너와 그가 처음 한 일은 아버지의 이웃에서 시작한 작은 점포였다. 그는 돈을 모아 1958년 자신의 사업으로 슈마트 Shoemart라는 신발가게를 열었다. 이후 슈마트는 60년 이상 진화를 거듭했는데, 필리핀 최대의 기업집단에 신발가게라는 이름을 쓸 수는 없었는지 그룹 이름을 SM으로 바꿨다. 1972년 처음으로 백화점을 열었고 필리핀 사람들의 쇼핑 문화를 만들었다.

화교 자본축적의 한 방법은 부동산투자였다. 중국에서 농토를 갖지 못한 채 동남아로 이주해 온 사람들에게 땅은 중요한 의미를 갖고 있었다. 이들은 국토가 좁은 싱가포르나 도시화의 진전으로 도심 토지 가격이 계속 상승했던 방콕, 자카르타, 마닐라, 쿠알라룸푸르의 요지를 사들였다. 싱가포르의 홍룽그룹은 창업주 꽉홍퐁 Kwek Hong Png, 郭芳枫이 싱가포르 중심지인 센톤웨이에 사들인 토지를 바탕으로 싱가포르 요지에 다수의 빌딩과 호텔을 건설했고, 이를 통해 세계적인 호텔 체인을 만들었다. 필리핀의 탄유 Tan yu, 鄭周敏는 1996년 《포브스》 세계 부호 순위에서 아세안 기업인으로서는 가장 높은 16위를 차지했는데 마닐라의 요지에 매립지 200ha를 보유하고 있다.7 아세안 화교들은 홍콩에도 진출하여 부동산투자를 했는데 홍콩이나 싱가포르에서 토지는 높은 수익을 낳았다. 부동산은 화교 자본이 부를 축적하는 가장 쉬운 방법이었다. 이들은 부동산을 토대로 다른 분야로 사업을 확대했다.

금융업도 부를 축적하는 중요한 수단 중 하나였다. 동향의 화교들끼리 사업자금을 조성하고 대출하기 위해서 시작된 작은 은행에 투자하고, 소규모 은행들은 발전하고 또 합병을 통해서 대형은행으로 성장했다. 인도네시아의 화교 기업들은 사업을 하다 자금이 필요해지면 은행을 설립하여 사금고처럼 이용했는데, 외환위기 이전 인도네시아 은행은 특정 가족이 주로 소유하여 살림그룹의 BCA은행, 다나몬그룹의 다나몬은행 외에도 주요 가문이 은행을 보유하고 있었다. 은행을 하나만 갖는 것도 아니어서 예를 들면 살림그룹은 BCA은행 외에도 LTCB센터럴은행 Bank LTCB Central, 윈두켄자나은행 Bank Windu Kentjana 등을 소유했다. 림시오리옹은 BCA은행 지분의 16%와 14%를 수하르토의 딸들에게 선물로 주기도 했다. 담배 기업 가자퉁갈그룹의 잠술 누르살림 Sjamsul Nursalim, Lim De Xiang, 林德祥 도 BDNI은행 외에 여러 은행을 갖고 있었다.

태국 은행도 마찬가지였다. 외환위기 이전 태국의 상업은행 15개 중에서 왕실 소유의 시암커머셜뱅크와 정부계인 쿠룽타이 Krung Thai 은행을 제외한 13개 은행, 즉 방콕은행, 타이농민은행, 아유타야은행 등을 모두 화교 가문이 소유하였다. 인도네시아와는 달리 태국에서는 은행에서 시작해 다른 영역으로 사업을 확대해 갔다. 필리핀도 인도네시아와 같았다. 화교 경제력이 상대적으로 약한 필리핀에서도 화교는 1991년 26개 민영은행 가운데 10개 은행의 대주주였다.[8] 자산 기준으로 메트로은행 Metro Bank이 최대의 은행이었지만 2019년 현재에는 당시에 존재하지 않았던 BDO Unibank가 1위로 올라섰는데 이 은행은 1994년 SM그룹 때 시작된 것이다.

싱가포르에서도 수많은 은행이 설립되고 통합되었지만 이들은 다른 나라와 성격이 다소 달랐다. 싱가포르는 동남아의 중심지로서 인도네시아를 비롯한 화교 기업가들이 국제 사업을 할 때 돈을 묻어 두는 곳이었다. 정치적으로 안정되었고, 상대적으로 투명성도 높았다. 인도네시아, 말레이시아, 태국의 자본자유화 이전에 이곳 기업들은 화교 네트워크를 통해 다른 기업에 투자하고 또 투자받았다. 정치적으로 부패도가 높고 화교에 대한 정책을 바꿀 수 있는 국가들에 비해서 싱가포르는 안전했다. 화교 자본의 숨은 돈도 싱가포르로 찾아 들어왔다. 싱가포르 은행들의 자산규모는 싱가포르의 경제규모에 비해 매우 큰데, 화교 네트워크의 돈이 아니면 싱가포르 은행의 성장속도와 규모를 설명할 방법이 없다.

3. 화교 경영의 세 가지 주제어, 가족경영, 꽌시, 그리고 정경유착

가족경영과 불투명한 지배구조

아세안 화교 기업 경영에서 가장 크게 나타나는 특징은 가족경영이다. 가족경영은 유교의 영향을 받은 한국, 홍콩 등에서도 나타나지만 아세안에서 특히 강하다. 아세안의 가족기업은 가족이 그룹의 최고 정점에 있는 조직을 지배하고, 조세피난처인 버진아일랜드 혹은 케이맨제도 등에 가족 지주회사를 설립하고, 그 산하에 다시 지주회사를 두고 자회사-손자회사로 기업을 운영하고 있다. 자회사-손자회사를 망라하면 기업의 수가 수백에 이르는 경우가 많다.

화교 기업의 가족경영은 유교 문화의 전통 속에서 가족의 중요성에 기인한다. 1920~30년대에 중국에서 아세안지역으로 이주한 이민자는 자리를 잡으면 중국에서 형제 혹은 조카들을 불러온다. CP그룹을 창업한 시아엑초는 동생을 불러 같이 사업을 시작했고, 싱가포르와 말레이시아의 홍룽그룹을 창업한 콱홍풍도 사업이 자리를 잡자 동생들을 불러왔다. 동생들은 각각 사업의 일부분을 책임졌다. 말레이시아 로버트 콱의 부친도 중국에서 온 조카들을 데리고 사업을 시작했다.

말레이시아의 로버트 콱 그룹이 처음 공식적으로 출범시킨 기업의 이름은 콱브라더스였다. 로버트 콱의 부친 콱켁캉Kuok Keng Kang은 푸젠성 푸칭에서 말레이시아로 이주했고 성인이 되자 얼굴도 모르는 채 집안의 주선으로 중국에서 탕칵지Tang Kak Ji를 불러 결혼했다. 콱켁캉에게는 5형제가 있었는데 어느 정도 자리를 잡자 형제 대신 조카들을 조호르바루로 불러들였다. 형제애가 두터웠던 그는 조카들을 친자식처럼 키우고 일을 시켰다. 그는 결혼 후 3명의 아들을 두었다. 콱켁캉의 3명의 아들과 형제들의 자식까지 사촌 형제는 모두 22명이었고, 이들은 출생순으로 번호를 붙여 불렀다. 로버트 콱은 실제로는 18번째였는데 20번째로 불렸다. 중국인들은 숫자 7과 9가 불길하다고 해서 번호를 붙일 때 이를 제외했기 때문이었다.

아버지가 세상을 떠나고 로버트 콱은 아버지의 개인 사업체를 이어받았다. 그의 첫째 형 필립은 관계官界로 투신하였고, 둘째 형은 공산주의 독립운동가가 되어 밀림 속으로 들어갔기 때문에 그가 사업을 이어받았는데, 로버트 콱의 콱브라더스에서는 자신이 25%, 큰형이 15%, 그리고 사촌 두 명이 각각 25% 및 15%, 어머니가 15%, 아버지의 후처가 5%를 갖도록 했다. 따라서 콱브라더스의 브라더스는 친형제만이 아니라 사촌까지 포함한 브라더스였다. 로버트 콱은 두 부인으로부터 5명의 아들을 두었는데 첫째는 말레이시아에 본부를 두고 있는 콱브라더스 회장, 둘째는 싱가포르의 지주회사 콱싱가포르Kuok Singapore의 회장, 셋째는 홍콩에 위치한 또 다른 지주회사 케리홀딩스Kerry Holdings의 회장을 맡고 있다. 사촌14로 불리는 콱혹쉬Kuok Hock Swee의 아들인 콱쿤홍은 윌마인터내셔널의 회장 및 CEO를 맡고 있다.

CP그룹의 다닌 회장은 2017년부터 점진적으로 그룹의 최고 의사결정 과정에서 장남과 3남의 결정 영역을 확대하는 데 노력을 기울이고 있다. 그는 CP그룹의 회장과 CEO 자리를 아들들에게 승계하였다. 동시에 2019년 4월, 80회 생일을 지낸 직후에 CPF의 회장 자리에서도 물러났다. 다닌 회장은 4형제 중 막내였으나 그룹의 총수가 되었고 잡음 없이 그룹을 이끌었다. 2019년 《포브스》의 세계 억만장자 명단에 태국은 31명이 이름을 올렸는데 다닌 회장이 75위를 차지하는 등 3명의 형제를 포함한 다닌 회장의 형들과 조카들까지 모두 9명이 CP그룹 관계자였다.

시간이 지나면서 가족경영은 지역별로 외연을 확대하기도 한다. 싱가포르에서 1941년 곽홍풍이 시작한 홍룽그룹은 싱가포르와 말레이시아가 분리되기 직전에 2세들을 쿠알라룸푸르로 보내 사업을 담당하게 했다. 곧 아들 곽렝벙 Kwek Leng Beng, 郭令明은 싱가포르로 복귀했고 동생 곽홍례 Kwek Hong Lye, 郭芳來의 아들이자 곽렝벙 사촌인 퀙렝찬 Quek Leng Chan, 郭令燦은 말레이시아 사업을 키워 나갔다.[*] 결국 곽홍풍의 2세들은 싱가포르에서, 곽홍례의 2세들이 말레이시아에서 각자의 홍룽그룹을 끌어가면서 각국의 가장 큰 화교 기업집단이 되고 있다. 두 개의 홍룽그룹은 지분구조가 연결되어 있는 것으로 짐작되지만 외부로 드러나지는 않는다.

화교 기업집단의 가족경영 실체를 파악하기는 쉽지 않다. 외환위기 이후 기업의 투명성이 강조되고 차입 경영보다는 직접 금융이 강조되면서 상장기업이 증가하고 있으나 여전히 가려진 부문이 많다. 이는 기업 지배구조의 불투명성이 여전히 계속되고 있다는 것을 의미한다. 가족의 정점에는 창업주가 자리 잡고 있으며, 그는 제왕처럼 의사결정을 한다. 물론 물리적 시간의 흐름 때문에 그 제왕의 시기는 끝나 가고 있으나 1세대 창업주 시대가 간다고 해서 화교 기업의 지배구조가 더 투명해질 것인지는 분명하지 않다.

---

[*] 사촌 관계로 같은 곽(郭)씨 성인데 싱가포르에서는 Kwek라고 쓰고, 말레이시아에서는 Quek이라고 쓴 이유는 Quek이 병원에서 태어났을 때 영국인 간호사가 곽(郭)의 발음을 Quek으로 듣고 신생아 성을 그렇게 적었기 때문이라고 한다. Joe Studwell(2007). *Asian Godfathers: Money and Power in Hong Kong and Southeast Asia*. Grove Press. New York. p.21.

꽌시 그리고 네트워크를 통한 사업 확장

화교의 성공 배경에는 꽌시關係가 중요한 역할을 했다. 화교 이민은 동남아에서 같은 성씨·고향·업종이라는 세 가지 인연을 중히 여기고 상호부조를 했다. 창업할 때 신용을 제공하고 정보를 제공하면서 끊임없이 교류하고 격려한다. 화교 기업인들이 3개의 인연을 중시하는 데는 일차적으로 방언이 작용한다. 아세안에서 쓰이는 방언은 호키엔복건어, 캔터니즈광동어, 테추조주어, 하카객가어, 하이난어해남어 등이 있는데 같은 호키엔 안에서도 서로 의사소통이 어려울 정도이며, 동일한 광둥성, 푸젠성 출신이라고 해도 의사소통이 자유로운 것은 아니다. 그래서 같은 지역을 뿌리로 동일한 방언을 쓰는 것은 화교 네트워크의 일차적인 조건이 된다.[9] 특히 태국 화교의 50% 이상을 차지하는 테추어는 광둥성 북단의 차오저우에서 온 사람들의 말이지만 광둥어보다는 오히려 푸젠성의 호키엔과 좀 더 통한다.[10] 차오저우인들은 이미 1822년에 말레이시아의 믈라카에 믈라카조주공사를 설립했고, 1845년에는 싱가포르에 현재 조주8읍회관의 전신인 의안공사를 설립했다. 1864년에는 말레이시아 페낭에 조주회관인 한강가묘가 건립되었다.[11]

방언이 중요한 역할을 하는 또 다른 이유는 이른바 연줄이민 때문이다. 고향을 떠나 자리를 잡은 후에는 동향인에게 장가를 든다든지 혹은 형제자매를 데려오는 것이 일반적인 현상이었다. 이렇게 되면 성공한 이민자 뒤에는 줄줄이 같은 고향에서 온 이민자가 있고, 이들은 대개 같은 업종에 종사하게 되는데 선발자가 가진 정보와 인맥을 최대한 활용할 수 있기 때문이었다. 이들은 현지에서 씨족회관을 건립한다. 싱가포르와 말레이시아를 중심으로 진씨종사陳, 푸젠에서는 탄으로 발음하고, 광둥에서는 친으로 발음, 구공사邱公司, 사공사謝公司, 엽공사葉公司, 이공사李公司 등 수많은 문중사당이 있다. 싱가포르와 쿠알라룸푸르의 진씨종사는 각각 싱가포르와 말레이시아 진씨들의 정신적 고향 역할을 한다. 페낭섬의 구공사Khoo Kong Si는 예술적으로 뛰어난 문화재이기도 하다.

네트워크를 이용해 사업할 때 금융 네트워크는 특히 중요했다. 20세기 초부터 동남아 각국에는 화교들이 설립한 은행들이 우후죽순으로 등장했다. 이들은 처음에는 특정 화교 방파를 대상으로 영업하기 위해 설립되었는데, 예컨대 1906년에 싱가포르에 설립된 사해통은행四海通銀行은 차오저우인을 겨냥한 은행이었다. 따라서 한 지역에 설립되었다고 해도 동남아 전역을 향한 국제적 성격을 갖추고 있었다. 이러한 은행들은 합병을 통해 규모를 키워 갔는데 2018년 현재 아세안 최대의 민간은행으로 부상한 OCBC의 경우, 이미 1910년대에 푸젠성 출신들이 독자적으로 설립한 3개의 작은 은행이 합병하여 1932년에 출범한 것이다. 주주, 고객, 대출 대상도 주로 푸젠성 출신이었다. 싱가포르의 또 다른 은행 UOB도 1935년 설립되었는데, 고향 푸젠에 대한 사랑이 남달랐던 사라와크 쿠칭에 있던 위켕치앙이 주도해 설립했다.

한때 동남아 은행 중 최대를 자랑했던 방콕은행은 차오저우 출신이 설립했기 때문에 차오저우 사람들에게 주로 대출을 했지만, 창업주가 통이 큰 사람이어서 중국의 다른 지역 출신 화교에게도 든든한 후원자가 되었다. 말레이시아의 로버트 콱이 처음 사업을 시작한 이후 계속 자금난에 처했는데 당시 식민당국이었던 영국의 은행들은 그에게 자금을 대부하려 하지 않았다. 그러나 방콕은행의 친 소폰파니히 Chin Sophonpanich (Chin Bi Chen), 陳弼臣는 처음 본 로버트의 가게에 들려 흘낏 본 후 거금을 지원했다. 로버트 콱은 친을 어떻게 만났는가를 자서전에서 설명하고 있다.

하루는 싱가포르 테추차오저우 상인들이 방콕은행의 친 행장이 싱가포르로 오는데 공항에 같이 가 보지 않겠느냐고 했다. 나는 테추인도 아니기 때문에 크게 필요성을 느끼지는 못했으나 나가 보기로 했다. 공항에 친을 맞기 위해 나온 테추 상인 50여 명의 맨 끝에서 친에게 인사했다. 친 행장은 명함을 교환하고 한번 가게에 들리겠다고 했으나 기대하지 않았다. 그러나 며칠 안에 연락이 왔고 그가 가게를 방문했다. 친은 담보도 없는 나에게 신용장 개설 비용 1천만 달러를 빌려 주었다. 싱가포르와 말레이시아의 중국 사업가 대부분은 방콕은행과 친 행장의 덕을 봤다.[12]

중국의 기반이 약할수록 더 강력한 네트워크가 형성되기도 한다. 중국 푸젠성의 푸칭은 푸젠성의 성도인 푸저우 중심부와 50여km 거리에 있다. 청나라 때 푸칭은 복주부에 속해 있었기 때문에 양 도시는 역사를 공유하고 있고, 행정 조직에서도 푸저우 산하도시이지만 화교의 고향이라는 점에서 두 도시는 서로 다른 특성을 갖는다. 푸칭인은 혹차라고 하여 푸저우 사람들과도 구별된다. 혹차, 즉 푸칭인은 동남아에서 인구수가 가장 적고, 고향 자체가 자랑할 것이 없었기 때문에 동향인들 사이의 결속력이 상대적으로 더 높은 것으로 알려져 있다.

살림그룹의 림시오리웅은 푸칭시 하이커우진에서 1917년에 태어나 1938년 샤먼항을 거쳐 인도네시아 수라바야에 도착했다. 몇 년 전에

1928년생인 림웬키안Liem Oen Kian, Sutanto Djuhar, 林文鏡 역시 7살의 어린 나이에 부친의 손을 잡고 고향 푸칭시 양하진陽下鎭을 떠나 인도네시아로 건너갔다. 이 두 사람은 동향이었을 뿐만 아니라 같은 임씨林氏이기도 했다. 이들이 1960년대 본격적으로 사업을 확대할 당시 인도네시아에서는 혹차푸칭인 그룹이 크고 있었고 이들도 같이 성장할 수 있었다.13 푸칭에 연고를 둔 또 다른 사업가가 로버트 콱이다. 그의 부친 역시 푸칭 출신이었다.

네트워크를 통한 화교의 사업은 일찍부터 화교 기업이 세계화를 할 수 있었던 중요한 배경이다. 화교들은 국내 사업에 공동 투자하는 형태로 네트워크를 만들고 그 네트워크는 세계적으로 확산된다. 로버트 콱과 림시오리옹은 1969년 인도네시아에서 제분사업을 독점적으로 시작했다. 림시오리옹은 수하르토의 힘을 빌려 다른 사람들을 제치고 사업허가를 받았고, 설립된 보가사리는 인구가 많은 인도네시아의 밀가루 부문을 거의 독점하다시피 하면서 이후 살림그룹의 캐시카우가 될 정도였다. 사업 초기에 자본금 75%를 로버트 콱이 부담했으나 지분은 25%만 받았다.14 림시오리옹이 수하르토에게 사업권을 따낸 것을 중요한 지분으로 인정해 줄 것을 요구했기 때문이었다.

화교 네트워크의 세계화 과정에서 싱가포르와 홍콩의 역할을 무시할 수 없다. 싱가포르는 인도네시아 화교들이 갈 수 없는 고향 대신 찾던 곳이다. 윌마인터내셔널은 싱가포르에 있던 콱쿤홍과 인도네시아에서 사업을 하던 시토러스가 싱가포르에서 창업하였다. 동시에 말레이시아 및 인도네시아 화교 기업들은 싱가포르에 어떤 사업 부문이라도 하나 정도는 지주회사를 설립했다. 홍콩의 경우는 이와 다르게 중국 진출의 전초기지로서 작동했다. 말레이시아, 인도네시아, 태국 등지의 기업은 중국이 개방하기 훨씬 전부터 홍콩에 땅을 사고 건물을 지었다. 이들은 홍콩에서 서로 네트워크를 만들었다.

정경유착이라는 성장배경

화교 사업가들은 화교끼리의 네트워크만 중시한 것이 아니었다. 그들은 정치권력과도 손을 잡았다. 정경유착의 정도는 국가마다 달랐다. 싱가포르와 말레이시아는 상대적으로 정부연계기업이 강력했다. 싱가포르는 투명성을 강조했기 때문에 정경유착이 상대적으로 어려웠고, 말레이시아는 정경유착이 심했으나 정부와 부미푸트라와의 관계가 더 도드라졌다.

그렇다고 화교 자본가들이 말레이시아 정계와 관시를 맺지 않았던 것은 아니다. 말레이시아 대표 기업집단인 겐팅그룹이 작은 건설회사에서 말레이시아를 대표하는 기업집단이 된 계기는 림고통이 사업 파트너인 말레이계 정치인 모하맛 노아 빈 오마르Mohamamed Noah bin Omar와 협력하여 1965년 카지노 회사를 설립한 것이었다. 림고통이 처음 카지노를 허가받았던 당시 면허 기간은 갱신 가능했지만 3개월에 불과했다. 그러나 겐팅은 1970년까지 60km²에 달하는 면적에 거대한 카지노 리조트를 건설했다. 이 카지노가 겐팅그룹의 캐시카우가 되었다.

림고통의 사업 파트너인 모하맛은 통일말레이국민조직UMNO의 창설자 가운데 한 사람으로, 그의 두 사위는 각각 2대와 3대 총리를 지낸 압둘 라작Abdul Rajak과 후세인 온Hussein On이고 압둘 라작의 아들이 6대 총리를 지낸 나집 라작Najib Rajak이다. 겐팅은 카지노를 바탕으로 다양한 분야로 사업을 확대했고, 싱가포르 센토사섬에도 대규모 카지노를 운영 중이다. 림고통의 겐팅그룹은 그와 사업으로 연결된 말레이계 정치 엘리트들의 도움을 받지 않았다고는 하지 못할 것이다.

태국은 표면적으로는 화교가 잘 동화되어 있었고 기업인이 상원의원이 되어 직접 정치에 참여하기도 했으며 정치인의 후견자가 되기도 했다. 그렇지만 태국 정치는 변화무쌍했고 특정 정치인이나 집단에 전적으로 의지하기 어려웠다. 동화되었다고 하지만 흔히 태국 화교 기업인들은 중국인으로서의 정체성과 태국인으로서의 정체성을 묘하게 조화시키는 재주를 갖고 있었다. 이들에게 영구적인 권력은 국왕이었다. 1946년부터 60년 이상 재위한 푸미폰 국왕은 국민들의 존경까지 받고 있었다. 화교 기업인들은 국왕에게 충성함으로써 태국인으로서 자신들을 보여주고 싶어 했다. 그들은 왕가의 사업에 재정적 지원자가 되었다. CP의 다닌 회장은 2019년 5월 푸미폰 국왕을 이어 와치랄롱꼰 국왕이 즉위한지 며칠 만에 두 아들을 대동하고 국왕을 알현했다. 은퇴를 앞둔 그가 CP를 이어받을 2세들을 국왕에게 신고한 셈이었다.

정치권력과 유착한 가장 대표적인 인사는 인도네시아의 림시오리웅이었다. 자바섬 쿠두스에 정착한 그는 인근 도시 스마랑에 주둔한 수하르토와 연을 맺었다. 림시오리웅은 1952년 자카르타로 이주했다. 1966년 수하르토가 권력을 잡았을 때 살림그룹은 동아프리카에서 정향클로브, 인도네시아인들이 피우는 담배 원료의 독점수입권을 얻었다. 클로브의 독점수입권은 확실한 이익을 보장해 주었다. 살림그룹은 1969년 제분업체 보가사리를 창립했다. 정부 물류 조직인 불록Bulog은 설탕, 밀, 기타 1차 상품을 독점 수입하고 있었는데, 수입 밀을 정부가 보조하는 가격에 보가사리에 공급했고, 보가사리는 제분 후 다시 30%의 마진을 붙여 밀가루를 불록에 판매했다.[15] 이처럼 정부의 특혜를 받고 성장하면서 살림그룹은 수하르토 대통령 일가의 재정적 후원자가 되었다. 그 대신 많은 사업에서 독점권을 얻고 보호를 받아 땅 집고 헤엄치기로 자산을 축적했다. 방적, 화학, 전자, 임업, 어업, 항공, 보험, 부동산, 금융, 보석, 호텔, 의료기기, 철강, 시멘트, 자동차 등 살림그룹이 진출하지 않은 분야가 없을 정도였다. 수하르토 재임기 정경유착의 표본으로 4인방gang of four, Four Serangkai이 있었는데 림시오리옹, 림웬키안, 수하르토가 림시오리옹에게 파트너로 소개해 준 수하르토의 고종사촌 동생 수디카트모노Sudwikatmono, 그리고 림웬키안이 불러온 인도네시아계 인물인 이브라힘 리샤드Ibrahim Risjad였다. 이들 4명은 의자의 4다리처럼 하나라도 없으면 안 될 것처럼 인도네시아의 수백 개 분야에서 사업을 벌였다.

또 다른 연고자본가 봅 하산Bob Hasan은 수하르토의 집사라고 불릴 정도로 수하르토의 경제적 이익을 위해 일했다. 그의 사업 영역은 목재, 해운, 금융, 항공, 제지 및 펄프 등에 걸쳐 있었다.[16] 목재 분야에서는 인도네시아의 산림, 목재, 합판 분야에서 영향력이 컸다. 인도네시아 최대 수출품의 하나였던 합판의 수출협회, 압킨도Apkindo를 장악하여 세계 합판시장에도 영향을 미쳤다. 압킨도는 합판의 국제 시장가격을 지지한다는 명목으로 모든 생산자들이 협회를 통해 판매하고 협회에서 정한 선사를 이용하도록 요구했다.[17] 압킨도가 결정한 합판 가격은 국제 시장에서 경쟁자를 몰아내기 위한 약탈적 가격이라는 비판도 들었지만, 1990년대 초반 인도네시아는 세계 합판시장 점유율을 크게 올릴 수 있었다. 압킨도는 IMF의 개혁조치로 해산되었다. 하산은 인도네시아를 대표하여 1994년부터 IOC 위원을 지냈고, 1998년 수하르토가 마지막 임기를 시작했을 때 무역산업부장관에 임명되기도 했는데 이는 정치에서 배제된 화교들 중 처음으로 장관직에 임명된 사례였다. 곧바로 수하르토가 사임함으로써 그가 실제로 어떤 역량을 가졌는지는 확인할 수 없었고, 부정부패 혐의로 수감되기도 했다.

인도네시아 외에 필리핀에도 마르코스의 친구들이 있었다. 계엄령 시기였던 1970년대에 마르코스로부터 롤렉스 시계를 선물받았다 하여 롤렉스 12Rolex 12라고 불렸던 12인의 측근은 대부분 군부 인사들이었으나 경제계 인사로서 화교의 후예인 코황코가 포함되어 있었다. 마르코스의 후광으로 그는 아세안의 가장 대표적인 맥주회사 산미겔과 유나이티드코코넛플랜터스뱅크United Coconut Planters Bank를 장악하고 또 정부로부터 특혜를 받아 성장했다. 한때 그의 재산은 필리핀 GDP의 25%에 이른다는 평가가 있었는데 그는 아버지 쪽으로 코라손 아키노Corazon Aquino와 사촌이기도 했지만, 마르코스의 편에 서서 코라손 아키노의 남편 아키노 상원의원 암살의 배후에 있었다는 평가를 듣기도 했다.

롤렉스 12에는 들지 않았지만 루시오 탄도 대표적인 정경유착을 통해 성장한 기업인이다. 중국 푸젠성 진장 출신인 루시오 탄은 청소년기에 담배공장에서 일하여 공부했고 그 경험을 살려 1966년대 포춘담배

Fortune Tobacco를 설립했다. 마르코스가 1972년 대통령이 된 이후 그는 마르코스의 후원을 받기 시작했다. 포춘담배는 1980년에 필리핀 최대의 담배회사가 되었는데 정부가 담배에 높은 관세를 부과함으로써 그는 막대한 부를 축적할 수 있었다. 1977년에는 부실 은행을 싼 가격에 인수하여 얼라이드뱅크Allied Banking Corporation로 전환했다. 1982년 아시아맥주를 설립했는데 필리핀의 맥주시장을 석권하고 있던 스페인계의 전통 있는 소리아노그룹의 산미겔에 타격을 주기 위해 마르코스가 특별히 허가를 내주었다는 평가를 받았다.

마르코스 이후 루시오 탄은 조세포탈혐의로 기소되는 등 고초를 겪었으나 오뚝이처럼 살아남아 1992년에는 필리핀항공을 인수했고, 또 정부에서 역사가 오랜 필리핀국립은행Philippine National Bank, PNB을 민영화할 때도 이를 인수했다. 루시오 탄은 2007년 두 은행을 합병하여 필리핀국립은행PNB으로 출범시켰다. PNB는 한자로 비율빈국가은행菲律賓國家銀行이라고 표시하는데, 루시오 탄은 스스로 중국인으로서의 정체성을 내보이고 있는 것으로 보인다.

정경유착 문제에 화교 기업인만을 비난할 수는 없다. 정치인의 현실적인 필요에 의해서 정경유착이 초래됐기 때문이다. 개발독재 체제에서 권력자들은 국민에게 경제발전을 보여줄 필요가 있었고, 현지인보다 기업가정신이 더 나았던 화교 기업인을 이용한다는 생각을 했다. 소수의 관련 기업인에게 특혜를 주어 대표적으로 비판받은 수하르토는 살림그룹의 발전과 관련하여 다음과 같이 주장하기도 했다.

살림그룹의 인도푸드와 인도시멘트의 건설에 나와 살림그룹이 공모한 것이라고 하는데, 사실 정부는 이 분야의 자급자족을 위한 노력의 결과로 협력할 의지를 갖춘 기업인을 이용했을 뿐이다.[18]

정치권력과 화교 자본의 유착은 사회적 부패구조의 결과였다. 인도네시아와 과거 마르코스 시절의 연고자본주의는 다 여기에 속한다고 볼 수 있다. 아시아 외환위기 이후 가장 자주 거론된 이유 중의 하나가 연고자본주의였다. 연고자본주의 체제 속에서 기업가의 능력은 권력자와 얼마나 근거리를 유지하고 프로젝트를 따내는가에 달려 있었다. 지대 추구 행동은 민영화의 대상자로서, 독점 공급업자로서 그리고 금융, 세제상의 혜택 등의 형태로 나타났다. 정부가 비효율적인 기업인에게 한정된 금융자원을 배분하고, 불투명하게 세제 혜택을 줄 때 이는 국민경제 전체의 손실로 이어진다.

4. 모국과의 관계 강화와 중국 자본 발전에 따른 변화

화교 기업가의 고국에 대한 사랑

화교들은 언제가는 중국으로 돌아갈 것이라 생각했다. 동남아는 일시적으로 체류하는 땅이라 여겼다. 그래서 이들은 고국에 남다른 애정을 보였다. 19세기 말과 20세기 초 개혁가로서 혹은 혁명가로서 캉유웨이康

有爲, 쑨원孫文, 량치차오梁啓超는 모두 광둥성 출신으로 해외를 전전했는데 이들이 해외에서 중국의 독립과 건국활동을 할 수 있었던 것은 화교들의 정서적·경제적 지원이 있었기 때문이었다.

고향, 중국에 대한 귀소본능은 화교의 정신세계 속에 오랫동안 살아남아 있었다. 중국에서 빈곤을 탈출하여 이국에서 성공한 화교들은 늘 금의환향을 꿈꾸었다. 특히 고향이 내세울 것 없던 곳 출신이라면 그런 성향은 더욱 강했다. 차오저우 10읍 중에서도 펑순과 다부에는 하카인이 더 많이 살았기 때문에 동남아에서 같은 차오저우 출신이라 해도 차별을 받았다. 그래서 이들은 고향 생각이 더 남달랐다. 싱가포르 리콴유 총리의 증조부 리복분李沐文과 동시대를 살았던 인도네시아에서 성공한 기업가 장진훈張振勳은 모두 다부현대포현 출신이었다. 리복분은 1846년 대포현 고피진 당계촌大埔縣 高陂鎮 唐溪村에서 태어나 싱가포르로 이주했고, 1870년 싱가포르에서 태어난 하카인 여인과 혼인하였다. 그는 고향에서 큰 집도 짓고 유지로 대접받을 만큼 돈이 모였다고 생각하자 귀국을 결심했다. 그러나 현지에서 태어난 그의 부인은 중국으로 돌아가기를 겁내, 아이를 데리고 친정 식구들과 함께 숨어 버렸다. 그럼에도 불구하고 리복분은 고향으로 돌아가 1884년에 당계촌에 중한제中翰第라는 저택을 짓고, 미관말직이었지만 벼슬도 하나 얻었다. 돈으로 벼슬을 사던 시대였다. 그는 중한제의 그림과 관복을 입은 초상화를 그려 싱가포르로 보냈다. 중국 당국은 2008년 중한제를 보수했다.

장필사Cheong Fatt Tze, 張弼士로 더 많이 알려진 장진훈은 1841년에 대포현에서 태어나 1916년에 사망했다. 15세에 인도네시아 자카르타로 이주해 양조사업에서 막대한 자산을 모았는데, 동남아와 중국에서 중국의 근대화를 위해 이 재산을 사용했다. 1892년 산동성 연태시에 중국 최초의 포도주회사로 아직도 남아 있는 장유포도주공사張裕葡萄酒公司를 설립했다. 이후 그는 아예 귀국해 1897년 화교들이 상하이에 설립한 최초의 은행인 중국통상은행 설립에 참여했고, 곧 이 은행 총재를 지냈다. 1910년 전중상공회의소연합회장을 지냈으며, 신해혁명 이후에는 위안스카이 총통의 고문, 화교연합회 명예회장을 지내기도 했다. 1915년에는 시찰단을 조직하여 미국에 다녀왔고, 교육에도 투자했다. 대포현에는 장필사 고거故居가 남아 있는데 청나라 객가 양식 건물로는 중국에서 가장 규모가 크다고 한다. 또 말레이시아의 페낭에는 그의 고택, 블루맨션Blue mansion이 남아 있어 페낭을 대표하는 문화 및 관광자산이 되고 있다.

샤먼 출신의 탄카키는 19세기 후반부터 20세기 중반까지 중국의 자주독립과 건국을 위해 열과 성을 다 바친 사람이었다. 그는 1874년 샤먼의 어촌 지메이集美에서 태어나 16살 때 싱가포르로 이주하여 아버지의 쌀가게 일을 도왔다. 1920년대에 고무 플랜테이션, 해운, 수출입, 제재, 통조림, 부동산 분야에서 자산을 모았고 고무왕이라는 별칭을 들었다. 신해혁명 이후 중국 근대화를 위해 동남아 화교 사회에서 자금을 모았다. 초기에는 푸젠성에 학교를 설립했는데 고향 지메이에 세운 사범학교는 오늘 지메이대학이 되었고 1921년 문을 열었던 샤먼대학은 푸젠성 최초의 대학으로 중국의 명문 대학 가운데 하나로 성장했다.

중일전쟁 기간에 그는 동남아 화교 사회에서 자금을 모아 항일전쟁 용도로 중국에 전달했다. 제2차 세계 대전이 끝나고 중국에서 장제스의 국민당과 마오쩌둥 주도의 공산당이 경쟁했을 때는 가장 성공한 기업인이었음에도 불구하고 국민당의 부패를 보고 실망하여 공산당을 선택했다. 그는 중화인민공화국이 건설된 직후인 1950년, 귀국하여 장시성 응담鷹潭과 샤먼을 연결하는 700km의 철도 건설에 자금을 공급하기도 하고, 전국정협부주석 등 다수의 명예직을 지내면서 화교들의 중국 건설에 창구 역할을 계속했다. 또한 탄카키는 1956년 샤먼에 화교박물관을 건립했다. 그가 1961년 베이징에서 세상을 떴을 때 중국 공산당 정부는 그를 샤먼의 지메이에 안장하고 그의 공헌을 잊지 않기 위해 생가가 있는 지메이의 바닷가에 탄카키 공원, 탄카키 기념관, 그리고 탄카키 체육관을 지었으며, 그의 옛집을 국가보호문화재로 지정했다.

중국 건국에 맞춰 새 나라의 발전에 기여하겠다고 생각한 사람은 탄카키만이 아니었다. 아직 작았지만 CP그룹의 전신인 '정대장'을 성공적으로 안착시킨 시아엑초는 4남 8녀를 두었는데 4남의 이름을 謝正民, 謝大民, 謝中民, 謝國民으로 지었다. 이들의 이름에서 가운데 글자를 집자하면 正大中國이 된다. 그는 또한 자식들을 중국에서 교육시켰는데 다닌 회장도 고향인 산터우에서 중등교육을 받았다. 시아엑초는 1950년에 부인과 함께 고향인 산터우로 돌아와 농업 및 당 관련 여러 직책을 맡았고 1957년에는 고향에 칭하이화교중학교 설립을 주도했다. 마오쩌둥의 대약진운동이 실패로 돌아갈 때쯤 그는 태국으로 돌아왔다.[19] 그가 설립을 주도한 학교는 문화혁명 기간이었던 1968년 이름을 연안중학으로 바꾸었고, 교사는 공장으로 바뀌었다. 다시 화교들의 투자가 필요해진 1979년, 당국은 칭하이화교중학교를 복원했다. 시아엑초는 1983년 세상을 떠났는데 그의 아들이 운영하는 CP그룹은 아버지의 고향에 아버지의 이름을 딴 시아엑초중학교를 세웠다.

중국의 개혁개방과 모국으로의 투자

CP그룹은 아버지의 고국에 대한 애정을 이어받았다. 중국이 개방을 하고 동남아 화교에게 도와달라는 신호를 보내면서 4개의 경제특구를 열었을 때 CP그룹은 선전과 산터우의 경제특구에 제1호 외국인투자가가 되어 가장 먼저 투자를 시작했다. 처음 투자는 가축사료 생산이었는데 이후 다양한 분야로 확대되었다. 이 중의 상당 부분은 중국과 꽌시가 필요했던 다른 외국계 기업과 협력하는 방식이었다.

동남아에서 재산을 모아 고향으로 돌아온 이들은 귀국화교협회를 조직하기도 했고 중국 남부지역에 소위 카페와 같은 비중국 문화를 이식하기도 했지만, 중국의 개방에서 정작 필요한 것은 화교 자본이었다. 죽의 장막이라고 불렸던 중국에 서구의 다국적 기업들이 진출을 꺼렸을 때 중국은 아세안의 화교 자본에 기대지 않을 수 없었다. 중국은 선전, 주하이, 샤먼, 산터우에 경제특구를 개설했는데 선전과 주하이는 홍콩 및 마카오와 바로 연결될 뿐 아니라 광둥성 출신의 화교들을 유치할 수 있는 지역이었고, 샤먼은 동남아의 인도네시아, 말레이시아, 태국, 필리핀의 푸젠 화교의 유치를 목표로 했으며, 산터우는 바로 태국에 주로 거주하는 차오저우인을 유치하기 위함이었다.

오랜만에 고향을 찾는 이민 1세대 화교들이나 중국에서 태어나지는 않았지만 중국식 문화 속에 살았던 2세들은 고향을 찾았고 빈곤에 찌든 고향에 학교를 건설하거나 병원을 짓는 데 돈을 기부했다. 광둥성과 푸젠성에 산재한 수많은 화교 학교나 병원이 이들의 기부금으로 건설되었다. 초기에 투자할 분야는 많지 않았다. 섬유나 봉제 등에서 경쟁력을 잃어 가던 홍콩 기업들은 이들을 이주시킬 수 있었지만 아세안 화교들은 제조업을 직접 하지 않았기 때문에 건물을 짓거나 부동산을 개발하는 정도에서 시작해야 했다.

수하르토의 인도네시아에서 4인방의 일원으로 같이 살림그룹을 이끌었던 림시오리옹과 림웬키안도 고향에 투자했다. 두 사람은 1987년 푸칭만에 50km²에 달하는 원홍투자구元洪投資区라는 공업단지를 개발했다. 이 지역에서 대만의 타이중까지는 170여km에 불과했기 때문에 대만 기업의 직접투자를 유치하자는 것이었다. 두 사람은 이 공단에 자신들도 직접 제분 공장을 설립했고 캐나다와 미국에서 밀을 수입하기 위해 3만 톤의 배가 접안할 수 있는 항구까지 건설했다. 1997년 4월 6일 홍콩의 《사우스 차이나 모닝 포스트SCMP》는 두 사람의 고향 푸칭에 대한 지원을 전하고 있다.

"푸칭시는 해외로 이주한 70만 명 중에서 두 가족의 호의로 크게 변했다. 살림그룹의 림시오리옹과 관계사인 인도시멘트의 림웬키안 회장이다. 두 사람은 푸칭 어디서나 알아볼 수 있는 원홍그룹을 설립했다. 원홍제분은 이탈리아에서 도입한 하루 600톤을 처리할 수 있는 현대적 장비를 설치했다." 이때 인터뷰한 림웬키안 회장은 "1987년 우리가 사업을 시작했을 때 푸칭에는 공장 하나 없었고 공업 근로자는 한 명도 없었지만 지금은 공장이 600여 개에 공업 근로자가 6만 명에 이른다"고 말했다. 이들은 고향에 대한 투자 사업을 이윤추구가 아닌 고향에 대한 일종의 '효도'라고 생각했다.

특히 림웬키안은 1985년, 7살 어린 나이로 떠난 고향 푸칭을 방문했을 때 고향이 여전히 가난에 찌든 것을 보았다. 살림그룹과 같이 중국 사업을 했지만 독자적으로 1989년 융교집단融侨集团을 설립하여 푸칭에 융교경제기술개발구融侨经济技术开发区를 건설했으며, 인근 대도시에서 주택 건설 및 부동산 개발사업을 진행했다. 중국 사업에 열중하면서 살림그룹의 지분을 축소하기 시작했다. 림웬키안은 1992년 그의 어머니가 세상을 떠나자 유골을 수습하여 전세비행기로 푸칭의 공단 옆에 있는 아버지 묘소 옆에 안장했다. 자신도 2018년 7월 중국에서 세상을 떠났다. 푸칭에서 열린 그의 장례식에는 시진핑이 보낸 조화가 자리해 있었다. 그는 인도네시아에서 평생을 보내며 국민들로부터 4인방의 일원으로 비난받을 정도로 수하르토의 비호 아래 인도네시아 경제계의 주역으로 활동했다. 그렇지만 그는 중국인이 가진 낙엽귀근落叶归根의 살아 있는 예가 되었다.

아세안 화교들은 중국이 자본을 필요로 했을 때 이를 공급했지만 중국은 그들이 생각했던 것보다 더 빨리 성장했다. 제조업 기반이 강하지 않은 아세안 화교 기업은 CP를 제외하면 서비스업으로 중국에 진출하지 않을 수 없었다. 제조업에 진출한 기업들도 시간이 지나면서 큰 성공을 거두지는 못했다. 서비스업은 부동산이 강했다. 로버트 콱은 샹그릴라호텔을 중국에 건설했는데 2020년까지 개장할 호텔이 모두 55개에 이른다. CP나 로버트 콱의 샹그릴라 그리고 월마인터내셔널같이 중국에서 경쟁력을 갖춘 기업은 그리 많지 않다. 한때 대거 진출했던 유통업체, 부동산업체들은 중국의 소비 수준이 높아지면서 소비자에게 매력을 주지 못하는 경우도 많다.

중국의 아세안 진출 가이드

아세안의 화교 자본은 외환위기 이후 다양한 문제에 직면했다. 가장 먼저 기존의 경영관행이 더 이상 유효하지 않는 시기가 도래했다. 가족경영, 비투명성, 네트워크, 연고주의를 통한 독과점 보호, 비제조업의 두각 등은 21세기 디지털경제 혹은 4차 산업혁명 시대와는 더 이상 어울리지 않는다. 과거 아세안이 고도성장했을 때 화교 기업은 주로 비제조업 부문에서 고도성장을 했지만 외환위기 이후 그러한 호경기는 다시 돌아오지 않았다. 《포브스》의 1996년 세계 부호 순위에서 세계 부호 100위 안에 아세안 부호가 10명이나 되었다. 그러나 2019년에는 4명만이 세계 100대 부호 안에 들었다. 아세안 화교 기업의 비즈니스가 새로운 시대를 앞서가지 못한다는 것을 의미하고 화교 자본이 장악하고 있는 아세안 경제 역시 혁신을 만들어 내지 못했다는 것을 의미한다.

더 중요한 문제는 화교 기업과 중국 기업 간 관계의 역전이다. 과거 중국의 발전에 기여했던 아세안 화교 기업은 이제 중국의 빠른 성장과 중국 기업의 기술역량 강화로 경쟁우위를 잃고 있다. 화교 기업가 중에는 태국 CP그룹의 다닌 회장, 말레이시아 로버트 콱과 같이 단순히 기업가라기보다는 경세가들이 있어 아직 중국과 아세안의 가교 역할을 하고 있지만 이들은 노령으로 은퇴 단계에 있다. 사업에서 아직 아세안 화교 기업의 중국 진출 여지는 남아 있다. CP그룹은 2015년 1월, 일본의 이토추와 함께 중국 CITIC의 지분 20%를 100억 달러에 인수한 바 있으며, 인도네시아 기반의 화교 기업집단인 립뽀Lippo그룹은 2018년 6월, 자회사를 통해 중국의 텐센트에 4,400만 달러를 투자하기도 했다.

그러나 전체적으로 보면 아세안 화교 기업과 중국과의 역할은 변하고 있다. 중국의 국영기업이 자원 확보를 위해 아세안에 투자했지만, 이제는 제조업체의 투자가 시작되었다. 내수시장을 배경으로 덩치가 커진 전자업체들이 먼저 움직였다. 창훙, TCL, 하이얼 등이 일본 및 한국 가전업체와 경쟁하기 위해 아세안에 진출했다. 가전산업에 이어 오토바이, 자동차 등으로 생산은 확산되었다. 또한 중국에서 생산비가 상승하자 봉제업 등 노동집약적 중소기업들도 베트남, 캄보디아, 라오스, 미얀마 등으로 진출했다. 나아가 중국 관광객이 아세안으로 쏟아져 내려오자 콘도미니엄, 리조트 등 부동산 개발투자도 급증하기 시작했다. 중국인들은 직접 고급 콘도미니엄을 건설하거나 현지 화교 기업인들이 건설한 콘도미니엄을 매입했다.

중국 기업이 아세안에 진출할 때 화교 기업은 거간으로 활동한다. 1960년대 일본 기업이 아세안에 진출했을 때 그들이 했던 행동이다. 중국 전자업체들은 처음에 공장을 설립하기 이전에 화교 기업의 공장을 빌려 생산을 했고, 자동차 업체인 체리奇瑞, Chery는 소형 승용차, 포톤福田, Foton은 중형트럭, 창청長成, Great wall은 SUV 등을 안토니 살림이 지배하고 있는 인도모빌에 조립생산을 의뢰한 바 있다. 아세안 화교가 만들어 낸 대표적인 혁신 사례 중의 하나인 그랩Grab에도 중국 자본이 투자

CP그룹과 중국의 사업 제휴

시기	제휴사	내용
2013. 12	상하이 자동차	영국 브랜드 MG 생산을 위해 합작회사 설립 (상하이 51%, CP 49%)
2014. 4	상하이 Greenland Group	태국에 부동산 건설 합의
2014. 6	차이나모바일	CP그룹 통신사 True 지분 18%를 8.8억 달러에 매각
2017. 9	广西建工集团(GCEG)	동부 경제회랑지역(라용)에 공업단지 건설 합작(CP.Land 50%, 48%)
2019. 4	中國鐵建(CRCC)	동부 경제회랑 고속철 입찰 수주(68억 달러)

자료: 다수의 언론보도에서 정리

했다.

중국의 안내자로서 충실한 역할을 하는 기업은 중국이 문을 열었을 때 앞장서 진출했던 CP그룹이다. CP는 영국의 자동차 브랜드 MG를 소유하고 있는 상하이 자동차와 손잡고 태국에서 MG자동차 생산을 시작했다. 상하이-CP는 2017년 1만 2천 대의 차를 팔았고, 2018년에는 2만 4천 대 가까운 차를 팔았다. 한국의 현대와 기아자동차의 판매량 합계 6,800여 대보다 훨씬 더 많은 양이었다.[20] 상하이-CP 는 2017년 12월 방콕 동부의 촌부리에 새 공장을 열었다. 100억 바트를 투자하여 MG자동차 브랜드로 5종류의 자동차를 생산한다.[21]

자동차 외에도 CP는 그룹의 통신사 True의 지분 18%를 차이나모바일에 매각했다. 또 부동산 부문에서 합작을 시작했는데 2017년 9월에는 태국 정부가 대대적으로 추진하는 동부경제회랑의 중심지인 라용Rayong에 공업단지를 건설하기로 중국 기업과 합작을 했다. 이 공단은 2020년에 완공하여 중국권 국가의 투자를 유치할 것이다. 또한 방콕의 돈므앙 공항과 수완나폼 공항과 파타야 공항을 연결하는 방콕–파타야 고속철도 건설에 중국철도건설과 컨소시엄을 구성하여 사업권을 따냈다.

THE RISE OF ASEAN:
INTRODUCTION TO ASEAN'S ECONOMY

제3부

아세안, 새로운 미래로의 도약

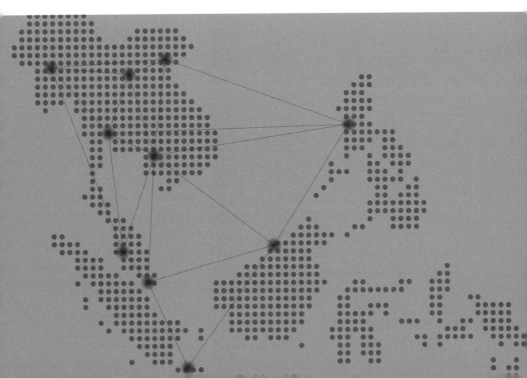

"친구와 의지가 있으면 외롭지 않고 성공할 수 있다"는 베트남 속담이 있습니다. 한국과 베트남은 이미 서로에게 없어서는 안 될 친구가 되었습니다. 양국의 공동 프로젝트로 설립하는 한·베트남 과학기술연구원은 우리의 신뢰와 협력 의지가 얼마나 굳건한지 보여 줍니다. 이제 남은 것은 더욱 풍요로워질 양국의 미래입니다.

– 한·베트남 과학기술연구원(VKIST) 착공식, 2018.3.22.

제7장

베트남, 아세안 경제의 활화산

1. 베트남전쟁과 급변을 거듭한 경제 상황

공산주의 체제 아래 베트남 경제의 고난의 행군

제2차 세계 대전 이후 세계가 자본주의와 공산주의 체제의 두 진영으로 나뉘어 갈 때 베트남은 호찌민 주도로 프랑스로부터 독립하기 위해 싸우고 있었다. 제1차 인도차이나 전쟁의 승리에도 불구하고 공산 세계의 확장을 우려한 미국을 비롯한 국제 사회는 베트남의 완전한 독립을 가로막았고 베트남은 남북 분단 상태에서 1950년대와 60년대를 보냈다. 미국은 1964년 북베트남을 대상으로 경제제재조치 엠바고를 실시했는데 1975년 미국의 패배와 함께 전역으로 확대되었다. 미국은 해외자산관리규정, 무기수출통제규정, 수출통제규정을 통해 베트남과의 교역과 투자를 금지했다. 미국이 영향력을 행사할 수 있었던 국제통화기금IMF, 세계은행WB, 아시아개발은행ADB 등 국제기구의 자금 지원도 중단되었고, 1979년 베트남이 캄보디아를 침공하자 서방 국가까지 엠바고에 동참했다.

	1976	1978	1980	1982	1984	1985	1986
벼(만 톤)	1,183	979	1,165	1,439	1,551	1,584	1,600
톤/ha	2.22	1.79	2.08	2.52	2.73	2.78	2.81

자료: Vo Nanh Tri(1990)

베트남은 통일 직후부터 사회주의를 뿌리내리기 위해 제2차 경제개발계획1976~80을 추진했다. 남북이 20년 동안 다른 체제를 유지했기 때문에 경제통합이 쉬운 일은 아니었지만 공산당 지도자들은 이를 서둘렀다. 그들은 시간을 지체할 경우 다시 정치적 분열이 나타날 것을 우려했다. 또한 경제적으로도 양호한 기후와 메콩 델타의 발달로 농업 경작에 적합한 환경을 갖고 있던 남쪽을 활용할 생각이었다. 베트남 총리 팜반동Pham Văn Dông은 1975년 9월 독립기념일에 "우리나라의 남쪽이 곧 농업과 수산업의 번영의 중심지가 될 것이 확실하다"고 말했다.[1]

그러나 북쪽 지도자들의 기대만큼 사회주의의 실현은 쉽지 않았다. 통일 이후 농업 생산은 기대에 미치지 못했다. 집단농업과 저가격 정책으로 농민의 생산의욕은 감퇴했고 생산성이 떨어졌다. 1976년과 비교해 쌀벼 기준 생산은 2차 계획이 끝난 1980년 오히려 감소했고 생산성도 더 낮아졌다. 메콩 델타의 잠재력에도 불구하고 1970년대 후반 베트남은 매년 약 50만 톤의 쌀을 수입해야 했다.

쌀 생산량이 1978년 979만 톤에 불과하자 베트남 정부는 별도의 조치가 필요하다고 생각했다. 이에 정부는 1979년 9월 잉여 생산물을 농민이 처분할 수 있도록 개혁조치를 취했다. 이 조치는 1981년에 완전히 정

베트남 주요 공산품 생산계획과 실적

	1976	1980		1985	
		목표	실적	목표	실적
석탄(만 톤)	570	1,000	520	800~900	570
전력(억 kWh)	30.6	50	36.5	55~60	52.2
시멘트(만 톤)	74.4	200	63.7	200	150
철강(만 톤)	6.38	30	6.35	7.22	6.16

자료: Vo Nanh Tri(1990)

착되었는데 농업 생산성은 1982년에 2.52톤/ha으로 1978년의 1.79톤/ha에 비해 40%나 증가했고 그 결과 쌀 생산량도 늘어났다. 1983년 베트남은 식량 자급이 가능해졌고, 3차 계획이 끝나는 1985년에 쌀 생산량은 1,584만 톤에 이르러 1차 계획 마지막 연도에 비해서는 36%나 증가했다.

공업 부문의 발전도 더뎌, 사회주의 국가 건설 초기에 중요하게 생각했던 석탄 생산량은 1976년 570만 톤에서 1985년에도 여전히 570만 톤에 그쳤다. 2차 계획에서 세운 1,000만 톤은 물론이고, 3차 계획에서 목표를 하향한 800~900만 톤에도 훨씬 못 미쳤다. 시멘트 생산도 1980년 목표치를 200만 톤으로 잡았지만 실적은 63.7만 톤에 그쳤고 1985년 목표치도 200만 톤으로 잡았으나 150만 톤을 생산하는 데 그쳤다. 철강 생산 역시 부진하기는 마찬가지였는데 1985년 생산량은 1976년 생산량에도 미치지 못할 정도였다. 이에 따라 공업 부문에서는 국영기업이 자체적으로 원재료를 조달하고 부산물을 생산할 수 있도록 했으며, 경제에 존재하던 다수의 비공식 부문을 인정하는 1단계 개혁조치를 취했다.

베트남 경제의 부진은 사회주의 자체가 가진 비효율성도 하나의 원인이었지만 미국의 엠바고 때문에 다른 아시아 국가와는 달리 세계 시장을 활용할 수 없었다는 데도 이유가 있었다. 풍부한 노동력을 보유한 베트남은 미국 시장을 이용할 수 없었고, 국제무역은 주로 구소련 중심의 코메콘COMECON 체제와 이루어지고 있었지만 한계가 있었다. 북베트남 시기에도 마찬가지였지만 세수 기반이 취약하여 정부지출은 국내 수입으로는 충당할 수가 없었다. 외국 원조가 제2차 계획에서는 1976년 정부 수입의 44.8%, 1980년에도 40.6% 등 평균 30~40%나 필요했다.[2]

수출은 1986년 7억 8,500만 달러, 수입은 21억 5,500만 달러로 무역 적자가 수출규모의 2배 가까운 무려 13억 7천만 달러였다. 시장경제 진영과 교역이 제한된 가운데 구소련 등 사회주의권과는 수입 17억 달러, 수출 4억 7,800만 달러로 대폭적인 적자였다. 구소련과의 교역에서는 석유를 비롯한 원료를 주로 수입했고 청산거래淸算去來 형태로 이루어졌다. 적자를 청산할 수 있을 정도로 외화를 보유하지 못했기 때문에, 원조를 받는 형태로 청산되어 구소련에 대한 외채는 증가했는데, 구소련의 원조가 더 이상 가능하지 않은 시기가 다가오고 있었다.

도이머이와 베트남 경제 위상의 변화

베트남은 1986년 12월 6차 당 대회에서 도이머이Doi Moi, 쇄신정책을 채택했다.[3] 도이머이의 핵심은 시장경제를 수용하고 대외에 개방하는 것이었다. 특히 3가지 측면이 강조되었다. 첫째, 과거 사회주의 방식인 중공업의 건설보다는 기본적인 경제 문제 해결을 위해 식량생산 증대, 소비재 생산 중시, 수출장려 등을 3개 목표로 설정했다. 둘째, 재정적자,

통화팽창, 고물가, 생활난 등 4대 문제를 해결한다는 목표를 세웠다. 셋째는 대외개방정책의 강조였다.

도이머이 정책의 도입과 함께 1987년에 외국인투자법을 제정하고 1988년에 시행령을 마련했다. 국내 기업 부문 개혁을 위해 회사법1990과 사기업법1990을 제정해 민간 부문의 육성을 위한 기반도 정비했다. 사회주의 체제의 기업은 모두 국영기업을 의미했는데 국영기업을 주식회사로 만들고 민영기업을 인정하는 조치였다. 1992년에는 경제개혁과 개방을 헌법 개정에 반영했다. 개정 헌법은 공산당 1당 체제를 인정하되 헌법의 틀 내에서 운용하도록 규정했다. 1993년에는 토지법을 제정했다. 사회주의 국가로 원칙적으로 토지는 국가의 소유였지만 토지의 사용권에 대해 분명히 했다.

도이머이 이후 베트남 경제는 "중앙집권적 계획경제"에서 국영, 민영, 외국인기업이 공존하는 다부문 경제로 전환되었다. 외국인투자가 유입되자 국내 기업을 육성하기 위해 국내투자장려법1994을 제정했으며 1998년 이를 개정했다. 국영기업의 자율권을 확대했고 1991년부터 부실 국영기업의 해산 및 합병을 추진하였다. 또한 1990년대 중반부터 주식회사화equitization 방식으로 국영기업의 민영화를 추진했다. 1999년 회사법과 사기업법을 통합하고 국영기업법의 일부 내용을 수용한 기업법1999을 제정하여 개인기업자영업의 등록을 장려했으며, 이후 정부의 간섭 없이 기업 설립이 가능해서 개인기업의 수가 급증했다.

일련의 개혁과 개방 조치의 도입 과정에서 베트남은 국내 제도를 갖추기 전부터 외국인투자 유치에 우선순위를 두었다. 베트남이 외국인투자를 유치하자 인도네시아, 태국 등에 노동집약적 경공업 투자를 하고 있던 대만과 한국이 가장 먼저 관심을 보였다. 한국과 대만 기업들은 문화적으로 베트남이 다른 아세안 국가에 비해 유사성이 더 크고 사업이 용이할 것이라고 생각했다. 특히 한국 기업은 1992년 양국 국교가 공식적으로 수립되기 이전부터 임가공 형태의 사업을 하고 있었는데 이들에게 베트남은 아시아의 마지막 시장으로 인식되었다.[4]

개방정책으로 외국인투자가 유입되었으나 이들은 미국 시장 개방을 기다리고 있었다. 미국과의 관계 개선이 이루어지지 않는다면 노동집약적 경공업 투자가 지속될 수 없었다. 베트남 대외관계의 핵심은 대미관계 회복이었다. 세계 최강국 미국은 베트남전 파병 실종자와 미군 포로 문제로 자존심의 상처를 입었고 이는 베트남 신드롬이라는 말로 표현되었다. 1980년대 말까지 베트남과의 우호관계 수립은 미국에서 일종의 금기어나 다름없었다. 온건파들이 국교정상화를 시도하기도 했지만 강경파의 반대에 밀렸고 특별한 명분 없이 미국은 국교정상화를 미루고 있었다. 도이머이 정책 이후 양국은 대화를 시작하고 1989년에는 미군 실종자의 수색협력이 시작되었다. 1991년 부시 정부가 양국의 국교정상화 일정을 발표했고 클린턴 정부는 1994년 2월에 엠바고를 해제함으로써, 양국은 마침내 베트남전쟁이 끝난 지 20년이 지난 1995년에야 국교를 정상화하고 외교관을 파견하였다.

미국의 암묵적인 동의 아래 베트남은 1995년 1월에 WTO 가입을 신청했다. 가입까지는 10년 이상 더 기다려야 했지만 세계 경제로 복귀한다는 신호였다. 그리고 같은 해 7월에는 아세안에 가입했다. 아세안의

베트남의 주요 대외관계 변화

시기	주요 내용
1975. 4	베트남전 종전으로 미−베트남 국교 단절
1986. 12	도이머이 정책 시작
1989	미군실종자(MIA) 수색협력 시작
1991. 4	미국, 대베트남 국교정상화 일정안 발표 − 미국, 양국 간 통신 재개 허용(92. 4) − 엠바고 해제 1단계로 미국 국제기구 차관 동의(93. 7) − 미국, 자국기업 베트남 개발프로젝트 참여 허용(93. 9)
1994. 2	미국, 엠바고 해제
1995. 1	양국 연락사무소 개설협정 체결
1995. 7	국교정상화 발표 − 외교관 파견
1995. 7	베트남 아세안 가입
2000. 7	쌍무무역협정 체결 − 쌍무무역협정 발효 (2001. 12)
2007. 1	베트남 WTO 가입

자료: 다수 자료에서 정리

성립과 발전 과정에서 베트남 공산화가 하나의 추동력이었는데 이제 그 베트남이 아세안 회원국이 된 것이다. 베트남은 또한 1998년 11월 아시아태평양경제협력체APEC에 가입하면서 대외경제관계를 동남아에서 동북아 및 북미지역까지 확대했다.

　미국과의 외교관계가 정상화되었지만 무역정상화는 더 많은 시간이 걸렸다. 미국이 국교를 정상화하면 곧 무역관계도 정상화될 것으로 생각하고 경공업체들이 베트남에 진출한 것이 1990년대 초였지만 미국은 사회주의 국가였던 베트남과 무역관계를 정상화하고 무역특혜를 부여하기에는 먼저 밟아야 할 절차가 있었다. 마침내 2001년 12월, 미국-베트남 무역협정의 발효로 베트남전쟁 이후 경제발전에 가장 큰 장애였던 미국과의 관계정상화를 완료했다. 베트남은 ASEM 정상회의2004, APEC 정상회의2006를 성공적으로 개최하면서 세계 속의 베트남으로 등장하였고 2007년에는 마침내 WTO 회원국이 되었다.

베트남은 2007년 1월 11일, 150번째 WTO 회원국이 되었는데 신청 후 8년 동안 이해당사국과의 협상을 거쳤다. 베트남은 WTO 가입 협상에서 비시장경제국Non-Market Economy, NME5 지위를 수용하고, 미국 및 EU와는 쌍무 협상에서 2018년까지 비시장경제국 지위를 유지하는 데 합의했다. WTO 가입으로 베트남은 수입관세를 인하하고 비관세장벽도 축소했다. 농산물 및 비농산물의 양허 관세율을 0~35%로 하되, 평균 실행 관세를 기존 17.4%에서 5년에 걸쳐 13.4%로 인하하기로 했다. 중고차 수입금지를 포함하여 수량제한 등도 폐지했다.

WTO 가입을 앞두고 베트남은 경제활동의 투명성과 개방성 제고, 글로벌스탠더드의 수용을 위해 2005년 말에 통합기업법Common Enterprise Law과 통합투자법Unified Investment Law을 제정했다. 국내기업법과 외국인투자법의 일부를 통합한 2005년 통합기업법은 다음 해부터 시행되었는데 여기서 처음으로 기업집단제도를 명시했다. 기업경쟁력 확보를 위해 그룹화도 추진했는데 한국의 재벌이나 중국의 기업집단을 모방했다. 통합투자법은 기존 국내투자장려법과 외국인투자법의 일부 내용을 통합한 것인데 역시 2006년 7월부터 시행했다. 베트남은 이들 새로운 제도의 시행과 함께 국영기업의 민영화를 본격적으로 추진하여, 2010년까지 완료하기로 했다. WTO 가입은 베트남 경제가 세계 경제 체제의 일원으로 자리 잡은 것이며 도이머이에 이은 제2의 개방과 같았다.

2. 성장 잠재력과 외국인투자의 조화

풍부한 인력과 인구구조의 축복

베트남은 첫 번째 밀레니엄 시대, 거의 천 년 동안 중국의 지배를 받았고, 베트남 왕조가 시작된 이후에도 중국의 영향을 받았다. 베트남어는 중국어와 다르지만 단어는 중국어를 많이 차용한다. 로마자화 된 베트남의 알파벳은 16세기 중반에 서양 선교사가 베트남어 성조를 표기하기 위해 사용한 이후 천주교와 식민당국에 의해서만 사용되었을 뿐이고 베트남 왕조에서는 여전히 한자어를 썼다. 1919년에 과거제도가 폐지될 때까지 한자어는 중요한 소통수단이었다.

유교 문화는 생활 속이나 베트남인의 사고체계에 깊이 뿌리박혀 있다. 가족애, 국가관, 사회적 규율은 대부분 유교 문화에 근거를 두고 있고, 유교 문화에 영향받아 베트남인은 근검하고 교육을 강조한다. 이미 2000년에도 해당 연령대에서 베트남의 초등학교 졸업 비율은 99%로 다른 인도차이나 국가에 비해 월등히 높았고, 태국의 84.9%, 인도네시아의 93.8% 등 선발 아세안국에 비해서도 더 높았다.[6] 종교조차도 중국의 영향을 받아 대승불교를 기반으로 하고 있어, 이슬람이나 소승불교에 기반을 두어 종교가 삶의 전체를 지배하는 다른 아세안과 비교해, 내세보다는 현세를 더 중시한다. 이렇게 많은 면에서 같은 아세안에 속하면서도 베트남은 다른 아세안 국가와는 달랐다. 한 기업인은 베트남 사람들이 다른 아세안 사람들과는 달리 젓가락을 쓰고 방에 들어갈 때는 신발을 벗기 때문에, 손재주가 좋을 것이고 청결하여 첨단 산업을 육성하는데 적합할 것이라고 주장할 정도였다.[7]

베트남의 가장 중요한 자원은 인구이다. 독립운동과 내전을 겪고 안정을 찾자 인구가 급격히 증가해 1970년 전체 인구는 4,300만 수준에서 1980년에는 5,400만 명 수준으로 증가했고, 증가율이 둔화되고 있지만 2015년에는 9,300만 명까지 늘어났다. 인구가 1억에 이른다는 것은 어떤 산업을 육성해도 기본적인 시장 수요가 존재한다는 것을 의미한다. 더구나 베트남의 도시화율은 2000년 24.2%에서 2010년 30.5% 그리고 2017년 35%로 증가했는데, 아직 절대적으로 많은 인구가 농촌에 거주하고 있다. 이런 농촌의 많은 인구는 도시가 일자리를 제공할 기회만 있다면 지속적으로 도시로 이주할 것이고, 숙련 인력의 인건비는 빠르게 오르고 있지만 평균적으로 임금은 안정을 유지할 수 있다.

인구의 절대 규모뿐만 아니라 연령구조에서도 경제성장에 유리한 상태다. 전쟁으로 젊은 층 인구 비중이 크지 않은 상태에서 1980년까지도 19세 이하의 유소년 인구 비중이 50%를 넘었고, 경제활동을 활발하게 할 수 있는 생산가능연령 20~64세 인구 비중은 42.6%에 불과했으나 이후 이 구조는 급격히 변했다. 2000년에는 19세 이하 인구가 3,400만 명 수준으로 1980년 대비 크게 증가했으나, 20~64세 인구는 동 기간 80% 가까이 증가한 4,100만 명 이상이었다. 그 결과 생산가능인구 비중

		1970	1980	1990	2000	2010	2015	2020
인구	0~19	2,327	2,828	3,260	3,357	2,961	2,827	2,908
	20~64	1,780	2,311	3,149	4,121	5,265	5,824	6,060
	65~	234	290	391	513	571	617	766
	계	4,341	5428	6,799	7,991	8,797	9,268	9,734
비중	0~19	53.6	52.1	47.9	42.0	33.7	30.5	29.9
	20~64	41.0	42.6	46.3	51.6	59.8	62.8	62.3
	65~	5.4	5.3	5.7	6.4	6.5	6.7	7.9
	계	100.0	100.0	100.0	100.0	100.0	100.0	100.0
부양비 ((0~19)+(65~))/(20~64)		1.44	1.35	1.16	0.94	0.67	0.59	0.61

자료: 유엔

은 1980년 42.6%에서 51.6%로 증가했다. 2015년에는 생산가능인구가 5,800만 명 이상으로 증가했고 그 비중도 62.8%에 이르렀다. 생산가능인구가 증가한다는 것은 사회적으로 비경제활동인구에 대한 부양책임이 감소한다는 의미이다. 즉 경제활동인구 한 사람이 비경제활동인구 몇 사람을 부양해야 하는가를 나타내는 부양비는 1980년 1.35명에서 2015년 0.59명으로 감소했다. 부양비율의 감소는 국민경제 전체로 저축의 증가를 통한 투자 증대와 경제적 역동성이 높아진다는 것을 뜻한다.

경쟁력 있는 1차 산업과 낮은 빈부격차

통일 당시 북베트남 지도자들이 기대한 바와 같이 베트남은 남부의 메콩 델타를 중심으로 쌀을 비롯한 농업의 잠재력이 크다. 경제개혁으로 1980년대 들어 이미 쌀 생산량이 증가했을 뿐만 아니라 농업 생산물의 다각화도 빠른 속도로 이루어졌다. 쌀 생산량은 1980년 1,164만 톤에서 88년에는 1,700만 톤으로 증가했고, 2000년에는 3,253만 톤으로 그리고 2017년에는 4,276만 톤까지 증가했다. 과거 쌀을 수입했던 베트남은 1989년부터는 쌀 수출국이 되었다.

특용작물 생산은 더욱 눈부시게 증가했다. 1988년 3만 톤을 약간 넘었던 커피 생산량은 2006년 98만 톤으로 늘어나 세계 유수의 커피 수출국이 되었고, 2017년에는 153만 톤까지 생산했다. 고무도 이 기간 5만 톤에서 2006년 56만 톤으로, 그리고 2017년에는 109만 톤으로 증가했다. 어획고는 1995년 158만 톤에서 2005년 346만 톤으로 그리고 2017년에는 723만 톤으로 늘어났다. 자연어업보다는 양식어업이 더 빠른 속도로 증가했는데, 특히 새우 양식은 태국의 CP 등이 투자한 데 힘입어 수출산업의 하나로 부상했다. 농수산품의 생산이 증가하면서 수출도 늘어났다. 2018년 1차 산품 기반의 수출 중 가장 대표적인 상품이 목재품과 수산물이었다. 수산물 수출은 2014년 이후 소폭 증가했으나 목재품은 대폭 증가했다. 커피와 캐슈너트 수출도 2018년 34~35억 달러로 전통적으로 강했던 쌀 수출을 제쳤다. 다년생 농산물의 수익성이 쌀보다 훨씬 높다는 사실을 의미한다.

베트남은 개방 초기 외국인투자를 유치하여 원유 탐사와 생산을 시작했다. 그 결과 1988년 69만 톤에 불과했던 원유 생산량은 2006년에는 1,700만 톤으로 증가했고, 2015년에는 1,875만 톤을 생산했다. 베트남의 공산품 수출이 아직 많지 않던 시기에 원유는 주요한 수출품이었고,

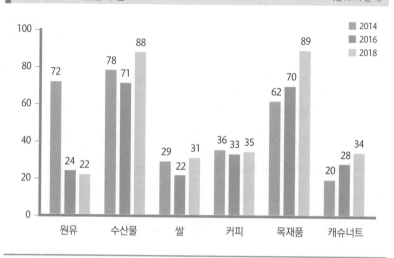

자료: 베트남 통계국

특히 2005년 이후 수년간 지속된 고유가 시대에는 베트남 경제에 큰 도움이 되었다. 그러나 원유 탐사에 대한 투자가 부진하여 2017년에는 생산량이 1,552만 톤으로 감소했고, 원유 수출은 그보다 더 많이 줄었는데 이는 2009년 완공된 둥쾃Dung Quat 정유소의 가동 때문이다. 또한 2018년 말에는 제2의 정유소인 응이손Nghi Son 정유소가 상업 가동을 시작하여 이제 베트남은 원유를 수입한다.

농업의 상대적으로 높은 생산성과 잠재력 때문에 농촌 인구가 절대적으로 많음에도 불구하고 농업과 제조업의 노동생산성 격차가 다른 아세안이나 심지어 한국에 비해서도 더 낮다. 또 바로 이 점이 베트남이 빠른 속도로 공업화를 하고 있으나 농촌 인구가 도시로 이주하는 것을 막는 요인이 된다. 물론 도농 간의 생산성 격차가 크지 않다는 사실은 베트남이 다른 아세안 국가에 비해서 빈곤 문제를 잘 해결하고 있는 이유이기도 하다.

외국인투자의 유입

베트남이 문호를 개방하자 기존에 다른 동남아 국가로 향하던 한국, 대만, 홍콩, 싱가포르 등 이른바 아시아 4마리 용의 기업들이 베트남의 문을 두드리기 시작했다. 이들은 모두 베트남과 동일한 유교 문화권에 속하였기 때문에 다른 아세안에 비해 노동자의 노동윤리를 포함하는 문화적 유사성이 더 높았다. 이들은 일단 인프라 시설이 더 갖추어져 있고, 시장에 대한 이해도가 높았던 호찌민 주변에 섬유, 봉제, 신발 분야 투자를 시작했다. 특히 국제 사회에서 미아와 같았던 대만은 새로 문을 열면서 외국인 기업의 투자를 유치하던 베트남에 상대적으로 쉽게 접근할 수 있었는데 1992년에는 호찌민 근처 탄투언Tân Thuân에 대만 기업들을 위한 수출가공단지를 건설하기도 했다. 싱가포르 역시 싱가포르의 지역화 전략에 따라 아세안에 부동산 및 인프라투자를 시작했다.

이 시기에 베트남에 들어간 기업들은 비록 사회간접자본 등 기업 활동에 필요한 인프라는 부족했지만 적어도 베트남 정부가 다른 아세안 국가에 비해 오히려 더 효율적이었고, 베트남 노동 인력이 훨씬 더 학습력이 뛰어나다는 사실을 발견했다. 호찌민에는 갑자기 밀려오는 외국인 비즈니스맨들을 수용할 호텔이 없어서 일본의 사업가가 멀리 호주에서 견인해 와 사이공강에 정박시킨 중고 선박을 개조한 플로팅호텔에 머무를 정도였다. 당시 베트남의 1인당 국민소득은 200달러 정도였는데 플로팅

호텔의 1박 숙박비는 140달러에 이르렀다.[8]

한국, 대만, 일본의 노동집약적 기업들은 섬유, 의류, 신발 등에 투자했는데, 자국에서 경쟁력을 잃은 산업을 생산비가 저렴한 베트남으로 이전하여 효율성을 제고할 목적과 베트남-미국 관계가 개선된다면 미국 시장을 이용할 수 있다는 기대를 동시에 갖고 있었다. 외국인투자 실행 금액은 1988년까지 연간 1,000만 달러에 미치지 못했지만, 1991년 4.3억 달러로 증가했고 1997년 32.8억 달러까지 급증했다. 아세안의 외환위기와 함께 주요 투자국이던 동북아와 아세안 국가들이 생존을 위한 구조조정을 하는 과정에서 대베트남 투자는 2004년까지 정체되어 1997년 수준을 하회했으나 2005년에는 다시 33억 달러로 최고 수준에 이르렀다. 2007년 베트남의 WTO 가입으로 2008년에는 투자 집행액이 115억 달러가 될 정도로 폭증했다. 글로벌 금융위기로 다시 투자가 정체했지만 100억 달러 이하로는 떨어지지 않았고, 2013년부터 회복되어 2017년에는 175억 달러의 외국인투자가 실제로 이루어졌다.[9]

베트남에 투자한 곳은 주로 동북아 국가의 기업이었다. 투자 유입액 누계는 2017년 말 프로젝트가 24,803건에 등록 자본금은 3,196억 달러에 이르는데, 한국의 투자가 6,549건 579억 달러이며, 일본이 3,607건 493억 달러, 그리고 대만이 2,534건 309억 달러, 홍콩이 1,284건에 179억 달러, 중국 기업의 투자가 1,817건에 120억 달러였다. 여기에 싱가포르 기업의 투자가 1,973건에 425억 달러였다.[10] 이들 6개국의 투자 비중이 프로젝트 건수로는 71.6%, 금액 65.9%였다. 프로젝트당 등록 자본금은 싱가포르가 가장 많아 2,156만 달러이며 홍콩기업도 1,397만 달러로 상대적으로 크다. 이에 비해 한국 기업의 평균 투자금액은 884만 달러이다. 싱가포르나 홍콩 기업의 투자가 상대적으로 비제조업, 공업단지 개발 등에 더 많고, 한국 기업은 구조조정 차원에서 진출한 중소기업의 투자가 많기 때문이다.

시간이 지나면서 초기의 노동집약적 경공업체의 투자가 많았으나 점점 자본 및 기술집약적인 기업들도 투자했다. 물론 자본 및 기술집약적인 업종도 수출 산업의 경우 노동집약적 공정 위주로 베트남에 이전되었다. 대표적인 자본 및 기술집약적 전자제품은 대부분 다국적 기업의 투자를 통해 생산되고 있다.

외국인 직접투자 증가와 함께 베트남의 공산품 생산도 증가했다. 대표적인 노동집약적 제품인 스포츠화의 생산량은 2010년 3.47억 켤레였으나 2018년에는 8.29억 켤레에 달해 이 기간 2.4배나 늘었다. 철강도 2010년 841만 톤에서 2018년 1,944만 톤으로 2.3배 확대되었다. 전자산업에서는 휴대전화가 이 기간 동안 3,750만 대에서 2억 590만 대로 증가했고, 가정용 세탁기는 47만 대에서 390만 대로 8.3배가 늘어났으며, TV 수상기 또한 280만 대에서 1,317만 대로 4.7배나 많아졌다. 전화기를 제외하면 모두 2010년에서 14년까지의 생산 증가에 비해, 2014년에서 18년의 생산 증가율이 더 높다. 즉 베트남의 공업 생산 증가는 가속화하고 있다.

베트남 정부는 일부 품목에 한해 외국인 기업의 생산량을 밝히고 있는데, 철강의 경우 2010년 841만 톤 중에서 외국인 기업이 307만 톤을 생산했고, 2017년에는 1,767만 톤 중에서 689만 톤을 외국인 기업이 생

	2010	2014	2018	2014/ 2010	2018/ 2014	2018/ 2010
스포츠화(백만 켤레)	347	567	829	1.6	1.5	2.4
시멘트(만 톤)	5,580	6,098	8,895	1.1	1.5	1.6
철강(만 톤)	841	1,074	1,944	1.3	1.8	2.3
휴대전화(만 대)	3,750	18,140	20,590	4.8	1.1	5.5
TV 수상기(만 대)	280	343	1,317	1.2	3.8	4.7
가정용 세탁기(만 대)	47	92	390	2.0	4.2	8.3
가정용 냉장고(만 대)	154	152	268	0.99	1.8	1.7
자동차(천 대)	112	134	269	1.2	2.0	2.4

자료: 베트남 통계국

산했다.[11] 구분해서 발표하지는 않지만 TV 수상기의 경우 베트남 기업이 일부 조립하여 중저급품 시장인 농촌 부문에서 많이 팔고 있다. 자동차의 경우도 다국적 기업이 직접 조립하거나 베트남 기업이 조립하기도 하지만 주류는 아니다. 세탁기, 냉장고, 휴대전화는 모두 다국적 기업이 생산한다고 볼 수 있다. 세탁기 생산이 빠르게 증가하고 있는데 이는 한국의 삼성전자와 LG전자의 생산량 증가 때문이다. 양사는 중국에서 생산된 세탁기가 미국의 상계 관세 대상이 되자 이를 베트남과 태국으로 이전시켜 생산했다.

외국인투자의 역할과 비중

외국인투자의 증가, 특히 제조업 부문 투자로 베트남 수출은 빠른 속도로 증가했다. 수출은 1990년 25억 달러에서 2005년 324억 달러로

교역에서 차지하는 외국인투자 기업 비중(2018)

(단위: 억 달러, %)

	수출		수입	
	금액	비중	금액	비중
전체	2,435	100.0	2,367	100.0
외국인(원유 포함)	1,737	71.3	1,417	59.9
외국인(원유 미포함)	1,715	70.4		

자료: 베트남 통계국

수직 증가했고, 2018년에는 2,435억 달러에 달했다. 물론 외국인 기업들이 완제품 조립을 위한 소재와 중간재의 수입도 증가하여 수입은 2005년 368억 달러, 2018년에는 2,367억 달러로 증가했다. 외국인투자 기업이 담당하는 수출입 비중은 2018년 수출에서 71.3%, 수입에서 59.9%를 차지하고 있다. 개도국의 공업화 과정에서 소재와 중간재의 수입이 증가하면 무역수지는 적자가 되는 것이 보통이고 베트남도 2007~10년에는 무역수지 적자가 연평균 100억 달러 이상이었다. 무역수지 적자의 누적으로 외환유동성에 대한 신뢰가 무너지면서 베트남이 외환위기에 직면할 가능성이 점쳐지기도 했다. 그러나 베트남은 전자산업에 대대적인 투자를 유치하면서 수출입의 균형을 맞추었고 2012년부터는 많지는 않지만 흑자기조를 유지하고 있다. 이 때문에 베트남의 외환위기에 대한 우려는 거의 사라졌다.

베트남은 동북아 국가의 기업들이 투자해서 생산된 제품을 역외 지역으로 수출하는 형태로 세계 경제 속에 편입되어 있다. 베트남은 동북아에서 부품과 중간재를 수입하고, 완제품은 미국이나 EU 등으로 많이 수출한다. 베트남의 수출은 2018년 2,435억 달러였는데 미국에 475억

베트남의 지역별 수출입(2018)			(단위: 억 달러)
	수출	수입	무역수지
계	2,435	2,367	68
EU	420	139	281
아세안	247	318	-71
대만	32	132	-100
한국	182	475	-293
미국	475	128	347
홍콩	80	15	65
일본	189	190	-1
중국	413	654	-241

자료: 베트남 통계국

달러, EU에 420억 달러를 수출하여 양 지역이 전체의 36.8%를 차지했다. 수입 2,367억 달러 중 중국에서 654억 달러, 한국에서 475억 달러로 두 나라에서 47.7%를 조달하고 있다. 무역수지에서는 한국에 293억 달러, 중국에 241억 달러의 적자를 보이지만, 미국에는 347억 달러, EU에 281억 달러의 흑자를 기록하고 있다.

외국인 직접투자는 교역뿐만 아니라 다양한 측면에서 중요한 역할을 하면서 베트남 경제를 이끌어 가는 3대 주체의 하나이다.[12] 외국인투자가 전체 투자에서 차지하는 비중은 2010년 이후에는 지속적으로 20% 이상을 유지하고 있고 2018년에도 23.4%였다. 국영기업의 투자 비중 33.3%보다는 낮지만 다른 아세안 경쟁 국가인 말레이시아, 태국, 인도네시아, 필리핀에 비해서는 훨씬 높다. 외국인투자의 GDP 기여 비중은 20.3%로서 국영기업 27.7%보다는 적지만, 기업 부문 고용은 31.1%로

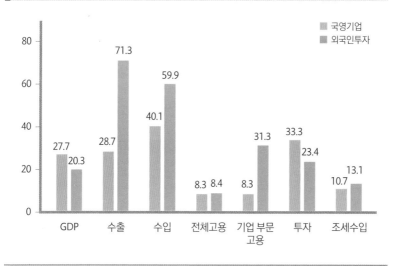

주: 수출입의 국영 부문은 베트남(국영 및 민간) 전체이며 기업 부문 고용은 2017년 실적
자료: 베트남 통계국

서 국영기업 8.3%보다 훨씬 높다. 외국인투자는 투자, 즉 자원의 사용은 적지만 수출입 비중은 훨씬 높고 또 고용창출 효과도 더 높다. 외국인 기업에 종사하는 피고용인은 2012년 224만 명에서 2018년에는 454만 명으로 증가했다.

한편 지난 30년 동안 국영기업 구조조정은 베트남 경제개혁의 핵심 과제였다. 민영화의 1단계는 정부의 사업조직을 주식회사로 전환하는 주식화 cổ phần hóa, equitization이고, 2단계는 이 주식회사를 비정부 부문으로 이전하는 단계이다. 정부는 2010년까지 국영기업의 주식회사화를 완료할 계획이었으나 달성하지 못했다. 그런데 베트남 정부는 2017년에 다시 국영기업의 민영화를 강조하기 시작했다. 이제 민영화는 대규모 국영기업의 해외 매각을 통해 외국인투자 유치 전략과 결합되었다. 예컨대 2017년 12월, 정부는 호찌민증권거래소에서 사이공비어 Saigon Beer Alcohol Beverage Corp, SABECO의 지분 89% 중에서 53.59%를 공개입찰을 통해 태국의 짜른그룹에 48억 달러에 매각했다. 이제 외국인 직접 투자는 베트남의 논밭에 새로 공장을 짓는 그린필드형 투자 외에 기존 기업을 매수하는 M&A형이 가미되고 있다.

3. 수출주도 공업화와 역내 선진국으로의 도약

세계적으로도 빠른 경제성장

2000년대 들어 베트남은 다른 아세안 국가와 비교해 고도성장을 거듭했다. 2011~17년 평균 경제성장률은 6.1%였는데 같은 기간 필리핀의 6.2%에 비해서는 낮지만 인도네시아 5.4%, 태국 3.1% 등에 비해서는 훨씬 높았다. 2005~10년에도 베트남의 성장률은 6.3%로 이 기간 동안 6.9% 성장한 싱가포르를 제외할 때 가장 높은 수준이었다. 2001~05년까지는 6.9%의 성장률로 다른 아세안 국가들의 성장률을 압도하였다. 이러한 성장률은 개혁개방 이전인 1981~85년의 0.8%, 개혁을 시작할 당시인 1986~90년의 4.8%에 비해서 큰 변화였다.

고도성장으로 1인당 소득도 빨리 증가했다. 1인당 GDP는 2000년 불변가격 기준으로 도이머이를 시작한 1986년 384달러로 아세안 주요국 중 가장 소득이 낮았던 필리핀의 1,390달러에 비해 30% 수준에도 미

아세안 주요국의 1인당 소득(2000년 불변가격 기준)								(단위: 미달러)
	1986	1992	1998	2004	2010	2014	2018	2018/1986
인도네시아	1,438	1,879	2,084	2,417	3,113	3,693	4,285	2.98
말레이시아	3,708	5,132	6,361	7,726	9,071	10,398	12,109	3.27
필리핀	1,390	1,449	1,559	1,768	2,129	2,506	3,022	2.17
태국	1,727	2,873	3,236	4,190	5,075	5,591	6,362	3.68
베트남	384	477	697	950	1,310	1,565	1,964	5.11
한국	5,953	9,719	12,652	17,905	22,087	24,324	26,762	4.50

자료: 세계은행(WB)

치지 못했지만 2018년에는 필리핀의 65% 수준으로 높아졌다. 실제로 이 기간에 베트남의 1인당 소득은 5.11배 증가해, 베트남을 제외하고 가장 높았던 태국 3.68배에 비해서 더 높았고, 필리핀의 2.17배와 비교해서는 2배 이상이었다.

빈곤 문제도 다른 국가에 비해서 더 빠른 속도로 해결해 왔다. 구매력평가PPP에 의한 2011년 불변가격 기준 하루 3.2달러 이하로 생활하는 인구 비중이 베트남은 2002년 70.8%로 국민의 절대다수가 빈곤한 삶을 살고 있었으나 2014년에는 11.2%까지 하락했다. 필리핀의 경우 2000년 43.1%에서 2015년 33.7%, 그리고 인도네시아는 2000년 79.9%, 2016년에는 30.9%였다. 베트남은 앞서 있던 필리핀이나 인도네시아에 비해 훨씬 빠른 속도로 빈곤 문제를 해결한 것이다. 소득분배에서도 베트남은 다른 국가보다 훨씬 양호하다. 베트남의 2014년 상위 20% 소득의 하위 20% 소득비는 5.9배였으나, 필리핀은 2015년 7.2배였고 태국은 2013년 6.5배, 인도네시아는 2013년 6.6배였다. 지니계수도 베트남은 0.348로

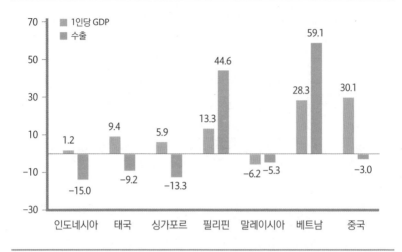

아세안 주요국의 명목소득 및 수출증가율(2015~18 평균/2011~14 평균) (단위: %)

자료: 세계은행(WB)

태국은 0.378보다도 훨씬 낮았다.[13] 이처럼 1990년 이후 베트남은 경제 성장의 기적을 만들었다.

아세안 주요국의 명목소득과 수출증가율을 2011~14년의 4년 평균 치와 2015~18년 4년 평균치 증가율을 비교해 보면 베트남의 1인당 명목 소득은 28.3%가 증가했는데, 중국의 30.1%에 비해서는 다소 미치지 못 하지만 다른 주요 아세안 국가에 비해서는 훨씬 높다. 특히 말레이시아 는 4년 동안 1인당 명목소득이 6.2% 하락했고, 인도네시아도 1.2% 성장 하는 데 그쳤다. 수출증가율은 베트남이 59.1%로 필리핀의 44.6%보다 훨씬 높았다. 중국을 포함한 주요국 대부분이 이 기간에 수출이 감소했 다는 점에서 베트남의 성과가 얼마나 대단한지 알 수 있다.

아세안의 대표 수출국으로서의 부상

베트남이 보여준 경제성장의 기적 중에서도 가장 놀라운 분야는 수출이다. 2000년 수출액은 145억 달러로 다른 아세안 국가보다 훨씬 적었다. 수출규모가 가장 작았던 필리핀도 같은 해 수출이 382억 달러로 베트남의 2.5배였고, IT 기반의 신경제로 전자산업이 호황을 보이면서 수출이 활황을 보였던 말레이시아의 982억 달러에 비해서는 1/7 수준에 불과했다. 그러나 베트남 수출은 2007년 필리핀 수출규모를 넘어섰고 2009년에는 글로벌 금융위기의 여파로 수출이 정체했으나, 다른 아세안 국가들이 받은 부상에 비해서는 경미한 상처만 입고 회복되었다. 이후 빠른 속도로 증가하여 2015년에는 인구규모가 2배가 넘는 인도네시아의 수출을 능가하였다. 베트남은 이 시기에 전자산업이 수출을 견인하면서 2018년에는 2,435억 달러로 태국, 말레이시아와 비슷한 규모의 수출을 달성했다.

수출의 고도성장은 충실한 공업화의 결과이다. 베트남은 같은 발전단계에 있는 국가들이 밟아 나간 공업화를 추진하되 경쟁력은 더 높은 상태로 만들었다. 이러한 상황은 대표적인 경공업 부문인 의류와 신발산업에서 베트남과 인도네시아, 그리고 캄보디아의 수출실적을 비교해 보면 알 수 있다. 2008년 베트남의 수출액은 164억 달러로 이미 인도네시아의 79억 달러보다 많았고, 경제규모가 작은 캄보디아는 이제 한국, 중국, 대만의 봉제업체들이 진출하면서 의류산업을 수출 산업으로 육성하고 있었다. 2017년까지 3국의 수출실적은 극적으로 변화하여 베트남의 수출은 480억 달러에 이른 반면, 인도네시아는 128억 달러, 캄보디아

아세안 주요국의 의복 및 신발 수출 추이　(단위: 억 달러)

- 인도네시아
- 캄보디아
- 베트남

2008: 79, 31, 164
2012: 107, 43, 216
2015: 118, 100, 339
2017: 128, 131, 480

자료: 국제무역센터(ITC)

는 131억 달러였다. 인도네시아가 노동력이 풍부한 국가라는 점에서 풍부한 노동력을 충분히 이용하지 못한 데 비해 베트남은 그 반대의 상황을 만들어 낸 것이다.

아시아 신흥공업국이나 선발 아세안의 경제성장 과정에서 경공업제품의 주요 수출 시장은 미국과 EU였다. 따라서 베트남이 개방을 할 때 외국인 투자자들은 미국 시장을 이용할 수 있는가를 중요하게 생각했다. 동아시아 기업들은 1980년대 중반부터 미국과 선진국들의 특혜관세GSP 축소, 인건비 상승 등에 직면하자 미국과 국교정상화의 가능성이 높았던 베트남에 투자를 고려한 것이다.[14] 베트남은 2018년 163억 달러의 신발 수출 중 미국 시장에만 58억 달러를 수출했다. 섬유의류 수출은 2018년 305억 달러 가운데 미국에 137억 달러를 팔았다. 이처럼 미국은 베트남의 수출주도형 공업화 과정에서 최대의 시장을 제공했다. 베트남은 오바마 정부 시기에 환태평양경제동반자협정TPP에 가입하기 위해 협상에 참여했는데 이는 미국 시장에서 섬유제품과 신발 등 경공업제품에서 중국과의 경쟁우위를 확보하기 위함이었다. 미국과 중국이 무역전쟁을 하는 오늘날 베트남이 상당한 반사이익을 거둘 것이라는 평가가 많다.

세계 휴대전화 생산의 요람

베트남은 전기전자산업의 새로운 생산기지로 부상했다. 전자산업은 1990년대 초반 호찌민과 하노이를 중심으로 다국적 기업의 가전제품 투자에서 시작되었다. 전자 내구 소비재의 시장이 형성되기 이전에 이미 많은 전자업체들이 베트남에 진출했다. 한국의 삼성전자, LG전자, 대우전자 등이 1990년대 전반기에 베트남에 투자했는데 내수시장이 작아 가동률은 모두 낮은 편이었다. 이후 20여 년 사이에 전자산업은 급격한 변화를 거쳤고 적어도 수출액으로 보면 베트남은 다른 아세안 국가에 비해 전자산업을 빠르게 고도화하고 있다. 베트남 최대의 전자제품 수출품은 휴대전화와 전자집적회로이지만 가정용 전자제품뿐만 아니라 카메라도 중요한 수출품으로 등장했다. 가정용 전자제품은 삼성과 LG 등 한국이나 일본 기업 중심으로 생산·수출하고 있으며, 집적회로는 인텔, 그리고 일본의 캐논이 카메라를 생산하고 있다.

가정용 전자제품의 조립생산에 머물렀던 베트남 전자산업에 일대 전기가 된 것은 인텔의 투자였다. 인텔은 2007년 3월부터 10억 달러를 투입해 호찌민에 반도체 어셈블리와 테스트 공장을 건설하기 시작했다.

이 공장은 2010년 가동을 시작했다. 인텔은 유사한 생산설비를 말레이시아에도 갖추고 있었으나 저임금의 풍부한 노동력을 이용하기 위해 베트남이라는 입지를 선택했다. 투자는 성공적이었고 인텔은 2014년 말부터 CPU 생산라인을 증설했다. 이 시기에 특히 대만의 OEM, EMS 업체들도 베트남에 관심을 보이기 시작했다. 실현되지는 않았지만 세계 최대의 주문형 전자업체인 폭스콘Foxconn도 IT단지 건설에 50억 달러의 투자를 고려한 바 있고, 노트북 컴퓨터업체인 컴팔Compal도 베트남에 투자했다. 전자업체는 아니지만 대만의 포르모사플라스틱그룹이 제철소를 건설하기도 했다. 포르모사그룹이 시작한 제철소는 220억 달러 이상 투자되는 거대한 프로젝트로서 대만의 국영 철강회사인 중국철강까지 가세하여 거국적인 프로젝트가 되었다.

인텔의 투자 이후에 실질적으로 베트남의 전자산업 지형을 바꾼 것은 삼성전자의 투자였다. 삼성전자는 박닌성에 25억 달러를 투자하여 2009년 4월 휴대전화 공장을 가동했다. 곧이어 2014년에는 박닌성과 멀지 않은 타이응우옌성에 제2의 휴대전화 공장을 가동하기 시작했으며, 가동과 함께 증설을 시작했다. 또한 삼성전자는 기존 호찌민에 있던 1990년대 진출한 SAVINA의 생산시설을 대체하고 아세안의 중심 가전 생산기지를 만들기 위해 호찌민의 사이공 하이테크파크SHTP에 HCMC CE Complex SEHC를 건설했다.

특히 삼성전자의 투자로 개발된 베트남의 통신기기 휴대전화 산업은 베트남을 중요한 전자산업 생산기지로 변모시켰다. 베트남의 휴대전화 수출은 2006년 1천만 달러였으나 2010년 21억 달러, 2017년에는 475억

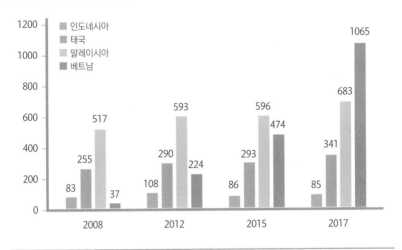

아세안 주요국의 전자전기(HS 85) 수출   (단위: 억 달러)

- 인도네시아
- 태국
- 말레이시아
- 베트남

자료: 국제무역센터(ITC)

달러, 2018년에는 491억 달러로 증가했다. 집적회로 역시 2006년 1억 달러에서 2010년 4억 달러, 2014년 22억 달러 그리고 2017년에는 68억 달러로 증가했다. 2017년 말 삼성전자베트남SEV과 다른 자회사에는 10만 9천 명이 종사하고 있다.[15] 베트남은 2018년 전화기 및 부품을 중국에 94억 달러, 미국에 54억 달러, 한국에 45억 달러, UAE에 39억 달러, 호주에 35억 달러를 수출했다. 저개발국 베트남이 세계 주요국에 첨단 제품을 수출하게 된 셈이다.

다국적 기업의 전자제품 수출에 힘입어 베트남은 인도네시아, 태국의 수출 실적을 압도하고 있다. 특히 수십 년 동안 전자산업을 키워 왔고 전자산업이 경제의 중심적인 역할을 하는 말레이시아에 비해서도 베트남의 수출이 더 많다. 2008년 전자제품 수출은 37억 달러로 말레이시아 및 태국은 물론 인도네시아에 비해서도 적었으나 2012년에는 인도네시아의 실적보다 2배 많아졌고 2015년에는 474억 달러를 수출하여 태국의 293억 달러마저 앞섰다. 그리고 2017년 베트남의 전자제품 전체 수출은 1,000억 달러를 달성하여 700억 달러에 미치지 못한 말레이시아의 실적을 제쳤다. 이제 베트남은 아세안 전자산업 중심지로 거듭났다.

베트남의 북부에는 삼성전자와 LG전자가 입지하고 있는데 이처럼 북부지역이 전자산업의 중심지로 부상한 데는 중국과 지리적으로 가까운 이점도 작용한다. 이 지역에서 조립생산을 하는 기업은 중국에서 부품을 조달한다. 베트남은 2018년 휴대전화 부품을 158억 달러 수입했는데 이 중 86억 달러를 중국에서, 62억 달러를 한국에서 수입했다. 베트남은 중국에서 다른 전기전자부품을 거의 200억 달러나 조달하고 있다. 중국으로부터의 부품 수입은 육상으로 운반되는데 이는 해운보다 시간이 더 짧게 소요되기 때문이다. 중국 광시성의 성도인 난닝과 북부 베트남을 연결하는 핑샹凭祥 국경에는 중국에서 베트남으로 수송되는, 주로 전자부품을 실은 화물트럭이 하루에도 800여 대가 통과한다고 한다. 삼성전자의 경우에도 중국 쿤산의 삼성전자에서 삼성전자 박닌 공장으로 부품을 조달하는데 이를 수송하는 물류회사는 72시간 내에 차질 없이 배달한다고 한다.[16] LG전자도 하이퐁에 그룹의 주요 전자업체들을 입지시켰는데 부품을 저비용으로 중국에서 수입할 수 있기 때문이다. 베트남의 전자산업이 현재와 같이 다국적 기업의 하청기지 역할만 할 것인지 아니면 자립할 수 있을 것인지는 자국 내 부품산업을 육성할 수 있는가에 달려 있다.

4. 베트남 경제의 미래

베트남의 비교우위는 풍부하고 저렴한 노동력에 있다. 비록 도농 간의 소득격차가 다른 나라보다 적지만 그래도 도시는 끊임없이 젊은 노동력을 불러올 수 있다. 풍부한 노동력 그것도 경제활동인구가 절대적으로 많다는 점은 베트남 경제성장의 가장 중요한 기초이다. 인구의 연령별 구조를 봐도 통일 이후 출생한 인구가 본격적으로 경제활동인구의 중심이 되었다. 부양비율이 낮다는 것은 국민경제 전체로 볼 때 베트남의 저축과 투자의 여력이 증가한다는 것을 의미한다.

노동력이 풍부하기 때문에 임금은 안정적이다. 하노이와 호찌민 등 생활비가 가장 비싼 제1지역의 2019년 최저임금은 418만 동, 다낭, 하이퐁, 하노이 및 호찌민 근교지역은 371만 동, 박닌성 등이 포함된 제3지역은 325만 동, 기타 낙후지역인 제4지역은 292만 동이다. 고도성장에도 불구하고 최저임금은 2018년 대비 5.3% 상승하는 데 그쳐 과거 2년 동안의 상승률보다 더 낮았다.

베트남과 중국 간의 거래 비용이 작다는 점도 중요한 강점이다. 북부는 중국과 인프라로 잘 연결되어 있다. 동부 임해지역에서 베트남의 몽까이 Móng Cái와 중국의 둥싱東興과 팡청강防城港 연결로는 중국이 중요한 경제지대로 여기고 있다. 베트남의 동당 Đông Đăng과 중국의 핑상, 그리고 서부의 베트남의 라오까이 Lào Cai와 중국의 허커우河口는 인적·물적 교류가 활발하다. 3개의 국경 통과 지역은 하루에도 수백 대의 트럭이 이동하고 있다. 동당-핑상은 철도가 연결되어 있으며, 라오까이와 허커우도 2019년 현재 철도공사가 진행 중으로 윈난성의 쿤밍에서 라오까이를 거쳐 하노이-하이퐁까지 기차가 다닐 예정이다. 중국의 부품과 중간재는 이 3개의 통로를 통해 베트남으로 수송될 수 있다. 중국과 베트남을 연결하는 노선들은 광역메콩개발계획GMS의 경제회랑을 구성하고 있어 성장지대의 높은 잠재성을 갖고 있다.

베트남은 발전이 발전을 가져온다는 원리가 작동하는 국가이다. 투자환경이 좋아지면서 많은 기업이 베트남에 진출하고 있다. 특히 중국과 연관된 기업은 베트남으로 진출하면서 경제적 역동성, 집적의 경제가 발생하고 있다. 한 번 붙은 불은 쉽게 꺼지지 않는다. 베트남 사람들은 이 기회를 놓치면 다시 오지 않는다고 생각하고 있다.

그러나 베트남 경제는 다시 수많은 문제에 직면했다. 먼저 베트남은 외국인 직접투자 의존도가 과도하다. GDP 대비 외국인투자 누적액 비율은 2017년 57.9%로 중국의 12.4%보다 훨씬 높다. 아세안 전체는 78.7%이지만 이는 413.9%에 이르는 싱가포르 때문이다. 외국인 직접투자 주도로 성장해 온 말레이시아도 44.4%, 태국도 48.7%로 베트남보다 낮다. 실제로 베트남의 주요 산업은 다국적 기업에 장악되어 있다. 다국적 기업은 454만 명을 고용하고 있으며 수출입의 70%를 담당한다. 이와 같이 다국적 기업이 국민경제를 장악하면서 기술 혁신, 산업 주권의 확보 등이 어려워진다.

수출 중심의 다국적 기업 투자로 베트남은 과도한 무역의존도를 보인다. 베트남의 저렴한 생산비를 활용하여 제3국에 수출하는 기업들은 소재와 중간재부품을 외국에서 수입한다. 따라서 베트남은 공산품 부문에서는 적자가 불가피하며 1차 산품에서의 흑자로 이를 보전하고 있다. 이러한 가운데 무역의존도는 2017년 GDP의 190%에 이른다. 중계무역국인 싱가포르의 216.2%보다는 낮지만 아세안에서 가장 높다. 과도한 무역의존도는 대외경제환경 변화에 큰 영향을 받을 수 있다.

주요 산업에서 베트남인 기업을 육성해야 한다. 인구 1억의 나라가 계속해서 다국적 기업에게 주요 산업을 맡겨 둘 수는 없다. 결국 베트남 기업인을 육성해야 한다. 베트남은 민영화를 통해 기업인을 육성하거나 민간기업인이 스스로 성장하는 방안을 마련해야 한다. 문제는 그 과정에서 기업집단이 형성될 수 있다는 것이다. 베트남 정부는 한국식 기업집단에 대한 관심을 가졌고 일부 기업을 그렇게 운용하도록 방임했다. 그러나 2011년에는 대형 국유 조선그룹이었던 비나신Vinashin, 오늘날의 SBIC이 문어발식 다각화 투자를 하다가 45억 달러의 채무를 지고 도산 직전에 이른 바 있었다. 이러한 사태는 금융 시스템에 충격을 주었고 베트남 경제의 신인도를 저하시켰다.

한편 정부의 민영화와 민간기업의 등장으로 2019년 《포브스》의 2000대 기업에 베트남 기업이 4개나 포함되었다. 순위가 가장 높은 베트콤뱅크Vietcom Bank가 1096위이고 나머지 3개는 1700위 밖이다. 4개 중에서 3개는 국영은행을 주식회사로 전환한 은행인데 정부가 여전히 70% 정도의 지분을 갖고 있기 때문에 민간기업이라고 하기는 어렵다. 민간기업으로서는 유일하게 빈그룹Vin이 1747위에 올라 있다. 빈그룹은 짧은 기간에 부동산 개발로 자산을 축적한 이후 다양한 산업 분야로 활동 범위를 넓히고 있다.

만약 당신이 빈그룹을 들어보지 못했다면 곧 듣게 될 것이다. 베트남에서 빈그룹은 광범위한 복합 기업, 산업의 기수로서 국내시장뿐만 아니라 더 넓은 세계에 수출을 하는 한국의 재벌, 즉 삼성과 현대와 같이 표현된다. 베트남은 빠르게 빈그룹이 모든 분야에 발을 걸치는 나라가 되고 있다. 처음에 우크라이나에서 국수로 사업을 시작해 부동산과 리조트로 확대하고 미니마트, 학교, 헬스케어, 최근에는 스마트폰과 자동차로 확대하고 있다.17

빈그룹은 민간기업의 선두주자로서 베트남 정부의 지원을 받아 날로 발전하고 있는데 베트남에서 빈그룹에 대한 비판은 금기시될 정도이다. 빈그룹은 베트남 브랜드 빈패스트 VinFast 자동차를 제조하기 위해 하이퐁 앞의 깟하이섬의 매립지에 35억 달러를 투입하여 거대한 자동차 공장을 설립했다. 빈그룹이 화제가 되는 이유는 베트남이 다국적 기업에게 주요 산업을 맡겨 두고 하청기지에만 만족할 수 없다고 생각하기 때문이다. 진단이나 방향은 정확하고 도전하는 기업가 정신도 칭찬받아 마땅하다. 한국 기업만이 그리고 대만에서는 일부 부문만이 이런 길을 따라 성공했고 다른 선발 아세안 국가들도 달성하지 못한 목표를 베트남은 이루어 낼 수 있을 것인지 지켜봐야 한다.

제8장

동남아시아에서 아세안으로

1. 아세안경제공동체의 탄생

정치·군사 협력에서 경제공동체로의 변화

1967년 아세안이 창설되고 베트남전쟁이 끝날 때까지 아세안의 주요 관심사는 정치·안보였다. 베트남전쟁이 공산주의의 승리로 끝나자 아세안은 경제협력에 관심을 갖게 되었다. 아세안 각국에서 공산주의운동이 소멸하지 않은 상태에서 베트남 공산화는 아세안의 공산화를 초래할 수 있다는 도미노 이론이 유행했다. 아세안은 공산주의의 확산을 막는 데 경제발전이 주효하고, 경제협력은 경제발전에 기여할 것으로 생각했다. 아세안 5개국은 1976년에 먼저 아세안공업프로젝트AIP를 시작했다.[1] 대규모 프로젝트가 가능한 몇 개의 품목을 선정하여 각국이 하나씩 맡아 육성하되 다른 나라는 일정한 지분을 갖고 참여하는 것이 AIP의 핵심 내용이었다. 해당 산업에 대해서는 일정 기간 신규 참여를 금지하며 동시에 역내 교역에서 회원국이 특혜관세율을 적용하기로 했다. 뜻은 좋았으나 5개의 프로젝트 가운데 2개만 성사되었다.

이후 아세안은 1981년에 협정을 체결한 아세안공업보완계획AIC, 1983년에 외국 기업과 합작으로 부품산업 개발을 추진하기로 한 아세안 공업합작제도AIJV, 자동차산업에 한정하여 실시한 상표간보완제도BBC 를 실시했는데 모두 부품산업을 육성하고 역내 무역을 확대한다는 목적 이 있었다. 이 프로그램들은 산업의 기초가 되는 부품산업을 육성하기 위해서는 규모의 경제를 추구해야 한다고 보고, 무역에 특혜를 제공함으로써 비교우위에 따라 국가별로 특화한다는 성격을 갖고 있었다. 기존의 AIP가 5개국 모두의 참석을 요구하면서 구체화하지 못했다는 반성 위에 참여국 수를 줄이도록 했고, 또 새 프로그램일수록 외국인의 참여도 장려되었다.

특히 BBC는 일본의 미쓰비시 자동차가 아세안에 제안한 프로그램으로 자동차산업에만 실시한 공업보완계획이었다. 특정 자동차업체가 아세안 2개국 이상에 부품이나 조립라인을 배치하고, 역내 자회사에서 생산한 부품을 조립공장이 있는 국가로 수출할 때 관세를 50% 인하하기로 했다. 아세안의 자동차 시장 규모를 고려할 때 각국이 동일한 부품업에 진출하면 규모의 경제를 확보할 수 없기 때문에 투자를 하는 자동차 업체에서도 각국의 비교우위에 따라 적합한 부품을 저렴하게 생산하되이를 역내에서 조달할 때 드는 관세를 줄이면서 비용을 절감할 수 있다는 논리가 작용하고 있었다. 아세안에서 실제로 조립업체가 다른 회원국에 부품회사를 둔 경우는 일본 자동차업체뿐이었기 때문에 BBC 프로그램은 일본 자동차업체를 위한 맞춤형 정책과 다름없었다.

아세안은 1996년부터 아세안공업협력제도AICO를 추진했다.[2] 정부

주요 산업협력 계획의 내용

	아세안공업 프로젝트(AIP)	아세안공업 보완계획(AIC)	상표간보완제도 (BBC)	아세안공업 합작제도(AIJV)
법적 근거	AIP기초협정 (1980)	AIC 기초협정 (1981)	BBC MOU (1988)	AIJV 기초협정 (1983) 1987, 1991년 개정

목표
내용
	– 대규모 산업 개발	– 부품산업 개발
		– 역내 무역 확대
		– 기존 프로젝트
		  인정
			– AIC 일종
			– 자동차 부품
			  산업육성
			– 기존 프로젝트
			  인정
				– 부품산업 개발
				– 역내 무역 증대
				– 기존 프로젝트
				  인정
				– 외국인투자 유치

참가국	– 5개국 전원
	– 정부 주도
	– 주관국 지분 60%
		– 최소 4개국 참여	– 2개국 이상
			  참여 특정기업
			  대상
				– 2개국 이상 참여
				– 아세안 지분 51%
				  이상

혜택	– 시장 보호
	– PTA 대상
		– 3년간 시장 보호
		– PTA 대상
			– 관세에서 50%
			  인하
				– 관세에서 50%
				  인하

결과	– 5개 중 2개만 성사	– 성과 없었음	– 도요타, 혼다 등	

문제점	– 정부 간 협력
	  부재
		– 4개국 이상 참여
		  조건은 충족 곤란		

자료: 아세안 사무국

가 주도하면서 민간 참여를 촉진하는 형태로 진행된 기존 산업협력이 성과가 낮았기 때문에 외국인투자자가 중심 역할을 하고 아세안이 참여하는 형태로 바꾼 것이었다. AICO는 역내 부품 생산과 이를 최종재로 조립하는 과정을 중시하여 외국인투자자의 생산에 아세안이 참여하는 형태로 추진되었다. 즉 AICO는 아세안 2개 회원국이 30%의 지분으로 참여하면 가능했다. AICO 조치에 의해 승인된 제품은 역내 수출 시 0~5%의 낮은 관세율이 적용되었다.

무역협력을 위해서 아세안은 1977년 양자 간 혹은 일부 회원국 사이에 특정 품목을 지정하여 아세안 다른 회원국에게 우대관세율을 적용하는 특혜무역협정PTA을 체결했다. 아세안 각국은 PTA의 대상 품목 수를 1980년대 말까지 대폭 늘리고, 관세율 우대도 최고 50% 인하까지 확대했지만 실제 PTA 공여 품목 수는 소수에 불과했다. 대부분 국가들의 PTA 이용률은 극히 낮았는데 인도네시아는 1989년 아세안으로부터의 수입 품목 수 중 불과 1.2%만이 PTA에 의한 수입이었고, 수출은 3.5%에 불과했다. 태국은 PTA에 가장 적극적이었지만 PTA를 활용한 수입 품목은 전체의 5.1%에 불과했다.[3]

아세안 경제는 1985년 플라자합의 이후 고도성장기에 들어섰지만 1990년대에 들어서면 새로운 환경을 맞게 되었다. 서방 세계는 중국의 천안문 사태를 잊기 시작했고 다국적 기업은 다시 중국을 찾았다. 아직 아세안 회원국이 아니던 베트남이 도이머이 정책을 추진하면서 동북아 국가의 투자를 유인했다. 구소련 붕괴와 동유럽 국가의 체제 변경으로 외국인 직접투자 유치경쟁이 가열되었고, 우루과이 라운드 협상의 타결 가능성이 높아졌다. 또한 유럽EU의 통합 가속, 북미자유무역협정 NAFTA의 협상과 타결 등이 있었다. 외국인 직접투자 유치의 수출주도형 공업화를 시작하면서 큰 효과를 보기 시작한 아세안은 치열한 외국인 투자 유치경쟁에 직면하자 대응책이 필요해졌다. 새로 회원국이 된 브루나이까지 포함한 아세안 6국은 1992년 1월, 제4차 아세안정상회의에서 2008년까지 아세안자유무역지대AFTA를 창설하기로 결정했다.[4] 역내 관세를 0~5%로 인하하거나 철폐하여 아세안을 하나의 시장으로 묶어 입지 경쟁력을 제고하려는 목적이 있었다. 아세안은 국제 경제환경 변화에 비해 AFTA 이행속도가 너무 완만하다는 사실을 인식하고 AFTA 완성 시기를 2008년에서 2003년으로 단축하는 등 AFTA의 추진을 가속하고 포괄 범위를 확대하기로 했다.[5]

그러나 무역과 산업협력 정책의 추진에도 불구하고 1980년대 아세안의 경제협력 성과는 부진했다. 아세안 회원국의 PTA 활용률은 저조했고, 아세안 역내 수출 비중은 1970년 21%에서 1988년 18%로 감소했다. 중계무역항 역할을 하는 싱가포르를 제외하면 역내 수출 비중은 6%에서 4%로 오히려 떨어졌다.[6] 최초의 산업협력 프로그램이었던 AIP 프로젝트도 5개 중 일부만 추진되었을 뿐이다. AICO를 중심으로 한 산업협력은 아세안의 자동차산업 생산 네트워크 심화에는 기여한 것으로 평가되고 있으나, AFTA로 인해 일반 수출입 상품의 관세가 5% 이하로 인하되자 AICO가 큰 의미가 없어졌다. 프로그램에 참여한 대부분의 기업이 자동차업체였기 때문에 다른 산업의 발전에 미치는 효과는 크지 않았고 아세안 후발 회원국이 참여할 기회도 없었다.

외환위기와 아세안경제공동체 출범

아세안은 1990년대 후반 두 개의 중요한 도전에 직면했다. 그 하나는 외환위기였다. 외환위기는 아세안 경제에 큰 타격이었고 아세안은 위기 타개의 한 수단으로써 역내 통합 강화를 서둘렀다. 위기가 절정으로 치닫던 시기에 개최된 제2차 비공식 아세안정상회의1997년 12월, 쿠알라룸푸르는 경제통합 촉진을 주요 내용으로 하는 '아세안 비전 2020'을 채택했다.[7] 그다음 해에는 위기가 경제 전반에 걸쳐 충격을 주어 외국인투자가 거의 중단되었으며, 인도네시아에서는 외국인 직접투자의 철수가 신규 유입보다 더 많았다. 다국적 기업들은 이제 아세안보다는 중국에 투자를 확대했다. 하노이에서 개최된 제5차 정상회의에서 아세안은 비전 2020의 구체적인 프로그램으로 거시경제 및 금융협력 강화 등을 필두로 10대 분야를 담은 하노이행동계획 Hanoi Plan of action을 채택했다.

다른 하나는 신규 회원국의 가입이었다. 1999년에 캄보디아가 10번째 회원국으로 가입하자 아세안은 선발 6국과 후발 인도차이나 4국캄보디아, 라오스, 미얀마, 베트남(CLMV)의 경제발전 격차가 문제로 등장했다. 신규 회원국들은 경제발전이 뒤처져 있었고 또 정치체제도 기존 회원국과 달랐다. 아세안은 후발국에 대해 AFTA에서 관세인하 시기를 연장해 주었고 민감 품목도 더 많이 인정했다. 싱가포르에서 2000년에 개최된 제4차 비공식 아세안정상회의에서는 아세안통합이니셔티브 IAI를 천명했는데 이는 아세안 내 개발격차 해소를 위해 교육, 기술 개발, 노동자 훈련에 초점을 맞춰 회원국이 가능한 한도에서 참여를 유도한다는 것이었다.[8]

일단 불붙은 아세안의 통합 노력은 가속화되었다. 아세안은 2003년 10월 발리에서 개최된 제9차 정상회의에서 아세안협력선언 II발리협력선언 II를 발표했다. 이 선언은 '아세안 비전 2020'을 구체화하여 2020년까지 정치·안보, 경제, 사회·문화 등 3개의 공동체를 기반으로 하는 아세안공동체 ASEAN Community, AC를 창설한다는 내용을 담고 있다.[9] 아세안경제공동체 ASEAN Economic Community, AEC 설립을 처음 천명한 2003년의 발리협약 II는 AEC를 "경제통합의 최종목표 실현Realisation of the end-goal of economic integration"이라고 정의한다.

아세안은 2007년 1월 필리핀 세부에서 열린 제12차 정상회의에서 세계 경제환경의 변화에 맞춰 아세안공동체 창설 완료 시기를 기존의 2020년에서 2015년으로 앞당기기로 했다. 그리고 같은 해 11월 싱가포르에서 열린 제13차 정상회의에서는 2015년까지 단일시장 및 생산기지 구축, 경쟁력이 있는 경제지역, 역내 경제적 격차 해소, 세계 경제와 통합 등 4개 분야의 목표를 담은 '아세안경제공동체 청사진'을 내놓았다. AEC 청사진은 AEC의 구체적인 형태나 제도에 대해서는 언급 없이 "AEC는 더욱 역동적이고 경쟁력 있는 아세안을 만드는, 단일한 시장 및 생산기지를 구축하는 것"으로 정의하고 있다.[10]

단일시장은 역내에서 상품 및 서비스 교역에서 관세 및 비관세장벽의 제거를 의미한다. 아세안 선발 6개국의 수입관세는 일부 민감 및 초민감 품목을 제외하면 2010년까지 제거하고 CLMV 국가들은 2015년까지 모든 역내 관세 및 비관세장벽을 철폐하기로 했다. 비관세장벽은 2012년까지 유예하는 필리핀을 제외한 아세안 선발 5개국은 2010년에 철폐하고, CLMV 국가는 2015년까지 제거하도록 했다. 또한 2013년까지 운송·서비스업의 자유화를, 2015년까지 여타 서비스 분야 자유화도 추진한다. 2015년까지는 모든 서비스 분야에서의 상호인정협정MRA 체결을 완료할 것이다. 투자 자유화, 자본시장 개발 및 통합을 강화하고 자본계정 개방 정책을 추진하는 동시에 숙련 인력의 이동 역시 자유화한다.

아세안을 경쟁력이 높은 경제지역으로 전환시키기 위해 경쟁, 소비자 보호, 지적재산권 보호 등을 강화한다. 모든 아세안 회원국이 2015년까지 경쟁 정책의 도입에 노력하고 인프라 분야에서는 도로, 항운, 국가 간 수송 등의 협력을 강화한다. 전자상거래에서도 2015년까지 아세안에서 전자상거래가 정착하도록 법적 인프라를 조화시키기로 했다. 경쟁력이 높은 경제지역이 된다는 것은 대체적으로 외국인 직접투자 유치와 관련해 '입지 경쟁력'을 높이는 전략과 깊은 관계가 있다. 특히 지적재산권 보호와 인프라 개발은 외국인 기업의 활동을 더욱 촉진하기 위한 것이다.

아세안 회원국의 균형 발전을 위해서는 중소기업을 육성하고, 아세안통합이니셔티브IAI의 프로그램을 추진한다. 중소기업 육성을 위해서는 2015년까지 아세안 중소기업이 자원으로 이용할 수 있는 중소기업개발기금을 설립한다. 또한 IAI 경제통합의 파급효과를 평가하는 연구를 수행하고 통합 정책과 관련된 정부 공무원의 역량 개발도 추진한다.

마지막으로 세계 경제와의 통합에서는 아세안 중심의 대외경제관계 협력강화를 추구한다. 역외 국가와 자유무역협정FTA과 포괄적 경제파트너십CEP을 검토할 때는 아세안 역내 통합계획을 고려하고 국제 무대에서 아세안의 협력 시스템을 구축한다. 세계 및 지역 경제와 통합을 목표로 한 포괄적인 기술원조 패키지를 개발해 후발 국가들의 산업 생산 능력 및 생산성을 향상하도록 한다.

아세안은 제27차 아세안정상회의 말레이시아 쿠알라룸푸르, 2015년 11월에서 아세안공동체AC 설립 선언에 서명함으로써 AC를 공식 발족시켰다. AC는 정치·안보, 경제, 사회·문화공동체로 구성되어 있으나 진전 속도와 대내외적 파급력에서 AEC가 가장 중요하다. AEC는 단일시장으로서 세계 및 동아시아 경제질서 구축 과정에서 중심적인 역할ASEAN Centrality 을 담당하고 이 지역의 경제주체들에게 중대한 영향 그 미치게 된다.

기업 활동에 영향을 주는 아세안경제공동체

아세안경제공동체의 목적 가운데 하나는 경제 활력 제고와 유지이다. 이를 수치로 제시하는 것은 큰 의미가 없으나 그래도 교역에서 관세 철폐의 효과를 확인하는 것은 어렵지 않다. 관세가 철폐되면 관세 부과로 인해 발생하는 경제의 잉여 상실분을 회복할 수 있기 때문이다. AEC가 실현되지 않았을 경우에 비해 AEC로 상품 및 서비스 무역이 자유화되고, 비관세장벽이 철폐될 때 아세안 경제 전체의 후생은 2025년까지 추가로 2,666억 달러2007년 가격 기준, 즉 8%가 증가한다. 수출과 수입도 각각 20.2% 및 21.0% 증가하고 고용 또한 아세안 전체로 1,400만 명이 추가로 창출된다고 한다.11 당연한 이야기이지만 후생의 증가는 저개발국인 베트남, 캄보디아, 라오스 등에서 크게 나타나고 무역 증가 역시 캄보디아와 라오스에서 40% 이상에 이른다.

현실적으로 AEC는 아세안 역내 생산 네트워크를 확대하고, 기업의 이동성mobility을 촉진한다. 무역장벽의 축소로 거래비용이 감소하면 기업은 상품과 서비스 공정을 더 분절fragmentation하고, 서로 다른 지역 및 국가는 비교우위에 따라 각각의 공정을 담당하면서 생산에 참여한다. 기업들은 비용 절약을 목적으로 아세안 역내에서 인건비가 저렴하고 인프라가 갖춰진 지역으로 일부 공정을 이동하거나 확장한다. 이러한 분절화와 생산 네트워크의 확장은 투자의 증가를 수반하며 그 결과 밸류체인은 길어지고 한층 더 복잡하게 변하는데, 그 과정에서 부품, 중간재, 반제품의 역내 교역은 더욱 증가하고 역내 무역의 증가는 다시 통합을 가속화한다.

이러한 추세는 아세안 회원국의 국경지역을 중심으로 경제특구Special Economic Zone, SEZ를 조성하는 새로운 현상을 낳는다. 태국에서 조립되는 제품의 노동집약적 공정을 유치하기 위해 라오스와 캄보디아는 수개의 경제특구를 조성했으며 태국에서 조업하던 기업들이 이곳에 입주했다. 태국과 미얀마, 베트남과 중국 국경에도 경제특구가 조성되고 있다. 물론 국경의 경제특구에는 카지노 등 관광객을 상대로 한 서비스산업도 입주한다. 제조업은 아니더라도 서비스산업도 인력과 물자의 이동 촉진에 도움이 된다.

반면에 생산은 규모의 경제로 기업은 대형 공장을 설립할 가능성이 있다. 시장 접근 용이성을 위해 동일하거나 유사한 제품을 여러 국가에 분산 배치한 다국적 기업은 이제 역내의 거래비용이 감소하면 공장을 여러 곳에 설치하지 않고 한곳으로 통합하면서 규모의 경제를 실현한다. 생산설비의 이동이 쉽고 수송비가 적은 분야부터 집중화가 나타난다. 이미 국가 간 입지경쟁력에 따라 다국적 기업의 입지가 변동하고 있다.

이에 비해 아세안 회원국은 AEC로 훨씬 더 강도 높은 경쟁에 직면하게 되고, 개별 국가들은 기업의 입지환경 개선을 위해 노력해야 한다. 역내 거래비용 축소로 다국적 기업이나 아세안 중견기업의 역내 사업의 이동성은 더욱 활발해지고, 기업은 개별 국가가 기업 유치에 얼마나 우호적인 환경을 제공하는가를 과거에 비해 더 많이 고려한다. 국경 간 거래비용의 축소로 아세안 내수시장에 판매하는 기업들에게 개별 국가의 시장규모 중요성은 감소된다. 따라서 아세안에서 활동하는 기업들은 노동력의 질과 임금 수준을 고려하여 기업을 입지시킬 것이다.

아세안에는 풍부한 노동력이 있지만 국가별로 상황은 다르다. 아세안에서 중견 기술자와 일반 공의 임금격차는 말레이시아와 하노이에서 2배 이상, 프놈펜에서는 거의 3배에 이른다. 말레이시아의 경우 전반적 고임금과 임금격차 상황은 일반 직공도 부족하지만 중견 기술자의 확보는 더 어렵다는 것을 의미한다. 하노이지역도 외국인투자의 급증으로 숙련 인력 수요가 많아지면서 임금이 상승하고 있다.

아세안이 경제공동체로 전환하면서 기업 유형에 따라 수혜의 정도는 다르다. 일단 다국적 기업이 경제통합의 가장 큰 수혜자가 된다.[12] 다국적 기업은 아세안에서 성장한 아세안 다국적 기업과 제3국 다국적 기업이 있다. 아세안 안에서 출발한 다국적 기업은 첨단 산업의 제조기업보다는 부동산, 유통, 호텔, 농가공 기업 등이 많으며, 이들은 역내 시장의 특성을 잘 알고 네트워크를 갖고 있기 때문에 수혜를 볼 수 있다. 전자, 자동차, 기계 등 외부에서 온 다국적 기업 역시 아세안의 사업 네트워크를 정비하는 등 효율을 제고할 수 있다. 반면에 내수시장에서만 활동하는 소기업들은 시장 개방으로 역내 경쟁력이 높은 상품 및 서비스와 경쟁해야 한다.

2. 동아시아와 전통 우방 미국, 신흥 강대국 중국과의 관계

아세안+3 체제의 성립과 변화

외환위기에 대응하기 위해 아세안은 1997년 12월, 비공식 아세안정상회의를 개최하면서 한국, 중국, 일본 3국을 초청했다. 그 이전에 아세안과 한중일 3국은 아시아태평양경제협력체APEC에서 형식적으로 조우하고 있었다. APEC은 1989년 경제장관회의체로 출범했으나 클린턴 대통령이 우루과이 라운드 타결을 압박하기 위해 정상회의로 격상했고, 이후 APEC의 주도권은 아시아에서 미국으로 넘어갔다. 말레이시아의 마하티르 총리는 미국과 호주가 주도하는 APEC에 소극적이었으며 1990년대 초에 동아시아 국가들만의 모임인 동아시아경제그룹EAEG 창설을 주장했다. 그의 제안은 미국과 미국에 동조한 한국 및 일본으로부터 동의를 얻지 못했고 일부 아세안 국가로부터도 적극적인 지지를 받지 못했다. 미국의 입김 때문에 자신의 제안이 성공하지 못하자 마하티르는 APEC의 진전에 소극적이었다. 따라서 아세안과 한중일이 APEC에서 공동의 관심사를 논할 정도는 되지 못했다.[13]

동아시아의 협력틀은 1998년 12월 베트남 하노이에서 개최된 제1차 공식 아세안+3 정상회의에서 김대중 대통령이 동아시아비전그룹East Asia Vision Group, EAVG 설치를 제안한 이후였다. EAVG는 13개국을 대표하는 각 1인의 저명인사로 구성되어, 2001년 브루나이에서 개최된 아세안+3 정상회의에 "동아시아 공동체를 향하여―평화, 번영, 진보의 지역 Towards an East Asian Community — Region of Peace, Prosperity and Progress"이라
는 보고서를 제출했다.[14] 보통 EAVG 보고서라고 불리는 이 보고서는 처
음으로 아세안+3 협력의 최종 목표를 동아시아공동체 형성에 두었다.

EAVG 보고서는 동아시아공동체의 실현을 위해 경제협력에서는 무
역과 투자의 자유화, 개발과 기술협력, IT기술 개발을 통해 경제통합을
추진해야 한다고 권고했다. 무역에서는 동아시아자유무역지대 EAFTA
를, 투자에서는 동아시아투자지대 EAIA의 설립을 권고했고, 금융외환
협력으로 동아시아차입협정이나 동아시아통화기금 East Asian Monetary
Fund의 설립도 제시되었다. 전반적인 역내 협력 관리를 위해 아세안+3
정상회의를 동아시아정상회의 East Asia Summit로 발전시키자고 주장했다.

EAVG의 제안은 당시의 아세안+3 협력 수준에 비해 넘치는 희망
을 담아, 각국은 제안된 프로그램에 구체적인 견해를 정리할 수도 없었
다. 미국의 반대와 중국의 소극적 자세 때문에 실패로 돌아갔지만 외환
위기 직후 일본은 아시아통화기금 AMF 창설을 제안했고, EAVG 보고서
는 AMF를 다시 한번 제안했다. EAVG가 제안한 동아시아자유무역지대
나 동아시아정상회의 등은 파격적이었다. 이 보고서를 바탕으로 2001년
11월 아세안+3 정상회의에서 김대중 대통령이 동아시아자유무역지대
와 동아시아정상회의의 창설을 제시했을 때 의장성명은 EAVG 설립과
활동을 제안한 김대중 대통령에게 감사를 표하고 "동아시아자유무역지
대 EAFTA 창설이나 APEC의 보고르 Bogor 목표[15]보다 이전에 무역을 자
유화하는 것은 담대하지만 가능한 것이다."라고 긍정적인 평가를 내렸
다.[16] 김 대통령은 특히 보고서에 제시된 동아시아포럼 East Asia Forum 및

동아시아정상회의East Asia Summit를 언급했다.

EAVG 보고서는 정부 인사가 포함되지 않는 '현인'들의 제안이었기 때문에 한국은 2000년 정상회의에서 정책을 실제 실행할 정부 관료로 구성된 동아시아연구그룹EASG의 구성을 제안했다. EASG는 2002년 캄보디아 프놈펜에서 열린 아세안+3 정상회의에서 동아시아공동체 형성을 위한 17개의 단기 협력사업과 9개 중장기 협력사업 등 전체 26개 협력사업의 실행을 권고했다. EASG에서 발굴한 26개 사업 중 특히 중장기적 사업은 동아시아공동체가 기반을 삼을 대부분의 분야와 프로젝트를 망라하고 있다.

경제적으로 EAFTA 및 동아시아투자지대EAIA를 통해 실물 부문에서 자원이 자유롭게 이동하고 장벽이 없어지면 아세안+3가 하나의 단일시장으로 통합될 수 있다. 동아시아통화기금은 아시아의 IMF를 설립함으로써 회원국의 외환유동성위기를 해결하고 여기에 환율공조체제를 발전시킴으로써 장기적으로는 단일통화에 대한 연구 및 도입을 염두에 두고 있었다. 동아시아정상회의는 아세안+3 라는 불균형적이고 비공식적인 정상회의를 13개국이 동등한 자격으로 참여하는 협력의 장을 만들겠다는 것이다. 즉 여기에 포함된 사업들을 성실히 추진해 간다면 동아시아는 하나의 경제공동체로 발전할 수 있다.

EASG가 발굴한 단기 협력사업이 어느 정도 완료되자 중국이 중장기 사업 추진에 관심을 보였다. 중국은 2004년 아세안+3 경제장관 회의에서 동아시아자유무역지대EAFTA의 타당성 연구를 위한 전문가 그룹을 구성하자고 제안했다. EASG 보고서에서 장기 과제로 미루어 두었던

EAFTA가 전면에 부상하게 되었다. 중국은 또한 미래 계획으로 남겨 두었던 동아시아정상회의EAS의 개최 의사를 밝혔다.

중국이 EAFTA의 공동연구를 제안하고 EAS의 개최 의욕을 표명하자 주요 이해관계국들이 자신들의 입장을 드러내기 시작했다. 아세안 측은 중국의 제안을 무시할 수는 없었지만 아세안의 영향력을 유지해야 한다는 차원에서 제1차 EAS를 아세안+3 회의와 병행하여 "先 아세안 내 개최"를 희망했다. 가장 적극적인 국가는 2005년 아세안+3 정상회의를 개최하기로 한 말레이시아였다. 중국의 동아시아 내 영향력 확대를 두려워한 미국과 일본은 인도, 호주, 뉴질랜드의 EAS 참여를 주장했고 아세안 일부 국가도 이에 찬성하면서 EAS는 원래의 기대와는 다른 형태로, 아세안+3 체제를 대체하지도 못하고 동아시아와는 관계없는 호주, 뉴질랜드, 인도, 미국, 러시아까지 참여하는 조직으로 아세안+3 정상회의와 병행하여 매년 아세안에서 개최되고 있다.

아세안+3 체제의 진로 변경에 일정한 영향력을 행사한 일본은 나아가 2006년 구체적인 가능성 연구가 진행 중이던 아세안+3 기반의 동아시아자유무역지대EAFTA 대신 EAS 회원국, 즉 아세안+6이 참여하는 동아시아포괄적경제동반자관계Comprehensive Economic Partnership in EAST ASIA, CEPEA를 제안했다. 일본은 또한 역내의 발전격차를 해소한다는 명분으로 '아세안및동아시아경제연구소Economic Research Institute for ASEAN and East Asia, ERIA' 창설에 자금을 지원했다.[17] 이는 오히려 아세안+3 체제의 전진을 방해하는 결과를 빚었다.

자유무역협정의 체결과 진전

아세안은 아세안+3 체제가 출범한 이후 동북아 3국과의 FTA를 체결했다. 가장 먼저 아세안이 단일체로 FTA를 체결한 국가는 중국이었다. 아세안-중국 FTA는 2002년 아세안-중국 정상회의에서 협력에 대한 기본골격Framework Agreement에 서명하면서 FTA를 체결하기로 하고 먼저 농산물 8개 분야에 대한 관세철폐에 합의했다. 즉 중국과 아세안은 공산품 자유화에 앞서 2005년 중에 농림수산품 8개 분야HS 1~08에 대한 관세를 철폐하기로 했으며, 일부 품목을 제외한 600여 품목을 조기 관세인하 대상 품목으로 지정했다. 중국은 아세안 내 후발국인 캄보디아, 라오스, 베트남, 미얀마CLMV의 농산물 297개 품목에 대해 2004년 7월부터 관세를 인하했다. 아세안과 중국은 2004년 11월에 상품 분야의 협상을 타결하고 2005년 7월부터 FTA를 공식 발효하여 공산품 관세인하를 시작해 아세안 선발국과 중국은 2010년에 FTA를 완성했다.

아세안-중국 FTA에 일부 국가는 소극적이었다. 중국의 저가 공산품이 아세안에 수입되면 아세안의 노동집약적 산업이 타격을 받을 가능성이 있었다. 아세안은 중국의 급속한 부상으로 세계 시장에서 밀려날 것인가 아니면 중국을 유효하게 활용하여 경제성장을 지속할 것인가의 기로에 선 것처럼 보였다. 인도네시아, 필리핀, 말레이시아 등은 중국과의 FTA에 회의적이었으나 싱가포르, 태국, 그리고 실질적으로 농산물 개방이라는 선물을 받은 인도차이나 국가들의 찬성을 거부할 수 없었다. 결과적으로 아세안은 대량생산 조립제조업으로는 중국과 경쟁할 수 없다는 사실을 인정하고 중국과 보완할 방법을 찾기로 한 것이다. 아세안은 한국과도 2003년 협력을 위한 기본협정에 서명하고 2005년 2월 제1차 FTA 협상을 시작했다. 아세안-한국 FTA는 2006년 8월 협상을 타결했고 2007년 6월에 발효되었다.

일본과도 FTA를 체결했다. 일본과 아세안은 직접투자를 매개로 깊숙이 연결되어 있었고 아세안 각국은 일본의 부품과 중간재를 사용하고 있었다. 이 때문에 일본과 아세안은 상당히 높은 수준의 개방이 가능했다. 일본도 이를 고려하여 개별 국가들과의 FTA를 선호했다. 이미 싱가포르-일본 FTA가 2002년 11월 발효되었고, 말레이시아, 태국, 필리핀도 일본과 2004년 초에 교섭을 개시했다. 그러나 중국과 아세안이 FTA 추진 움직임을 보이자 일본에서는 개별 국가 우선의 FTA 정책에 대한 반성이 일면서 결국 아세안 전체와 FTA를 체결하기로 했다. 아세안과 일본은 2003년 협력을 위한 기본골격에 서명했고, 2005년 4월 협상을 개시하여 2007년 11월에 협상을 완료했다. 아세안-일본의 FTA는 일본 최초의 다자간 경제연계협정EPA이다.

아세안은 2010년 인도와도 FTA를 발효했다. 아세안과 인도는 2003년의 "포괄적 경제협력을 위한 프레임워크 협정"에서 2005년 6월까지 상품교역 협상 완료, 2011년까지 관세인하 완성에 합의했지만 협상은 계속 지연되었다. 인도 국내 이해관계자들이 FTA에 반대했는데 특히 아세안에 비해서 경쟁력이 취약한 농업 부문이 적극 반대했다. 협상은 약속된 타결 시기를 여러 차례 넘기기를 반복하다 2008년 8월에 최종 타결되었고 2010년 1월에 일부 국가부터 발효되었다.

아세안은 또한 호주-뉴질랜드와 FTA ASEAN-Australia-New Zealand

FTA, AANZFTA 를 2010년에 발효했다. AANZFTA는 호주와 뉴질랜드가 처음으로 외부 경제와 공동으로 FTA를 체결한 것이었고 아세안 측에서 볼 때도 상품, 서비스, 투자, 지적재산권 등을 동시에 포함한 최초의 FTA였다.

아세안은 외부와 FTA에서 아세안 후발국의 자유화 일정에 시차를 두도록 했다. 현실적으로 후발국이 선진국, 즉 한국, 중국, 일본 등과 같은 수준으로 일시에 관세를 인하할 수 없기 때문이었다. 체결국들 사이의 현지 부품 사용비율은 40%를 적용했으며 아세안은 누적원산지 규칙을 받아들였다. 특정 상품이 체결국 A에서 생산될 경우 생산에 사용된 체결국 B의 원재료를 체결국 A의 원재료로 인정하는 것이다. 이러한 누적원산지 규칙은 아세안 역내에 생산 네트워크를 광범위하게 보유하고 있는 일본 기업에게 특히 유리하다.

아세안은 2007년에 EU와 FTA 협상을 시작했다. 아세안은 EU 시장 접근 확대를 원했고 아세안 내에서 활동하는 EU의 다국적 기업에게도 유리하게 작용할 것으로 보였다. 그러나 미얀마의 인권 문제 등이 대두되었고 2019년 상반기 현재, 협상은 중단된 채 EU와 개별 국가들 간의 FTA만 논의되고 있다.

한편 아세안+3 체제에서 동아시아의 미래 공동체 기초로서 EAFTA안과 일본 주도의 CEPEA가 대립되자 아세안에게 기회가 왔다. 아세안은 기존에 체결한 아세안-한국 FTA, 아세안-중국 FTA, 아세안-일본 FTA, 아세안-인도 FTA 그리고 아세안-호주 및 뉴질랜드 FTA 등 5개의 아세안+1 FTA를 통합하여 역내 포괄적경제동반자협정RCEP을 추진하

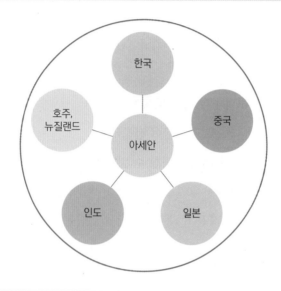

자고 제안했다. 이는 일본이 제안한 CEPEA의 실현과 다름이 없었다. 아세안은 RCEP이 기존 아세안의 중심축hub 역할을 강화하는 형태로 타결되기를 희망했다. RCEP은 2015년 말까지 타결하기로 했으나 계속 지체되었다. 동아시아 내에서 쌍무적 FTA가 다수의 국가들 간에 체결되었을 뿐만 아니라 한국, 일본 등도 인도와 FTA를 체결한 상태이다. 경제발전 단계와 경제제도가 상이한 RCEP은 기존 가장 높은 수준의 쌍무적 FTA에 비해 더 높은 수준의 FTA가 되기는 어렵다. RCEP이 가진 구조적 한계이다.

줄어드는 미국과 일본의 경제적 영향력

미국은 1960년대부터 아세안에 소재 및 원료 부문에 투자했지만 일반 소비자에게는 크게 부각되지 않았다. 싱가포르와 말레이시아의 반도체 및 전자산업은 미국 기업의 투자 없이는 불가능했다. 투자는 대미 수출로 연결되었다. 동남아 10개국 수출의 미국 시장 의존도는 1970년 17.0%에 이르렀는데, 특히 필리핀은 전체 수출의 41.6%가 미국으로 가고 있었고, 싱가포르, 태국, 말레이시아, 인도네시아도 모두 10% 이상을 미국 시장에 의존했다. 미국은 1976년부터 아세안 개도국에 특혜관세GSP를 제공했다. 싱가포르의 1986년 GSP에 의한 대미 수출액은 7.6억 달러로, 이는 싱가포르 전체 수출의 5.0%, 미국에 대한 수출의 13.9%를 차지했다.

시간이 지나면서 아세안의 대미 수출의존도는 하락했다. 아세안 경제가 호황을 보였던 1993년, 수출의 20.3%가 미국으로 향했고 15.1%는 미국에서 수입했다. 이 비중은 2017년 각각 10.8% 및 7.3%로 절반 정도로 하락했다. 베트남의 대미 수출 증가에도 불구하고 이 기간의 미국의존도가 하락한 것이다. 베트남과 미국이 국교를 수립한 1995년 시기를 전후로 대미 수출은 베트남 전체 수출의 3%에 불과했으나, 2010년이 되면 20.3%에 이르게 되었다. 2010년 이후 베트남에 진출한 전자업체들의 주요 수출 시장은 미국이었다. 베트남의 대미 수출은 2018년 전체의 19.5%, 수입은 5.4%로 베트남 통계로도 348억 달러의 흑자를 보이고 있다. 이 점에서 다른 아세안 국가들의 대미 수출은 성장이 더 둔화될 것이다. 미국 시장에서 중국에게 시장을 잠식당한 결과이다. 물론 아세

아세안의 대미국 및 대일본 수출입 비중		1993	2000	2008	2014	2017 (단위: %)
미국	수출	20.3	17.4	10.5	9.3	10.8
	수입	15.1	14.2	9.0	7.3	7.3
일본	수출	15.0	13.3	10.8	9.3	8.0
	수입	24.9	18.9	11.8	8.8	9.1

자료: 아세안 사무국

안에서 중국에 수출하는 반도체는 다른 제품에 구성품으로 포함되어 미국으로 가고 있지만 미국 시장의 중요성이 감소한다는 사실은 부정할 수 없다.

한편 미국 시장에서 아세안의 시장점유율은 1990년대 중반까지 계속 증가했는데 1970년 3%에도 미치지 못했던 점유율은 1995년 8.4%로 급증했다. 이 시기에는 태국, 말레이시아, 싱가포르 등 주요 아세안 국가의 미국 시장 점유율도 증가했고 말레이시아만 해도 1995년에는 미국 시장 점유율이 2% 이상에 이르렀다. 1996년 이후 아세안의 미국 시장 점유율은 일시적으로 감소했지만 베트남이 미국 시장에 수출을 본격화하면서 아세안 전체의 점유율은 2010년 10.7%, 그리고 트럼프 행정부의 압력에도 불구하고 2018년에도 7.3%를 차지했다. 따라서 아세안의 대미 수출의존도가 감소한 것은 아세안이 다른 지역에 수출을 빨리 증가시켰기 때문임을 알 수 있다.

또한 아세안은 대미 무역에서 지속적인 흑자를 기록하고 있다. 미국 통계를 기준으로 2018년 미국은 아세안에 1,050억 달러의 적자를 기록했는데 2009~11년 기간의 400억 달러 수준에서 두 배 이상 증가한 것이다. 미국의 무역수지 적자 상위 10개국에는 2016~18년 기간에 베트남과 말레이시아가 3년 연속 포함되고 있다.[18] 오바마 정부가 TPP를 추진했을 때 아세안에서는 싱가포르, 브루나이, 말레이시아, 베트남이 참여했다. 싱가포르와 브루나이는 TPP의 원년 회원국이었지만 베트남과 말레이시아가 왜 나중에 협상에 참여했는지는 미국의 무역적자 현황을 통해 알 수 있다. 베트남과 말레이시아는 TPP에 가입함으로써 미국 시장 접근을 확대하고 미국의 잠재적인 무역압력에 대응하려는 것이었다.

정치·안보적 차원에서 아세안에 대한 미국의 시각은 1970년대 이후에는 일정하지 않았다. 1950년대와 60년대는 공산주의 확산에 대한 대응이라는 점에서 아세안 선발국과 미국은 중요한 대화 상대자였다. 베트남전쟁 이후 미국은 아세안과 일정한 거리를 유지했다. 특히 미국은 냉전체제가 붕괴된 이후인 1990년대부터 글로벌 금융위기까지 거의 20년 동안 아세안에 크게 관심을 갖지 않았다. 미국은 1989년 싱가포르를 GSP 지원 대상에서 제외했고, 점차 다른 나라에도 GSP 혜택을 축소했다. NAFTA는 UR 협상을 자극한다는 취지에서 시작했지만 글로벌 거버넌스의 발전보다는 자국의 이익에 치중하는 리더국 중의 하나로 변한 느낌을 주었다.

태국에서 외환위기가 발생했을 때 IMF 주도의 166억 달러의 구제금융 프로그램이 작성되었는데 IMF 39억 달러, 세계은행 15억, ADB 12억, 일본 40억, 중국 10억 달러 등이었고 미국은 지원국으로 참여하지 않았다.[19] 미국은 2002년에야 "아세안 행동계획 Enterprise for ASEAN Inititive, EAI"을 발표하여 아세안과 FTA의 가능성을 열어 두었다. 아세안과 미국은 EAI를 바탕으로 2006년 무역투자기본협정TIFA을 맺었다. 그러나 TIFA는 단지 양자 간 무역 및 투자 이슈에 대한 전략적 프레임워크와 대화 원칙을 규정하고 공동위원회Joint Council를 구성해 정례회담을 한다는 정도였다.

오바마 정부는 아시아에서 중국의 영향력이 증가하자 부랴부랴 아시아로 돌아오기로 작정했다. 이름은 아시아로의 귀환Pivot to Asia이었지만, 아세안 중시 정책이라고도 할 수 있었다. 오바마 대통령이 추진한 TPP는 경제적 목적도 있었지만 중국을 에워싸고 있는 국가들과 FTA를 체결함으로써 중국의 영향력 확산을 차단하자는 목적도 있었다. 트럼프는 이런 소극적인 정책에 만족하지 않았다. 그는 TPP에서 탈퇴하면서 바로 중국과 무역전쟁을 일으켰고 또 더욱 분명하게 정치적으로 중국을 고립시키기 위해 아세안의 참여를 기대하면서 인도-태평양 전략Indo-Pacific Strategy을 주창했다.

아세안과 일본의 관계는 미국과의 관계와는 달리 경제적 협력이 중심이었다. 일본은 공업 발전에 필요한 원재료를 확보하기 위해 전후 처음으로 1950년대와 60년대에 아세안지역에 진출했다. 일본 기업은 1960~70년대 아세안의 수입대체 정책을 우회하기 위해 소비재 부문에 주로 투자를 했고, 아세안 사람들의 눈에 훨씬 잘 뜨였다. 일부는 일본에서 비교우위를 상실해 가는 산업이 발전단계가 낮아 해당 산업의 잠재적 비교우위가 있던 아세안 국가로 이동하기도 했는데, 이런 경우 일본 기업들이 현지의 풍부한 생산요소를 활용하여 무역을 창출하기 때문에 일본형 직접투자가 현지 경제에 기여한다는 주장도 있었다.[20] 이미 1970

년대 초반부터 아세안에서 일본의 존재는 다른 국가를 압도했고, 아세안 주요국에서는 반일 감정이 싹트기 시작했다.

다나카 총리가 1974년 1월 7일부터 17일까지 필리핀, 태국, 싱가포르, 말레이시아, 인도네시아를 순방했을 때 현지에서는 반일 시위가 격화되었다. 일본 경제력의 압도적 존재, 현지에서 일본 기업들의 행태, 일본 거주자들의 오만한 태도 등이 비판 대상이었다. 아세안 국가들은 경제발전을 위해 일본의 경제협력이 필요했고 자원이 부족한 일본도 아세안이 필요했다. 일본의 후쿠다 총리는 동남아의 반일 정서에 대응하기 위해 1977년 8월, 마닐라에서 후쿠다 독트린이라는 대동남아 전략을 발표했다. 평화를 약속하고 군사적 역할 부정, '마음과 마음'에 기초한 상호 신뢰관계 강화, 아세안기존 아세안 5개국과 긍정적으로 협력하고 인도차이나 국가들과도 관계 강화를 통해 동남아 전체의 평화와 번영 구축에 기여하겠다는 것이었다.

아세안과 일본의 경제협력은 1990년대에 가장 활발했다. 아세안의 1993년 대일 수출은 전체 수출의 15.0%이었고 대일 수입은 24.9%에 이르렀다. 일본의 투자가 파생한 수입 급증 때문이었다. 이 때문에 아세안은 일본과의 교역에서 무역수지 적자를 기록했다. 이후 교역 파트너로서 일본의 비중은 감소했다. 일본 시장이 성숙해서 수입 수요가 증가하지 않았고, 아세안이 중국과 한국으로부터 수입을 늘렸기 때문이다. 그 결과 2017년에는 아세안의 대일 수출은 전체의 8.0%, 수입은 9.1%이며 무역수지도 균형을 이루는 단계에 도달했다.

무역 비중의 감소와 관계없이 아세안의 일본에 대한 의존도는 무시할 수 없다. 일본 기업의 아세안 신규 투자는 여전히 많고 또 기존에 투자한 일본 기업이 내구 소비재에서 아세안 시장을 장악하고 있기 때문이다. 또 일본의 금융자본은 아세안에 넘치고 있다. 중국을 버릴 수는 없으나 중국의 대안이 있어야 한다는 차이나+1이 일본 기업의 기본적인 생각이었다. 이와 같은 고도의 양자관계 때문에 일본 정부도 항상 아세안을 신중하게 관리하고 있다. 그 관리 방법의 하나가 후쿠다 독트린 이후 늘어난 대아세안 공적개발원조ODA이다. 아세안 사람들의 교육연수, 기술지원 확대 등을 통해 장기적으로 친일 인사를 늘리고 인프라 확대로 경제성장에 기여하겠다는 것이었다. 일본의 대아세안 ODA 지원은 전형적으로 일본 국익 우선주의라는 비판을 많이 받았지만, 아세안은 여전히 일본의 지원을 기대하고 있다.[21] 아세안에 외환위기가 발생했을 때도 일본은 중요한 지원국으로 등장했고 또 위기 이후의 동아시아 금융시장 안정을 위한 아시아통화기금, 신미야자와 플랜 등을 통해 금융시장을 안정시키려고 노력했다.

중국의 경제적 영향력 증가

아세안 일부 국가는 역사적으로 중국과 조공관계에 있었다. 근대 세계에서는 화교의 진출로 동남아는 중국과 연계되어 있었다. 그렇지만 중국이 공산화되면서 아세안은 중국과 외교관계를 단절했다. 미국과 중국이 핑퐁외교로 국교를 정상화하고 베트남 통일이 돌이킬 수 없는 현실이 되자 1970년대 중반에 들어서야 아세안 주요국은 중국과 외교관계를 수립하기 시작했다. 말레이시아가 가장 먼저 1974년, 태국과 필리핀이

1975년, 그리고 싱가포르와 인도네시아가 가장 늦게 1990년에야 중국과의 공식 관계를 수립했다.

개혁개방을 하면서 중국은 아세안의 화교 자본에 투자를 요청했다. 고향을 떠난 지 수십 년 만에 고향을 방문한 화교 기업인들은 중국이 자신들이 떠난 그 시절에서 거의 발전하지 않았다는 사실을 목격했다. 중국은 이후 수십 년 동안 엄청난 변화를 거쳤고 이제는 아세안 국가를 앞서고 있다. 중국의 부상 과정에서 아세안은 해외 시장을 중국에 잠식당하기도 했고, 또 아세안으로 향하던 투자가 중국으로 전환되고 있다는 사실도 깨달았다. 다행이라면 중국의 고도성장으로 자원의 수출이 증가했다. 인도네시아는 유연탄과 팜유 수출이 증가했고 말레이시아와 싱가포르는 반도체 수출이 늘어났다. 태국은 열대농작물 수출을 늘릴 수 있었다. 또한 태국, 싱가포르 등 아세안 주요 관광국에는 중국인 관광객이 몰려들었다.

아세안과 중국의 경제협력은 화교의 투자가 시작된 1980년에는 얼마 되지 않았다. 아세안의 대중국 수출은 전체의 1.0%에 불과했고, 화교의 대중국 투자가 전성기를 지났음에도 불구하고 20년이 지난 2000년에도 총 수출의 3.8%만이 중국으로 갔다. 아세안의 투자가 수출을 유발할 수 있는 제조업 투자가 아니었고 중국이 아직 WTO에 가입하지 않은 상태였기 때문이다. 그렇지만 2000년 이후 상황은 급변했다. 중국의 고도성장과 양 지역의 분업이 확장되면서 2010년까지 10년 동안 말레이시아와 필리핀 수출의 20% 가까이가 중국으로 가게 되었고, 싱가포르 및 태국의 경우 10% 이상 중국으로 향했다.

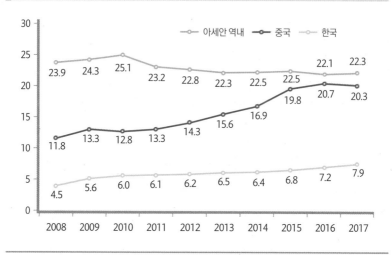

아세안의 수입 비중 추이 (단위: %)

연도	아세안 역내	중국	한국
2008	23.9	11.8	4.5
2009	24.3	13.3	5.6
2010	25.1	12.8	6.0
2011	23.2	13.3	6.1
2012	22.8	14.3	6.2
2013	22.3	15.6	6.5
2014	22.5	16.9	6.4
2015	22.5	19.8	6.8
2016	22.1	20.7	7.2
2017	22.3	20.3	7.9

자료: 아세안 사무국

아세안과 중국의 협력이 심화되면서 양 지역의 관계가 비대칭적으로 변하고 있다. 중국이 고도성장하면서 아세안의 대중국 수출이 증가했으나 수입은 더 빨리 증가했다. 아세안의 총 수입 중 중국으로부터의 수입은 2008년 11.8%였으나 2017년에는 20.3%로 증가했다. 중국의 노동집약적 경공업제품을 수입하던 아세안은 중국의 산업기술이 발전하고 부품산업 기반이 강화되면서 자본재, 부품 등을 같이 수입하게 되어 이제는 아세안이 중국의 시장으로 바뀌었다. 부품산업 미개발 문제는 아세안 경제의 중요한 취약점 중의 하나로 일부 국가에 막대한 무역수지 적자의 원인이 되기도 한다. 이 때문에 아세안은 부품산업 개발을 위해 다각도로 노력하고 있다. 그러나 중국이 부품산업 기반을 강화함으로써 대중국 수입이 증가하고 있어 아세안 부품산업은 더욱 위축될 수밖에 없는 상황이다.

한때 중국에 대한 외국인 직접투자의 증가로 아세안에 대한 직접투자가 부정적인 영향을 받는가, 즉 아세안에 대한 직접투자가 중국으로 전환되고 있는가에 대한 많은 논의가 있었다. 중국이 WTO에 가입하면서 외국인 직접투자는 대거 중국으로 향했고, 제조업의 그린필드형 투자처로서 아세안에 대한 다국적 기업의 관심은 대폭 감소했다. 중국으로 유입된 투자규모는 1990년대 중반 아세안을 향한 투자보다 많아졌고, 아세안은 외환위기 이후 외국인 직접투자가 급감했다. 이러한 상황은 이후 또다시 변화를 겪었다. 중국에서 생산비가 상승하고 중국의 다국적 기업을 향한 기술이전 요구가 강해지면서 중국 대신 아세안으로 투자의 방향을 변경한 기업들이 증가했다.

중국의 대아세안 투자도 급증했다. 인도차이나지역의 자원 개발에서 시작한 중국의 투자는 점점 제조업과 부동산 분야로 확산되었다. 태국의 방콕, 말레이시아의 쿠알라룸푸르나 조호르바루, 싱가포르에는 중국인들의 부동산 투자가 증가하고 있다. 국가별로는 싱가포르가 아세안의 서비스, 물류, 금융 등의 중심지 역할을 하고 있기 때문에 중국 기업의 진출이 활발하다. 국가 규모에 비해서는 미얀마, 라오스, 캄보디아 등에 대한 투자도 상대적으로 많다. 이들 나라에 대한 외국인투자가 그리 많지 않다는 점에서 중국의 중요성을 알 수 있다. 중국은 이들 나라에서 주로 자원이나 인프라 관련 투자를 하고 있다.

중국의 투자 및 교역의 증가, 그리고 인프라 건설 지원으로 아세안 특히 대륙부 아세안과 중국은 급속히 통합되고 있다. 중국의 윈난성과 광시성에서 라오스, 베트남, 미얀마로 국경이 열리고 인적·물적 교류가 급속히 증가했다. 중국이 인프라 연결을 주도적으로 추진하는 데 중국과 라오스의 수도 비엔티안을 연결하는 철도 건설은 가장 대표적인 사업으로 중국이 자금을 대부하여 진행하는 프로젝트이다.

확대된 중국의 영향력과 미중 갈등 속에서의 위기

21세기 들어 아세안을 둘러싼 일본과 중국의 경쟁이 심화되었지만 이 경쟁 상황은 미국이 아시아로 귀환하면서 새로운 양상으로 변했다. 중국이 아세안에서 영향력을 확대해 가는 과정에서 오바마 이전의 정부는 상황을 지켜보는 데 만족했다. 부시 행정부는 싱가포르, 태국, 말레이시아와 FTA 협상을 시작했지만, 싱가포르와 FTA를 체결하는 데 그쳤고, 태국과 말레이시아와는 협상을 타결하지 못했다. 오바마 행정부는 이후 싱가포르, 브루나이, 뉴질랜드, 칠레 등 작은 국가들이 추진하던 FTA를 이어받아 TPP를 주도하기 시작했고, 아세안에서 말레이시아와 베트남을 참여시켰다. 일본까지 참여한 TPP 협상이 타결되었지만 트럼프 대통령이 취임하자마자 TPP에서 탈퇴하고 말았다. 미국을 보고 참여했던 베트남이나 말레이시아는 처지가 다소 애매해졌지만 일본은 미국이 언젠가는 복귀할 것이라는 희망을 심어 주면서 미국이 빠진 상태의 CPTPP를 타결했다.

오바마 시절의 미국은 아시아로 돌아왔지만 너무 늦었다. 아세안에 대한 주요 강대국의 영향력에 대해서 2018년 하반기에 싱가포르의 국책연구기관 ISEAS의 조사에 따르면 아세안 엘리트의 73.3%가 중국이 경

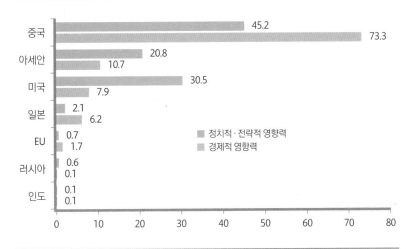

자료: 싱가포르 동남아연구소(ISEAS, 2018)

제적으로 아세안에 가장 큰 영향력을 미치고 있다고 평가한 반면 미국의 영향력이 크다고 답한 비율은 7.9%에 불과했다. 정치적·전략적 차원에서도 중국의 영향력이 가장 크다고 답한 비율이 45.2%로, 미국이라고 답한 30.5%보다 많았다. 중국은 정치적·전략적 측면도 그렇지만 적어도 경제적으로는 아세안에서 확고한 위치를 점하고 있다. 이제 아세안은 중국을 고려하지 않고는 대외경제정책을 수립하기 어려워졌다. 그동안 아세안의 경제구조를 만들었던 일본의 경제적 영향력이 크다고 답한 비율은 6.2%에 불과했고, 정치적·전략적으로도 영향력이 있다고 답한 비율은 2.1%에 불과하다. 바야흐로 아세안에서는 중국과 미국이 영향력을 확대하기 위해 경쟁하고 있는 상황으로 바뀐 것이다.

한편 중국의 영향력이 다른 국가의 영향력을 압도하고 있지만 중국

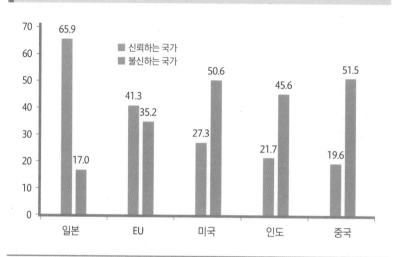

강대국에 대한 아세안 엘리트들의 신임도 (단위: %)

- 신뢰하는 국가
- 불신하는 국가

	일본	EU	미국	인도	중국
신뢰하는 국가	65.9	41.3	27.3	21.7	19.6
불신하는 국가	17.0	35.2	50.6	45.6	51.5

자료: 싱가포르 동남아연구소(ISEAS, 2018)

을 신뢰한다고 생각하는 아세안 엘리트는 19.6%에 불과했고, 미국을 신뢰한다고 생각하는 이들은 27.3%였다. 동전의 양면과 같이 중국에 대해 불신한다는 비율은 51.5%, 미국을 불신한다는 비율은 50.6%로 중국과 거의 차이가 없었다. 즉 미국과 중국은 아세안에서 영향력 경쟁을 하고 있지만 양자 모두 아세안으로부터 불신의 대상이 되어 있는 상황이다. 이에 비해 아세안 엘리트들은 일본에 대해서는 정치적·전략적, 경제적 영향력은 크지 않다고 보지만, 65.9%가 신뢰한다고 답했고 불신한다는 비율은 17%에 불과했다. 신뢰할 수 없는 중국의 영향력은 예상 밖으로 커져버렸고, 오랫동안 협력관계를 유지했던 미국은 자국 이기주의에 빠져 역시 믿을 수 없는 국가가 되었다. 믿고 의지할 수 있는 상대는 일본이 될 수도 있지만 일본은 영향력이 크지 않아 아세안이 의지하기에는 무리이다.

아세안의 엘리트는 영향력은 크되 신뢰하기 어려운 미국과 중국이 아세안에서 충돌할 가능성이 크다고 전망한다. 고대 그리스에서 부상하는 신흥 세력인 아테네에 기존 패권 세력인 스파르타가 느낀 두려움이 펠로폰네소스 전쟁의 원인이라는 투키디데스의 견해에서 연유한 투키디데스 함정에 미국과 중국이 빠질 수 있다는 주장도 있다.[22] 미국과 중국이 갈등을 갖고 전쟁으로 발전한다면 아세안은 가장 곤란한 상황에 빠질 수 있다. 아세안 엘리트 68.4%는 미국과 중국이 아세안에서 충돌의 길collision course로 가고 있다고 답했다. 싱가포르 리센룽 총리는 2018년 아세안정상회의를 마치면서 의장으로서 "우리가 어느 편도 들지 않는 것이 바람직하지만 아세안이 어느 한쪽을 선택해야 할 상황이 올 수도 있다. 빨리 오지 않기를 바랄뿐이다."[23]라고 말했다. 이는 미중 사이에 낀 아세안의 곤혹스런 처지를 나타낸다.

3. 아세안경제공동체의 오늘과 내일

다양성 속에서도 성공적인 경제 통합체

아세안은 인구, 면적, 경제발전 단계, 정치체제, 사회·문화구조 등에서도 상당히 이질적인 국가들로 구성되어 있다.[24] 즉 아세안경제공동체AEC는 회원국의 경제적 주권을 축소하거나 양도하는 관세동맹이나 통화통합, 재정통합 등을 고려하지 않아 EU 모델보다는 NAFTA 모델에 더 가깝다.[25] 이 점에서 아세안경제공동체의 가장 큰 요소인 단일시장은

2018년을 기점으로 거의 완성되었다.

단일시장으로 AEC의 인구는 2017년 현재 6.5억 명으로서 중국과 인도에 이은 세계 3위이며, 인도네시아만의 인구도 2.6억 명으로 개별 국가 기준으로도 미국에 이은 세계 4위이다. 경상 GDP는 2.5조 달러로 프랑스, 브라질 등과 비슷하며 세계 7위 수준이다. 상품 수출규모는 1.3조 달러로 중국, 미국, 독일에 이은 4위이며 수입에서는 미국과 중국에 이은 3위의 시장이다. 인구는 한국의 12배 이상, 경상가격 GDP는 1.8배 규모, 상품 수출입은 각각 2배 이상이다. 정치제도와 경제발전에 큰 차이가 있는 나라들이 이만큼이라도 통합을 이루고 단일 경제권으로 활동하고 있다는 사실은 놀라운 일이다.

제도적으로 경제공동체가 되었지만 AEC의 역내 무역은 과거와 크게 달라지지 않았다. 아세안 역내 교역의 비중은 2007년 25.1%에서 2017년에는 22.9%로 감소했다. 아세안에 비해 EU의 경우 역내 교역 비중은 60% 이상을 유지하고 있고, NAFTA의 역내 무역 비율도 40% 선으로 아세안보다 높다. 아세안 국가들이 유사한 산업구조를 갖고 있기 때문에 경쟁관계에 있다는 점, 다국적 기업이 수출 산업의 상당 부분을 장악하고 있다는 점, 중국이 급속히 성장했다는 점 때문에 단순히 비중의 크기로 공동체의 성공 여부를 평가할 수는 없다. 더구나 아세안의 전체 시장 규모가 크지 않기 때문에 역내 무역 비율이 증가하지 않았다고 해서 AEC의 효과가 없었다고 할 수는 없다. 역내 무역 비율의 일정 수준 유지는 오히려 공동체 추진에도 불구하고 대외 무역을 지속적으로 확대했고 무역 왜곡을 줄이면서 성장했다는 것을 의미한다. 중국의 성장이 둔

	2007	2009	2011	2013	2015	2016	2017	2018
EU	66.7	65.5	63.2	62.4	61.3	61.9	61.7	61.6
NAFTA	41.1	39.3	39.7	40.8	40.7	40.4	40.3	39.9
ASEAN	25.1	24.4	24.3	24.2	23.6	23.1	22.9	–

자료: EU와 NAFTA는 2013년까지 WTO, 이후는 ITC, 아세안은 아세안 통계 이용 작성

화되고, 아세안이 지속적으로 성장한다면 향후에는 아세안의 역내 무역 비중은 증가하는 방향으로 움직일 것이다.

외국인 직접투자 유치에서도 아세안 역내로부터의 투자 비중은 큰 변화를 보이지는 않는다. 아세안에 대한 외국인 직접투자 유입액은 글로벌 금융위기의 영향을 받았던 2008~09년 기간에 연 500억 달러 이하였지만 이후 2010년 1,000억 달러, 2012년에는 1,100억 달러를 돌파했으며 2017년에는 1,356억 달러에 이르렀다. 아세안 역내 투자 역시 역내 무역 비중과 같이 큰 변동이 없다. 2008년 이후만을 보면 대략 15~20% 선에서 유지되고 있다.[26] 아세안 국가 중 역내 투자가 활발한 국가는 2017년 현재 싱가포르, 태국, 말레이시아 등으로 모두 경상수지 흑자 국가이다.

아세안 경제통합의 또 다른 측면은 아세안 역내 이주노동자의 증가이다. 아세안은 경제통합의 한 수단으로서 고급 인력에 대한 이주를 촉진하기로 하고, 엔지니어링·건축 서비스, 의사, 치과의사, 간호원, 회계 서비스 등 숙련 인력에 대해서는 상호인증협정MRA를 체결하여 취업 허가를 내주고 있다. 그렇지만 저숙련 노동자에 대해서는 기본적으로 외

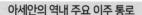

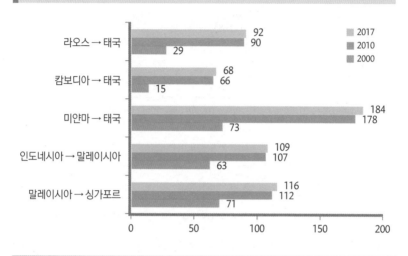

아세안의 역내 주요 이주 통로   (단위: 만 명)

라오스 → 태국 — 92 / 90 / 29

캄보디아 → 태국 — 68 / 66 / 15

미얀마 → 태국 — 184 / 178 / 73

인도네시아 → 말레이시아 — 109 / 107 / 63

말레이시아 → 싱가포르 — 116 / 112 / 71

■ 2017 ■ 2010 ■ 2000

자료: 유엔 경제사회국(UN DESA) 인구분과(2017). 세계 이주 동향

국인노동자 foreign workers로 표시하고 이주를 규제하고 있다. [27] 그럼에도 불구하고 아세안 역내의 불균형적인 일자리, 임금격차 등으로 인해서 많은 저숙련 노동자들이 역내에서 더 나은 소득을 찾아 이주하고 있다.

유엔경제사회이사회가 정의한 "자신이 태어난 곳이 아닌 다른 국가에서 사는 사람"인 이주자는 2017년 중반 싱가포르에 262만 명, 말레이시아에 270만 명, 그리고 태국에 359만 명이 살고 있다. 따라서 총인구 중에서 이주노동자의 비중은 싱가포르는 46%에 이르고, 말레이시아도 8.5%, 태국도 5.2%에 이른다. 이들 대부분을 경제활동이 가능한 인구로 본다면 실제로 외국인 이주자가 경제 내에서 차지하는 비중은 결코 무시할 수 없다. 이주자의 규모는 2010년 대비 2017년 크게 증가했는데 싱가포르가 약 2배, 말레이시아와 태국도 2배 이상 증가했다.

아직 풀지 못한 숙제

아세안이 경제공동체를 출범시켰지만 역내 개발격차 문제는 해결하지 못했다. 실제로 격차 해소는 단기적으로 해결이 불가능한 문제라고 할 수 있다. 전후 독립 과정, 선택했던 정책, 부존자원의 차이 때문에 아세안 10개국에는 세계 유수의 고소득국과 최빈국이 동시에 존재한다. 아세안은 AEC의 추진 과정에서 역내의 불균형 해소를 중요한 버팀목으로 간주하고 있었다. 베트남이 빠른 성장으로 필리핀을 거의 따라잡았지만, 미얀마, 캄보디아, 라오스의 경제는 여전히 선발 아세안과 큰 차이가 있다. 1인당 소득의 차이는 싱가포르와 미얀마 사이에 거의 50배이다. 경제적 격차는 삶의 수준에도 영향을 미쳐 싱가포르의 신생아 중 5세 이하에 사망하는 경우는 1천 명당 2.8명으로 선진국 수준이지만 라오스는 64명에 가깝다. 또한 교육기회에도 격차가 있는데 중등학교 취학률이 미얀마는 57% 수준에 불과하다.

문제는 세계화, 기술진보가 급속히 진행되고 4차 산업혁명이 진행되는 시기에 이와 같은 차이는 해소되기는커녕 오히려 확대될 수 있다는 것이다. 선진국에서 수확체감의 법칙이 작용할 수 있기 때문에 후발국의 투자가 증가하면 소득격차는 감소할 수 있겠지만 1인당 소득이 40~50배 차이 나는 현실에서 격차가 20~30배 정도로 감소한다고 해서 큰 의미가 있는 것은 아니다. 더구나 외국인투자 비중에서 볼 수 있지만 외국인 직접투자는 오히려 선발 아세안국에 더 많이 몰린다.

아세안 내 개발격차는 아세안의 협력에 많은 문제를 일으킨다. 역내 격차는 먼저 일부 저개발국가가 아세안 통합에 소극적으로 나오게 만든

아세안의 발전격차

	1인당 GDP (2018)	외국인투자 비중 (아세안 전체 100%, 2017)	유아 사망률 (5세 이하, 1000명당, 2017)	중등학교 취학률 (2017)	인간개발 지수 순위	인터넷 이용률 (100명당, 2017)
캄보디아	1,512	2.3	30.6	–	146	32.4
인도네시아	3,893	3.6	26.4	76.8(2015)	116	25.4
라오스	2,567	1.1	63.9	58.9	139	21.9
말레이시아	11,239	11.5	8.3	73.8	57	78.8
미얀마	1,325	3.0	50.8	56.5(2017)	148	25.1
필리핀	3,102	8.1	27.1	65.9(2015)	113	55.5
싱가포르	64,581	54.8	2.8	99.5	9	81.0
태국	7,273	2.6	12.2	77.3(2015)	83	47.5
베트남	2,563	12.8	21.6	–	116	46.5
한국	31,652	–	3.4	97.9(2015)	22	92.8

자료: 세계은행(WB) 및 유엔개발계획(UNDP)

다. 아세안을 경제통합의 가장 기초가 되는 단일시장이나 단일 생산기지로 전환한다는 목표도, 저개발국은 아세안 전체의 수준을 맞추기 어렵게 된다. 대외적으로도 아세안이 공동 보조를 맞추기 곤란하다. 아세안이 대외적으로 동일한 목소리를 내자는 합의에도 불구하고 현실적으로 어렵다. 예컨대 중국의 막대한 원조자금이 유입되는 캄보디아나 라오스는 아세안과 중국의 이해가 다른 이슈에 흔히 중국에 동조하는 현상을 보이기도 한다.

아세안의 개발격차 문제처럼 AEC가 완전한 경제공동체가 되기 위해서는 더 많은 노력이 있어야 한다. 이러한 사실을 잘 알고 있는 아세안은 2015년 11월 아세안정상회의에서 AEC의 출범을 "끝이 아닌 중간 단계"로 규정하고 'AEC 청사진 2025'를 작성했다.[28] AEC 청사진 2025는 청사진 2015의 협력 영역 4개를 5개로 분화시키고 좀 더 충실화한 것이었다. 5개의 영역은 ① 고도로 통합되고 응집된 경제, ② 경쟁력 있고, 혁신적이며 역동적인 아세안, ③ 연계성 제고와 부문 간 협력, ④ 복원력, 포용적, 사람지향, 사람 중심의 아세안, ⑤ 글로벌 아세안이다. 청사진 2025는 청사진 2015에서 미비하거나 다른 곳에 산재해 있던 유사한 성격의 분야를 통합하여 연계성 제고 및 부문 간 협력을 새로 설정했다.

경쟁력 있는 지역을 만들기 위해 새로 다양한 프로그램을 실시하고 기존 균형발전에 대한 영역의 프로그램이 중소기업 육성과 IAI에 불과했으나 이제는 공공-민간의 협력, 민간 부문 육성, 경제통합에 이해관계자의 참여를 포함하고 있다. 그래서 아세안 2025에서 형상화한 아세안은 비즈니스 친화적이고, 원활하게 무역이 이루어지며, 투자가의 신뢰를 얻을 수 있는 시장 주도의 예측 가능한 환경을 갖춘 AEC이다. 나아가 아세안 기업은 글로벌 가치사슬에서 중요한 역할을 하며, 부가가치가 높고 지식에 기반한 활동에 더 많이 참여하게 된다.

그럼에도 불구하고 2025년의 AEC도 여전히 1958년 로마조약이 규정한 EEC 통합 수준에 미치지 못한다. EEC와 AEC의 차이는 많지만 그 중에서도 AEC는 노동력의 자유로운 이동을 제한하고 있다는 점과 EEC가 규정한 유럽의회 및 사법재판소 등의 제도를 구축할 여지를 갖지 못했다는 점이다. 이 때문에 2025년의 AEC 역시 FTA를 기반으로 하는 공동시장에 불과하지만 아세안은 이 정도에 만족하고 있는 셈이다.

AEC의 경제력 규모를 고려하면 아세안은 향후 기존의 동아시아 경제질서 구축에서 중심적 역할에 그치지 않고 어떻게 대응해 나가느냐에 따라 세계 질서 형성에도 큰 영향을 미칠 수 있다. 즉, 동아시아에서 아세안은 경쟁하는 중국과 일본 사이에서 중간자적 우위를 누렸지만 이제 동아시아는 미국과 중국이 대결하는 전선이 되었다. 아세안은 새로운 도전을 맞고 있고, 과거 50년 동안 아세안이 점진적이지만 훌륭한 성과를 냈듯이 미국과 중국의 갈등구조 속에서 동아시아의 안정에 기여할 수 있어야 한다.

제9장

정부와 시장 역할의 재조정

1. 아세안의 경제발전, 어떻게 평가할 것인가

대외지향적 발전모델

한 특정 국가나 지역의 경제발전 과정이 고유한 발전모델로 인정받기 위해서는 몇 가지 조건이 필요하다. 해당 지역의 성장률이 다른 지역에 비해 높고, 고도성장을 설명할 수 있는 특성이나 요소가 있어야 한다. 또한 현실적으로 그 모델을 다른 지역에 적용할 수 있어야 하며, 또 다른 국가나 지역이 이를 따라 할 수 있어야 한다. 세계의 다른 지역에 비해 월등한 성장 기간을 보낸 1970~80년대의 한국, 대만, 일본의 경제발전은 동아시아발전모델이라고 칭할 수 있었는데 이 모델은 높은 투자율, 작은 공공부문, 수출지향, 경쟁적 노동시장, 경제 문제에 대한 정부의 개입을 주요 특징으로 한다.[1] 이런 기준에서 본다면 아세안 전체를 단일한 경제발전 모델로 설명하기는 어렵다. 아직 미얀마, 캄보디아, 라오스는 저개발국이고 아세안 선발 국가도 과거의 고도성장세가 한풀 꺾여 중진국에서 탈피하지 못하고 있기 때문이다.

아시아 신흥공업국의 일원으로 성장한 싱가포르를 제외하면 1980년대 동남아는 아직 이륙하지 않았기 때문에 발전모델을 정의하는 주장은 없었지만, 경제의 특성을 설명하려는 시도는 있었다. 대표적으로 동남아의 자본주의는 전통적 의미의 자본주의가 아니라 사이비 자본주의Ersatz Capitalism라는 주장이 있었다. 이 주장에 따르면 동남아 경제는 자본이 주로 3차 산업에 한정되어 발전되어 있고, 화교 자본이 경제를 장악하고 있으며, 지대 추구자들rent-seeker이 지배적으로 활동하고 있기 때문에 사이비 자본주의이다. 사이비 자본주의에서는 자본이 제조업에도 진출해 있지만 이들의 수출 능력이 없기 때문에 산업자본은 경제개발의 전위 역할을 하지 못한다. 즉, 동남아의 산업자본가들이 외국 제조업의 매판compradore 역할을 하며, 외국 기술에 의존해, 세계 시장에서 경쟁할 수 있을 정도로 효율적이지 않다.[2] 이러한 사이비 자본주의에서는 1인당 소득이 증가하는 경제성장은 있어도 경제·사회적 발전은 가능하지 않다.

이후 아세안의 경제발전모델에 대한 논의는 동아시아 차원에서 이루어졌다. 동아시아 경제성장에 대한 중요한 설명은 1993년 세계은행에서 한국, 일본, 대만, 홍콩의 동북아 4국과 싱가포르, 말레이시아, 태국, 인도네시아 등 동남아 4국을 동아시아 고도성장국 8국으로 지칭하고 그 성장요인을 분석했다. 세계은행은 기존에 동아시아 발전을 설명하는 견해는 시장의 역할을 강조하는 신고전학파의 시장주의 관점, 정부의 역할을 강조하는 수정주의 관점으로 크게 구분할 수 있는데, 동아시아는 정부가 기능적으로 시장을 작동하도록 하는 기능적 정책을 썼을 뿐이지 따로 단일한 발전모델은 없다고 결론지었다.[3] 세계은행은 한국, 일본, 대만과 동남아 국가들은 다른 측면이 있다고 평가했다. 동남아는 외국인투자나 금융의 개방도가 높고 시장자유화를 병행함으로써 동북아 국가보다는 오히려 개도국에 시사점을 줄 수 있다고 평가했다.[4]

세계은행의 평가 이후 선발 아세안 국가를 대상으로 한 발전모델에 대해 많은 논의가 있었다. 대부분은 세계은행과 마찬가지로 동아시아의 틀 안에서 동남아 선발국의 발전을 설명하는 것이었다. 말레이시아의 조모Jomo는 동아시아 고도성장국 중 외환위기를 겪은 인도네시아, 말레이시아, 태국은 다른 동북아의 고도성장국과는 다소 다른 공동의 특성이 있다고 평가했다. 가장 중요한 것은 이들이 경쟁력을 갖춘 산업의 역량을 개발하기 위해 외국인 직접투자에 크게 의존하면서 동남아 현지의 산업과 기술 능력이나 국가의 통제력은 더 낮아졌다는 것이다.[5] 세계적인 투자은행인 모건스탠리Morgan Stanley의 학자들도 동일하게 동남아의 경제발전모델을 고투자와 대외지향성을 근본으로 하는 동아시아발전모델East Asian Economic Model, EAEM의 부분으로 설명한다. 즉 동남아경제모델SEAEM은 고투자와 대외지향성을 근본으로 하는 EAEM 중에서 다국적 기업이 투자의 중심 역할을 하는 모델이다.[6]

SEAEM에서는 다국적 기업은 아세안의 대량생산 제조업에 투자하고, 조립제품을 수출했다. 아세안은 수입대체 공업화 전략을 채택한 1960년대 이후 다국적 제조기업이 진출하여 일반 소비재나 내구 소비재를 생산, 판매하는 데 이의를 제기하지 않았다. 수출주도형 공업화로 방향을 바꾼 1980년대 중반 이후에도 자체 기업의 기술역량과 기업가정신이 취약했고 내수시장은 화교 자본이 지배하고 있었기 때문에 대량생산

조립제조업 육성을 위해 다국적 기업의 투자를 유치했다. 정부는 다국적 기업 유치를 위해 지역 간 불균형발전, 소득불균형, 산업 주권의 상실 등을 수용했다.

선발 아세안의 SEAEM은 1990년대 이후 후발·아세안 국가들에게도 이어졌다. 선발 아세안 국가들이 용트림하기 시작할 때 CLMV 국가들은 아직 잠을 자거나 내전 중이었다. 이들이 잠에서 깨어 경제발전을 추진하기 시작했을 때 이들에게는 선택권이 없었다. 선발 아세안을 추격하는 베트남, 캄보디아, 미얀마는 다국적 기업 유치를 통한 수출주도형 공업화라는 동일한 전략을 채택했다. 이들은 작은 내수시장으로 폐쇄경제 체제를 지속할 수는 없었고 세계 시장에 통합되어야 했다. 통합되는 방법은 결국 수출 상품을 생산하는 기업들을 육성해야 하지만 자신들의 역량으로는 세계 시장에 수출할 상품을 만들어 낼 수 없었다. 결국 다국적 기업의 유치에 발 벗고 나선 것이다.

한편 선발 아세안이 수출주도형 제조업 투자를 유치할 때 주요 대상은 동북아 기업이었다. 한국, 일본 기업은 아세안의 주요 산업 형성에 절대적 영향력을 끼쳤다. 이 점에서 선발 아세안은 동아시아지역 발전 시스템 속에 존재하게 된다. 일본에서 시작된 경제발전이 아시아 신흥공업국으로 확산되고 다시 선발 아세안 국가로 이어지는 동아시아 내의 발전은 안행형 Flying Geese 경제발전이라고 불린다.[7] 안행형 모델은 동아시아의 경제발전이 기러기 떼의 비행과 같이 순차적으로 이루어졌다는 것이다. 안행형 모델은 산업별로 요소집약도가 다르며, 국가들은 요소부존도의 차이에 따른 비교우위를 갖고 있다는 데서 출발했다. 비교우위에 따라 선진국에서 인건비 상승으로 사양화되는 산업은 인건비가 저렴한 후진국으로 이전한다. 그 결과 1960년대에는 일본, 1970년대 이후 아시아 신흥공업국, 1980년대에는 선발 아세안이 공업국으로 부상했다. 안행형 이론을 확장하면 CLMV 국가들은 선발 아세안 국가들을 뒤이어 아세안 선발국에서 이전하는 산업, 기술, 자본을 통해 성장하게 된다.

안행형 모델은 동아시아의 발전이 국가 간 비교우위에 입각하여 바람직하게 전개되었다는 긍정적인 평가를 담고 있다. 안행형 모델의 존립 근거가 되는 국가 간 산업별 비교우위라는 이론적 기반은 워낙 강력하여 중국이 모든 제품을 다른 동아시아 국가보다 더 싸게 생산한다 해도 여전히 의미가 있다고 한다.[8] 그러나 안행형 모델에 대해서 부정적인 견해도 있다. 먼저 안행형이 더 이상 유효하지 않다는 주장이다. 선두에 선일본이 혁신을 만들지 못하고 주춤하는 가운데 기러기 떼의 후미에 있던 중국이 빠르게 성장하자 동남아와 경쟁하면서 순차적인 발전이 더 이상 가능하지 않게 되었다는 것이다.[9] 실제로 중국은 선발 아세안 국가에 비해 더 높은 국제경쟁력을 갖고 있을 뿐만 아니라, 기존의 산업별 비교우위를 붕괴시킬 정도로 모든 산업의 수평적 혹은 수직적 밸류체인에서 압도적인 경쟁력을 발휘하게 되었다. 그래서 아세안의 외환위기와 함께 안행형 발전모델은 더 이상 동아시아 경제발전을 설명하지 못한다는 평가도 있다.[10]

다른 동아시아 국가에 비해 또한 후발국의 산업발전이 누구에 의해서 이루어지는가도 중요하다. 아세안 주요 공업국을 보면 1차적으로 일본, 2차적으로 아시아 신흥공업국의 직접투자에 의해 발전했으나, 생산의 주체는 자국 기업이 이어받은 것이 아니라 역내 선진국 기업이 그대로 생산설비만 이전하여 현지의 저렴한 노동력을 활용한 하청기지만 세웠다. 안행형 모델이 동아시아의 국가 혹은 지역의 순차적인 발전 과정을 설명하는 데 유용하더라도, 후발국의 성장을 이끈 담당자가 선발국의 다국적 기업인 한 기러기 떼의 후미에서 날고 있는 아세안의 노동 조건이나 생활 수준의 향상, 공정한 분배, 더 인간다운 삶의 보장은 어렵다고 봐야 한다.

아세안 개발독재 모델의 명암

동아시아의 경제발전이 국가 주도의 개발모델이었다는 주장을 완전히 수용할 수는 없지만 아세안에서 고도성장을 달성했던 국가들의 경우 외형적으로 개발독재 체제를 유지했다는 사실은 부정하기 어렵다. 아세안에서 가장 먼저 신흥공업국으로 성장한 싱가포르를 비롯해 말레이시아, 인도네시아, 필리핀 등에서는 모두 장기간 1인 독재가 지속되었다. 아세안 경제성장의 용광로로 떠오른 베트남도 공산당 일당 체제이고 후발국이지만 미얀마, 캄보디아, 라오스 또한 민주적 체제와는 거리가 멀었다. 개발독재 체제에서 정부는 경제개발을 효율적으로 추진하기 위해 개인의 자유보다는 국가의 자유를 강조하고, 우선순위를 정해 자본을 동원하고 배분한다. 개발독재를 이렇게 정의하면 아세안 선발국의 개발독재는 전통적 의미의 개발독재와는 다른 얼굴을 가진다. 그것은 싱가포르를 제외하면 아세안은 정치적으로 독재를 했으나 국가가 시장을 지배하지 못했다는 것이다. 사실 아세안 선발국에서는 정부가 시장을 규율하는 능력이 취약했고 다국적 기업과 화교 기업으로 대표되는 시장이 오히려 정부를 압도하고 있었다. 이 때문에 정부의 정책적 개입은 느슨했고 장기적으로 시장을 선도할 수 있는 비전은 부족했다. 이러한 성격을 오해하고, 시장 개입의 정도가 낮았기 때문에 동북아에 비해 동남아가 다른 개도국에 유용한 참고가 될 것이라는 주장은 설득력이 없다.

싱가포르의 리콴유는 1950년대 후반부터 1990년까지 30년 이상 싱가포르 고도성장기를 이끌었다. 그는 인민행동당 일당체제를 구축하고 강력한 카리스마로 싱가포르의 경제성장을 이끌었다. 총리에서 퇴임한 이후에도 후임 총리와 각료들을 관리했다. 싱가포르 정부는 1960년대 후반 제조업 부문의 외국인투자를 유치하기 위해 공업단지 개발 등 투자환경을 개선하기 위해 노력했다. 그 결과 조선업을 제외한 대부분의 산업을 다국적 기업이 담당하게 되었다. 싱가포르 정부는 인건비의 상승에 따라 서비스산업에 외국인투자를 유치했고 또 싱가포르 기업의 지역화 regionalization 정책도 시행했다. 사회주의적 경제정책을 통해 직장인 연금제도인 CPF제도를 운용했고, 정부가 주택공급을 책임졌다. 리콴유는 또한 말레이시아의 마하티르와 함께 아시아적 가치를 강조했는데, 이는 국가와 사회를 위해 개인의 자유를 제한할 수 있다는 의미로 해석되었다.

말레이시아의 마하티르는 1981년에서 2003년까지 20년 이상 말레이시아를 이끌었다. 지난해에 총리로 재취임했다. 마하티르는 1970년대부터 시작된 부미푸트라 정책을 이어받았고, 1983년부터 민영화를 추진하면서 부미푸트라 정책과 민영화를 결합시켰다.[11] 마하티르 정부는 1983년 일본의 미쓰비시 자동차와 합작으로 국민차 프로톤을 설립했지만 성공하지 못했다. 부미푸트라 정책이나 국민차 정책은 모두 국가가 시장에 개입한 사례였다. 마하티르는 1991년 '비전 2020 Wawasan 2020'을 발표했는데, 30년 후인 2020년에는 말레이시아를 명실상부한 선진국으로 전환시킨다는 장기 비전이었다. 정치적으로는 보수적 입장을 견지했고, 과거의 동료라도 정치적 문제에 이견이 생기면 단호하게 버렸다. 시장 개입은 성공적이라고 할 수 없었고 명실상부한 선진국으로 도약한다는 비전은 실현되지 못했다.

인도네시아의 수하르토는 1967년부터 98년까지 30년을 집권했다. 그는 장기 독재 과정에서 경제개발을 강조했고 정적에게는 무자비했다. 수하르토의 시장 개입 방법은 유능한 기업인들이 마음대로 활동할 수 있는 공간을 제공한다는 것이었지만, 그가 생각했던 유능의 기준은 자신과 얼마나 가까운가에 달려 있었다. 버클리 마피아로 불리던 일단의 경제학자 집단의 자유주의적 정책이 때로 영향을 미치기도 했지만 일관적이지 않았고, 또 그 자체에서 이권을 챙기는 집단이 등장했다. 수하르토 정부는 부패했고 자식들을 통제하지 않았기 때문에 비록 경제개발의 아버지라고 불렸으나 그가 이룬 경제개발은 다른 국가보다는 산업화가 아닌 자원이용형 성장이었다. 불투명한 수하르토 정부가 초래한 외환위기로 그가 기여했다는 경제성장마저 뒷걸음쳤다.

태국 역시 간헐적으로 등장했던 허약한 민주 정부를 제외하면 군부독재가 계속되었다. 군부는 태국 정치를 지배해 왔고 군부 출신의 정치가들은 개인의 이익을 위해 정책을 세우고 시장에 개입했다. 태국 경제를 '관료제적 자본주의'라고 불렀는데 관료, 즉 군에서 주로 충당되는 관료 정치가들은 민간 부문에 다양한 형태로 관여하면서 이권을 챙겼다.[12] 여기에는 왕실도 포함된다. 왕실이 소유한 시암시멘트그룹은 성장의 한계에 이르렀지만, 왕실은 여전히 방콕의 중심 요지에 방대한 토지를 소유하고 이를 임대하고 있다. 민주화의 미성숙으로 쿠데타가 끊이지 않았고 쿠데타 세력들은 편의에 의해 헌법을 개정하곤 했다. 탁신 정부를 제외하면 대체로 이념이 일치하지 않는 정당들이 다수 참여하는 연립 내각으로 정부를 운영하였다. 정당들은 연립 정부에 참여하여 각료 자리를 차지하는 데 관심을 가졌고 자리를 이용하여 이권에 개입했다. 다수의 경제사회개발계획을 추진했지만 계획의 시작은 있었으나, 경제사정이 바뀌면 다른 계획으로 대체되었다.

이와 같이 아세안 선발국은 개발독재를 통해 경제성장을 도모했지만 효과에서는 차이가 컸다. 싱가포르는 지리적 이점을 충분히 활용하고 리콴유의 효율적인 정부가 시장을 선도하면서 경제성장을 달성했다. 그렇다고 리콴유의 개발독재가 싱가포르 경제성장의 원동력이었다고만 하기는 어렵다. 싱가포르는 지리적으로 유리한 위치에 있었고 정부가 이를 효과적으로 활용함으로써 다국적 기업과 외국인을 이용하여 경제성장을 했을 뿐이다.[13] 말레이시아는 인도네시아나 태국에 비해서 훨씬 더 나은 결과를 만들어 냈으나 적어도 자립경제구조를 만들겠다는 정책은 성공하지 못했다. 다국적 기업을 위해 인도네시아 노동력을 대거 고용했다. 임금은 안정되었으나, 비용 상승 압박에 직면했을 때 다국적 기업이 당연히 선택했을 연구개발 투자나 생산성 향상을 위한 노력을 게을리하게 만들었다.

인도네시아, 태국, 필리핀 모두 상황은 비슷했다. 정부의 역할은 작았고 비효율적이었다. 인도네시아는 산유국으로서 비효율적인 유류보조금 제도를 오랫동안 운용했다. 인도네시아의 개발독재는 경제개발계획이나 산업정책에 정부의 역할이 거의 없는 상태로 만들었고 장기 계획은 존재했으나 언제나 진지하게 고려되지는 못했다.[14] 태국은 지속적으로 정권을 잡은 군부체제가 일관된 경제정책을 마련하고 집행할 역량을 갖고 있지 않았다. 화교 기업가들은 정치에 참여하거나 국왕이나 관료들의 후원자가 되었다. 시장이 잘 작동하지 않은 상태에서 경제 시스템은 경직적이었고 사회적 유동성 또한 줄어들었다. 경제가 성장했으나 경제발전은 없는 나라가 되었다. 필리핀의 개발독재는 더 처참한 결과를 빚었다. 마르코스 체제에서 필리핀 경제는 다른 아세안 선발 국가들이 성장할 때 그 대열에서 탈락하고 말았다. 서비스업에서 활동하는 내수 기업인들은 세계와의 경쟁에 익숙하지 않은 기업인이었다.

아세안 경제구조와 문제점을 고려할 때 아세안의 개발독재 체제가 성공했다고 하기는 어렵다. 필리핀을 제외한 아세안 선발국은 세계적 기준에서 볼 때는 성공적으로 경제성장을 했고 베트남도 빠르게 성장하고 있다. 그렇지만 장기간 중진국 수준에서 벗어나지 못한 것도 사실이다. 시장의 효율성을 이야기하지 않더라도 아세안의 개발독재 아래서 법치나 시장에 대한 규율은 잘 작동하지 않았다. 필리핀의 마르코스, 인도네시아의 수하르토 체제가 그랬듯이 장기 개발독재는 부패하기 마련이었고, 인적자원 개발이나 R&D 투자는 무시되었다. 아세안을 기반으로 수십 년 동안 사업을 했고, 중국에서도 30년 이상 사업을 한 로버트 콱은 중국 관료와 비교한 동남아 관료들의 문제를 다음과 같이 기록했다.

중국에 비즈니스 여행을 하는 중에 나는 흔히 무능하고 편협한 관리들을 만나고는 했다. 거의 매번 나는 그런 사람과 중요한 문제로 싸워야 했다. 또한 의심스러운 부성장과 시장들을 만나야 했다. 이때마다 그냥 돌아오고 싶었다. 동료에게 어떻게 저런 사람이 도시를 저런 식으로 운영할 수 있을까 하고 말했었다. 그런데 내가 한 1년 후쯤 그곳을 다시 방문하면 그런 사람은 그 자리에서 더 이상 볼 수 없었다. 나는 스스로에게나 다른 사람에게 동남아에서는 나쁜 달걀이 승진하지만 중국에서는 나쁜 달걀은 제거된다고 말하고는 했다.15

아세안 정부의 이러한 성격 때문에 기업들은 정경유착을 통해 영향력을 확대할 수 있었다. 홍콩에서 발행되던 주간지 《아시아위크Asiaweek》는 1997년 5월 외환위기가 아시아를 엄습하기 직전에 아시아의 가장 강력한 인물 50인을 선정·발표했다. 중국의 장쩌민 주석이 1위, 말레이시아의 마하티르 총리가 2위를 기록한 가운데 인도네시아 살림그룹의 림시오리옹이 8위, 말레이시아 출신의 로버트 콱이 13위, CP그룹의 다닌 회장이 15위였다. 인도네시아의 화교 기업인 봅 하산도 29위, 필리핀의 루시오 탄이 35위였다. 레임덕에 빠져 있던 한국의 김영삼 대통령은 23위를 차지했고 한국의 이건희 회장이 39위 김우중 회장이 42위였다.16 림시오리옹은 1996년에는 당당히 5위를 차지했다.

일본이나 한국 기업의 규모에 비해 훨씬 작은 아세안의 기업 소유자들이 아시아에서 가장 영향력이 큰 사람으로 인정받는 이유는 이들이 시장에 미치는 힘뿐 아니라 정부와 사회 전반에 미치는 영향력이 컸기 때문이다. 실제로 외환위기 이전 아세안의 대기업은 지대 추구 집단이었고 최고권력자와의 연고에 따라 성장이 좌우되었다. 인도네시아, 필리핀, 태국의 화교 기업이 그랬고 말레이시아에서 부미푸트라 기업인들이 그 랬다. 정부와 기업의 유착은 역설적이게도 아세안 주요국에서 정부가 시 장에 대한 통제력을 상실하도록 만들었다. 아시아 외환위기의 원인을 논 할 때 많은 사람들이 아시아의 연고자본주의를 이야기했다.[17] 기업의 힘 이 비대해지면서 아세안에서 기업은 통제받지 않는 권력이 되었고 국적 이 없는 기업이 되었다. 특정 국가에서 경제활동을 하면서 본사는 외국 에 두는 경우가 허다했다. 시장의 힘, 즉 기업이 정부를 능가하는 권력을 가진 경우 기업의 발전이 국민경제의 발전과 같이 가지 않는다.

다국적 기업은 정부보다 우위에 있는 시장의 또 다른 사례이다. 아 세안은 다국적 기업의 투자를 통해 공업화를 추진해 왔고 주요 산업을 육성했다. 다국적 기업은 투자환경의 변화에 따라 세계적 혹은 지역적 전략 속에서 한 개별 국가에 공장을 설치하거나 다른 나라로 이동한다. 아세안 국가들은 다국적 기업을 유치하고 붙잡아 두기 위해 인센티브를 제공해야 한다. 그 결과 주요 산업을 그들에게 맡기고 그들의 결정에 큰 이의를 제기할 수 없는 상태에서 원했든, 원하지 않았든 다국적 기업이 제시하는 산업의 지형을 받아들이고 있다. 일본의 자동차업체들처럼 아 세안 자체의 산업 정책을 만들고 아세안 정부에 권유하여 자신들에게 유 리한 환경을 조성하기도 한다.

새로운 발전모델을 통한 도약

아세안의 경제발전을 하나의 모델을 규정하자면 다국적 기업 주도의 대외지향적 공업화 모델이라고 할 수 있다. 여기에서 정부는 다국적 기업과 국내 대기업에 포획되어 시장을 규율하는 능력을 상실하면서 많은 부작용을 낳고 있다. 다국적 기업은 장기간 아세안의 수출제조업을 담당해 왔고 아세안 정부는 이들을 지원하기 위해 정책적으로 임금 안정화, 낮은 소득세, 작은 정부를 중요하게 생각해 왔다. 다국적 기업들은 다른 어느 지역에서보다 더 안정된 비용과 환경을 누릴 수 있었다. 그러나 주요 산업을 다국적 기업의 활동에 맡겨 둔 결과 아세안은 농가공 분야와 일부 서비스산업 외에는 경쟁력 있는 자체 기업을 만들어 내지 못했다. 또한 다국적 기업의 대량생산 제품은 세계 시장에서 과당경쟁을 낳아 교역 조건의 악화를 피할 수 없게 되었다. 다국적 기업 주도의 세계화는 또한 소득분배에도 부정적 영향을 미쳤다. 다국적 기업 체제에서 중소기업의 역할이나 필요성에 대한 인식 수준은 아주 낮았고 아세안 자체 중소기업의 글로벌 밸류체인 참여는 기대에 미치지 못했다. 산업의 고도화 혹은 고부가가치화는 지연되었고 중국의 급격한 부상으로 아세안의 기업들은 품질이 아닌 가격경쟁력을 비교우위의 근간으로 삼아야 했다.

그 결과 아세안 선발 국가에서 미성숙 단계의 탈공업화가 나타났고 지속적인 성장에도 불구하고 달러 기준 소득으로는 중진국에서 고소득국으로 진입하지 못하고 있다. 아세안 국가 중 도시국가인 싱가포르와 브루나이가 세계은행 기준의 고소득국에 속하고, 나머지는 모두 중진국이다.18 우리의 경험에서 알 수 있듯이 중진국에서 고소득국이 되는 일은 쉽지 않다. 아세안을 포함한 아시아 국가들이 경제구조에 획기적 변화가 없다면 중진국 함정에 빠질 것이라는 견해는 일찍부터 존재했다.[19]

아세안 공업국들은 21세기 들어 고도성장은 아니더라도 자국 통화가치로는 계속 성장해 왔다는 사실에 주목해야 한다. 중진국에서 벗어나 선진국이 되기 위해서는 통화가치를 올리면 된다. 통화가치는 대외경쟁력에 의해서 결정되고 대외경쟁력을 제고하지 않는 한 통화가치를 올리기 어렵다. 아세안 국가 중 상당수가 경상수지 흑자 상태이기 때문에 적어도 통화가 고평가되어 있다고 보기는 어렵고, 어느 정도는 절상 가능성도 있다. 그러나 아세안 국가들의 통화를 절상한다면 아세안의 수출을 담당하고 있는 다국적 기업들은 수출경쟁력을 상실할 것이다.

결국 다국적 기업 주도의 대외지향적 공업화는 어느 단계에 이르기까지는 경제성장을 촉진할 수 있으나, 특정 단계를 넘어 고소득국이 되기 위해서는 새로운 혁신 기반의 모델이 필요하다. 혁신을 통한 품질경쟁력을 기반으로 하는 수출 상품을 개발해야 자국 통화가치를 상승시킬 수 있고, 중진국에서 고소득국으로 발전할 수 있다. 다국적 기업 주도의 단일 모델에 대해서는 아세안 안팎에서 문제 제기가 있었다. 예컨대 모건스탠리에서는 아세안을 포함한 동아시아의 경제모델이 과잉저축을 낳고, 글로벌 임밸런스를 야기하여 가격 경쟁과 교역 조건의 악화를 초해하는 악순환을 낳는다고 주장하면서 동아시아경제모델을 해체해야 한다고 주장했다.[20] 아세안에서는 외환위기를 겪은 태국의 총리를 지낸 탁신이 대표적으로 새로운 모델의 도입을 주장했다. 탁신은 싱가포르의 국립연구기관인 ISEAS에서 행한 연설에서 다음과 같이 말한 바 있다.

나는 태국이 동아시아경제모델을 포기하지 않는 동시에 대안적인 개발모델을 포함하는 이중트랙정책Dual Track Policy을 추구할 필요가 있다고 확신한다. 우리의 수출을 증대하기 위해 계속해서 외국인 직접투자를 환영하겠지만 우리는 반드시 여기에만 의존하지는 않을 것이다. 우리의 두 번째 트랙은 국내 차원을 의미한다. 우리 경제의 척추와 자극제로 기능할 수 있는 새로운 세대의 기업가를 육성하기 위해서 국내 기업에 새로운 질 높은 체인을 강화하고 창출할 필요가 있다.[21]

탁신의 주장은 다국적 기업 중심의 수출 부문, 즉 퍼스트 트랙First Track 외에 토착 기술과 자원을 활용하는 국내 기업 부문, 즉 세컨드 트랙Second Track을 동시에 중요시해야 한다는 것이었다. 탁신 총리는 흔히 탁시노믹스Thaksinomics라고 불린 다양한 정책을 추진했는데, 기저에는 중국과 경쟁해야 하는 대외의존도를 줄이고 통제 가능한 국내 부문 의존도를 늘리자는 것이었다. 예컨대 GDP에서 민간소비지출은 55%에서 60%로, 수출의존도는 60%에서 50%로 줄이겠다고 계획했다.[22] 탁시노믹스는 특히 소득분배의 개선을 위해 농촌 소득증가를 강조했는데 이는 농촌에 저소득층이 집중되어 있었기 때문이다. 농촌의 소득수준 증대는 민간소비를 늘리고 수출의존도를 줄이는 데도 기여할 것으로 기대되었다.

그렇다면 실제로 대량생산 제품의 수출 부문을 담당하는 다국적 기업 외에 내수를 담당하는 국내 기업만 육성하면 아세안 경제의 성장은 지속될 수 있을 것인가? 그렇지는 않다. 먼저 다국적 기업은 그렇다고 해도 국내 기업도 혁신을 통해 내수뿐만 수출 부문에 참여해야 한다. 아세안의 높은 수출의존도를 하루아침에 축소할 수는 없기 때문에 여전히 수출은 중요하지만, 다국적 기업만이 단독으로 수출을 계속 책임지게 한다는 것은 너무 위험이 크다. 여기에 시장을 규율하고 정기적으로 경제성장에 필요한 인프라를 공급할 정부 역량의 제고가 필요하다. 다국적 기업과 국내 대기업에 빼앗긴 산업 주권 및 규율 설정자로서의 역할을 하지 못한다면 단일주도모델의 부작용은 계속될 것이고 이중트랙모델에서도 그 부작용은 해소되지 않을 것이다. 다시 말하면 아세안 경제의 지속가능한 성장을 위해서는 다국적 기업 중심의 단일주도모델에서 다국적 기업, 국내 혁신 기업 그리고 정부가 책임을 나눠 갖는 다자분담모델로 바뀌어야 한다.

이처럼 다자분담모델의 필요성은 분명하지만 경제발전모델의 변경은 쉽지 않다. 이미 굳어져 버린 경제구조를 바꾸기 위해서는 국가적 비전의 설정 등 역량 강화, 경쟁력 있는 자국 기업의 등장, 그리고 국민의 생산성 향상이 필요한데 이것이 쉽게 달성되지는 않는다. 더욱이 지난 50여 년 동안 아세안 선발국은 세계 전체에 비해서 월등한 경제적 성과를 거두었다. 그 성공모델이 문제가 있다고 인식할 수는 있지만 그것이 근본적으로 바뀌어야 할 것인지에 대해서는 누구도 확신하지 못한다. 일부 정치가가 새로운 모델이 필요하다는 사실을 확신한다고 해도 기득권층을 설득하기란 매우 어렵다. 태국 방콕의 중산층이 언제나 새로운 시도에 반대하고 현상유지를 원했던 사실은 이를 잘 설명한다.[23] 경제발전모델을 바꾸기 위해서는, 그것도 성공했던 모델을 바꾸기 위해서는 정치, 기업, 국민 모두가 동일한 비전을 공유하고 추진에 동의해야 한다.

아세안에서 특히 다국적 기업 주도의 단일주도모델의 대안 모델을 찾기 어려운 것은 후발 주자인 베트남, 캄보디아, 미얀마도 아세안 선발 국가가 밟아 왔던 정책 노선을 그대로 따르고 있다는 데서도 알 수 있다. 이들은 이제 올라탄 노선을 바로 바꿀 수 없다. 특히 베트남은 외국인투자를 유치하여 신흥공업국의 대열에 들어섰으며, 베트남의 성공을 바라본 미얀마나 캄보디아는 베트남 노선이 지금 추구해야 할 최선의 모델이라고 생각한다. 베트남은 도약 단계에 이르기까지는 다국적 기업의 투자가 필요하다고 보고 있고, 대외적으로 경제발전모델을 바꾸겠다는 표시를 한 적은 없지만 민간기업들이 가전이나 자동차에서 베트남 브랜드를 만들기 위한 도전을 시작했다. 과거 1960~80년대 한국 기업의 성과는 베트남에게 참고가 된다. 한국이 거둔 기적은 아직 중국이 세계 시장에 편입하기 이전이고, 미국이 자유 진영의 리더로서 책임감을 갖고 있었던 때였다. 베트남이 한국과 같은 성공을 거둘 수 있을지는 분명하지 않지만 성공한다면 베트남은 물론 아세안 그리고 아시아 자본주의의 건전한 발전에 기여할 수 있을 것이다.

2. 경제 효율성 제고를 위한 과제

취약한 혁신 능력 제고

국민경제의 효율을 측정하는 한 방법이 총요소생산성Total Factor Productivity, TPF의 상승률을 측정하는 것이다. 경제성장률에서 노동 증가로 성장한 부분과 자본 증가로 성장한 부분을 제외한 나머지, 즉 효율의 상승에 의한 부분을 총요소생산성 상승률이라고 한다. 동아시아의 고도성장 요인을 분석한 많은 연구 결과는 동아시아의 경제성장이 노동이나 자본의 증가에 의해서 이루어졌다고 평가한다. 즉, 총요소생산성의 상승은 아세안 주요국을 포함한 동아시아의 성공에 놀랄 만큼 적은 역할을 하고 있다는 것이다. [24]

세계은행의 《동아시아의 기적 *EAST ASIA MIRACLE*》이 출판된 지 1년 남짓되었을 때 경제학자 크루그먼 Paul Krugman 은 동아시아 성장의 기적은 없다고 주장했다. 그는 동아시아 경제성장이 생산성 증가, 즉 총요소생산성의 증가가 아닌 생산요소의 투입 증대에 의한 성장이기 때문에 고도성장이 지속될 수 없다고 했다. 크루그먼은 싱가포르의 예를 들어 싱가포르가 1966~90년 기간에 연평균 8.5% 성장했고 이는 미국의 3배로 경제 기적처럼 보이지만 영감 Inspiration 이 아닌 땀 Perspiration 에 의해 이루어졌다고 주장했다.

전체 인구 중 고용 비율이 27%에서 51%로 증가했고, 1966년에는 절반 이상의 노동력이 공식 교육을 전혀 받지 못했으나 1990년에는 2/3가 중등교육을 이수했고, 투자율은 11%에서 40% 이상으로 증가했다. (⋯) 2배로 증가한 고용 비율이 다시 2배가 될 것이 아니고, 한 세대 후에 모든 싱가포르인이 박사학위를 가질 것이 아니다. 이미 40%라는 높은 투자율을 70%로 올린다는 것은 우스운 일이다. [25]

미국의 외교잡지 《포린 어페어즈 *Foreign Affairs*》에 실린 이 글은 특히 고도성장에 들떠 있던 동남아 지도자들에게 찬물을 끼얹었었다. 아마도 그

개념 정도야 이해하고 있었겠지만 경제학적 용어를 알 수 없었을 리콴유도 총요소생산성을 상승시켜야 한다고 주장했고, 일단의 싱가포르 학자들은 싱가포르의 총요소생산성 증가가 결코 낮지 않다고 강변하는 연구를 진행했다. 고촉통 총리도 1995년에 "요소 효율 증가, 새로운 아이디어와 기술의 결합을 위한 교육과 재훈련, 조직과 동기부여에 큰 투자를 하겠다"라고 말했다.[26] 말레이시아의 마하티르 총리는 외환위기 이후에 크루그먼을 직접 만나기도 했다.

개도국은 선진국으로부터 기술을 수입하거나 모방할 수 있고, 선진 기업의 직접 투자로 가장 최신 기술을 즉시 습득하기 때문에 선진국과 개도국의 격차는 줄어든다는 주장이 있다. 바로 따라잡기catch-up 이론이다. 그러나 현실적으로 이는 쉽지 않은데, 1960년 중진국 101개국 중 2008년에 고소득국이 된 국가는 한국, 대만, 홍콩, 싱가포르, 일본 등 아시아 5개국, 스페인, 그리스, 아일랜드, 이스라엘, 포르투갈 등 총 13개국에 불과했다.[27] 이 중에서 글로벌 금융위기 이후 그리스, 포르투갈, 스페인 등이 모두 급격한 경기침체를 겪었으니 고소득국이 된다고 해도 안정적으로 고소득국의 위치를 지키는 것도 쉽지 않다. 즉, 많은 개도국들이 선진국으로 가는 길목에서 함정에 빠진다. 아시아에서 제2차 세계 대전 이후 신생국으로서 인구가 2천만 명 이상인 국가 중 특정 자원에 의지하지 않고 고소득국이 된 사례는 한국과 대만이 유이하다.

이와 같이 한때는 유망했던 개발도상국들이 따라잡기 노력에도 불구하고 선진국으로 도약하지 못하는 이유는 혁신 역량이 낮기 때문이다. 국가의 혁신 역량은 혁신 제품과 혁신 기업을 만들어 내는 조건이 되고,

아세안 국가의 연구개발 관련 지표				
	연구개발 지출비율(대GDP, %)		연구자 수(백만 명당)	
	2010	2016	2010	2016
인도네시아	0.08(2009)	0.08(2014)	89	–
말레이시아	1.04	1.30(2015)	1,467	2,274
필리핀	0.11(2009)	0.14(2013)	81(2009)	188(2013)
싱가포르	2.01	2.16(2014)	6,312	6,730(2014)
태국	0.23(2009)	0.78	329(2009)	1,210
베트남	0.19(2011)	0.44(2015)	–	672(2015)
한국	3.47	4.23	5,330	7,113
중국	1.71	2.11	890	1,206

주: ( )은 해당 연도

자료: 세계은행(WB)

혁신 역량은 역사적·문화적 요소를 포함하는 다양한 요인에 의해 결정되지만 가장 가깝게는 연구개발을 통해서 창조된다. 세계지적재산권기구WIPO가 집계한 2001~17년 기간에 각국의 특허권은 한국이 146만 건 이상이었던 데 반해, 아세안에서는 가장 많은 싱가포르가 2만 8천 건, 말레이시아가 8천 건, 태국이 874건, 필리핀이 1,087건, 인도네시아가 700건 정도 된다.[28] 대부분의 특허는 기업이나 대학 등 연구기관이 소유하고 있으며 한국의 경우 삼성전자나 LG전자 등이 주요한 특허 소유자이다. 다국적 기업은 아세안에서 R&D 투자를 한다고 하지만 신제품을 만들어 낼 정도로 하는 것은 아니고, 자국 기업들은 새로운 제품을 개발하거나 개선할 역량을 갖추고 있지 못하고 또 관심을 크게 갖지도 않는다.

기업의 역량이 부족할 때 대학이나 국가 차원의 연구개발 역량이 갖추어져야 하지만 싱가포르를 제외하면 국가의 R&D 기능이 거의 없다. 각국의 R&D 지출의 대GDP 비율은 싱가포르가 2014년 2.16%이지만 태국, 필리핀, 인도네시아는 1%에도 미치지 못하고 특히 인도네시아는 0.08%에 불과하다. R&D 지출에서 인도네시아나 필리핀은 2010년과 16년 사이에 거의 변하지 않았다. 혁신 역량 제고는 아세안이 풀어야 할 중요한 경제적 과제이다. 아세안이 R&D 역량을 키우지 않고는 혁신적인 제품, 가격이 아닌 품질로 경쟁하는 제품을 만들지 못한다. 즉, 혁신 역량을 제고하지 않고는 지속적인 성장과 고소득국 진입은 어렵다.

정부가 해야 할 일

정부와 시장의 관계는 끝없는 논쟁거리이지만 법과 제도의 완비는 거버넌스를 개선하는 데 유용하고 시장 성과를 제고하는 데도 필요하다. 더욱이 세계화와 기술진보가 빠르게 진행되는 현대 경제에서 중소 규모의 국가에서 정부의 적절한 개입이 없다면 시장은 경제를 지배하게 된다. 이미 지적했지만 아세안에서 정부는 시장에 포획되어 있다. 이를 정부가 시장 기능을 중시했기 때문에 개입에 소극적이었다고 평가하기도 하지만, 사실 대부분의 아세안 국가는 시장에 압도되었기 때문에 정부가 기본적으로 해야 할 역할조차 하지 못했던 것이다. 실제로 아세안에서는 기업의 힘이 비대해져 가는 가운데 기업의 소유구조는 정부와 시장의 관계에서 정부를 좌절시킨다. 외환위기 이전 아세안의 기업의 최종 소유구조를 보면 개인 가족이 지배하는 기업이 가장 많았다. 가족소유비율은 인도네시아 71.5%, 말레이시아 67.2%, 태국이 61.6%이다. 심지어 싱

	기업 수	분산형 기업	최종소유자가 있는 기업			
			가족	국가	분산-금융	분산-기업
싱가포르	221	5.4	55.4	23.5	4.1	11.5
말레이시아	238	10.3	67.2	13.4	2.3	6.7
태국	167	6.6	61.6	8.0	8.6	15.3
인도네시아	178	5.1	71.5	8.2	2.0	13.2
필리핀	120	19.2	44.6	2.1	7.5	26.7
한국	345	43.2	48.4	1.6	0.7	6.1
일본	1,240	79.8	9.7	0.8	6.5	3.2

(단위: %)

자료: Stijn Claessens, Simeon Djankov, and Larry H. P. Lang(2000). *Journal of Financial Economics* 58, p. 106. Table 8.

가포르조차 55.4%였다. 물론 싱가포르는 이후 많은 외국 기업이 싱가포르 증시에 상장했기 때문에 이 비율에는 변화가 있겠지만, 싱가포르 내 기업에서 가족소유 기업이 많다는 사실 자체는 변하지 않는다. 이와 같이 소수 가문이 지배하는 시장과 그 시장이 정부에 영향을 미치고 있다는 점은 아세안 자본주의의 건전한 발전에 바람직하지 않다.

정부가 시장 통제력을 상실하게 된 것은 정부가 자초한 일이다. 초기 성장전략으로 수입대체 공업화를 선택하고, 내수 부문은 화교 기업, 제조업 부문은 다국적 기업에 맡기면서 정부는 연고자본가와 유착하는데 만족했다. 정부는 다국적 기업을 통제할 수 있을 정도로 산업과 기술, 세계 시장 동향을 이해하지 못했다. 대부분의 국가는 기업 활동을 지원한다는 차원에서 법인세율을 인하해 왔다. 아세안 국가들도 예외는 아니어서 경쟁적으로 법인세율을 인하했다. 싱가포르의 법인세율은 2012년만 해도 26%였으나 2018년에는 17%로 인하되었고, 말레이시아도 28%에서 24%로, 태국도 30%에서 20%로 대폭 인하되었다. 세수 기반이 약한 필리핀만이 32%에서 30%로 약간 인하했을 뿐이다. 낮은 법인세는 기업 활력을 제고하여 경제 전체에 혜택을 줄 것으로 기대하지만 모든 나라가 경쟁적으로 법인세를 인하하고 있기 때문에 글로벌 경제에서 소득분배를 악화하는 요인이 될 뿐이다. 아세안 정부의 역량을 개발하고 시장에 적절한 통제력을 행사할 수 있어야 한다. 그래서 정부가 다자분담모델의 한 당사자가 되어야 한다.

정부는 먼저 시장기구의 원활한 작동을 위해서 규율의 올바른 설정자가 되어야 한다. 또한 정부는 그 규율에 따라 경제주체가 행동하도록 해야 한다. 규율의 설정과 법치가 투명해지면 시장은 이를 수용한다. 이점에서 아세안 정부는 공정경쟁의 환경을 조성할 수 있어야 한다. 다국적 기업에 대한 효과적인 관리, 국내 대기업의 과도한 영향력 축소, 정경유착의 해소, 중소기업의 육성, 연구개발 투자의 확대 등으로 정부가 시장의 바람직한 작동에 기여할 수 있다. 정부는 경제발전을 지원할 수 있는 인프라를 공급해야 한다. 인프라는 공공재로서 물적 인프라뿐만 아니라 외부효과를 창출하고 노동생산성을 향상할 수 있는 교육, 보건위생 분야, 그리고 자본축적에 기여할 수 있는 건강한 금융 및 자본시장 구축 등을 포함한다. 아세안 대부분의 국가에서 도로, 철도, 항구 등 교통시설은 낙후되어 있다. 베트남에서 호찌민과 하노이를 연결하는 기차는 30시간이 소요되며, 태국에서 방콕과 지방의 주요 도시를 연결하는 기차의 소요 시간은 30년 전과 같다. 교육과 보건위생 수준은 개선되었다고 하지만 여전히 세계 수준에 미치지 못한다. 정부가 시장이 담당할 수 없는 역할을 충실히 할 때 아세안 경제의 체질이 강화될 것이다.

아세안 각국의 정부가 관심을 가져야 할 또 다른 문제는 소득분배이다. 아세안은 다른 어느 지역에 비해서도 부의 분배가 불균형적이다. OECD 국가에서 최상위 소득계층의 소득비율이 높은 국가는 주로 시장주의를 강조하는 미국, 영국이다. 즉, 시장을 강조할수록 소득분배가 더 악화된다는 사실은 분명하다.[29] 그런데 아세안의 소득과 부의 분배 악화는 시장을 중시한 결과가 아니라 정부가 시장을 규율하지 못한 결과라고 할 수 있다. 과거 신고전파 경제학은 효율과 형평은 상충관계에 있다는 오쿤Okun의 법칙을 수용했다. 그러나 이제는 소득불평등도가 높을수록 성장속도와 지속가능성이 떨어진다는 견해가 더 지배적인 시대다.[30] 소득과 부의 분배에 대해 아세안 정부는 더 많은 관심을 가져야 한다.

중국과의 관계 변화

1980년대 초까지도 아세안 창설국의 주변 강대국에 대한 인식은 일치하지 않았다. 싱가포르의 리콴유 총리는 1981년 일본 신문과의 인터뷰에서 동남아에서 구소련과 중국의 영향력이 증가하기 때문에 미국과 일본에 의해 힘의 균형이 맞춰져야 한다면서 이 지역의 안정에 일본의 더 적극적인 역할을 주문했다. 같은 시기에 필리핀의 마르코스 대통령은 유감스럽지만 자신은 일본을 신뢰하지 않는다고 말했고, 아세안창설선언인 방콕선언의 태국 서명자였던 타낫 고만Thanat Khoman은 수년 동안 이 지역의 정부나 사람들이 외부의 주요 위협이 중국에 있다고 믿도록 세뇌를 받았다며 안타까워했다. 말레이시아는 중국이 말라야 공산당과 연계되어 있어 이 지역에 소련보다도 더 큰 위험이라고 주장했다.[31]

아세안에게 1980년대와 90년대 전반, 즉 경기호황기에는 대외적으로 큰 문제가 없었다. 소련이 붕괴되었고 중국은 개혁개방을 통해 세계체제에 편입하고 있었다. 태국이 인도차이나반도의 중심국가로 우뚝서기를 바란 찻차이 춘하완 총리는 1980년대 말 "전장에서 시장으로"라는 구호를 내걸고 바트경제권을 꿈꾸었다. 중국은 천안문 사태로 일시적으로 후퇴하는 듯했지만 덩샤오핑의 남순강화를 통해 다시 한번 세계에 손짓을 보내고 있었다. 아세안의 대외관계는 정치·안보보다는 경제가 더 중요한 고려요인이 되었다.

아세안의 외환위기 이후 정립된 아세안+3 체제에서 아세안은 중심적인 역할을 했다. 중국이 WTO에 가입하면서 세계의 자원이 중국으로 집중되는 인상을 주었다. 중국의 중저가 공산품은 세계 시장을 휩쓸고 국제 자원가격은 상승했다. 중국이 동아시아지역의 중심국가로 부상했다. 그럼에도 불구하고 중국은 동아시아에서 겸손한 자세를 유지했다. 아직 도광양회韜光養晦의 시기였다. 아세안은 중국과 일본의 경쟁을 유효하게 활용했다. 그리고 동아시아에서 새로운 질서를 구축하는 과정에서 아세안은 운전석에 앉는다고 선언했고 한중일은 이에 동의했다.

시진핑 시대의 중국은 새로운 전략으로 아세안과 세계에 접근하기 시작했다. 아니 그것보다 먼저 2006년 11월에 중국에서는 TV 다큐멘터리 〈대국굴기 大國崛起〉가 화제 속에 방영되었다. 중국이 준비가 되었다는 신호였다. 중국은 우선 아시아인프라투자은행 AIIB 설립에 나서기 시작했다. AIIB는 아시아지역의 인프라투자에 자금하는 지원하는 국제금융기관으로서 IMF나 세계은행을 장악한 미국의 주도권에 대한 중국의 도전이었다. 당초 AIIB는 아세안+3의 풍부한 외화 자산을 모아 역내에서 경기진작에 사용하자는 아이디어에서 나왔지만, 중국은 이를 자국의 것으로 포장하여 설립했다. 자금의 주요 수혜국이 될 아세안은 다소의 의심 속에서도 AIIB를 반겼다.

AIIB와 함께 중국은 일대일로BRI 계획도 추진했다. 과거의 육상과 해상 실크로드를 재현한다는 BRI의 중요한 통로가 아세안과의 연결이다. 중국은 BRI를 추진하면서 AIIB를 활용하지만 국영 금융기관도 아세안 국가에 대규모 자금을 지원했다. 중국의 쿤밍에서 싱가포르까지 철도를 연결한다는 광역메콩개발계획GMS의 철도 연결계획은 중국이 라오스에 대규모 철도 건설 자금을 지원하면서 한층 현실화되었다. 지원규모가 라오스 경제규모에 비해 과도하여 라오스의 미래에 엄청난 부담이 될 것이라는 우려도 중국의 사업추진 의지에 밀렸다. 중국은 이외에도 라오스의 국경에서 방콕까지의 고속철도 연결을 강조하며, 태국 정부와 수차례 협상을 벌이면서 기공식까지 치렀다. 자금지원 조건에 합의를 이루지 못하여 일차적으로 태국 정부가 자체 자금으로 공사를 시작했다.

철도 프로젝트에서 더 주목을 끈 사업이 말레이시아가 추진하는 동부임해철도연계프로젝트ECRL이다. 말레이반도의 동북부 코타바루Kota Bharu에서 동해안을 따라 쿠안탄Kuantan에 이르는 철도는 여기서 말레이반도를 횡단하여 쿠알라룸푸르 그리고 항구 포트클랑까지 연결한다. 중국은 쿠안탄에 이미 항만을 건설하고 있었기 때문에 이 철도는 중국의 일대일로 사업에서 말레이반도를 우회하지 않고도 중국의 상품을 남중국해-믈라카해협-인도양으로 수송할 수 있게 한다. 나집 라작 정부에서 합의된 프로젝트의 자금지원 조건에 대해 2018년 복귀한 마하티르 총리가 이의를 제기하고 프로젝트를 취소하겠다고 나섰다. 마하티르는 선거전에서 나집 라작이 말레이시아를 중국에 팔아먹었다고 강하게 비난했다. 결국 중국과 말레이시아는 건설비용에 대해 재협상했고, 중국은 440억 링깃약 106억 달러의 자금을 지원하기로 했다. 이는 나집 라작 정부가 처음 합의한 금액에 비해 비록 철도 길이는 40km 단축되었지만 30% 이상 인하된 것이었다.

중국은 대대적으로 아세안을 향해 내려오고 있다. 라오스와 캄보디아에 건설된 경제특구의 카지노에는 중국인 손님이 넘치고 방콕, 싱가포르, 쿠알라룸푸르의 거리에는 중국인 관광객이 범람한다. 아세안 주요 대도시에는 고급 콘도미니엄이 건설되고 있으며, 이는 중국인을 목표로 한 것이다.

중국은 BRI와 AIIB를 통해 기존 동아시아의 아세안 중심성의 판을 바꿨다. 갑자기 아세안 중심성을 강조하는 아세안의 주장이 공허해졌다. 여기에 미국은 자국 이익 우선주의를 강조하기 시작했다. 트럼프 정부에서 WTO 다자주의는 무색해졌다. 미-중 간의 무역전쟁은 세계나 동아시아의 무역환경에 불확실성을 안겨 주었다. 보호주의와 개별 국가의 독단적인 쌍무주의가 세계 무역질서를 어지럽혔다. 일본은 미국의 행동에 용기를 얻어 한국에 무역압력을 넣었다. 아세안도 영향을 받지 않을 수 없었다. 아세안에서 엘리트들은 아세안의 현재에 상당히 우려하고 있

중국-태국 철도 지도   말레이시아 동부임해철도

다. 싱가포르의 국책기관인 ISEAS의 조사에 따르면 아세안공동체로 인한 유형의 혜택이 느껴지지 않는다고 답한 비율이 72.6%에 달하며, 아세안이 강대국의 경쟁이 장이 되고 있다고 답한 비율도 62%에 이른다. 아세안이 유동적인 정치, 경제 상황에 대응하지 못한다고 답한 비율도 61.9%였다.

　아세안이 더 단결하여 중심성을 유지할 수 있을 것인지는 중요한 문제이자 과제이다. 아세안의 중심성 유지는 아세안의 통합을 촉진하기도 하고, 동시에 아세안의 통합 강화는 아세안 중심성을 확보하는 데 도움이 될 것이다. 아세안의 중심성 확보와 통합 강화는 대외적으로 아세안의 정체성을 확립시키고 독자적인 정책을 선택하고 추진하는 데 도움이 된다. 다국적 기업은 통합된 아세안에 더 많은 관심을 가질 것이고, 아세

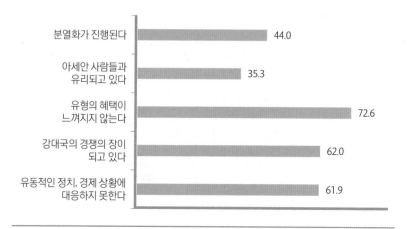

아세안 엘리트들의 아세안에 대한 인식

분열화가 진행된다	44.0
아세안 사람들과 유리되고 있다	35.3
유형의 혜택이 느껴지지 않는다	72.6
강대국의 경쟁의 장이 되고 있다	62.0
유동적인 정치, 경제 상황에 대응하지 못한다	61.9

자료: 싱가포르 동남아연구소(ISEAS, 2018)

안 기업도 역외 지역에서 과도한 경쟁에 노출되기보다는 아세안 역내 시장을 더 많이 활용할 것이다. 아세안의 결속력이 외부의 힘에 의해 약화된다면 아세안 경제가 갖고 있는 많은 비교우위가 사라진다.

3. 다시 정부의 역할이 필요하다

제2차 세계 대전이 끝난 이후 대부분의 동남아 국가들은 국민국가를 출범시켰다. 이후 70여 년의 시간이 지난 후 각국의 경제발전 단계는 달라졌다. 싱가포르와 같이 세계 최고의 소득수준을 갖춘 국가가 탄생했다. 미국에서 2018년에 만들어진 영화 〈크레이지 리치 아시안 Crazy Rich Asians〉은 결코 예술적으로 성공했다고 보긴 어려웠고, 남자 주인공인 싱가포르 부유층 집안의 단면을 과장되게 보여주었지만 싱가포르의 발전상은 이제 미국에서 영화의 소재로 삼을 정도가 되었다. 싱가포르뿐만 아니라 아세안 주요 도시에서는 고층빌딩과 고급 콘도미니엄이 스카이라인을 구성하고 고급 쇼핑센터에서는 명품이 팔리고 있다. 그러나 캄보디아, 미얀마, 라오스 등에서 빈곤은 여전히 해결해야 할 문제이다. 다국적 기업 중심의 수출 확대를 통해 성장한 아세안 선발 국가에서도 고층빌딩이 서 있는 거리의 한쪽 뙤약볕 아래에는 수레에서 수십 년 동안 국수와 볶음밥을 파는 사람들이 있다.

아세안 선발국의 경제구조를 결정한 가장 중요한 요소는 1960년대 이후 실시한 수입대체 공업화와 1980년대 중반 이후 선택한 수출주도형 공업화 전략이었다. 국내 기업과 기업인의 역량 부족으로 아세안은 다국적 기업을 유치하여 대량생산 수출제조업을 담당하도록 했다. 내수 부문은 화교 기업을 중심으로 한 국내 기업이 담당하도록 했으나 개발독재 정부는 대체로 무질서한 시장을 방치해 두었다. 1990년대 후반의 외환위기는 다국적 기업 중심의 수출주도형 성장전략이 만들어 낸 그늘이었다. 구조조정을 거치면서 아세안의 성장전략은 변화가 필요했으나 태국을 제외하고는 진지하게 이를 고려하지 않았고, 태국조차도 변화를 모색했던 탁신 총리의 축출과 함께 새로운 시도는 계속되지 못했다. 이 과정에서 아세안 후발 국가들은 다른 대안 없이 아세안 선발 국가들의 익숙한 경로를 따라가고 있다.

다국적 기업 중심의 경제로 인해 아세안 선발 국가들은 미성숙 탈공업화 및 중진국 함정에 직면해 있다. 베트남이 신흥공업국으로 부상하고 있으나 다국적 기업에 수출 산업을 위임하고 있는 한 일정 시기 이후에는 아세안 선발 국가와 유사한 문제에 직면할 것이다. 캄보디아와 미얀마가 외국인 직접투자로 초보적인 노동집약적 경공업을 육성하면서 역시 수출국으로 등장하고 있으나, 국가 전체가 가진 기술 및 지식역량으로 볼 때 제조업구조 고도화조차도 당분간은 어려울 전망이다.

그렇다면 아세안 선발 국가의 경제가 다시 활력을 찾아 지속적인 성장을 하고 포용정책을 통해 각종 불균형을 해소해 나갈 수 있는 방법은 있을까? 또한 아세안 후발국이 아세안 선발국이 직면한 문제를 피하고 지속적으로 성장할 수 있을까? 이미 지적했듯이 아세안의 경제발전모델을 바꿔야 한다. 현재 다국적 기업 주도의 대외지향형 모델은 수출 부문을 다국적 기업에만 맡기고 있는 단일주도모델이다. 이를 아세안 자체 기업이 수출 부문 일부를 담당하고 정부의 시장질서 규율 능력을 제고하며 경제성장에 필요한 인프라와 공공재 공급을 늘리는 역할을 담당하는 다자분담모델로 전환해야 한다.

이러한 경제발전모델의 전환은 정부의 국가적 비전 설정, 경쟁력 있는 자국 기업 창출, 그리고 인적자원 개발을 통해 국민의 생산성 향상이 동시에 이루어질 때 가능하다. 정부는 새로운 경제발전 방향의 필요성을 인식하고 정책을 발굴하며 그러한 정책을 실시할 때 장·단기적으로 어떤 결과를 초래할 것인가에 대한 분명하고 확실한 청사진을 갖고 있어야 한다. 그리고 이들을 실천할 수 있는 리더십, 유능한 관료제도를 유지할 수 있어야 한다.

아세안에서 정부의 역할은 아무리 강조해도 지나치지 않다. 그동안 정부가 해야 할 일을 하지 않았다는 점에서 그렇다. 시장 기능을 강조하면 정부는 작을수록 좋다고 한다. 그러나 세계 경제를 리드하는 미국에서의 시장과 정부의 역할이 중진국에서도 같을 수는 없다. 중진국은 따라잡기 과정을 통해서 선진국을 추격해야 하고, 특히 아세안과 같이 시장이 정부를 압도하는 경제구조를 갖고 있는 경우 시장에만 경제를 맡겨두어서는 안 된다. 정부는 시장이 잘 작동하도록 원칙을 제대로 만들어야 한다. 인적자원 개발, 인프라와 연구개발 확대 등도 정부가 분담해야 할 몫이다. 정부는 이러한 분야에서 충분히 시장을 선도해야 한다.

또한 정부는 경제 전반에 혁신과 창의력이 넘치도록 해야 한다. 이 점에서 국가의 지배구조 개선이 필요하다. 미국의 프리덤하우스Freedom House의 평가에 따르면 2019년 아세안 국가 중에서 자유가 보장된 국가는 없다. 부분 자유국이거나 자유가 없는 국가들이다. 특히 필리핀과 태국은 수년간 민주주의가 퇴보했다. 필리핀은 2019년 부분적 자유화 국가로 정치적 자유가 3, 시민적 자유가 3이다. 2010년의 수준으로 돌아간 셈이다. 태국은 2019년 정치적 자유가 6, 시민적 자유가 5였는데 이는 2010년의 지표 5와 4에서 더 악화된 것이다.[32] 사회가 유연할수록 혁신력과 실험정신이 강화된다. 한국에서 민주화의 정착은 문화산업의 경쟁력을 높였고 한류를 만들어 냈다.

다자분담모델은 결국 경쟁력 있는 현지 기업의 육성을 통해 가능하다. 기업은 내수 중심의 서비스산업에서 벗어나 세계화를 이용할 수 있는 경쟁력 있는 상품과 서비스를 개발해야 한다. 기술은 급속히 진보하기 때문에 수출 부문의 경험이 없는 아세안 기업이 단기간에 혁신적인 수출 상품을 만들기는 곤란하다. 더구나 대량생산 제조업을 다국적 기업이 장악하고 있는 가운데 이들과 경쟁할 수 있는 산업을 만든다는 것 역시 쉽지 않다. 그럼에도 불구하고 아세안 기업은 유통, 부동산, 금융 등 내수 중심의 서비스산업에서 이권 추구에 몰두하기보다는 기업가정신의 발현을 통해 창조적 파괴를 해야 한다.

아세안 기업 중에서도 농가공 식품이나 일부 서비스산업은 세계적 경쟁력을 갖고 있다. 농가공 기업인 윌마인터내셔널은 다국적 기업을 넘어 초국적 기업이 되었고, 또 다른 성공 사례인 CP그룹도 빠르게 다국적화가 진행되고 있다. 로버트 콱의 샹그릴라호텔은 세계 전역에 진출해 있다. 이들의 성장이 윌마가 팜유 플랜테이션을 보유하고 있는 인도네시아, CP의 양식업과 사료사업이 시작된 태국, 그리고 샹그릴라의 모기업이 처음 출범한 말레이시아의 발전과 바로 연결되지 않는다. 다자분담 모델에서는 기업의 발전이 국민경제의 발전에 더 기여할 수 있도록 하고 이런 기업을 더 많이 육성해야 한다.

기업의 지배구조도 개선되어야 한다. 아세안에서 기업, 특히 화교 기업은 국경을 넘나드는 생산과 판매 활동을 해 왔다. 이런 기업에 대한 정부의 적절한 규제가 부재한 경우 기업이 국민경제에 미치는 긍정적인 효과는 더욱 줄어든다. 기업의 지배구조를 개선하고 기업의 이익이 이해관계자에게 생산에 기여한 정도에 따라 적절하게 배분되도록 해야 한다. 다국적 기업에 대한 통제도 강화해야 한다. 다국적 기업의 투자는 아세안의 희소 자원인 자본과 기술을 공급했으나 주요 제조업을 장악했다. 아세안은 산업 주권 행사에 제약을 받고 있으며, 소수의 다국적 기업이 아세안의 경제적 성과를 좌우한다. 다국적 기업이 아세안에서 연구개발 활동을 늘리고 현지 중소기업과의 연계를 강화할 수 있도록 환경을 조성해야 한다.

국민의 인적자원 개발 문제 역시 중요하다. 선진국의 기술을 어떻게 흡수할 것인가는 국민의 역량에 달려 있다. 혁신 능력을 향상하기 위해서는 먼저 교육과 제도를 바로 세워야 하고 이를 위해서는 교육수준을 향상해야 한다. 국민의 역량이 높아질수록 1달러 1표에서 1인 1표로 정치제도가 바뀔 것이다. 정치제도 역시 투명해지고 민주제도의 정착도 진전되면서 소수를 위한 정치가 아닌 다수를 위한 정치가 될 수 있다.

경제적 불균형이 장기적 성장과 지속가능성에 기여하지 못한다는 사실은 점점 더 많은 사람이 수용하고 있다. 이 점에서 아세안은 더욱 포용적인 성장을 통해 불균형을 해소하고 장기 성장잠재력을 개발해야 한다. 과거 아세안 소득격차의 최대 원인으로 생각되었던 도농 간의 소득격차는 상당 부분 해소되고 있다. 태국의 농업과 제조업의 1인당 생산성은 경우 2000년 9.9배에 이르렀으나 2017년에는 6.0배로 하락했고 인도네시아도 6.2배에서 3.2배로 하락했다.[33] 플랜테이션이 발달한 말레이시아에서는 실제로 농업과 제조업의 생산성 격차는 크지 않다. 이러한 생산성격차 해소는 다른 측면에서는 제조업의 고용창출 능력이 저하되었다는 사실을 의미한다.

그 결과 아세안 선발 국가 중 태국, 인도네시아, 필리핀 등에서는 거리의 노점, 비정기적 급여를 받는 단순 서비스직 등 도시 비공식 부문이 매우 크다. 첨단 제조업 중에서도 노동집약적 산업을 육성할 필요가 있다.[34] 과도한 도시 비공식 부문은 인간다운 삶을 어렵게 한다. 실제로 아세안의 급격한 도시화는 슬럼의 팽창을 가져왔다. 도시 인구 중에서 슬럼에 거주하는 인구 비중은 2000년과 2014년에 라오스는 79.3%에서 31.4%로, 캄보디아는 78.9%에서 55.1%로, 베트남은 48.8%에서 27.2%로 대폭 감소했다.[35] 그렇지만 여전히 많은 인구가 슬럼에 살고 있어 정부의 투자가 필요하다.

아세안 회원국은 역내의 불균형발전 해소에도 노력을 기울여야 한다. ADB 주도로 1990년대 중반부터 추진되기 시작한 광역메콩개발계획 GMS은 메콩강 주변의 미얀마, 태국, 라오스, 캄보디아, 베트남 그리고 중국의 윈난성과 광시성이 관여하는 계획으로 이 지역에 여러 개의 경제회랑Economic Corridor을 건설하고자 한다. 이런 경제회랑은 중국을 포함한 대륙부 아세안에 남북으로 여러 경제지대를 만들고 또 미얀마에서 베트남까지 연결하는 다수의 경제회랑을 만든다. 이미 다수의 회랑에는 교통망이 개선되고 있지만 아직 충분하지 못하다. 이와 같은 경제지대의 형성은 인도차이나지역의 경제성장을 통해 아세안의 개발격차도 줄일 수 있다.

특별기고 한국과 아세안의 시간 − 과거, 현재 그리고 미래[*]

서정인^{**}

2019년은 한국과 동남아시아국가연합아세안, ASEAN이 대화관계를 수립한 지 30년이 되는 해다. 이를 기념해 오는 11월 25일부터 이틀 동안, 부산에서 한-아세안 특별정상회의가 개최되며, 이어 사상 첫 한-메콩 정상회의가 열려 그 의미가 배가될 예정이다. 30년을 한 세대로 놓고 볼 때, 2019년은 대아세안 외교에서 '세대교체' 이상의 의미가 있는 해라 하겠다.

그 중심에 문재인 정부의 핵심 외교정책, 신남방정책이 있다. 아세

---

* 이 글은 필자의 〈한국과 아세안의 과거, 현재 그리고 미래〉(*Chindia Plus*, 2019), 〈한국의 대ASEAN 외교〉(《동남아시아연구》 22권 1호, 2012), 〈2013년 ASEAN 관련 정상회의 주요내용 및 성과〉(《외교》 제107호, 2013), 〈신남방정책 2년 기념 국제세미나 발표 자료〉(국립외교원 아세안인도연구센터, 2019) 및 《한·아세안 외교 30년을 말하다》(국립외교원 아세안인도연구센터, 2019)의 일부 내용을 수정·보완하였다. 이 글은 필자 개인의 의견임을 미리 밝혀 둔다.

** 현 한·아세안 특별정상회의 준비기획단장. 외무고시 합격 후 외교부에서 30여 년 봉직하였으며, 그중 20년 가까이 외교부 본부와 재외공관에서 아세안 관련 업무를 하였다. 외교부 남아시아태평양국장, 아세안대표부 대사, 기획조정실장을 지냈다.

안 10개국 정상과 영부인을 포함한 배우자, 고위 인사 등 1만여 명이 참석한 가운데 진행될 이번 특별정상회의는 신남방정책이 추진된 지난 2년 6개월을 점검하고, 향후 정책을 재점검하는 데 좋은 기회가 될 것으로 보인다.

이번 한-아세안 특별정상회의는 한국에서 세 번째로 개최되는 회의다. 이명박 정부 시절이던 2009년 6월, 제주 한-아세안 20주년 대화관계 수립 기념 특별정상회의가 있었고, 박근혜 정부 출범 이후 2014년 12월 부산에서 한-아세안 25주년 기념 특별정상회의가 열렸다.

주목할 점은 우리보다 먼저 아세안과 대화관계를 수립한 일본, 미국, EU, 호주 등 아세안 대화 상대국 10개국 가운데 아세안 밖에서 특별정상회의를 세 번이나 개최한 나라는 한국이 처음이라는 것이다. 한국보다 16년 앞서 아세안과 대화관계를 수립한 일본도 특별정상회의는 두 번뿐이었고, 미국과 중국, 인도, 호주 등의 주요국들도 각각 자국에서 한 차례씩 여는 데 그쳤다. 이번 정상회의는 우리가 후발 주자로서 아세안과의 관계 강화에 얼마나 많은 노력을 경주해 왔는지를 보여주는 동시에, 신남방정책을 통해 대아세안 외교를 4강 수준으로 끌어올리겠다는 우리 정부 의지의 결과물이기도 하다.

한국과 아세안의 협력관계는 크게 3단계로 구분할 수 있다. 그 첫 단계인 한-아세안 1.0은 한국이 아세안과 대화관계를 수립하기 위한 10여 년, 한-아세안 2.0은 1989년 대화관계 수립 이후 현재까지의 30년, 그리고 한-아세안 3.0은 신남방정책을 시작한 2017년부터 다시 한 세대 뒤인 2050년까지를 의미한다.

우리의 대아세안 외교환경은 생태계로도 비유할 수 있다. 아세안은 지역공동체로서 숲에, 아세안을 구성하는 동남아 10개국은 나무에, 메콩 등 소지역협의체는 숲과 나무를 이어 주는 군락에 해당한다. 이 글에서는 회원국나무이 아닌 아세안숲과 소지역협의체군락를 중심으로 이야기하려고 한다. 다만 우리가 아세안을 진정으로 이해하기 위해서는 아세안, 아세안 내 소지역협의체 그리고 아세안 각국을 동시에 놓고, 총체적·입체적holistic으로 접근해야 한다는 점을 염두에 둘 필요가 있다. *

1. 한-아세안 1.0 : 한국과 아세안의 대화관계 수립 교섭기

한국과 아세안은 1989년 부분 대화관계를 수립한 뒤 불과 2년만인 1991년, 완전 대화 상대국이 되었다. 그 이전은 한국과 아세안 개별 국가 간의 양자 관계와 아세안과 대화관계 수립을 위한 외교교섭기다. 엄밀히 말하면 지금으로부터 30년 전인 1989년 이전은 지역기구로서의 아세안에 대한 외교가 아니라 동남아 10개국 개별 국가와의 양자 외교 시대였다.

---

* 총체적·입체적 접근은 거시적 관점(숲-아세안), 미시적 관점(나무-아세안 회원국) 그리고 이들 중간의 메소적 관점(군락-아세안 내 소지역)으로 바꾸어 사용할 수도 있다.

정치·안보협력 중심의 아세안 출범

아세안은 1967년 동남아 5개국추후 지리적으로 동남아에 위치한 10개국으로 확대이 방콕선언을 통해 만든 지역기구로서 스스로 이름 붙인 것이다. 반면 동남아는 지리적 개념으로 제2차 세계 대전 당시 일본의 인도 진출을 막기 위해 실론지금의 스리랑카에 있던 연합군의 동남아사령부의 명칭에서 유래했다. 서구 세계에서 붙인 이름인 것이다. 아세안 초창기 동남아 5개국만 아세안이었을 때는 '아세안'과 '동남아' 사이에 용어 간 구분이 필요했으나, 오늘날에는 동티모르를 제외한 동남아 모든 국가가 아세안 지붕 아래 있는 만큼 '아세안 = 동남아'라고 보아도 무방하다.

1967년 출범한 아세안은 초창기에는 각국 내 안정을 위해 역내외 정치·안보 위협에 대응하는 것이 일차적 존재 목적이었다. 즉, 국가별로 공산 세력의 영향력 확대로 인한 국내 불안정, 베트남전쟁, 베트남 공산화 이후 인도차이나의 공산주의 확산 및 베트남의 캄보디아 점령 등 인도차이나에서 일련의 위협에 공동 대처할 필요성이 있었다. 특히 미소 냉전하에서 선택을 강요받는 외부로부터의 압력에 아세안이 한 목소리를 내자는 생존 전략의 일환이었다. 결국 이 시기 아세안은 방콕선언에서 설립 목표로 경제·사회협력을 명시적으로 내세웠으나, 실제로는 정치·안보에 중점을 둘 수밖에 없었다. 아세안 설립 10년 뒤인 1976년에서야 제1차 발리 정상회의가 열렸고, 1977년 제2차 쿠알라룸푸르 정상회의에 이어 제3차 정상회의가 개최되기까지 다시 10년이 걸렸던 이유다. 물론 그 사이에도 외교장관회의는 개최되었지만, 정상들이 띄엄띄엄 한자리에 모이는 상황에서 지역공동체로서의 역할은 제한적이었다.

그러나 이런 상황 속에서도 베트남이 1978년 캄보디아 국경을 넘었을 때부터 1991년 파리 평화협정을 체결하기까지 약 10여 년의 시간은 아세안이 캄보디아 사태의 부당성을 유엔 등 세계 사회에 알리고 공동 대응해 나가면서 그 진가를 발휘한 대표적 사례로 평가받는다. 아세안은 대내적으로 캄보디아 사태를 해결한 자신감과 함께 역외에선 탈냉전의 국제환경에 맞물려 강대국 사이에서 자신들의 전략적 공간의 폭을 넓혀 갔다. 이에 따라 아세안은 그간 정치·안보협력에서 경제협력으로 무게 중심을 옮겨 실질적인 공동체를 향한 그림을 그리기 시작한다. 1992년 싱가포르 제4차 아세안정상회의를 계기로 체결된 아세안자유무역지대 AFTA가 대표적인 사례다. 역외 국가들의 투자를 유치하기 위한 것으로, 아세안을 단일 생산기지와 단일시장으로 바꾸기 위한 첫걸음이었다. 특히 베트남, 라오스 등 사회주의 국가들은 공산주의 이념하에 통일을 이루었지만 국민생활이 개선되지 않자 80년대 중반 이후 개혁개방으로 정책을 전환했다. 자본과 기술이 필요했고, 이를 위해 역내 국가는 물론 한국, 미국, 일본 등 역외 국가에도 본격적으로 손을 내밀기 시작했다.

한국과 아세안의 부분 대화관계 수립

이 같은 아세안의 환경은 한국의 대아세안 외교에도 긍정적인 영향을 미쳤다. 대화관계를 수립하기 위해 우리 정부에서 무던히 애를 쓰던 때였다. 故 최호중 당시 외무부장관과 알라타스 인도네시아 외교장관아세안 상임위 의장 자격이 1989년 11월, 자카르타에서 한-아세안 부분 대화관계 수립 서한을 교환하며 첫 인연은 시작되었다. 부분 대화관계였지만 쉽게 성사된 것은 아니었다. 우리는 80년대 초부터 기회가 있을 때마다 관계 수립을 원했으나, 아세안은 이런저런 이유를 대며 대화관계 수립에 소극적이었다.

아세안의 명시적 이유는 여력이 없다는 점이었다. 기존 아세안 대화 상대국과의 관계, 내부의 단결 도모에도 힘이 모자란 상황에서 외부에까지 신경 쓸 겨를이 없다는 것이었다. 그러나 실제로는 개발도상국이었던 한국이 아세안에 도움을 주면 얼마나 줄 수 있겠느냐는 의구심에서였다. 당시 아세안의 주요 대화 상대국이었던 미국, 일본, EC현재 EU, 호주, 뉴질랜드, 캐나다 등은 모두 선진국이었다.

그런데 1980년대 중후반부터 분위기가 바뀌었다. 한국은 1986년 아시안게임, 1988년 서울올림픽을 성공적으로 개최하고 일정 수준의 경제 발전도 이루었다. 또한, 당시 1987~88년도 한-아세안 간 교역규모만 보더라도 우리의 대아세안 교역량은 수출 53%, 수입 38%의 성장률을 보였고, 대외적으로 북방정책 및 남북 교차승인 등을 표방하자 아세안도 남북한 문제에 부담을 던 것으로 관측된다.* 아세안이 우리를 다시 보기 시작했다. 아세안은 전에 없던 '부분 대화 상대국Sectoral Dialogue Partner'이라는 지위를 신설하고, 1989년 한국에 그 지위를 부여했다. 한국은 아직 선진국이 아니므로, 우선 통상, 투자, 관광 등 3대 분야에서 협력한 뒤 추후 '완전 대화 상대국'으로 격상하자는 것이었다. 이후 아세안은 불과 2년만인 1991년, 한국에 완전 대화 상대국Full Dialogue Partner 지위를

---

* 심윤조(2019), 〈아세안 대화관계 수립〉, 《한·아세안 외교 30년을 말하다》, 국립외교원 아세안인도연구센터, p.48.

부여한다.

완전 대화 상대국이 되면서 한-아세안 협력 분야는 기존 통상, 투자, 관광에 더해 기술·개발협력, 인적자원 분야로까지 확대되었다. 이후 우리는 아세안확대외교장관회의PMC 및 한-아세안 외교장관회의에도 참가할 수 있게 되어 미국, 일본 등 기존 대화 상대국과 대등하게 역내외 문제 전반을 논의할 수 있게 되었다.

아세안이 우리와 대화관계 수립에 유보적이었던 데에는 남북관계 문제도 부정할 수 없다. 체제 경쟁 중인 남북 가운데 어느 한쪽을 편들어야 하는 난감한 상황에 직면할 수도 있다는 우려 때문이었다. 오랜 식민지 경험을 가진 아세안에 어느 쪽도 편들지 않는, 중립정책은 일종의 생존전략이기도 했다. 게다가 일부 아세안 국가들은 이미 북한과도 외교관계를 맺고 있던 상황이었다.

지금 생각해 보면, 아세안이 한국의 미래를 보고 대화관계를 수립한 것은 신의 한 수였다. 한-아세안 양측은 교역, 투자, 인적 교류 등 모든 분야에서 긴밀한 파트너가 되었고, 당시 대화관계 수립을 통해 오늘날 그 효과를 보고 있다. 북한 등 많은 국가들이 지금도 아세안에 대화관계 수립을 요청하고 있지만, 아세안은 과거 우리에게 그랬듯이 "여력이 없고, 일부 국가의 경우 협력관계가 충분치 않다"는 이유를 들어 신중한 입장이다.

1989년 이전까지의 한-아세안 1.0 시기에는 대화관계 수립을 위한 교섭과 한국과 동남아 10개국 1989년 대화관계 수립 이후 양자 외교관계를 맺은 베트남, 라오스, 캄보디아를 제외할 경우 7개국과의 양자 관계가 대동남아 외교의 근간을 이루었다. 개별 국가와의 수교사를 보면, 필리핀 1949년 수교, 이후 수교 연도이 70년 수교국으로 가장 길고, 이어 60년간 수교한 태국1958과 말레이시아1960가 있다. 또 40년 이상 수교한 국가로 인도네시아1973와 싱가포르1975, 30년 이상으로는 브루나이1984가 있고, 사반세기 안팎의 수교국에는 베트남1992, 라오스1995년 재수교, 캄보디아1995가 포함된다.

2. 한-아세안 2.0 : 한국과 아세안의 동반 성장 30년사

이 시기는 1989년 한-아세안 부분 대화관계 수립 이후 신남방정책을 추진한 문재인 정부 출범까지 약 30년간으로, 탈냉전 후 아세안 발전기와 궤를 같이한다. 지난 30년 동안의 관계에는 한-아세안 완전 대화관계 수립 이전의 과거도 포함되어 있어, 엄밀하게 보면 나누어 규정할 수도 있으나 한-아세안 관계가 연속선상에 있었다는 데 의미를 두어 이 시기를 한-아세안의 현재에 포함하여 본다.

이 시기 주요 이정표를 살펴보자. ① 1991년 완전 대화 상대국 수립, ② 1997년 제1차 아세안 + 3 정상회의, ③ 2000년 7월 북한의 ARF 가입, ④ 2004년 11월 한-아세안 대화관계 수립 15주년 기념 포괄적 동반자 관계 격상, ⑤ 2005년 12월 제1차 동아시아정상회의 EAS, ⑥ 한-아세안 FTA 체결2006년 8월 상품협정, 2007년 11월 서비스협정, 2009년 6월 투자협정, ⑦ 2009년 3월 한-아세안센터 출범, ⑧ 2009년 6월 제주 한-아세안 대화관계 수립 20주년 특별정상회의, ⑨ 2010년 10월 아세안의 대화 상대국 최

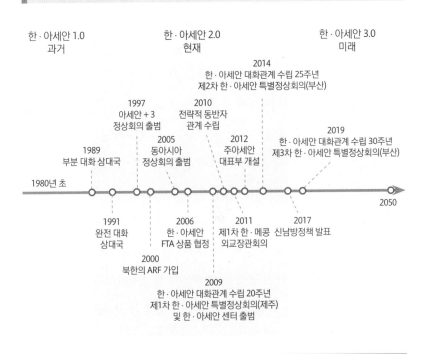

한·아세안 1.0
과거

한·아세안 2.0
현재

한·아세안 3.0
미래

2014
한·아세안 대화관계 수립 25주년
제2차 한·아세안 특별정상회의(부산)

1997
아세안 + 3
정상회의 출범

2010
전략적 동반자
관계 수립

2019
한·아세안 대화관계 수립 30주년
제3차 한·아세안 특별정상회의(부산)

2005
동아시아
정상회의 출범

2012
주아세안
대표부 개설

1989
부분 대화 상대국

1980년 초

2050

1991
완전 대화
상대국

2006
한·아세안
FTA 상품 협정

2011
제1차 한·메콩
외교장관회의

2017
신남방정책 발표

2000
북한의 ARF 가입

2009
한·아세안 대화관계 수립 20주년
제1차 한·아세안 특별정상회의(제주)
및 한·아세안 센터 출범

고 단계인 전략적 동반자관계 수립, ⑩ 2011년 제1차 한-메콩 외교장관
회의, ⑪ 2012년 9월 주아세안대표부 개설, ⑫ 2019년 9월 부산 아세안
문화원 개원, ⑬ 2019년 11월 부산 한-아세안 대화관계 수립 30주년 특
별정상회의 및 제1차 한-메콩 정상회의 등이다.

경제·통상협력 중심의 한-아세안 관계

이 시기 한-아세안 관계는 경제·통상협력 중심이었다. 정치·안보
분야 협력은 북한 핵 문제로 적지 않은 제한이 따랐다. 상당수의 아세안

국가들이 북한과도 밀접한 관련을 맺고 있었던 까닭이다. 아세안지역
안보포럼ARF을 계기로 열린 몇 차례의 남북 외교장관회담 개최를 제외
하면 아세안은 남북 경쟁의 장에 머물러 있을 수밖에 없었다. 남북한은
2000년부터 북한 참석 이후 매년 개최된 ARF 외교장관회의와 회의 후
발표하는 의장성명에 북한 관련 문안 수위를 놓고 대아세안 외교 소모전
을 겪기도 했다. 이 과정에서 아세안은 공공연히 피로감을 호소했다.

　냉전기였던 한-아세안 1.0 시기의 역내외 이슈가 탈냉전의 역내외
환경 변화와 맞물려 해결되자 아세안은 대외협력 무게 중심을 빠르게 경
제 문제로 이동시켰다. 수출지향적 경제 및 외국인투자 유치 등을 통해
고도의 경제성장 성과를 거뒀다. 우리나라는 미국, 유럽 선진국 시장을
겨냥해 저임금의 풍부한 노동력을 활용하는 생산기지로 아세안에 주목
하여, 대아세안 투자를 확대했다. 아세안의 경제적 성과는 일차적으로
역외 다국적 기업이 아세안 각국에서 제시한 기업 우대를 적극 활용, 아
세안 전역에 생산 네트워크를 구축한 결과물로도 평가된다.

　이러한 기업 주도의 상향식 전략은 아세안의 성공에 기여한 발전모
델로 평가받는다. 여기에 더해 아세안은 지역기구로서 유럽연합EU에
영감을 받아 정부 주도의 하향식 아세안 전략 아래 일련의 아세안 통합
조치도 추진했는데, 다국적 기업들의 대아세안 투자 확대에 지대한 영
향을 주었다. 통합조치는 1992년 아세안자유무역지대ASEAN Free Trade
Agreement, AFTA, 2003년 아세안경제공동체ASEAN Economic Community,
AEC, 2015년 아세안공동체 출범 선언아세안공동체는 경제, 정치·안보 공동
체, 사회·문화 공동체로 구성으로 요약된다.

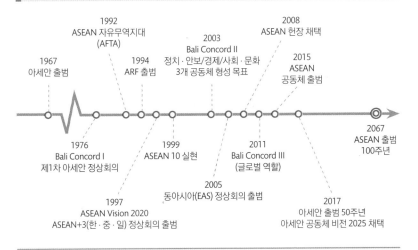

아세안은 이러한 기업 주도의 상향식 전략과 정부 주도의 하향식 전략에 힘입어 1980년대 말부터 2000년대까지 높은 경제성장을 이루어, 이제 세계 5위권의 경제공동체가 되었다. 아세안의 성장은 한국에도 직접적으로 긍정적인 효과를 미쳐, 2018년 기준 아세안은 우리의 제2의 교역·투자·건설 파트너이자 제1위 방문 대상 지역이 되었다. 8천 개 이상의 한국 기업이 아세안에 진출해 있고, 40만 명 이상의 우리 국민들이 그곳에서 현지 사회에 중요한 공동체의 일원으로서 그 역할을 다하고 있다. 또한 한류로 아세안 내 한국 문화와 한국인에 대한 인지도 역시 높아지고 있는 중이다.

한-아세안 관계는 한국에만 유리한 일방적 협력이 아니라 아세안에도 도움이 되는 상생 협력이다. 미국, 일본, 중국, EU만큼 규모는 크지 않으나 아세안에 한국은 다섯 번째로 큰 교역·투자국이다. 게다가 한국은 아세안 역내와 중국에 이어 세 번째로 많은 사람들이 아세안을 찾는 국가다. 한-아세안 교역은 대화관계 수립 당시 1989년 82억 달러에서 2018년 1,600억 달러로 약 20배 증가했고, 인적 교류도 30년 전 10만 명에서 2018년 1천만 명으로 100배 이상의 성장을 기록했다. 현지에 진출한 한국 기업들의 고용창출과 수출 기여도 또한 매우 높다. 단일 기업으로서 베트남 전체 수출의 25%를 차지하고 있는 삼성전자가 대표적인 예다.

한국과 아세안 협력 인프라 구축

한국과 아세안은 이러한 실질 협력을 반영하여 한국과 아세안의 협력체제를 제도화하였다. 한-아세안 협의체뿐 아니라 아세안 중심의 아세안 + 3한중일, 동아시아정상회의EAS, 아세안 + 3에 미국, 러시아, 인도, 호주, 뉴질랜드를 추가한 18개국 및 아세안지역안보포럼ARF 등 아세안 관련 회의체가 있다. 이를 통해 정상, 각료 및 실무 등 다양한 지위와 분야에 걸쳐 연 100회 이상의 회의가 개최되고 있다. 우리와 아세안 쌍방 간 회의 횟수는 2017년 109회에서 2018년 129회로 20% 가까이 늘었다.

구체적으로 보면, 한-아세안 협의체 회의 20회, 아세안 + 3 협의체 41회, EAS 협의체 18회, ARF 협의체 26회, 역내 포괄적경제동반자협정 RCEP 관련 8회, 한-메콩회의 3회, 아세안통합이니셔티브IAI 1회, 연계성 회의 2회, 기타 10회다.

한국과 아세안 협력체제가 자리를 잡음에 따라 우리의 대아세안 외교 인프라도 강화·심화되었다. 우선 2019년 5월 외교부 본부에 지역공동체로서 아세안을 담당하는 아세안협력과와 해양부 동남아 5개국을 담

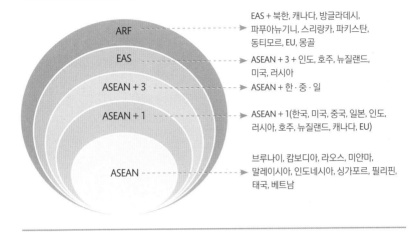

아세안 중심의 동심원적 지역 협의체

ARF ----→ EAS + 북한, 캐나다, 방글라데시, 파푸아뉴기니, 스리랑카, 파키스탄, 동티모르, EU, 몽골

EAS ----→ ASEAN + 3 + 인도, 호주, 뉴질랜드, 미국, 러시아

ASEAN + 3 ----→ ASEAN + 한·중·일

ASEAN + 1 ----→ ASEAN + 1(한국, 미국, 중국, 일본, 인도, 러시아, 호주, 뉴질랜드, 캐나다, EU)

ASEAN ----→ 브루나이, 캄보디아, 라오스, 미얀마, 말레이시아, 인도네시아, 싱가포르, 필리핀, 태국, 베트남

당하는 동남아1과, 대륙부 동남아 5개국을 담당하는 동남아2과로 구성된 아세안국이 설립되었다. ● 한-아세안 대화관계 수립 30년만에 아세안과의 양자, 다자를 총괄하는 전담국이 생긴 것이다. 그 전에는 중국, 일본이 속한 아시아태평양국과 인도, 호주 등 서남아가 포함된 남아시아태평양국이 나눠 맡고 있었다. 2017년 9월에는 한-아세안 쌍방 문화 교류와 한국 내 아세안 이해 제고를 위한 부산 아세안문화원이 개원했다. 아세안의 대화 상대국 가운데 최초로 한국에 설립된 것이다.

우리 정부는 2012년 9월 미국, 중국, 일본에 이어 비아세안 국가 중에 네 번째로 자카르타에 아세안대표부를 설립하고 2018년 초에는 아세안대표부의 위상을 크게 높였다. 대사를 포함해 기존 직원이 6명 규모에

● 해양부 동남아 5개국은 브루나이, 인도네시아, 말레이시아, 싱가포르, 필리핀이고, 대륙부 동남아 5개국은 캄보디아, 라오스, 미얀마, 태국, 베트남이다.

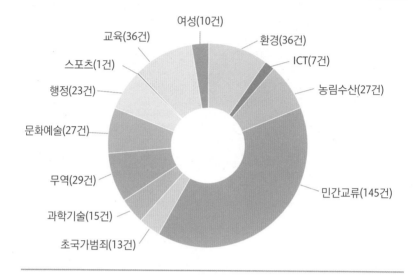

한-아세안 협력사업 분야별 시행 건수(1990~2017)

- 여성(10건)
- 교육(36건)
- 스포츠(1건)
- 행정(23건)
- 문화예술(27건)
- 무역(29건)
- 과학기술(15건)
- 초국가범죄(13건)
- 환경(36건)
- ICT(7건)
- 농림수산(27건)
- 민간교류(145건)

서 16명으로 확대되었고, 대사의 지위도 국장급에서 차관급으로 격상되었다. 주유엔 대사와 동일한 지위다. 우리의 대아세안 외교의 야전사령부로서, 재외공관 컨트롤타워가 구축된 것이다. 또한 2018년 문재인 정부는 신남방정책의 국내 컨트롤타워로서 외교부, 기획재정부, 산업통상자원부 등의 파견 직원들로 구성된 범정부 차원의 신남방정책특별위원회를 설치, 운영 중이다.

서울에 있는 한-아세안센터는 2009년 6월, 통상, 투자, 관광 촉진을 위한 국제기구로 출범하여 한국에 자리한 아세안 무역관, 투자청, 관광청으로서의 역할을 하며 한-아세안 교류에 큰 역할을 하고 있다. 아세

박민정(2019), 〈한-아세안 교류협력의 씨앗〉, 《한·아세안 외교 30년을 말하다》, p.176

안은 센터 설립 10여 년 이전부터 한-아세안진흥센터 설립을 요청해 왔으나 이번에는 우리 사정으로 현안으로만 남아 있었다. 노무현 대통령 임기 마지막해였던 2007년 1월, 세부 한-아세안 정상회의에서 한-아세안진흥센터를 한-아세안센터로 명칭을 변경하여 설립할 것을 약속하였고, 약 2년간의 준비과정을 거쳐 2009년 이명박 정부 때 현판을 걸었다. 이 같은 초당적 대아세안 협력 인프라 구축은 아세안문화원 설립 때도 동일했다. 2014년 12월 한-아세안 특별정상회의 당시 박근혜 대통령이 설립을 약속했고, 2017년 9월 문재인 대통령 재임기에 실현되었다. 오는 11월 제3차 한-아세안 특별정상회의에서는 아세안문화원의 보다 구체적인 역할과 발전 방안에 대한 진지한 고민이 있었으면 한다.

한-아세안 협력의 기반이 되는 재원은 지난 30년간 꾸준히 확대되어 왔다. 우선 한-아세안 특별협력기금은 한국 내 특별정상회의 및 협력 관계 증진을 계기로 증액되었다. 1990년 100만 달러, 92년 200만 달러, 2005년 300만 달러, 10년 500만 달러, 15년 700만 달러로 계속해서 늘었다. 2017년 한-아세안 정상회의를 계기로 문재인 대통령은 신남방정책의 일환으로 이 재원을 2018년부터 1,400만 달러로까지 늘렸다. 이로써 1990년 이래 한-아세안 협력기금 누적 규모는 1억 300만 달러에 달하며, 개발협력, 인적자원 개발, 문화·학술 교류 등의 분야에서 400여 사업이 실시 중이다. 한국과 아세안은 협력기금의 확대와 그간의 성과 분석을 바탕으로 2016년부터 기존 연간 사업 중심에서 교육, 문화, 환경 3개 분야에 특화한 다년 프로그램 방식으로 전환하는 '한-아세안 협력사업 중장기 프레임워크 2017-2020'을 마련, 현재 사업을 시행하고 있다.

특별기고: 한국과 아세안의 시간 — 과거, 현재 그리고 미래

한-아세안은 자카르타 소재 한국 아세안대표부에 한-아세안 양측으로 구성된 한-아세안협력사업프로그램팀PRT도 신설, 운영하고 있다.

또 한-아세안 경제협력을 촉진하기 위한 한-아세안 상품, 투자, 서비스협정이 체결, 발효되었고, 현재 한-아세안 FTA 업그레이드와 아세안 중심의 역내 포괄적경제동반자협정RCEP 타결을 위한 협상도 진행 중이다. 우리 정부는 한-아세안 FTA 기본 협정에 의거하여 FTA를 효과적으로 이행하고, 한국의 경제개발 경험을 공유하기 위해 2006년부터 매년 50만 달러 규모의 한-아세안 FTA 협력기금을 신설하여 무역투자진흥, 중소기업, 인적자원 관리개발 등 협력 사업을 이행하고 있다.

한국과 메콩 소지역 협력

메콩지역은 아세안 국가 중 대륙부 동남아, 즉 인도차이나 5개국을 의미하며, 앞서 언급한 군락에 해당한다. 아세안이 숲이고 개별 10개국이 나무라면, 이를 잇는 것이 메콩지역과 같은 소지역 협의체다. 물론 메콩지역 외에도 해양부 동남아 국가들로 구성된 브루나이-인도네시아-말레이시아-필리핀 동아시아성장지대BIMP-EAGA도 있으나, 미국, 중국, 일본 등 주요국은 메콩 소지역과의 협력에 경쟁적으로 뛰어들고 있다. 대표적으로 일본 정부가 주도하는 아시아개발은행ADB의 메콩유역 개발사업GMS이 있고, * 메콩강위원회MRC ** 와 태국 주도의 이라와디

---

* 1992년 캄보디아, 라오스, 미얀마, 베트남, 중국 윈난성과 광시성이 참여, GMS 10개년(2012~2022)계획 등을 채택하였다.

** 1995년 캄보디아, 라오스, 태국, 베트남 등이 메콩 협약에 근거하여 설립한 초정

짜오프라야 메콩 경제협력전략ACMECS, 미국, 일본, 중국, 인도 등의 대메콩 양자 협력 프로그램 등 12개 이상의 메콩 소지역과의 협력 사업이 운영 중이다. 이런 현상을 메콩 과열 현상Mekong Congestion이라고 부를 정도다. 아세안 사무국에서 각국의 메콩 소지역 내의 춘추전국시대와 같은 협력에 수수방관하는 것을 이해하기 어렵다는 지적도 있다. 메콩협력이 아세안 선후 가입국 간 개발격차 해소, 즉 아세안 통합의 필수불가결한 사안임에도 불구하고 아세안 차원의 대응 부재를 지적하는 목소리라 볼 수 있다.

우리 정부도 2011년부터 한-메콩 외교장관회의를 개최해 오고 있다. 3년마다 한국에서 개최하며, 매년 7~8월에는 아세안 관련 외교장관회의를 계기로 열린다. 그간 한국과 메콩 5개국은 제1·2차 한-메콩 행동계획1차 2014~2017, 2차 2017~2020에 따라 인프라, ICT, 녹색성장, 수자원, 농업, 인적자원 개발 분야에서 약 20개 사업을 실시해 오고 있다. 이를 위해 2013년 한-메콩 협력기금 설립 이후 현재까지 총 742만 달러를 공여해 왔다. 한-메콩 양측은 외교장관회의를 정상회의로 격상하기로 하고, 2019년 11월 27일 부산에서 제1차 한-메콩 정상회의 개최에 합의했다. 우리 정부는 이를 계기로 연 100만 달러 규모의 협력기금을 2019년 200만 달러로 늘렸고, 2020년부터는 300만 달러로 증액하기로

부적 기구로서 1996년 중국과 미얀마를 대화 파트너로 초청한 수자원 중심의 물 외교 플랫폼이다.
* 태국이 역내 개발을 위해 2003년에 출범시켰으며, 2년마다 정상회의가 개최되고, 2018년 정상회의에서 향후 5개년(2019~2023) 계획을 채택한 바 있다.

결정하였다. 또한 한국은 2019년 9월 문재인 대통령의 태국 방문 당시 ACMECS에 연 100만 달러 기여 계획을 발표하기도 했다.

문 대통령은 2019년 9월, 라오스 국빈 방문에서 3가지의 한-메콩 비전을 발표하면서, 한국이 메콩지역과 경제협력을 넘어 평화와 번영의 동반자가 될 것을 약속하였다. 한-메콩 비전은, 첫째, "경험을 공유하는 번영"으로 농촌개발, 인재양성, 기술공유 등을 통한 산업발전, 4차 산업혁명 등의 분야에서 발전 경험을 공유한다. 둘째, "지속가능한 번영"으로 기후변화, 바이오·의료 등 녹색성장, 생물다양성, 산림보존, 수자원관리 등 지속가능한 발전을 위한 분야를 중심으로 상호 협력한다. 셋째, "동아시아의 평화와 상생번영"으로 개발격차 해소, 연계성 강화, 인프라 구축, 농업과 ICT협력, 인적자원 개발, 인적 교류와 문화관광 협력 등 동아시아 차원에서 포용적 성장을 추구한다는 것이다.

우리 정부는 올해 11월 부산에서 개최되는 제1차 한-메콩 정상회의를 통해 ① 한-메콩 협력체제를 체계화하여 향후 정상회의의 정기적 개최를 정착시키고, ② 메콩 문화재 복원 사업, 메콩 스마트 관광 개발 사업, 청소년 교류 사업 등 교류협력 기반을 강화하며, ③ 메콩 농촌 개발 사업, 메콩 에너지 자립형 마을 구축, 메콩 정책역량 강화 사업, 기업인 네트워크 강화 등 공동 번영 기반을 마련할 예정이다. 또한 ④ 한-메콩 생물다양성센터 설립, 메콩 평화마을 조성 프로그램, 메콩 수자원 협력, 메콩 ICT 기술 적용 산림관리체계 구축 등 국경을 초월한 비전통 안보협력 기반을 다질 계획이다.

이처럼 대메콩 협력을 강화하려 하는 것은 메콩지역이 가지는 중요성 때문이다. 우선 메콩지역 위치의 중요성locational power으로 미국, 중국, 일본, 인도 등 주요국의 관심이 높다. 특히 중국 남하정책의 첫 관문이자 메콩강을 끼고 있어 지정학적으로 가치가 크다. 미국과 중국이 남중국해를 두고 해양에서 경쟁하듯이, 메콩은 두 강대국이 대륙부 아세안의 국제 하천에서 경쟁하고 있는 곳이다. 이를 두고 제2의 남중국해 경쟁이라 부르기도 한다. 메콩지역은 역내 안정을 좌우할 전략적 지점에 위치하여 우리에게도 관심이 높은 지역이다.

둘째, 이 지역은 과거 1960년대 말부터 90년대 초까지 공산주의 확산, 베트남전쟁, 캄보디아 사태 등 미국, 소련, 중국 등 강대국뿐 아니라 역내 국가 사이에서도 이해관계가 충돌하는 지역이었고, 이로 인해 잠재력에 비해 아세안 성장의 사각지대로 남아 있었다. 그러다 1980년대 후반 태국 정부의 메콩 허브 전략과 90년대 초 아시아개발은행 중심의 대메콩유역개발사업GMS의 일환으로 동서경제회랑*과 남북경제회랑,** 남부경제회랑*** 등 대규모 인프라 사업으로 도로망이 연결되고 아세안 통합 진전으로 교역이 확대되면서, 이제 거대한 시장이자 생산기지로 탈바꿈한 기회의 땅이 되었다. 중진국 대열에 오른 태국을 제외하고 베트

---

* 　동서경제회랑(East-West Economic Corridor)은 동쪽으로 베트남 중부 다낭에서 서쪽으로 미얀마까지 인도차이나반도 4개국(미얀마, 태국, 라오스, 베트남)을 잇는 도로를 기반으로 한 경제개발계획이다.

** 　남북경제회랑(North-South Economic Corridor)은 중국 윈난성에서 태국 방콕을 잇는 도로이다.

*** 　남부경제회랑(Southern Economic Corridor)은 태국 방콕-캄보디아 프놈펜-베트남 호치민을 잇는 도로이다.

남, 미얀마, 라오스, 캄보디아 등 여타 메콩 국가들은 연 7%대 경제성장률을 기록하고 있는데, 이는 이 지역의 평화와 안정 덕분이다. 만약 이곳이 다시 열강들의 경쟁 무대가 될 경우, 1990년대 초 이전의 메콩으로 되돌아갈지도 모른다는 우려가 있다. 결국, 평화가 경제이고, 경제가 평화인 평화경제가 새삼 중요한 이유다. 메콩 국가 중 베트남은 우리의 3대 수출 시장이며, 포스트 베트남인 미얀마는 마지막으로 남은 미개척 국가다. 시야를 메콩지역에 인접한 중국 윈난성과 광시성으로까지 넓혀 인도차이나지역 전체를 국경이 없는 하나의 면으로 보면 인구가 미국에 육박해 3억에 달한다. 생산기지와 소비시장으로서의 발전 가능성을 내다볼 수 있는 대목이다.

셋째, 아세안공동체, 즉 아세안 통합의 최대 걸림돌인 아세안 선발 및 후발국 간 격차 문제를 해소하기 위한 한국의 기여다. 태국을 제외한 메콩지역은 선발 아세안국과 비교했을 때, 경제 및 사회 분야의 격차가 커 아세안공동체 추진을 더디게 한다. 우리의 노력으로 이들 국가의 역량을 제고함으로써 아세안 결속이 강화되고, 아세안이 경제뿐 아니라 정치·안보 분야서도 한 목소리를 낼 수 있다면 한반도 평화와 안정 문제에서도 우리에게 든든한 우군이 될 것이다. 우리가 이들의 발전에 기여한다면 진정한 상생번영의 파트너가 될 수 있다.

한-아세안 관계의 외연 확장을 통한 동아시아 협력

동아시아는 한-아세안과 한-메콩 차원의 협력을 넘는, 동북아와 동남아를 아우르는 개념이다. 따라서 동아시아는 동남아라는 아세안 숲보다 더 큰 규모의 숲으로 볼 수 있다. 비교하자면 아세안이라는 산은 큰 산을 이루는 작은 언덕이라고 볼 수도 있겠다. 오늘날 우리가 대아세안 외교를 추진함에 고려해야 할 바깥의 생태계 환경이다.

동아시아 지역 협력 플랫폼은 동아시아 국가들의 협력인 아세안＋3 정상회의와 미국, 러시아, 인도 등 비동아시아 국가에까지 외연이 확장된 광역 동아시아 협력Greater East Asian cooperation의 틀, 다시 말해 동아시아정상회의EAS로 나뉜다. 특히, 최근 미국 주도로 역내 협력의 중심이 동아시아에서 인도-태평양으로 확대되고 있는 만큼, 이 국가들이 참여하는 동아시아정상회의의 전략적 의미는 우리의 대아세안 외교 외연 확장과도 밀접하게 관련되어 있다.

우선 아세안＋3한중일 협력을 살펴보면, 아세안＋3 협의체는 정치·안보, 경제 등 다양한 분야에서 정상, 각료, 고위급, 실무 등 다양한 지위에서 수직·수평축에 맞물려 운영된다. 이제는 동아시아에서 가장 제도화된 협력체제로 자리매김했다. 아세안＋3 정상회의는 1997년 아세안 창설 30주년 아세안정상회의 계기에 동아시아 금융위기 극복을 목표로 설립되었고, 그 후 매년 아세안정상회의에 맞춰 개최되고 있다. 김대중 대통령의 주도로 1999년 구성된 동아시아비전그룹EAVG 1은 동아시아공동체East Asian Community of Peace, Prosperity and Progress의 협력 청사진을 제시했다. 2002년, 우리 측은 트랙 1 차원의 2002년 동아시아연구그룹EASG을 통해 EAVG 1 보고서의 57개 권고사항 가운데 정부 차원에서 우선 추진해야 할 26가지의 중·장기 협력조치를 선정하였다. EASG의 중·단기 조치 중에는 동아시아자유무역지대EAFTA, 역내 금융기구 설립, 동아시아정상회의EAS 설립 등 3대 주요 제안이 포함되어 있었다. 이러한 조치들이 아세안＋3 협력의 근간이자 이정표 역할을 한 것으로 평가받고 있다.

또한 김대중 대통령은 2011년 동아시아비전그룹 1트랙EAVG 1 보고서 채택 10주년 및 2012년 아세안＋3 정상회의 15주년에 의미를 두고, 2010년 하노이 아세안＋3 정상회의에서 트랙 2의 EAVG 2 그룹 구성을 제안했고, 윤영관 전 외교부장관을 좌장으로 2012년 아세안＋3 정상회의에서 우리 주도로 2020년 동아시아경제공동체 비전을 제시하는 보고서가 채택되었다. 이후 보고서의 제안들이 트랙 1의 아세안＋3 협력사안에 반영되어 이행되고 있다. EAVG 1 및 EASG 보고서의 동아시아 협력을 위한 3대 주요 제안이 어떻게 이행되었는지를 살펴보면 매우 흥미롭다. 이러한 제안들은 현재 동아시아 협력의 진행형이기 때문이다.

우선 동아시아자유무역지대EAFTA 설립이다. 우리와 중국 및 일부 아세안 국가들은 아세안＋3 국가로만 구성된 동아시아자유무역지대를 추진하기 위해 여러 차례 회의하였다. 이때 일본은 중국의 과도한 영향력 행사를 우려해 뒤늦게 호주, 뉴질랜드, 인도 3개국을 추가로 끌어들인 동아시아포괄적경제파트너십협정CEPEA 을 제시, 중국과 경쟁을 벌였다. 결국 아세안은 2013년 아세안＋3한중일＋3호주, 뉴질랜드, 인도로 구성된 역내 포괄적경제동반자협정협정RECP으로 명칭을 바꾸어 현재 협상 중에 있다. 사실상 아세안은 일본의 손을 들어준 셈이지만, 일본이 제시한 명칭은 취하지 않음으로써 동시에 중국도 배려하였다. 이처럼 아세안은 중국과 일본의 경쟁을 활용해 자신의 입지를 높이는 전략을 취한다.

다음은 역내 차원의 금융기구 설립이다. 아세안 + 3는 기존 아세안 양자 간 스와프 체제인 치앙마이이니셔티브다자화Chiang Mai Initiative Multilateralization, CMIM 기금을 2,400억 달러로 증액하고 IMF 비연계 비율을 30%로 확대한 사실상 지역 차원의 금융기구를 설립하였다. 또한 아시아 금융위기 당시 일본이 아시아금융기구AMF 설립을 추진하였으나 미국의 반대로 무산된 경험이 있었다. 그 이유 중 하나가 아시아 국가 스스로 역내 경제를 모니터링할 수 있는 감시 능력 부족으로 인한 도덕적 해이 moral hazard에 대한 우려였다. 아세안 + 3는 이를 극복하기 위해 2011년 5월 싱가포르 법에 따른 비영리기구로 아세안 + 3 거시경제감시기구ASEAN Macroeconomic Research Organization, AMRO를 설립하고 2016년 2월 국제기구로 전환했다. 아세안 + 3가 금융위기 재발을 방지하기 위한 지역 차원의 안전망을 구축한 것이다. 이 때문에 치앙마이이니셔티브 다자화를 통해 AMF가 출범한 것이라고 보는 전문가도 있다.

동아시아 협력은 기존 아세안 + 3를 넘어 외연이 확대되었다. 동아시아비전그룹과 동아시아연구그룹 보고서에 따르면 2005년 12월, 쿠알라룸푸르에서의 동아시아정상회의EAS 출범은 예상보다 훨씬 빠른 것이었다. 당초 계획은 아세안 + 3 정상회의를 통해 동남아 10개국과 한국, 중국, 일본 등 동북아 국가 간 협력을 심화한 뒤 동북아와 동남아의 지역 구분을 넘어 13개국이 동등한 자격으로 참여하는 EAS로 전환하는 것이었다. 그러나 EAS는 출범한 시기도 빨랐을뿐더러, 회원국 범위도 지리적 개념을 넘어 지정학적 개념으로 변화하면서 비동아시아 국가인 호주,

뉴질랜드, 인도까지 포함되었다. 일종의 아세안 + 3한중일 + 3호주, 뉴질랜드, 인도 체제로 출범했고, 2011년 미국과 러시아의 가입으로 EAS는 아세안 + 3 + 3 + 2미국, 러시아 체제, 즉 아세안 + 8로까지 확대되어 오늘날에도 운영되고 있다.

이처럼 EAS가 예상보다 조기에, 또 변화된 모습으로 출범한 배경은 복잡하다. 말레이시아의 쿠알라룸푸르 아세안 관련 회의를 계기로 한 모종의 성과 기대, 미국의 무관심, 중국의 주도권 확립, 중국의 전략에 대한 일본, 인도네시아, 싱가포르의 대응이 맞물린 타협의 결과라는 것이 전문가들의 견해다. 이렇게 결성된 EAS는 현재 북핵, 남중국해 등 역내 주요 이슈를 논의하는 전략포럼으로서의 기능과 환경, 에너지, 재난 대응, 금융, AI, 교육, 해양안보 등 다양한 분야를 협의하는 지역협의체로서의 이원적 구조로 운영되고 있다. 그러나 EAS의 출범으로 아세안 + 3 정상회의와의 차별성 문제가 대두되기 시작했고, 회의 때마다 이 문제는 제기되고 있다.

3. 한-아세안 3.0 : 함께 그려 나가는 미래

아세안의 미래

한-아세안은 지난 30년의 협력으로 전략적 동반자관계까지 왔다. 아세안 비회원국에 주어진 최고 단계다. 그렇지만 향후 30년 동안 우리는 아세안 회원국에 준하는 '준아세안associate member 관계'를 목표로 대

아세안 협력 비전을 세울 필요가 있다. 서강대 신윤환 교수는 한국의 아세안 가입을 제안하였고, 호주 또한 학계 차원에서 자국의 아세안 가입을 제의하였다. 문재인 정부는 역대 정부 중 처음으로 아세안과의 협력을 4강 수준으로 격상하겠다고 천명한 만큼 이번 정부가 한-아세안 3.0 시대에 성공적으로 진입하기를 기대한다.

아세안의 미래, 특히 30년 뒤의 모습을 전망하기란 쉽지 않다. 경제 분야에서 세계 유수의 연구소들은 2025년 내지 30년경 아세안이 현재의 아세안공동체 청사진을 이행함으로써 하나의 경제체제 형태의 단일 생산기지 및 단일 소비시장이 될 것이라고 점친다. 국경 간 상품, 서비스, 자본, 투자, 숙련 노동자의 이동이 자유로운, 국경 없는 아세안이 된다는 것이다. 나아가 2050년에는 아세안이 세계 3대 경제권이 될 것이라는 예측도 있다.

도쿄 소재 아시아개발은행연구소ADBI는 아세안의 미래와 관련하여 2가지 전망을 내놓았다.* 하나는 아세안이 연 6.4% 경제성장, 국내 개혁 등을 통한 생산력 제고, 지역협력 강화 등의 조건을 충족할 경우 2030년 아세안지역의 1인당 국민소득이 현재의 3배인 9천 달러 수준에 이를 것이라는 낙관적인 시나리오다. 다른 하나는 아세안이 중진국 함정, 재난, 기후변화, 영토분쟁, 국내의 정치적 긴장 등 대내외 도전에 직면하면서 그보다 17년이나 흐른 뒤인 2047년에야 1인당 9천 달러의 국민소득을 달성할 것이라는 비관적인 시나리오다. 어느 쪽이든 2050년의 아세

---

* 아시아개발은행연구소(ADBI, 2014), *ASEAN 2030: Toward a borderless Economic Community.*

안은 중산층이 두텁고, 인구가 많은 경제 대국으로 성장하여 생산기지로서뿐만 아니라 소비시장으로서도 중요성이 커진다는 의미다.

아세안은 미국, 유럽, 동북아 등을 대상으로 한 그간의 역외 수출 지향에서 최근 신보호주의 확산에 따라 역내 교역·투자를 확대하는 방향으로 조정할 수밖에 없다. 이에 현재 23%인 역내 교역 비율은 점차 증가할 것이다. 실제로도 아세안은 2025년경 역내 교역 비율을 34%까지 확대하기로 합의한 상태다. 아직 유럽과 북미지역의 역내 교역과 비교해 절반 수준에 불과하지만, 실질적인 아세안경제공동체 실현으로 경제가 성장해 국민소득이 늘고, 아세안 국가 간 수직·수평 분업체제가 고도화될 경우 역내 교역·투자는 증가할 것으로 예상된다.

그간 역내 교역·투자는 상품 중심이었지만 4차 산업혁명기가 도래할 경우 아세안 내 서비스 교역은 더욱 중요해진다. 아세안은 4차 산업혁명 시대에 신성장 동력을 창출하기 위해 디지털 전환 경제로 나아가려는 비전을 세웠으며, 싱가포르, 태국, 말레이시아 등 선발 아세안 국가들은 이미 디지털 생태계 조성에 힘쓰고 있다. 실제 이들 국가에서 그랩Grab 등 유니콘 기업이 나타나고 있다.

정치·안보 분야에서도 향후 30년 동안 변혁기적 정책 변화의 요구에 직면할 것이다. 이에 따라 오늘날과 같이 국제 및 지역 문제에 최소한의 입장 표명 내지는 수동적 입장을 유지하는 것은 쉽지 않을 것으로 예상된다. 아세안이 세계 제3위 경제규모로 성장할 경우 지속적인 역내 경제성장을 위해서도 역내외 안보 도전 이슈들, 즉 글로벌 공공재Global Commons에 그동안과 같이 무임승차자로 남아 있기는 어려울 것이다. 아세안은 역내 문제에 함몰되지 않고 세계적 문제에 일정한 영향력을 행사할 것을 요구받을 수 있다. 2011년 인도네시아는 발리 아세안정상회의에서 발리선언의 3항을 통해 2022년부터는 세계적 문제에 아세안 공동의 입장을 견지해야 한다는 비전을 제시한 바 있다. 이는 앞으로 정치·안보 분야에서 아세안의 미래 지향점을 보여주는 것이다.

사회·문화적으로도 동남아 문화에 대한 자부심과 중요성을 인식하고 아세안에 대한 소속감과 공동체 의식, 정체성을 함양해 나갈 것으로 본다. 실제 아세안 공동체 2025 청사진에서 지난 50년간 정부 엘리트 주도의 공동체 협력의 한계를 인정하고, 국민 중심 및 국민 공동체의 지향을 전면에 내세우고 있다. 2019년의 아세안 의장국 태국은 자카르타에 위치한 아세안·동아시아경제연구소ERIA를 통해 준비한 《ASEAN 2040 보고서》에서 2040년의 아세안 비전으로 디지털 아세안, 지속가능한 아세안, 국민 중심의 포용적 아세안, 소속감과 정체성이 함양된 아세안 등을 제시했다. 주제어는 디지털, 지속가능, 국민 중심, 정체성 함양이다. 각국 국민들의 아세안 정체성이 높아지면 소속 국가 및 지방, 지역 이익 중심에서 아세안 전체의 이익에 우선순위를 부여하는 사고의 변화도 겪을 것으로 본다.

아세안은 이러한 정치·안보, 경제성장과 사회·문화 변화에서 재난, 기후변화, 테러, 사이버 안보, 환경 파괴, 보건 등 기존 정치·안보, 경제, 사회·문화의 영역을 가로지르는 초국경적 비전통 쟁점의 도전에 직면할 것이다. 이때 한국 등 선진 역외 국가의 경험과 협력을 더욱더 필요로 하게 될 것임은 자명하다.

특별기고: 한국과 아세안의 시간 ─ 과거, 현재 그리고 미래

한-아세안 협력의 미래에 대하여

아세안 미래 변화에 비추어 한-아세안 미래 관계를 '준아세안 관계'로 격상한다는 목표하에 대아세안 외교정책을 설계할 필요가 있다. 지난해 11월, 국립외교원 아세안인도연구센터에서 주최한 신남방 세미나에서 태국 탐마삿Thammasat 대학 키티 프라시르쑥Kitti Prasirtsuk 교수는 일관성, 종합성, 구체성을 제시하였는데, 의미 있는 방향이다. 오늘날 한국이 추진하고 있는 신남방정책의 '상생과 번영의 한-아세안 미래공동체' 로드맵에도 그런 취지가 반영되어 있으나, 더욱 분명한 문제의식을 강조하기 위해 여기에서 다시 소개한다. 우리의 대아세안 미래 방향으로 삼아도 손색없는 조언이다. 또한 언급된 세 가지 외에 필자 개인 의견인 총체성을 추가하였다.

한-아세안의 네 가지 협력 방향

첫째, 일관성consistency 이다. 우리는 정부가 교체될 때마다 세계화, 동아시아, 동북아, 신아시아, 유라시아 등 협력의 범위를 계속 확대 혹은 축소시켜 왔고, 아세안은 자신들이 늘 그 언저리에 있었다고 우려한다. 아세안 일각에서는 다음 한국 정부가 다시 아세안의 중요성을 희석시키는 정책을 추진하지 않을지 우려한다. 아세안은 이미 정부 교체와 상관없이 우리에게 중요한 파트너. 아세안의 잠재력을 감안하면 향후 정책 방향 수정은 쉽지 않다. 이런 측면에서 신남방정책 기조하에 한-아세안 협력체제가 제도화된 것은 우리가 지속적으로 대아세안 외교의 중요성을 상기시키는 데 매우 긴요하다.

둘째, 종합성comprehensiveness이다. 북한 핵 문제, 경제 등 한-아세안 협력의 일부만 강조하지 말고 정치·안보, 경제, 사회·문화 등 다양한 분야를 포괄하는 접근법을 구사하는 것이 좋겠다는 것이다. 일부 대화 상대국들의 중상주의적 접근을 반면교사로 삼아야 한다는 의미 있는 조언이다.

셋째, 구체성concreteness이다. 너무 막연한 사업을 하거나 장기적 비전만을 갖는 것보단 아세안공동체 추진에 꼭 필요한 분야에서 구체적인 사업을 추진하길 바라는 희망이다. 우리로서는 아세안의 이런 희망을 반영하면서도 중·장기적 비전하에 구체적 사업을 촉진하면 좋겠다. 이와 관련하여, 우리 정부가 과거 김대중 대통령의 이니셔티브로 추진한 동아시아비전그룹EVAG 1은 동아시아공동체의 장기 비전하에 구체적이고 관계적인 실천 방안을 제시한 것이 좋은 사례이다. 향후 한-아세안 미래 협력에서 벤치마킹할 수 있는 부분이다.

넷째, 총체성holistic approach이다. 숲을 보는 아세안 전체 전략거시적 관점과 나무를 보는 국가별 전략미시적 관점, 이들의 간극을 메워 주는 메콩 소지역 전략메소적 관점을 적절히 조합해 추진함으로써 아세안 시장에 효율적으로 다가갈 수 있을 것이다. 아세안공동체를 구성하는 3가지 하부 공동체인 정치·안보공동체, 경제공동체, 사회·문화공동체에 모두 해당하지만, 여기에서는 경제공동체를 사례로 든다. 현재 경제공동체가 나머지 2개 공동체보다 앞서 발전하고 있고, 아세안공동체의 촉매제catalyst 역할을 하고 있기 때문이다. 아세안경제공동체AEC 출범을 계기로 글로벌 다국적 기업은 개별 국가 단위 전략뿐만 아니라 아세안 전체를 포괄하는 생산 및 판매 전략을 수립해 AEC 출범의 경제적 효과를 활용하고 있다. 반면 동남아에 진출한 대부분의 한국 기업은 아세안 및 AEC에 대한 낮은 인지도와 아세안 개별 국가별 기존 시장 특성화에 집중한 나머지 아세안 단일 경제권이 제공하는 기회를 포착하지 못하고 있다. 한국 기업들도 AEC 수립과 다국적 기업의 모범 대응 사례를 벤치마킹하여 국가별 전략과 아세안 전체를 보는 아세안 전략을 동시에 추진해야 할 때다.

이러한 4가지 협력 방향을 염두에 두고 한-아세안 3.0 단계의 구체적인 협력 방안을 신남방정책의 핵심 키워드인 3P Peace평화, Prosperity상생번영, People사람 측면에서 제안한다. 일부는 올해 11월 한-아세안 특별정상회의 성과 사업에도 반영될 것이다.

평화를 중심으로 하는 정치·안보

첫째, 북한은 아세안을 상대적으로 편하게 생각하며, 아세안도 북한을 포용 대상으로 삼아 아세안지역안보포럼 ARF 등을 통해 북한을 지역포럼으로 유인하여 사회화 socialization 시키고자 한다. 즉, 한반도 평화체제의 지속성을 확보하기 위한 아세안의 건설적이고 적극적인 역할을 생각할 수 있다. 현재 북한은 아세안이 연중 개최하는 1,400개의 회의 중 유일하게 ARF 회의에만 참석하고 있는데, 다른 아세안 주도의 회의체에 더 많이 참석하도록 하는 방안이다. 마티 나탈레가와 Marty Natalegawa 전 인도네시아 외교장관은 자신의 저서 《아세안은 중요한가 Does ASEAN Matter?》에서 북한뿐 아니라 한국까지 모두가 ARF 회원국임을 감안, 한

반도의 평화와 안정을 위해 ARF 플랫폼을 더욱 적극적으로 활용할 것을 제안하였다. 남북한이 ARF를 통해 접촉을 넓혀 갈 수 있다는 것으로, 예를 들면, 분야별 회기에 회의가 많은 ARF에서 통상 아세안과 비아세안 국가가 각 1개국 또는 복수 국가 간 한 조가 되어 1년 또는 2년간 공동의 장을 수행하도록 하는 것이다. 나탈레가와 장관의 개인 의견이나 회기 동안 회의를 남북한 + 아세안 의장국 3자 중심으로 협력할 수 있다. 또한 자카르타에서 한-아세안, 아세안 + 3, EAS 대사회의가 개최 중인데, ARF 대사회의가 없는 실정을 감안, 우리 주도로 이 회의를 신설, 운영할 경우 북한과도 정례회의 채널이 생기는 셈이다.

둘째, 동아시아는 아세안을 제외하고 전략적 신뢰 결핍 지역 trust deficit인데 미국과 중국의 경쟁이 가속화될 경우 한국, 아세안, 호주 등의 중견국들은 전략적 선택을 강요받는 도전에 직면할 수밖에 없다. 따라서 한국과 아세안은 동아시아공동체 실현을 통해 주요 국가를 역내 체제에 내부화시킬 수 있는 기제를 만들어 가야 한다. 동아시아공동체비전은 이미 2001년, 김대중 대통령의 제안으로 채택된 동아시아비전그룹 보고서에서 제시된 바 있다. 우리로서는 동아시아정상회의EAS와 같은 확대된 동아시아 협력틀의 출범으로 열기가 예전만은 못하나, 불확실한 대외환경 변화에서 새로운 전환점을 만들어 갈 전략적 이익이 있다. 문재인 대통령도 동북아공동체플러스를 국정과제의 하나로 제시했는데 동아시아공동체 개념과 맥락을 같이한다고 볼 수도 있으므로 향후 신남방정책 과제로 선정하여 추진해 나가면 좋을 것이다.

셋째, 아세안을 글로벌 공공재의 무임승차자에서 공여자로 전환하기 위해 한-아세안 공동의 리더십을 발휘하는 방안이다. 대표적으로 재난 대응, 테러, 인신매매, 사이버 안보, 해양인식, 기후변화 등 비전통적 초국경 이슈에서 리더십을 발휘할 수 있다. 동아시아정상회의EAS, 확대아세안국방장관회의ADMM+, 아세안지역안보포럼ARF 등 정부 차원과 트랙 1.5 및 트랙 2ARF EEP, EAF, NEAT, CISCAP 등도* 보완 기제로 활용할 수 있다.

지난해 7월 문재인 대통령 또한 싱가포르 동남아연구소ISEAS 연설에서 유사한 취지로 언급한 바 있다.** 지난해 11월 싱가포르 한-아세안 정상회의에서 조코위 인도네시아 대통령이 제안한 오는 11월 부산에서 개최되는 한-아세안 특별정상회의에 김정은 위원장을 초청하자는 제의도 북한을 아세안 관련 회의에 더 많이 관여시키고자 하는 맥락에서 이해할 수 있다.

---

* ARF EEP는 ARF 1.5트랙의 전문가 및 명망가 그룹(Expert and Eminent Persons)이며, EAF는 아세안 + 3 차원 트랙 1.5의 동아시아포럼(East Asia Forum), NEAT는 아세안 + 3 차원 트랙 2의 동아시아싱크탱크네트워크회의(Network of East Asia Think Tank), CISCAP은 ARF 트랙 2의 아시아태평양안보협력이사회(Council for Cooperation in the Asia-Pacific)이다.
** 싱가포르와 아세안의 건설적 역할을 기대하며, 한반도 평화정착으로 가는 여정에 아세안과 한국이 함께하는 여정은 멀리 있지 않다. 한-아세안 간 이미 구축되어 있는 다양한 협력과 교류를 증진의 틀 내로 이용하여 북한을 포용하는 것이 중요하다. 북한이 비핵화조치를 진정성 있게 실천해 나갈 경우, 아세안이 운영 중인 여러 회의체에 북한을 참여시켜 북한과의 양자 협력이 강화되길 바란다.

첫째, 자유무역체제를 유지하기 위한 공동 리더십을 발휘해야 한다. 미국을 중심으로 한 신보호주의 확산, 미국과 중국의 무역 갈등, WTO 등 다자주의에 대한 관심 저하 등 대외 여건의 불확실성이 증대되면서 동아시아 경제, 특히 아세안 경제발전의 견인차 역할을 해온 세계 및 역내 생산·공급망이 흔들리고 있다. 이러한 상황에서 한국과 아세안이 상호 보완성을 기반으로 4차 산업의 혁신적 성과와 결부하여 고부가가치를 창출하는 역내 가치사슬구조로 변화시키는 방안을 검토할 수 있다. 즉, 한국 다국적 기업의 아세안 투자는 고부가가치를 창출하는 지식 기반 기술을 현지에 파급시킴으로써 아세안 중소기업이 농업 및 1차 생산품을 뛰어넘어 고부가가치 제품을 생산할 수 있도록 지원해야 한다. [*] 이 경우 새로운 형태의 동아시아 생산 분업체계가 구축되어 불확실한 역외 환경으로부터 보호막 역할을 할 수 있다. 또한, 역내 포괄적경제동반자협정RCEP의 조기 타결을 위해 한국과 아세안이 공동 리더십을 발휘하는 것도 단기적으로 실행 가능한 방안이다.

둘째, 현재 아세안은 역외 불확실성에 대응하는 차원에서 역내 교역과 투자를 확대하고 있는데, 한국이 아세안과 우리 기업들의 수요를 반영하여 역내 교역·투자 확대에 기여하는 방안이다. 현재 아세안 역내 교역은 23% 수준으로, 향후 10년 내 34%까지 높이는 것을 목표로 삼고 있다. 그동안 우리는 한-아세안 간 수직적 교역·투자에 집중해 왔지만 아

---

[*] 권태신(2018), 〈ASEAN Vision 2040 보고서〉, ERIA. 이 가운데 아세안 중심성 강화 및 동아시아 집단적 리더십을 위한 한국의 역할 제출문을 일부 인용하였다.

세안에 이미 진출한 8천여 우리 기업들의 수평적 한-아세안 역내 교역·투자가 가져올 기회를 선점하여 플랫폼을 구축할 수 있도록 정부 차원에서 지원할 필요가 있다. 정부는 11월 부산 한-아세안 특별정상회의를 계기로 아세안 각국에 소재한 한국상공인연합회와 아세안 사무총장 간 협의체를 신설, 운영하는 방안을 추진 중이다. 협의체가 출범하면 역내 교역·투자에서 발생하는 여러 문제점을 해결하는 창구 역할을 할 수 있을 것이다. 이미 미국, 호주, 일본, 캐나다, EU 등 주요 국가들도 싱가포르에 사무국을 신설하여 아세안 경제장관회의 또는 아세안 사무총장과 협의체를 운영 중이다.

셋째, 모바일인터넷, 빅데이터, 인공지능, 사물인터넷 등 4차 산업혁명 시대에 필요한 디지털 서비스 표준화를 위해 한-아세안 표준화센터를 신설하여 한-아세안 3.0 시대를 대비할 수 있다. 한국이 예산과 기술을 제공하고 아세안이 관련 인프라를 제공하며, 센터는 우리 정부의 지원으로 아세안 역내 한 곳에 두는 방식이다. 현재 한-아세안 양측이 한-아세안 특별정상회의 시 한-아세안 표준화센터 신설을 성과 사업으로 논의 중에 있다.

사람을 중심으로 한 사회·문화 교류

첫째, 한국이 아세안사회·문화연구소를 자카르타 또는 아세안지역에 설치·운영하는 데 선도적 역할을 하는 방안이 있다. 아세안 + 3 차원의 트랙 2 동아시아싱크탱크네트워크회의NEAT는 2018년 당시 아세안 + 3 정상회의를 대상으로 한 정책건의서에서 아세안사회·문화연구소 설립을 제안한 바 있다. 일본 정부는 2008년부터 연 1천만 달러를 지원하여 자카르타에 아세안·동아시아경제연구소 ERIA를 설립하였다. ERIA는 아세안경제공동체의 청사진, 연계성과의 로드맵 등 아세안이 필요로 하는 경제 문제들을 연구하며 조언하는 사실상 아세안의 경제 분야 싱크탱크 역할을 하고 있다. 아세안은 정치·안보 공동체 싱크탱크로 자카르타에 아세안평화화해연구소 AIPR를 운영 중이다. 현재 아세안공동체를 구성하는 3개 분야 중 아세안 사회·문화공동체 분야를 지원할 연구소만 존재하지 않는다.

한국 주도로 아세안사회·문화연구소가 설립될 경우 아세안이 향후 당면할 고령화, 보건, 환경, 복지 등 사회·문화적 문제들을 심층적으로 연구하는 싱크탱크 역할을 할 수 있다. 우리가 아세안보다 한 발자국 앞서 발전하여 현재 사회·문화적 문제들을 앞서 경험하고 문제해결을 위한 노하우를 축적하고 있는 만큼 이러한 지식플랫폼을 구축하면 어느 국가보다도 건설적 역할을 할 수 있을 것으로 본다.

둘째, 동남아에 한류 문화를 확대하고, 균형과 심화를 통해 한국과 아세안 청소년 간 공동체의식을 함양하는 방안이다. 이미 상당한 인프라가 구축돼 있다. 2014년 한-아세안 특별정상회의를 계기로 신설된 부산 아세안문화원, 아세안이 자체적으로 설립한 방콕 소재 아세안문화센터 및 자카르타 소재 아세안재단이 협력한다면 다양한 프로그램을 마련할 수 있다. 한국과 아세안 청소년 상호 간에 문화 이해도를 높인다면 청소년들 사이의 공동체의식도 자연스럽게 조성될 것이다. 이들은 한-아세안 3.0의 목표인 '준아세안 관계'의 든든한 토대가 될 것이다. 아울러 한국과 아세안 양측이 각 학교 교육 과정에 한국과 아세안 관계를 포함시키는 것도 유용할 것이다.

셋째, 한국 내 아세안과 동남아지역 연구 생태계가 한국과 아세안 관계에 비하면 아직 충분치 못하다. 한국동남아연구소, 한국동남아학회, 국립외교원 아세안인도연구센터 및 서울대 아시아연구소가 있으나 전문 인력과 예산이 적어 사회·문화 분야에서 종합적이고 체계적인 지식 기반을 튼튼하게 하지 못하고 있다. 이들 연구소의 역량을 강화하고, 주요 지방 대학에도 아세안센터 또는 연구소를 신설·지원하는 방안도 모색할 필요가 있다. 이들이 우리 국민과 기업의 대아세안 진출과 이해를 높이는 데 역할을 할 것이다.

> "동남아에도 한국이 중요하지만, 한국에게 동남아는 더 중요한 파트너 partner for real다. 이 둘은 지난 30년간 단 한번도 명시적 갈등 상황에 놓인 적이 없다. 처음부터, 항상 대등한 관계였다. 이보다 더 좋을 수 없는 관계를 지속하고 있는 한국과 동남아는 비로소 영원한 친구 friends for good를 찾았는지도 모르겠다."

이는 서강대 신윤환 교수가 국립외교원 아세안인도연구센터에서 발간한 《한-아세안 외교 30년을 말하다》 책에서 이야기한 내용이다. 한국과 아세안의 지난 30년은 서로를 알아가며 그 폭과 깊이를 더한 시간이었다. 그 과정에서 동반, 상생의 파트너로도 자리를 잡기 시작했다. 교역, 투자, 인적 교류 등 모든 분야의 통계가 이를 증명하고 있다.

그러나 이러한 한국인의 시각에서 벗어나 냉정하게 한국과 아세안,

아세안과 한국의 관계를 보면 이 같은 정량 지표도 다르게 보이는 것도 사실이다. 대표적인 예 중의 하나가 아세안이 발간하는 각종 서적이나 기고문 그리고 여러 세미나다. 일본과 중국, 미국에 대한 이야기, 그들과의 관계는 빠지지 않고 등장하지만, 한국은 많이 다루어지지 않는다. 다루어지는 경우에도 비중 있게 다루어지지 않고, 다른 나라의 이야기를 풀어가는 과정에서 조연으로 등장하는 수준이다.

우리는 이처럼 모순된 장면들을 도처에서 목격하면서 향후 30년의 시간은 달라져야 한다고 믿는다. 때마침 우리 정부가 한국과 아세안의 관계를 4강 수준으로 강화하겠다는 신남방정책을 추진 중이고, 오는 11월 부산에서 열리는 한-아세안의 사상 첫 세 번째 특별정상회의라는 특별한 기회를 맞았다. 한국과 아세안의 관계를 한층 끌어올리고, 더욱 높은 차원의 관계로 격상시킬 수 있는 절호의 기회다.

아세안을 향한 지난 30년간의 긴 여정은 세대교체 시기에 접어들고 있다. 앞으로 새롭게 펼쳐질 대장정에 이 글에서 강조한 한-아세안 미래 4대 협력방향, 즉 일관성, 종합성, 구체성, 총체성이 나침반과 같은 역할을 할 수 있다면 더욱 좋겠다.

이런 방향성을 염두에 두고 대화와 협력을 이어 간다면 대화관계 수립 60년쯤에 한국과 아세안의 관계는 분명 더 높은 곳에 가 있을 것이다. 다가올 '한국과 아세안의 시간'은 이 둘이 꿈을 나누는 파트너, 명실상부한 친구로 거듭나는 시간이 될 것으로 믿는다.

특별기고: 한국과 아세안의 시간 — 과거, 현재 그리고 미래

나가는 글

동남아시아를 처음 만난 계기는 1989년 3월 말 태국에 발을 들여 놓으면서였다. 우리와 아세안이 대화관계를 수립한 해였다. 수년간의 민주화운동이 잠시 소강상태를 이룬 때였다. 한 해 전에는 서울에서 올림픽이 있었다. 플라자합의 이후 우리 경제는 3저 호황을 보이고 있었다. 수년 동안 산업연구원에서 연구 활동을 하면서 이제는 좀 쉬어야겠다고 생각한 때였다. 늦은 밤 방콕의 돈무앙 국제공항에 내렸을 때, 확 밀려오는 무더운 공기는 여기가 태국이구나 싶었다. 지금의 카오산 거리에 있는 어느 허름한 호텔의 식당에서 아침으로 나온 죽에는 알 수 없는 냄새가 진동했다. 태국 사람들이 팍치라고 하여 모든 음식에 향신료로 사용하는 고수 냄새였다. 처음 맡는 냄새는 견딜 수 없어 잘게 썰어진 고수를 젓가락으로 하나씩 걸어 냈으나 너무 많이 뿌려져 있어 그 냄새를 제거하는 것은 불가능했다.

그로부터 1년 이상 방콕에 머물렀다. 일본 기업의 투자가 대대적으로 유입되면서 태국 경제는 고도성장하고 있었다. 태국의 경제성장률은 1988년 13.3%이었고 1989년에도 12.2%를 기록했다. 증권시장과 부동산시장도 활황이었다. 방콕의 중심가에는 새로운 건물들이 올라가고 있었다. 당시 정부를 이끌던 찻차이 춘하완 총리는 태국을 인도차이나의 경제적 중심지로 만든다는 명목으로 "전장에서 시장으로"라는 슬로건을 들고 나왔다.

그러나 경제호황과는 달리 일반 시민들의 삶은 성장과는 관계가 없어 보였다. 대학의 식당에서 그릇을 치우는 아이는 초등학교를 졸업했을 것 같지 않은 나이의 아이였다. 볶음밥과 국수를 파는 수레 때문에 통행이 어려울 정도의 거리가 많았다. 유흥가의 술집과 마사지 가게에는 언제나 농촌에서 올라오는 10대의 청소년이 문을 두드리고 있었다. 중학교 진학률이 30%에 불과한 사회에서 대학교에는 외제차들이 교정을 가득 메우고 있었다. 정치는 정당들의 이합집산 과정을 겪고 있었고, 정치인과 군인들은 이권을 찾아서 불나방처럼 오가고 있었다.

뭔가 잘못되고 있다는 생각이 들었다. 경제성장이 우리 인간의 삶에 어떤 영향을 미치는 것일까? 지금이야 경제성장이 삶의 질을 개선하는 가장 빠른 길이라고 생각하고 있지만 그때는 아직 젊었고 또 서울에서 수년간 격동의 시기를 보낸 후였기 때문에 태국 사회의 모순에 안타까운 마음만 들었다. 한국의 경제와 산업 연구를 했지만 동남아 경제 연구로 방향을 바꾸기로 했다. 1년 후에 서울로 돌아왔지만 연구 환경은 바뀌어 있었다. 동남아 경제를 연구할 기회가 없었고 결국 삼성경제연구소로 자리를 옮겼다. 삼성경제연구소에서 동남아 경제 연구는 경제에만 한정하지 않았다. 기업의 국제경영활동에 경제적 환경만 영향을 미치는 것이 아니기 때문이었다. 그래서 체계적인 공부는 부족했지만 정치, 사회,

문화에 대해서 관찰하지 않을 수 없었다.

아세안을 관찰하면서 늘 안타까운 마음이 없지 않았다. 다국적 기업과 자국 화교 기업인들의 경제력 장악 결과 성장은 있었으나 발전은 없는 "발전 없는 성장Growth without Development" 현상이 팽배했다. 물론 평균적으로 교육기회의 확대, 보건위생 상태의 개선, 1인당 소득증가는 부정할 수 없고 아세안 주요국은 성장이 얼마나 위대한가를 설명한다. 그럼에도 불구하고 동북아의 한국, 일본, 대만 등에 비하면 성장에도 불구하고 여전히 국내의 불균형은 광범위하다.

실제로 한 지역의 경제를 장기적으로 관찰하게 되면 경제성장과 발전은 거시경제학 교과서에서 별로 중시하지 않는 다른 요소에 의해 이루어진다는 사실을 알게 된다. 경제학이 무용하다는 것은 아니다. 거시경제학에서 장기 성장은 생산성에 달려 있다고 말한다. 이것은 사실이다. 그러나 그것 가지고는 안 된다. 동남아 경제를 관찰하면서 느끼는 바는 경제발전은 사람과 제도에 달려 있다는 것이다.

이미 애쓰모글루Acemoglu 등이 《국가는 왜 실패하는가Why Nations Fail》에서 밝혔지만 경제적 성과를 결정하는 요인은 제도에 있다. 경제제도가 성장의 과실을 고루 분배하는가 즉 포용적 제도인가 아니면 소수가 갖는 착취적 제도인가에 따라 장기 성장이 결정된다. 그런데 성장을 가져오는 포용적 성장, 경제적 실패를 낳는 착취적 제도는 결국 정치가 결정하는 것이다. 아세안 국가들도 마찬가지이다. 그런데 정치적 제도는 누가 결정하는가, 바로 사람들이다.

아세안 경제가 향후 지속가능할 것인가에 대해서는 논란이 있을 수 있다. 아세안은 풍부한 잠재력을 갖고 있고 아직 1인당 소득이 4천 달러 정도인 개발도상권 국가들 집합이기 때문에 현재의 방식으로도 성장은 가능할 것이다. 그러나 지속가능한 성장을 통해 현재 주요 국가의 내부에서 보이는 부와 소득의 불균형 등이 해소되어야 할 것이고, 아세안이 국제 사회에서 정체성을 강화하고 우리의 동반자가 되기 위해서는 저개발국의 발전도 필요하다.

오랫동안 아세안 경제를 관찰해 왔다. 아세안 주요국의 경제적 발전, 역사와 사회의 변화의 소용돌이 속에서 개인들이 어떻게 생존하고 살아가고 또 사라져 가는가에 관심을 가졌다. 그러한 개개인의 경제적 삶을 다 기록할 수는 없지만 어떤 요인들이 그들의 삶에 영향을 미치는 성장과 발전을 결정하는지 관심을 갖고 작업을 했다. 아마 아세안에 대한 나의 마지막 작업이 아닐까 싶다. 그래서 좀 더 잘하고 싶었지만 책을 끝내고 난 지금 보면 아쉬운 점이 많다.

이 책이 아세안의 경제를 이해하는 하나의 참고가 되었으면 좋겠고, 다른 아세안 경제 연구자들에게도 작은 자극제가 되었으면 한다.

제1장 아세안, 세계 경제에 첫발을 내딛다

1 정재완(1994). 《미얀마편람》. 대외경제정책연구원. pp.70~71.

2 UN Economic Commission for Asia and The Far East(이하 UNECAFE, 1949). *Economic Survey of Asia and The Far East, 1948*. p.110.

3 UNECAFE(1948). *Economic Survey of Asia and The Far East, 1947*. p.22.

4 UN Population Division DB

5 수카르노 대통령은 1955년 4월 인도네시아 반둥에서 개최된 아시아-아프리카회의(반둥회의)에서 "새로운 아시아와 아프리카를 탄생시키도록 하자(Let a New Asia and New Africa Be Born)"라는 주제의 개막연설을 통해 29개국 대표에게 인류 역사상 최초의 유색인종의 대륙 간 회의(the first intercontinental conference of coloured peoples in the history of mankind)라면서 식민주의는 아직 죽지 않았기 때문에 단결해야 한다고 주장했다. 반둥회의는 이후 비동맹운동의 시작으로 평가된다. 수카르노의 개막연설문은 다음에서 볼 수 있다. Kweku Ampiah(2007). *The Political and Moral Imperatives of the Bandung Conference of 1955*. Global Oriental. p.233.

6 박번순(1993). 〈태국은 어떤 나라인가〉. 잠롱 스리무앙 저, 김영애 옮김. 《우리 함께 서다: 잠롱 전 방콕시장 나의 삶 나의 투쟁》. 예음. p.238.

7 에른스트 슈마허는 1966년에 〈불교경제학〉을 발표했고 이 글을 1973년 그의 대표 저작인 *Small is Beautiful: Economics as if People Mattered*에 수록했다.

8 UNECAFE(1958). *Economic Survey of Asia and The Far East 1957*. p.113. Table 63.

9 UNECAFE(1952). *Economic Survey of Asia and The Far East 1951*. p.25. Table. 7.

10 UNECAFE(1958). *Economic Survey of Asia and The Far East 1957*. p.145. Table. 70.

11 UNECAFE(1965). *Economic Survey of Asia and The Far East 1964*. p.9. Chart 1-1.

12 UNECAFE(1968). *Economic Survey of Asia and The Far East 1967*. pp.17~22. Table I-2, I-3에서 추출.

13 UNECAFE(1968). *Economic Survey of Asia and The Far East 1967*. p.17. Table I-1.

14 UNECAFE(1956). *Economic Survey of Asia and The Far East 1955.* p.31. Table 19.

15 Manuel F. Montes.(1989) "Overcoming Philippine Underdevelopment: An Alternative Programme". *The Third World Quarterly.* Vol. 11, Issue. 3. p.107.

16 Economic Development Board(1991). *Singapore Economic Development Board: Thirty Years of Economic Development.* p.27.

17 UNECAFE(1969). *Economic Survey of Asia and The Far East 1968.* p.57. Table I-A-7.

18 Rokiah Alavi(1996). "Industrialisation in Malaysia". *Import Substitution and Infant Industry Performance.* Routledge, London and New York. p.32.

19 Andrew Macintype(1990). "Business and Politics in Indonesia". *Asian Studies Association of Australia in association.* Allen & Unwin. p.68.

20 Seiji Naya and Pearl Imada(1990). "Trade and Foreign Investment Linkages in Asean countries". Soon Lee Ying ed.. *Foreign Direct Investment in ASEAN.* Kuala Lumpur. p.32.

21 UN(1993). *World Investment Report.* p.255.

22 미국의 존슨 대통령은 위대한 사회(Great society)를 내걸고 국민의 복지를 강화하기 위해 재정 지출을 늘렸다.

23 UNECAFE(1986). *Economic Survey of Asia and The Far East 1985.* pp.134~135. Table II-4.

24 UNECAFE(1986). *Economic Survey of Asia and The Far East 1985.* p.117.

25 Yutaka Harada(1991). "Japanese Direct Investment and the Thai Economy: A Japanese Perspective". Tran Van Tho ed.. *Japan's Direct Investment in Thailand: Patterns and Issues.* Japan Center for Economic Research. p.66.

26 박번순(2010). 〈아세안경제발전과 외국인직접투자〉. 권율·이재호·조흥국 외. 《아세안의 경제발전과 한-아세안 개발협력》. 대외경제정책연구원. p.235.

27 Pasuk Phongpaichit(1990). *The New Wave of Japanese Investment in ASEAN: Determinants and Prospests.* ISEAS, Singapore.

28 東洋經濟(1996). 《海外進出企業總覽》.

29 UNCTAD. World Investment Report 통계 사용.

30 세계은행. World Development Indicators DB.

31 동북아의 한국, 일본, 대만, 홍콩이 나머지 4국이었다. 세계은행은 중국을 포함하지 않았는데 당시 중국은 빠르게 성장하고 있었으나 주로 화남지방에 성장이 국한되었다고 세계은행은 파악했다. World Bank(1993). *The East Asian*

Miracle: Economic Growth and Public Policy.

32 박번순(2004). 〈동남아 경제의 발전요인과 특성〉. 윤진표 편.《동남아의 경제
성장과 발전전략: 회고적 재평가》. pp.41~42.

33 Sisira Jayasuriya(1992). "Structural Adjustment and Economic Performance
in the Philippines". Andrew J. MacIntyre and Kanishka Jayasuriya eds.. *The
Dynamics of Economic Policy Reform in Southeast Asia and the Southwest
Pacific.* Oxford University Press. p.54.

34 Ibid. pp.62~63.

제2장 1990년대 후반, 동아시아를 강타한 외환위기와 아세안의 시련

1 Kevin Hewison(1999). "Thailand's Capitalism: The Impact of the Economic
Crisis". *UNEAC Asia Papers*, No. 1. p.30.

2 세계은행. World Development Indicators DB.

3 Carl-Johan Lindgren etc.(1999). "Financial Sector Crisis and Restructuring —
Lessons from Asia". *IMF Occasional Paper 188.* p.2.

4 Ibid. p.19.

5 IMF(1997). "Thailand Letter of Intent". August. 14.

6 IMF(1997). "Indonesia Letter of Intent". October 31.

7 IMF(1997). "Press Release: IMF Approves Stand-By Credit for Indonesia".
November 5.

8 박번순(2000).《동남아 기업의 위기와 구조조정》. 삼성경제연구소. pp.
133~134.

9 World Bank(2000). *EAST ASIA: Recovery and Beyond.* p.14.

10 Ibid. pp.15~16.

11 세계은행. World Development Indicators DB.

제3장 아세안 경제의 어제와 오늘

1 World Bank(2013). *World Development Report 2013: Jobs.*

2 과거와 달리 아세안 저개발국에서도 교육기회가 확대되어, 10대 인구는 학교
교육을 받고 생산활동에 참여하지 않는 비중이 증가하고 있다.

3 동남아의 부양비율에는 비아세안 회원국인 동티모르까지 포함하고 있다. UN
은 아세안을 따로 구분하지 않고 동티모르를 포함하여 동남아를 계산한다. 동

티모르의 인구는 150만 명도 채 되지 않기 때문에 동남아의 부양비율은 아세안의 부양비율과 거의 차이가 없다고 판단된다. 또한 경제활동가능인구를 20세 이상으로 하는 경우와 14세 이상으로 하는 경우, 기회의 창 기간은 달라질 것이다.

4 UN Population Information Network(PPOPIN) DB.

5 UNDP(2018). *Human Development Report 2018.* 경제성장은 경제발전의 한 부분이며 국민의 역량이 나머지 경제개발의 중요한 부분을 차지한다. 다른 인간 역량을 측정하기 위해서는 건강상태를 봐야 하고 이를 위해 기대수명을 이용하며 생활수준을 측정하는 지표로 1인당 GNI를 이용한다. 이 세 가지 지수의 기하평균을 구한 것이다. 물론 인간개발지수가 개인이나 노동력의 질을 설명하는 것은 아니다. 좀 더 인간다운 삶을 살고 있는가를 나타내 줄 뿐이다.

6 FAO DB.

7 World Bank(2009). *Global Economic Prospects: Commodities at the Crossroads.*

8 박번순(2011). 〈동남아 자원수출국의 수출 구조 변화와 의의〉. 《SERI 경제포커스》 354호.

9 위의 글. p.4.

10 인도네시아의 2017년 GDP는 1조 154억 달러였고, 한국은 1조 5,308억 달러였다. 한국의 GDP가 인도네시아의 GDP보다 50%가 더 많다.

11 세계은행. World Development Indicators DB.

12 ASEAN(2018). *ASEAN Statistical Yearbook 2018.*

13 Ibid.

14 GDP에서의 수출은 경상수지에서 외화의 유입을 야기하는 일체의 경제활동이다. 즉 상품 및 서비스 수출뿐만 아니라 이전수지에서 외국으로부터의 외화 유입도 포함된다. 수입의 경우는 그 반대로 해당 국이 외화를 지불하는 상품 및 서비스 수입, 그리고 이전수지의 유출을 포함한다.

15 세계은행. World Development Indicators DB.

16 캄보디아 무역 통계는 캄보디아 정부가 집계한 것이 아니라 수입국별로 캄보디아로부터의 수입 통계를 합산한 것이다. 자료는 유엔 무역통계(UN Comtrade)에서 모았다.

17 미얀마의 의류 수출액은 미얀마 정부의 수출 통계가 아니라 수입국별로 미얀마로부터의 의류 수입을 합산한 것이다. 자료는 유엔 무역통계에서 모았다.

18 아세안 주요국의 중소기업에 대해서는 다음 문헌을 참조했다. 박번순·주현(2013). 《아세안의 중소기업의 현황과 정책》. 산업연구원.

19 East Asia Analytical Unit, Australia Department of Foreign Affairs and Trade(1995). *Overseas Chinese Business Network in Asia*. p.70.

20 GLC TRANSFORMATION PROGRAMME(2015). *GLCT Graduation Report*. p.16.

21 Ibid.

22 Porphant Ouyyanont(2015). "Crown Property Bureau in Thailand and its Role in Political Economy". ISEAS.

23 UOB Development는 말레이시아의 화교가 1987년 호주에서 설립한 부동산 개발회사이다. 본사를 쿠알라룸푸르로 이전한 후 말레이시아에서 주로 사업을 하고 있으나 주식은 호주와 싱가포르 그리고 말레이시아에 상장되어 있다. 엄밀하게 말하면 말레이시아에서 출발한 기업은 아니다.

24 ASEAN(2018). *ASEAN Statistical Yearbook 2018*.

25 Ibid.

26 이러한 현상을 최초로 시사한 쿠즈네츠의 이름을 따 쿠즈네츠의 역 U자 가설이라고 한다. 소득불평등도가 경제발전 단계, 즉 소득증가에 따라 높아졌다가 다시 감소하는데 그 형태가 영어 U자를 뒤집어 놓은 것과 같다는 것이다.

27 Sonali Jain-Chandra etc.(2016). "Sharing the Growth Dividend: Analysis of Inequality in Asia". *IMF Working paper*. WP/16/48. p.32.

28 日本貿易振興機構(JETRO, 2018).《2018年度アジア・オセアニア進出日系企業実態調査》.

29 Bernard, Mitchell and Ravenhill, John(1995). "Beyond Product Cycles and Flying Geese: Regionalization, Hierarchy, and the Industrialization of East Asia". *World Politics,* 47(January). p.197.

제4장 국제 분업구조 속에서 아세안의 산업

1 www.therubbereconomist.com/News/Entries/2010/2/16_Oldest_rubber_tree_in_Malaysia.html

2 www.simedarby.com/company/history

3 Wilmar International(2019). *Driving Transformation: Sustainability Report 2018*.

4 Aidenvironment(2018). *Palm oil sustainability assessment of Salim-related companies in Borneo peat forests*.

5 European Parliament(2017). *Palm oil and deforestation of rainforests*(2016/

2222(INI). 4. April.

6 Piyachart Maikaew(2019). "Automotive Industry at a Turning Point". *Bangkok Post*, 2019.1.7.

7 Rene E. Ofreneo(2008). "Arrested Development: Multinationals, TRIMs and the Philippines' Automotive Industry". *Asia Pacific Business Review*, Vol. 14, No. 1. pp.65~84.

8 Ibid.

9 필리핀의 자동차 부품산업에서 중요한 역할을 하는 야자키는 2012년부터 태국과 국경을 맞댄 캄보디아의 코콩 경제특구에 공장을 설립하여 태국에 와이어하니스를 수출하고 있다.

10 탐마삿 대학 경제학과의 코파이분은 "국산 부품조달(local content requirement) 조치는 국내 부품 공급업자들에게 지속적으로 어떠한 긍정적인 파급 효과도 만들어 내지 못했다. 다시 말하면 그런 조치는 국내 공급업자들의 기술역량 구축에 충분조건이 되지 못했다"고 했다. Kohpaiboon, Archanun(2008). "Thai Automotive Industry: Multinational Enterprises and Global Integration". *Discussion Paper*, No. 4. Thammasat University. p.25.

11 Sakkarin Niyomsilpa(2008). "Industry Globalized: The Automotive Sector". in Phongpaichit, Pasuk and Chris, Baker(ed). *Thai Capital After the 1997 Crisis*. Silkworm Books.

12 아세안이 2005년 4월까지 승인한 AICO 프로젝트는 129건이었으며 이 중에 14건을 제외한 모든 프로젝트가 자동차 분야였다. 주로 일본 자동차 업체와 현지 기업이 참여하는 형태였다. asean.org/?static_post=approved-aico-applications-as-of-21-april-2005

13 일본의 다나카 가쿠에이 총리가 1974년 초 자원외교라는 이름으로 인도네시아 자카르타를 방문했을 때 반일 시위가 벌어졌고, 도요타 아스트라 건물은 방화된 사건이 있었다.

14 Thailand BOI(2017). *Thailand's Automotive Industry: The Next Generation*.

15 CLIFF VENZON(2018). "China's SAIC teams up with Ayala to sell Maxus vehicles in Philippines". *Nikkei Asian Review*. 10.1.

16 Peter Warr and Archanun Kohpaiboon(2017). "Thailand's Automotive Manufacturing Corridor". *ADB Economics Working Paper Series*, No. 519, December. p.26.

17 Rene E. Ofreneo(2008). op. cit. p.80.

18 HS 85는 전기기기로 대부분의 전자제품이 여기에 속하지만 일부 품목, 즉 냉

장고는 HS 8418, 세탁기는 HS 8450 등으로 HS 84 항목에 속한다. 따라서 HS 85가 전체 전자사업을 나타내는 것은 아니다.

19 Apple(2019). *Apple Supplier Responsibility 2019 Supplier List.* 아이폰의 경우 주요 부품인 가속도계(Accelerometer)는 독일의 Bosch Sensortec가 공급하고 있고, 오디오칩은 미국의 Cirrus Logic이 공급한다. 배터리는 한국의 삼성이나 중국의 Sunwoda Electronic가 공급하고, 플래시메모리는 일본 도시바와 한국의 삼성, 그리고 LCD는 일본 샤프(13개국 진출), 한국 LG가 담당하고 있다. 공급자는 세계 여러 나라에서 생산하는 것이 보통이다.

20 Poh-Kam Wong(1999). *The Dynamics of HDD Industry Development in Singapore.* The Information Storage Industry Center, Graduate School of International Relations and Pacific Studies University of California.

21 박번순(2000).《동남아 기업의 위기와 구조조정》. 삼성경제연구소. pp.60~71.

22 Vietnam Insider(2018). "What is the status of Vietnam's electronics firms?". August 23.

23 Industrial Automation Asia(2018). "Vietnam's Electronics Industry Experiences Growth Surge". Nov. 22, 2018.

제5장 외환위기와 아세안 주요 기업의 명암

1 Caroline YEOH etc.(2014). *Singapore's Regionalization Blueprint: A Case of Strategic Management, State Enterprise Network and Selective Intervention.* p.1

2 박번순(2000).《동남아 기업의 위기와 구조조정》. 삼성경제연구소. pp.113~116.

3 위의 책. pp.355~369.

4 SCG(2019). *SCG Annual Report 2018.* p.9.

5 4형제는 태국식 이름을 택하면서, 각자가 성을 모두 다른 알파벳으로 표기한다. 가장 큰형이 Jaran Chiaravanont, 둘째가 Montri Jiaravanont, 셋째가 Sumet Jiaravanon, 그리고 막내가 Dhanin Chearavanont이다. 장남과 차남 그리고 막내는 첫째 부인의 소생이고, 셋째는 이복 형제이다. 동남아 화교 기업에서 막내 승계는 드문 경우가 아니다. 살림그룹도 막내가 그룹을 승계하였다.

6 Masayuki Yuda(2019). "Exclusive: Thai Billionaire 'Open' to Outside CEO at CP Group". *NIKKEI Asian Review.* June 13.

7 CP그룹은 그룹 홈페이지에서 핑안보험을 그룹에 포함하고 있으나, 핑안보험 연차 보고서는 지배주주는 물론이고 실질적인 지배주주도 없다고 주장한다. Ping An(2019). *Ping An 2018 Annual Report.* p.98.

8 Wilmar International(2019). *Annual Report 2018*. p.1.

9 2018년 기준 매출에서 윌마보다 앞선 기업은 태국의 공기업인 석유회사 PTT, 말레이시아의 공기업인 석유 및 정유기업 페트로나스에 불과하다. 싱가포르에 상장된 유럽 기업인 Trafigura가 윌마보다 매출액이 많지만 이 기업은 싱가포르에 상장만 한 기업이다. 결국 주식시장에 상장된 민영기업으로 윌마는 아세안 최대 기업이다.

10 외환위기 이전 아스트라그룹의 성장과 현재적 경영에 대해서는 다음 문헌을 참조하면 좋다. YURI SATO(1996). "THE ASTRA GROUP: A PIONEER OF MANAGEMENT MODERNIZATION IN INDONESIA". *The Developing Economies*, XXXIV-3(September). pp.247~280.

11 Ibid. p.260. TABLE III.

12 박번순(2001). 《외환위기 이후 동남아 화인기업의 경영전략 변화》. 대외경제정책연구원.

13 Vincent Lingga(2014). "How Salim Group Reemerged from Near Bankruptcy to Vast Conglomerate". *The Jakarta Post*, 2014.6.9.

14 First Pacific(2019). *Annual Report 2018*. pp.2~6.

15 Sam Holmes and Ben Otto(2012). "Salim Group Regains Control of Indomobil for $809 Million". *The Wall Street Journal*, 2012.12.14.

16 Gallant Venture(2019). *Annual Report 2018*. p.15.

17 Rainforesrt Action Network(2018). "Press Releases: Nestle Has Ended Its Joint Venture Partnership with Indofood". 2018.10.3.

18 Toyota Motor Thailand(2019). "Toyota Motor Thailand News". 2019.1.22.

19 World Bank(2019). *World Development Report 2020 Draft-Report*. p.11.

20 베트남 부총리 Vuong Dinh이 삼성전자 베트남복합단지장의 이·취임을 축하하는 자리에서 삼성전자 측이 보고한 내용이다. The Voice of Vietnam(2018). "Samsung Vietnam's Contributions to the Nation's Socio-economic Development Praised". 2018.12.21.

21 General Statistics Office of Vietnam DB.

22 삼성전자(2019). 《삼성전자 사업보고서 2018 회계연도》.

제6장 아세안과 중국을 잇는 가교, 화교 자본

1 Stefania Palma(2019). "Eka Tjipta Widjaja, Indonesian tycoon, 1921~2019". *Financial Times*, 2019.2.8.

2 Leo Suryadinata(2017). *The Rise of China and the Chinese Overseas: A Study of Beijing's Changing policy in Southeast Asia and Beyond.* ISEAS. p.19.

3 Ibid. p.20.

4 Department of Foreign Affairs and Trade(1995). *Overseas Chinese Business Networks in Asia.* Australia. p.41, 49. 호주 외교통상부에서 나온 이 책은 일본 노무라연구소의 1993년 연구 결과를 인용하고 있다.

5 Spence, Jonathan(1990). *The Search for Modern China.* Norton. p.209

6 UNECATFE(1948). *Economic Survey of Asia and The Far East,* 1947. p.33.

7 Joe Studwell(2007). *Asian Godfathers.* p.259. Tan Yu는 필리핀에서 사업을 시작하여 대만으로 확장했다. 대만이 UN에서 축출된 이후 대만에 대규모 투자를 함으로써 대만에 대한 세계 사회의 신뢰를 회복시키는 데 중요한 역할을 했다. 그는 2002년 미국에서 사망했고 그의 2세들이 이어받은 사업은 필리핀, 대만, 홍콩, 미국, 캐나다에 걸쳐 있다.

8 Department of Foreign Affairs and Trade(1995). op.cit. p.67.

9 인도네시아 살림그룹의 창업주인 림시오리옹과 살림그룹의 초기에 같이 그룹을 키웠던 림웰키안, 말레이시아의 로버트 콱은 같은 푸젠성의 푸칭에 연고를 두고 있다. 인도네시아 립뽀그룹의 창업주인 목타르 리야디는 한때 살림그룹에서 일했는데 그 또한 푸젠인 출신으로 푸저우에 인접한 홍화인이다. 이러한 관계로 이들은 사업상 밀접한 연관을 맺고 있다.

10 동일한 지역에서 온 기업인들은 경제력이 증대하면서 국제모임을 갖기도 한다. 세계화상인회의, 세계푸젠인회의, 세계푸젠인대회 등이 그것이다. 예컨대 1996년 푸젠인대회는 1997년 8월 말레이시아의 랑카위섬에서 16개국 2,500명의 푸젠인 출신 기업인들이 참석하였다.

11 한강(韓江)은 차오저우시를 관통하는 강으로 차오자우를 나타내는 또 다른 이름이기도 하다.

12 Robert Kuok(2017). *Robert Kuok A memoir.* p.99.

13 Marleen Dieleman(2007). *The Rhythm of Strategy: A Corporate Biography of the Salim Group of Indonesia.* pp.44~47.

14 Robert Kuok(2017). pp.175~185. 둘 사이의 관계의 시작과 끝에 대해 자세하게 기술되어 있다.

15 외환위기 이후 IMF와 인도네시아의 초기 프로그램에서 다수 농산물에 대한 Bulog의 독점수입 판매 문제는 중요한 개혁 대상이 되었다. 1997년 10월 31일의 제1차 의향서에서 IMF는 인도네시아에 Bulog가 독점하고 있던 밀 및 밀가루, 대두, 마늘의 수입을 자유화하도록 요구했다.

16 푸젠성 출신 화교의 후손인 봅 하산은 젊어서 이슬람으로 개종하였고 네덜란드에서 공부하였다. 그와 수하르토의 관계는 특별하다. 1950년대 말 네덜란드에서 돌아온 그는 인도네시아군 창설자 가운데 한 명인 수브로토(Subroto) 장군의 양아들이 된 이후 그를 통해 수하르토와 알게 되어 친구가 된 이후 관계를 유지했다. 그는 수하르토의 골프 친구이자 수하르토가 관계하는 재단의 자문인으로 활동했다. 인도네시아의 올림픽위원회(IOC) 위원이었지만 수하르토의 후광을 입고 성장한 인물이라는 데서 큰 존경은 받지 못했다. 수하르토의 자녀들과 많은 합작 사업을 했다.

17 이 Apkindo의 독점적 행태 금지 또한 인도네시아 IMF 프로그램의 규제완화와 독과점 폐지에서 중요한 사안이었다.

18 *Singapore Business Times*. 1995.9.25.

19 Baidu백과, 시아엑초 항목.

20 Automotive Industry Portal Mark Lines. DB.

21 EIU(2017). "SAIC and CP Group open new MG Motors plant in Thailand". December 14th.

제7장 베트남, 아세안 경제의 활화산

1 Vo Nhan Tri(1990). *Vietnam Economic Policy since 1975*. ISEAS. p.61.

2 Ibid. p.101.

3 도이머이 정책은 7차(1991), 8차(1996), 9차(2001), 10차(2006) 당 대회를 통해 강화되었다. 베트남 도이머이 정책의 핵심은 중공업 노선에서 농업과 소비재 생산의 발전, 수출과 외국인투자의 장려, 정부 개입의 축소 등이다.

4 이 시기에 베트남의 안내서가 출판되기 시작했다. 초기에 출판된 책은 다음과 같다. 박번순·하영호(1993). 《베트남 아시아의 마지막 시장》. 도서출판 주인.

5 공산경제의 몰락 이후 정부에 의해 통제되던 경제체제(Centrally Planned Economy)가 시장경제로 변화하면서 완전한 시장경제국가가 아니라는 의미에서 사용되고 있는 개념이다. 미국과 EU의 경우 국제 기준이 아닌 자국의 반덤핑법(Anti-Dumping Law)에 근거하여 비시장경제 지위를 부여하고 있다. 비시장경제국에 대해서는 반덤핑 조사 시, 피제소국의 자료를 그대로 인정하지 않는다.

6 ADB(2018). *Key Indicators 2018*.

7 삼성그룹은 1990년대 초에 베트남 진출에 관심을 가졌고 당시 이건희 회장은 베트남이 이때는 경제적으로 어렵지만 장래 발전할 수 있을 것이라고 주장했

다. 삼성그룹은 그의 지시에 따라 베트남의 투자환경을 대대적으로 조사한 바 있고, 필자도 이에 참여하였다.

8 박번순·하영호(1993). 앞의 책. p.195.

9 General Statistics Office of Vietnam(2018). *Statistical Yearbook of Vietnam 2017*. p.245.

10 Ibid. p.247.

11 Ibid. p.231.

12 Ibid. p.233.

13 ADB(2018). op. cit. Table 2.1.7. p.84.

14 즉 품목별로 미국에 수출 시 적용받던 40% 관세를 MFN을 통해 3% 이하로 낮출 수 있다면 대미 수출을 급속히 증가시킬 수 있을 것으로 기대한 것이다. 박 번순 외(2001). 《사회주의 개방국가의 초기 외국기업 진출환경 분석과 시사점》. 삼성경제연구소. pp.53~101.

15 UNIDO(2018). *GLOBAL VALUE CHAINS AND INDUSTRIAL DEVELOPMENT: Lessons from China, South-East and South Asia*. p.68

16 Elaine Huang(2019). "Eye on Vietnam, The New Electronics Manufacturing Hub". *CommonWealth Magazine*. 2019.1.17.

17 John Reed(2019). "The Rise and Rise of a Vietnamese Corporate Empire". *Financial Times*. JUNE 27. 기사는 빈그룹의 성장 과정과 사업 내용 그리고 빈그룹에 우호적인 정부의 자세, 비판적인 시민 사회 등을 광범위하게 다루고 있다.

제8장 동남아시아에서 아세안으로

1 AIP라는 타이틀을 붙이지 않았으나 1976년 제2차 아세안 경제장관회의(1976년 3월 8~9일, 말레이시아 쿠알라룸푸르)에서 산업협력을 위해 전문가 그룹을 조직해 아세안 공업 플랜트로서 다음 5개 프로젝트의 타당성을 분석하기로 결정했다. 인도네시아의 요소(Urea)와 말레이시아의 요소(Urea), 필리핀의 과인산비료(super-phosphates), 싱가포르의 디젤엔진, 태국의 소다회(soda ash) 등이었다.

2 ASEAN(1996). "Basic Agreement On ASEAN Industrial Cooperation Scheme Singapore". April 27; "Protocol to Amend the Basic Agreement On ASEAN Industrial Cooperation Scheme". www.aseansec.org/16333.htm

3 Arvind Panagariya(1993). "Should East Asia Go Regional?: No, No, and Maybe". WPS 1209. Policy Research Department The World Bank.

4 ASEAN(1992). "Agreement on the Common Effective Preferential Tariff Scheme for the ASEAN Free Trade Area: Singapore Declaration of 1992 Singapore". January 28; 박번순(1992). 〈아세안의 무역협력: AFTA를 중심으로〉. 삼성경제연구소.

5 이 시기 전후로 베트남, 라오스, 미얀마, 캄보디아가 새로 ASEAN에 가입했다. 이들은 2018년까지 수입관세를 철폐하도록 했으나 곧 이들에 대해서도 일부 민감 품목을 제외하고는 2015년까지 관세를 철폐하기로 결정한다. 이에 대해서는 다음 문건을 참고. ASEAN(2003). "Protocol to Amend the Agreement on the Common Effective Preferential Tariff(CEPT) Scheme for the ASEAN Free Trade Area(AFTA) for the Elimination of Import Duties". www.aseansec. org/14183.htm

6 Dean A. DeRosa.(1995). "Regional Trading Arrangements among Developing Countries: The ASEAN Example". *Research Report* 103. International Food Policy Research Institute. p.34.

7 ASEAN Vision 2020은 경제통합을 형성하기 위해 역동적인 개발(Dynamic Development)의 파트너십을 강조한다. ASEAN Vision 2020은 후에 아세안공동체의 기초가 되었고, 아세안은 이후에 국제 경제 상황의 변화에 맞춰 아세안공동체 설립시기를 2020년에서 2015년으로 앞당기기로 결정했다.

8 아세안은 의장성명에서 아세안 저개발국의 경제발전을 지원하기 위한 아세안통합이니셔티브(Initiative for ASEAN Integration, IAI)를 발표했다. ASEAN(2000). "Press Statement by Chairman, 4th ASEAN Informal Summit". Singapore, Nov 25. www.aseansec.org/5310.htm.

9 ASEAN(2003). "Declaration of ASEAN Concord II(Bali Concord II)".

10 ASEAN(2009). "Roadmap for an ASEAN Community 2009~2015". p.21.

11 Michael G. Plummer, Peter A. Petri, and Fan Zhai(2014). *Assessing the Impact of ASEAN Economic Integration on Labour Markets*. ILO. pp.20~25.

12 아세안 산업협력 프로그램인 BBC나 AICO를 일본 기업이 아세안에 제안하여 이루어졌다는 것을 생각하면 아세안의 역내 통합은 다국적 기업에 가장 큰 이익이 될 것이다.

13 실제로 마하티르 총리는 1993년 시애틀에서 개최된 제1차 APEC정상회의에 참석하지 않았다.

14 East Asia Vision Group Report(2001). "Towards an East Asian Community-Region of Peace, Prosperity and Progress".

15 APEC이 1994년 인도네시아에서 천명한 목표이다. 역내 선진국은 2010년, 개

도국은 2020년까지 무역·투자 자유화를 달성하기로 한 것이다.

16 Press Statement by the Chairman of the 7th ASEAN Summit and the 5th ASEAN + 3 Summit, Brunei, 5 November 2001.

17 현재 자카르타에 사무소를 차린 ERIA는 일본 학자의 주도로 아세안 경제에 대한 각종 연구를 수행함으로써 아세안의 싱크탱크 역할을 한다. 아세안의 미래에 대한 연구도 ERIA가 대부분도 맡아 하면서 일본 시각에서 아세안의 미래를 만들고 있다.

18 USTR Trade DB.

19 IMF(1997). "IMF Approves Stand-by Credit for Thailand", Press Release Number 97/37. August 20.

20 일본의 고지마 교수는 아시아에 대한 일본형 직접투자와 미국형 직접투자를 구분하면서 일본 기업의 투자가 아시아의 풍부한 요소를 활용하여 무역을 창출한다고 미국형보다 우위에 있다고 주장하기도 했다. K. Kojima(1978). *Direct Foreign Investment, a Japanese Model of Multinational Business Operations.* London: Croom Helm.

21 일본은 대아세안 ODA가 유상원조에 그것도 타이드 론(Tied loan) 중심이라는 비판을 받고 있다. 또한 경제적 잠재력이 큰 인도네시아에 가장 많은 지원을 했는데 이것도 일본의 ODA가 자국의 경제적 이익을 반영하는 증거라고 할 수 있다.

22 Graham Allison(2017). *Destined for War: Can America and China Escape Thucydides's Trap?* Houghton Mifflin Harcourt.

23 *South China Morning Post.* 15 Nov, 2018.

24 이 때문에 아세안은 개별 국가의 내정 불간섭, 주권 존중, 합의와 협의에 의한 의사결정이라는 아세안 방식(ASEAN Way)을 고수하고 있다.

25 특정 지역의 경제통합 단계는 일반적으로 체약국 간 무역장벽을 철폐하는 자유무역지대(FTA), FTA에서 나아가 대외관세도 통일하는 관세동맹(CU), 여기서 더 발전하여 역내의 노동과 자본이 자유롭게 이동하는 공동시장(Common market), 그리고 그 이후에는 이후 재정, 금융, 노동정책 등을 공동 조정하는 경제동맹(Economic Union)으로 발전한다.

26 ASEAN(2018). *ASEAN Statistical Yearbook 2018.*

27 아세안이 EU와 같이 자유로운 노동 이동을 보장한다면 아세안의 역내 격차 때문에 싱가포르나 말레이시아 등은 노동력의 대거 유입으로 큰 혼란이 올 가능성이 크기 때문에 저숙련 노동자의 규제는 불가피해 보인다.

28 ASEAN(2015). *ASEAN 2025: Forging Ahead Together.*

제9장 정부와 시장 역할의 재조정

1 Paul W. Kuznets(1988). "An East Asian Model of Economic Development: Japan, Taiwan, and South Korea". *Economic Development and Cultural Change*, Vol. 36, NO. S3, April.

2 Yoshihara, Kunio(1988). *The Rise of Ersatz Capitalism in South-East Asia*. Oxford University Press.

3 World Bank(1993). *The East Asian Miracle: Economic Growth and Public Policy.*

4 우리는 세계은행의 칭찬이 있은 지 몇 년 되지 않아 그 대상이었던 아세안 국가들이 외환위기에 빠졌다는 것을 기억해야 한다.

5 Jomo K. S(2001). "Growth after the Asian Crisis: What Remains of the East Asian Model?". *G-24 Discussion Paper Series*, No. 10. UNCTAD. pp.8~9.

6 Lian, Daniel(2001). "Asia Pacific: First Steps in Dismantling the East Asia. Economic Model". *Global Economic Forum*. Morgan Stanley. 2001.5.16. 리안은 동북아와 동남아를 구별하는데, 차이의 중심은 동북아가 자국 기업 위주의 정책(한국의 재벌, 대만의 중소기업집단)이었다면 동남아는 다국적 기업 위주의 정책이었다고 주장한다.

7 원래 안행형 발전은 섬유산업의 수입 → 생산 → 수출의 기술적 추격 과정을 설명한 것으로, 그 발전 과정이 기러기 떼 비행(雁行)과 같다는 데서 출발했지만, 동아시아 내에서 산업이 선진국에서 태동해 성숙 단계를 지나 사양화하면 후진국으로 이전하는 현상과 이를 통한 후발국의 선발국 추격을 설명하게 되었다. 역내 선진국은 경제개발에 필요한 기술과 자본을 후진국에 직접투자의 형태로 이전하고, 후진국은 선진국의 경쟁력 저하 산업을 이어받아 수출 산업으로 육성하고 이를 충분히 이용한 후 다음 단계의 후발국으로 이전시킨다는 내용이 핵심이다.

8 The Economist(2001). "A Panda Breaks the Formation". August 25. pp.57~58.

9 Korkuta A. Erturk(2001). "Overcapacity and the East Asian Crisis", *Journal of Post Keynesian Economics*, Winter 2001~2002, Vol. 24, No. 2. p.273.

10 박번순 외((2005). 《아시아경제 공존의 모색: 중국의 부상과 동아시아의 생존 전략》. 삼성경제연구소. pp.495~537.

11 1980년대 초에는 마거릿 대처의 신자유주의가 유행하였고, 마하티르 정부는 민영화 과정에서 부미푸트라에게 기업을 인수하도록 했다. 그 과정에서 집권당인 UMNO와 연관된 인물들이 주로 경영자로 등장했다.

12 Sungsidh Piriyarangsan(1980). "Thai Bureaucratic Capitalism, 1932~1960". Thammasat University.

13 리콴유는 싱가포르 국립대학에서 있었던 1996년 8월 독립기념일 특강을 통해 노동자들이 임금 인상을 요구하면 외국인 기업이 투자하지 않고 철수하여 다른 나라로 가게 된다고 강조했다. TV 생방송이었는데, 필자는 마침 싱가포르에 체재하고 있어 이를 시청할 수 있었다.

14 2011년 유도요노 대통령 시기에 야심차게 발표된 인도네시아 경제개발 가속 및 확대 마스터플랜(Masterplan for Acceleration and Expansion of Indonesia's Economic Development)은 2025년까지 1인당 소득을 2010년의 3천 달러에서 14,250~15,500달러로 계획했다. 그러나 2018년 인도네시아의 1인당 GDP는 여전히 3천 달러선인 3,894달러에 머문다.

15 Robert Kuok(2017). *Robert Kuok: A Memoir.* Landmark books. p.355.

16 *ASIAWEEK.* 1997.5.30.

17 Krugman, Paul(1999). *The Return of Depression Economics.* New York: Norton.

18 말레이시아는 2018년 1인당 명목 GDP가 11,239달러인데, 이는 세계은행의 2018년 고소득국 기준인 1인당 GNI 12,235달러에 미치지 못한다. GNI와 GDP 는 다소 차이가 있지만 말레이시아는 GNI가 GDP보다 더 적은 나라이다.

19 Gill, Indermit, and Homi Kharas(2007). *An East Asian Renaissance: Ideas for Economic Growth.* Washington, D.C.: World Bank. pp.17~18. 이들은 아시아 중진국이 성장을 계속하여 고소득국가가 되기 위해서는 생산과 고용의 다각화에서 특화로 전환하고, 투자보다 혁신을 창출하며, 노동력(workers)이 새로운 기술에 적응하기 위한 숙련도를 갖추고 더 나아가 새로운 제품과 공정을 만들 수 있어야 한다고 했다.

20 Lian, Daniel(2001). op. cit.

21 Thaksin Shinawatra(2001). "Rethinking Recovery". ISEAS 공개 강연 (2001.8.23.)

22 Robert Looney(2004). "Thaksinomics: A New Asian Paradigm?". *The Journal of Social, Political and Economic Studies,* Vol. 29, No. 1. p.69.

23 태국의 탁신 총리가 탁시노믹스(Thaksinomics)를 제창하면서 농촌개발, 중소 기업 육성 등을 추진했을 때, 군부는 쿠데타로 탁신을 축출했고 방콕 시민은 쿠데타를 지지했다.

24 콜린과 보스워츠(Collins & Bosworth, 1996)의 연구에 따르면 1960~94년 태국의 총요소생산성 연평균 상승률만 1.8%로 한국에 비해 높았을 뿐, 말레이

시아, 인도네시아는 1% 미만이었고, 필리핀은 –0.4%로 오히려 하락했다.
Collins, Susan M. and Bosworth, Barry.(1996). "Economic Growth in East Asia: Accumulation versus Assimilation". *Brookings Papers on Economic Activity.* 1996-2.

25 Krugman, Paul(1994). "The Myth of Asia's Miracle". *Foreign Affairs.* Nov/Dec, Vol. 73, Iss. 6. pp.62~78.

26 Joanna Seow(2016). "Sustaining Pay Rises for All: Grappling with Productivity Challenge Over the Decades". *Singapore Straits Times.* APR. 24.

27 World Bank and Development Research Center of the State Council, People's Republic of China(2012). *China 2030: Building a Modern, Harmonious, and Creative High-Income Society.* Washington, D.C.: World Bank. p.12. Box. 01.

28 WIPO. Patent DB.

29 OECD(2014). "Focus on Top Incomes and Taxation in OECD Countries: Was the crisis a game changer?".

30 Sonali Jain-Chandra etc.(2016). "Sharing the Growth Dividend: Analysis of Inequality in Asia". *IMF Working paper.* WP/16/48.

31 Robert O. Tilman(1984). *The Enemy Beyond: External Threat Perceptions in the ASEAN Region.* ISEAS. p.1.

32 정치적 권리(political rights)와 시민적 자유(civil liberties)의 수준을 1~7로 나타내는데 숫자가 클수록 좋지 않다. Freedom House DB.

33 ADB의 국가별 산업생산과 산업별 고용을 이용하여 피라가 계산한 결과이다.

34 삼성전자의 베트남 휴대전화 생산은 전형적인 첨단 산업이지만 노동집약적 산업으로 베트남에 많은 고용을 창출하고 있다.

35 ADB(2018). *Key Indicators 2018.* p.19.

아세안의 시간

훈 센 Hun Sen 71

추천의 글

대화관계 수립 30주년과 한-아세안 특별정상회의를 기념하여 박번순 교수가 펴낸 《아세안의 시간》은 아세안 경제를 통시적이고 종합적 시각으로 풀어 낸 역작이다. 한국의 상생 번영 파트너인 ASEAN에 관심 있는 분들이 이 책으로 큰 영감을 얻기를 바란다.

- 서정인 (한-아세안 특별정상회의 준비기획단장, 전 아세안대표부 대사)

동남아는 전략적·경제적 중요성에 비해 주목받지 못했다. 그 결과 아세안에 대한 심층적인 분석도 찾아보기 어려웠다. 투키디데스 함정으로 표현되는 미중 갈등이 우리에게 직접적으로 부정적인 영향을 미치는 시대가 되었다. 우리에게는 친구가 필요하며, 아세안이 바로 그 친구가 될 수 있다. 이미 우리에게 중요한 아세안 경제는 잠재력마저 강하다. 우리에게 아세안의 비중이 점점 더 중요해지는 시점에 박번순 교수가 아세안 경제의 과거, 현재, 미래를 그린 책을 내놓았다. 특히 현재의 경제구조를 산업, 기업, 화교 자본, 일본의 진출까지 다방면에 걸쳐 소상히 분석했다. 우리의 아세안 경제·외교정책 수립에 큰 도움이 될 책이다.

- 윤영관 (전 외교부장관, 서울대학교 명예교수)

세계 경제의 불안정성, 보호 무역주의가 득세하면서 우리 경제도 도전에 직면하고 있다. 경제공동체를 꿈꾸는 아세안이 우리에게 더 절실한 이웃이자 동반자로 다가오는 이유다. 우리의 신남방정책이 미국, 중국, 일본의 대아세안 접근보다 비교우위를 가지기 위해서 우리만의 장점이 요구되는 시점이다. 박번순 교수의 《아세안의 시간》이 독자 여러분들이 아세안을 심도 있게 이해하고, 아세안과의 상생번영을 꿈꾸어 나가는 좋은 기회를 드릴 것으로 기대한다.

- 임성남 (아세안대표부 대사, 전 외교부차관)

세계적인 저성장 기조 속에서 우리는 중국과 미국, 일본을 대체하는 새로운 시장을 찾아야 한다. 아세안이 블루오션으로 떠오르고 있다. 우리 정부도 신남방정책을 적극 추진하고 있고, 1만 2천 개가 넘는 한국 기업이 진출하고 있다. 그동안에는 아세안을 연구하는 학자도, 아세안을 깊이 있게 다룬 책도 부족하였다. 이 시점에서 박번순 교수가 아세안의 경제와 산업, 기업을 깊이 있게 연구한 책을 출간하였다. 참으로 시의적절하다. 반드시 읽어 보아야 한다고 말하고 싶다.

— **김현철** (전 청와대 경제보좌관 겸 신남방정책특별위원장, 서울대학교 교수)

마침내 아세안에 대하여 정치·경제학적 시각에서 역사와 현황, 그리고 미래의 잠재력까지 깊이 있고, 이해하기 쉽게 분석한 책을 발견하게 되었다. 탄탄하고 다양한 통계자료와 시대적 맥락 속에서 분석한 아세안의 과거, 현재, 미래는 동남아와 아세안에 대한 문외한도 이 지역과 문제에 쉽게 접근할 수 있는 길잡이가 될 것이다. 오랜 기간 동남아시아 경제에 천착해 온 박번순 박사의 내공을 느낄 수 있다.

— **이근** (한국국제교류재단 이사장, 서울대학교 교수)

선진국 경제가 주춤하는 가운데 아세안이 세계 4대 시장으로 발돋움하고 있다. 앞으로 대외의존도가 높은 한국과 성장모델을 필요로 하는 아세안은 한층 더 깊은 관계로 나아갈 것임에 틀림없다. 대화관계 수립 30주년과 한-아세안센터 설립 10주년을 맞이하는 뜻깊은 해에 개최되는 한-아세안 특별정상회의에 발맞추어 출간된 《아세안의 시간》은 그동안 우리가 막연하게 알고 있던 동남아 경제의 실제를 그 어떤 매체보다도 정확하게 전달해 준다. 그간 중요성에 비해 무겁게 다루어지지 못했던 아세안 경제를 수십 년간 꾸준히 연구해 온 박번순 교수의 노력에 경의를 표한다.

— **이혁** (한-아세안센터 사무총장, 전 베트남대사)

지은이 **박번순**

지난 30여 년간 동남아와 주변 지역을 관찰하고 연구했다.

고려대학교 공공정책대학 경제통계학부 교수로 외교부 정책자문위원, 대외경제정책연구원 자문위원 등을 겸하고 있다. 고려대 경제학과를 졸업하고 동 대학원에서 경제학석사를, 한국외국어대에서 경영학박사를 받았다. 산업연구원 재직 중 1989년 태국과 만난 뒤로 동남아 경제를 꾸준히 공부했다.

1991년부터 20년 이상 삼성경제연구소에서 기업의 동남아 진출을 연구했고, 태국의 탐마삿 대학과 싱가포르의 동남아연구원(ISEAS)에 머물며 현지에서 동남아 경제를 탐구하기도 했다. 아세안+3 국가들이 운영한 동아시아비전그룹 II(EAVG II)의 한국 전문가로 활동하면서 동아시아경제공동체(EAEC) 창설을 제안한 EAVG II 보고서 작성에도 참여한 바 있다. 방학 기간이면 배낭을 메고 동남아의 국경을 발로 넘는 여행을 취미로 삼고 있다.

《베트남: 아시아의 마지막 시장》, 《동남아 기업의 위기와 구조조정》, 《외환위기 이후 동남아 화인기업의 경영전략 변화》, 《아시아 경제 힘의 이동》, 《중국과 인도, 그 같음과 다름》, 《하나의 동아시아》 등의 책을 썼고, *Korea's Changing Roles in Southeast Asia*(Singapore ISEAS), *Asia Inside Out: Connected Places*(Harvard University Press) 등을 비롯한 해외 유수 기관의 공동 저작에도 여러 차례 참여했다.

THE RISE OF ASEAN: INTRODUCTION TO ASEAN'S ECONOMY
by PARK BUN SOON